Großkommentare der Praxis

Aktiengesetz

Großkommentar

4., neubearbeitete Auflage

herausgegeben von

Klaus J. Hopt, Herbert Wiedemann †

Neunter Band

§§ 161 und 162; §§ 311–410; EGAktG; Art 103m EGInsO

Bearbeiter:

§ 161: Patrick C. Leyens
§ 162: Eberhard Vetter
§§ 311–318: Holger Fleischer
§§ 319–327: Klaus-Ulrich Schmolke
§§ 327a–328: Holger Fleischer
(§§ 329–393: aufgehoben)
§§ 394–395: Peter H. Huber, Daniel Fröhlich
§§ 396–398: Karsten Schmidt
§§ 399–410: Harro Otto
EGAktG; Art 103m EGInsO: Heribert Hirte, Jean Mohamed
Sachregister: Christian Klie

De Gruyter · Berlin

Erscheinungsdaten der Lieferungen:

§ 161	(38. Lieferung)*:	Juni 2012
§ 162; EGAktG; Art 103m EGInsO; Register	(43. Lieferung):	Dezember 2021
§ 311	(42. Lieferung):	Juli 2020
§§ 312–318	(41. Lieferung):	Dezember 2016
§§ 319–327	(39. Lieferung):	Juli 2013
§§ 327a–328; §§ 396–398	(27. Lieferung):	April 2007
§§ 394–395	(40. Lieferung):	November 2014
§§ 399–410	(8. Lieferung):	April 1997

* Erschienen als Nachtrag § 161

Zitiervorschlag z.B.: *Schmolke* in Großkomm AktG, § 313 Rdn 5

Sachregister: Christian Klie

ISBN 978-3-11-078069-7
e-ISBN (PDF) 978-3-11-078073-4

Library of Congress Control Number: **2021950260**

Bibliografische Information der Deutschen Nationalbibliothek

Die Deutsche Nationalbibliothek verzeichnet diese Publikation in der Deutschen Nationalbibliografie; detaillierte bibliografische Daten sind im Internet über http://dnb.dnb.de abrufbar.

Datenkonvertierung/Satz: jürgen ullrich typosatz, Nördlingen
Druck: Beltz Grafische Betriebe GmbH, Bad Langensalza

www.degruyter.com

Verzeichnis der Bearbeiter der 4. Auflage

Dr. **Heinz-Dieter Assmann**, LL.M. (Univ. of Pennsylvania), em. Universitätsprofessor an der Universität Tübingen

Dr. **Gerold Bezzenberger**, Rechtsanwalt in Berlin

Dr. **Tilman Bezzenberger**, Universitätsprofessor an der Universität Potsdam

Dr. **Oliver C. Brändel**, Rechtsanwalt beim Bundesgerichtshof, Karlsruhe

Dr. Dr. **Herbert Brönner** (†), Wirtschaftsprüfer und Steuerberater in Berlin

Dr. **Christian E. Decher**, Rechtsanwalt in Frankfurt am Main, Honorarprofessor an der Johann Wolfgang Goethe-Universität in Frankfurt am Main

Dr. **Ulrich Ehricke**, LL.M. (London), M.A., Richter am Oberlandesgericht a.D., Universitätsprofessor an der Universität zu Köln

Dr. Dr. h.c. **Holger Fleischer**, Dipl.-Kfm., LL.M. (Univ. of Michigan), Affiliate Professor Bucerius Law School, Direktor des Max-Planck-Instituts für ausländisches und internationales Privatrecht, Hamburg

Dr. **Kaspar Frey**, Universitätsprofessor an der Europa-Universität Viadrina, Frankfurt (Oder)

Dr. **Markus Gehrlein**, Richter am Bundesgerichtshof, Karlsruhe, Honorarprofessor an der Universität Mannheim

Dr. Dr. **Stefan Grundmann**, LL.M. (Berkeley), Universitätsprofessor an der Humboldt-Universität zu Berlin

Dr. **Mathias Habersack**, Universitätsprofessor an der Ludwig-Maximilians-Universität München

Dr. **Kai Hasselbach**, Rechtsanwalt in Köln

Dr. **Peter Hemeling**, Rechtsanwalt in München

Dr. **Hartwig Henze**, Richter am Bundesgerichtshof a.D., Honorarprofessor an der Universität Konstanz

Dr. **Heribert Hirte**, LL.M. (Berkeley), Universitätsprofessor an der Universität Hamburg, MdB

Dr. Dr. Dr. h.c. mult. **Klaus J. Hopt**, em. Universitätsprofessor, Direktor des Max-Planck-Instituts für ausländisches und internationales Privatrecht, Hamburg, vormals Richter am Oberlandesgericht Stuttgart

Dr. **Peter M. Huber**, Minister a.D., Bundesverfassungsrichter, Universitätsprofessor an der Ludwig-Maximilians-Universität München

Dr. **Michael Kort**, Universitätsprofessor an der Universität Augsburg

Dr. **Hanno Merkt**, LL.M. (Univ. of Chicago), Universitätsprofessor an der Albert-Ludwigs-Universität Freiburg i.Br., Richter am Oberlandesgericht Karlsruhe

Dr. **Jean Mohamed**, LL.M. (LSE), Rechtsanwalt in Hamburg

Dr. **Peter O. Mülbert**, Universitätsprofessor an der Johannes Gutenberg-Universität Mainz

Richard L. Notz, LL.M. (Univ. of Chicago), LL.M. I.B.L. (UCP Lisboa), Rechtsanwalt in Stuttgart

Verzeichnis der Bearbeiter der 4. Auflage

Dr. **Hartmut Oetker**, Universitätsprofessor an der Christian-Albrechts-Universität zu Kiel, Richter am Oberlandesgricht Thüringen

Dr. Dr. h.c. **Harro Otto**, em. Universitätsprofessor an der Universität Bayreuth

Dr. **Hans-Joachim Priester**, Notar a.D., Honorarprofessor an der Universität Hamburg

Dr. h.c. **Volker Röhricht**, Vors. Richter am Bundesgerichtshof i.R., Karlsruhe

Dr. **Markus Roth**, Universitätsprofessor an der Universität Marburg

Dr. **Michael Schlitt**, Rechtsanwalt in Frankfurt am Main, Honorarprofessor an der Universität zu Köln

Dr. Dr. h.c. mult. **Karsten Schmidt**, em. Universitätsprofessor an der Rheinischen Friedrich-Wilhelms-Universität Bonn, Präsident der Bucerius Law School Hamburg

Dr. **Klaus Ulrich Schmolke**, LL.M. (NYU), Universitätsprofessor an der Friedrich-Alexander Universität Erlangen-Nürnberg

Dr. **Rolf Sethe**, LL.M. (London), Universitätsprofessor an der Universität Zürich

Dr. **Winfried Werner** (†), Rechtsanwalt in Frankfurt am Main

Dr. **Eberhard Vetter**, Rechtsanwalt in Köln

Dr. **Herbert Wiedemann** (†), em. Universitätsprofessor an der Universität zu Köln, vormals Richter am OLG Düsseldorf

Dr. **Christine Windbichler**, LL.M. (Berkeley), Universitätsprofessorin a.D. an der Humboldt-Universität zu Berlin

Vorwort zur 43. – und letzten – Lieferung

Mit dieser 43. Lieferung wird die 4. Auflage des Großkommentars zum Aktiengesetz abgeschlossen – passenderweise mit der Kommentierung des Einführungsgesetzes zum Aktiengesetz, das insoweit ganz wie in der Gesetzessytematik auch in der Kommentierung den Schlussstein bildet. Die letzte Kommentierung der Einführungsnormen im Großkommentar zum Aktiengesetz durch *Joachim Meyer-Landrut, Hans Würdinger, Carl Hans Barz, Konrad Mellerowicz, Herbert Brönner, Wolfgang Schilling* und *Herbert Wiedemann* liegt nunmehr schon über 40 Jahre zurück. Den einzelnen Normentwicklungen geschuldet, weisen die vorliegenden Erläuterungen teils wesentliche Neuerungen auf und stellen damit einen gewissen Neuanfang dar. Ziel dieser vierten und neubearbeiteten Auflage ist es, die Normen des Einführungsgesetzes sowohl materiell und normgeschichtlich wie auch in ihrer rechtspolitischen Dimension zu erläutern.

Die Kommentierung wird ergänzt durch *zwei Anhänge*: Während im ersten Anhang – betreffend die Neufassung von Art 103m EGInsO – eine Übergangsvorschrift angesprochen wird, die eine Herausverlagerung von gesellschaftsrechtlichen (auch aktienrechtlichen) Normen aus dem Gesellschafts- in das Insolvenzrecht betrifft, wird im zweiten Anhang mit der Kommentierung von § 162 AktG durch *Eberhard Vetter* eine neue Norm des materiellen Aktienrechts bereits vorab kommentiert, weil die sie betreffende Übergangsvorschrift (§ 26j Abs 2 EGAktG) schon Gegenstand der hiesigen Kommentierung des Einführungsgesetzes ist. Insoweit „überholt" die 4. Auflage dieses Werkes die 5. Auflage mit einer Norm.

Herbert Wiedemann, der Mitherausgeber dieses Werkes und akademische Lehrer des Erstunterzeicheners, ist am 1. Oktober 2021 verstorben. Mit seiner Arbeit im Gesellschaftsrecht, Arbeitsrecht und Schuldrecht hat er ganz unterschiedliche Rechtsbereiche nachhaltig beeinflusst. Sein Aufenthalt an der *University of California at Berkeley* hat ihm die Augen für die Rechtsvergleichung und besonders das US-Recht geöffnet; diesen Blick hat er seinen Schülern weitergegeben. Als langjähriger Rektor der Universität zu Köln hat er große Anerkennung erfahren. Seine intellektuelle Wachheit konnte er trotz erheblicher gesundheitlicher Beeinträchtigungen bis ins hohe Alter erhalten. Und so hat er auch seine Rolle als Mitherausgeber dieses Werkes noch bis kurz vor seinem Tod gestaltend wahrgenommen. Vor allem aber: *Herbert Wiedemann* hat das Verständnis des Erstunterzeichners für Recht und Gerechtigkeit maßgeblich geprägt; dafür sei ihm auch an dieser Stelle gedankt.

Hamburg, Berlin und Köln, im Oktober 2021

Heribert Hirte und Jean Mohamed

Inhaltsübersicht

AKTIENGESETZ

Erstes Buch

AKTIENGESELLSCHAFT

Zweites Buch

KOMMANDITGESELLSCHAFT AUF AKTIEN

Drittes Buch

VERBUNDENE UNTERNEHMEN

VIERTES BUCH

SONDER-, STRAF- UND SCHLUSSVORSCHRIFTEN

EINFÜHRUNGSGESETZ ZUM AKTIENGESETZ

* Der mit dem FüPoG II vom 7.8.2021 neu eingefügte § 393a wird in der 5. Auflage kommentiert.

Ergänzendes Abkürzungsverzeichnis

einschließlich ausgewählter abgekürzt zitierter Literatur*

aA	anderer Ansicht
aaO	am angegebenen Ort
ABl	Amtsblatt
ABlEG, ABlEU	Amtsblatt der Europäischen Gemeinschaften, der Europäischen Union (Nummer, Seite, Datum)
Abs	Absatz
AcP	Archiv für die civilistische Praxis (Band, Jahr, Seite)
ADHGB	Allgemeines Deutsches Handelsgesetzbuch
ADS	Adler, Düring, Schmaltz, Rechnungslegung und Prüfung der Unternehmen, 6. Auflage 1995 ff
aE	am Ende
aF	alte Fassung
AG	Amtsgericht; Aktiengesellschaft(en); Die Aktiengesellschaft, Zeitschrift für das gesamte Aktienwesen (Jahr, Seite)
AG-S	Die Aktiengesellschaft, Zeitschrift für das gesamte Aktienwesen, Sonderheft (Jahr, Seite)
AGB	Allgemeine Geschäftsbedingungen
AktG	Aktiengesetz v 6.9.1965 (BGBl I 1089; BGBl III/FNA 4121-1)
AktG 1937	Gesetz über Aktiengesellschaften und Kommanditgesellschaften auf Aktien (Aktiengesetz) v 30.1.1937 (RGBl I 107), nunmehr AktG 1965 (AktG)
Aktienrechtsnovelle 2016	Gesetz zur Änderung des Aktiengesetzes v 22. 12. 2015 (BGBl I, 2565)
Aktionärsrechterichtlinie	Richtlinie 2007/36/EG des Europäischen Parlaments und des Rates vom 11. Juli 2007 über die Ausübung bestimmter Rechte von Aktionären in börsennotierten Gesellschaften (ABl EU Nr L 184 v 14. 7. 2007, S 17)
AktR	Aktienrecht
allg	allgemein
allgM	allgemeine Meinung
Alt	Alternative
aM	anderer Meinung
Amtl Begr	Amtliche Begründung

---

* Ergänzte und aktualisierte Kurzfassung des im ersten Band abgedruckten allgemeinen Abkürzungsverzeichnisses. Die abgekürzt zitierte Literatur wird in der aktuellen Auflage angegeben. Im Einzelfall kann in der Kommentierung auf Vorauflagen Bezug genommen worden sein. Insoweit wird auf die hochgestellte Ziffer hinter selbständigen Werken verwiesen, welche die benutzte Auflage bezeichnet.

Angerer/Geibel/Süßmann	Wertpapiererwerbs- und Übernahmegesetz, Kommentar, 3. Auflage 2017; bis zur 2. Auflage 2008 Geibel/Süßmann.
AnSVG	Gesetz zur Verbesserung des Anlegerschutzes (Anlegerschutzverbesserungsgesetz – AnSVG) v 28.10.2004 (BGBl I 2630; BGBl III/FNA 4110-4-1)
Anm	Anmerkung
AnwKomm	Anwaltkommentar Aktienrecht, hrsg v Heidel, 1. Aufl. 2003; 5. Auflage 2019, Nomoskommentar Aktienrecht und Kapitalmarktrecht (s auch *Heidel*)
AP-VO	Verordnung (EU) Nr 537/2014 des Europäischen Parlaments und des Rates vom 16. April 2014 über spezifische Anforderungen an die Abschlussprüfung bei Unternehmen von öffentlichem Interesse und zur Aufhebung des Beschlusses 2005/909/EG der Kommission (Abschlussprüfungs-Verordnung), (ABl EU Nr L 158 v 27. 5. 2014, S 77)
AR	Aufsichtsrat
AReG	Gesetz zur Umsetzung der prüfungsbezogenen Regelungen der Richtlinie 2014/56/EU sowie zur Ausführung der entsprechenden Vorgaben der Verordnung (EU) Nr 537/2014 im Hinblick auf die Abschlussprüfung bei Unternehmen von öffentlichem Interesse (Abschlussprüfungsreformgesetz – AReG) v 10. 5. 2016 (BGBl I, 1142)
ARUG	Gesetz zur Umsetzung der Aktionärsrechterichtlinie (ARUG) idF v 30.7.2009 (BGBl I 2479)
ARUG II	Gesetz zur Umsetzung der zweiten Aktionärsrechterichtlinie (ARUG II) v 12. 12. 2019 (BGBl I, S 2637)
ArbGG	Arbeitsgerichtsgesetz idF v 2.7.1979 (BGBl I 853, ber 1036; BGBl III/FNA 320-1)
ArbHdbHV	Arbeitshandbuch für die Hauptversammlung, hrsg v Reichert, begr v Semler, Volhard, 5. Auflage 2021
ARHdb	Arbeitshandbuch für Aufsichtsratsmitglieder, hrsg v Semler, von Schenck, 4. Auflage 2013 (s auch *Semler/Volhard*)
Art	Artikel
Assmann/Schneider/Mülbert	Wertpapierhandelsgesetz, Kommentar, 7. Auflage 2019; bis zur 6. Auflage 2011 Assmann/Schneider
Aufl	Auflage
AuR	Arbeit und Recht (Jahr, Seite)
BaFin	Bundesanstalt für Finanzdienstleistungsaufsicht, durch FinDAG ab 1.5.2002, zuvor BAKred, BAV und BAWe
BAG	Bundesarbeitsgericht
BAGE	Entscheidungen des Bundesarbeitsgerichts (Band, Seite)
BAKred	Bundesaufsichtsamt für das Kreditwesen, seit 1.5.2002 BaFin
Bank-Betrieb	Bank-Betrieb, seit 1977 Die Bank (Jahr und Seite)
Baumbach/Hopt	Handelsgesetzbuch, 39. Auflage 2020

Baumbach/Hueck	Aktiengesetz, 13. Auflage 1968
Baumbach/Hueck GmbHG	GmbH-Gesetz, 22. Auflage 2019
Baums	Bericht der Regierungskommission Corporate Governance, 2001
Baums/Thoma	WpÜG, Kommentar zum Wertpapiererwerbs- und Übernahmegesetz, Loseblatt, 2004 ff
BAV	Bundesaufsichtsamt für das Versicherungswesen, seit 1.5.2002 BaFin
BAWe	Bundesaufsichtsamt für den Wertpapierhandel, seit 1.5.2002 BaFin
BayObLG	Bayerisches Oberstes Landesgericht (aufgelöst seit 1.7.2006)
BayObLGZ	Entscheidungen des Bayerischen Obersten Landesgerichts in Zivilsachen (Jahr, Seite)
BB	Betriebs-Berater (Jahr, Seite)
Bd, Bde	Band, Bände
BeckBil-Komm	Beck'scher Bilanz-Kommentar, hrsg v Ellrott, 12. Auflage 2020
BeckHdbAG	Beck'sches Handbuch der AG, hrsg v Müller (Welf), Rödder, 3. Auflage 2018
Begr, begr	Begründung, begründet
Begr RegE	Begründung Regierungsentwurf
Beil	Beilage
Bek	Bekanntmachung
Beschl	Beschluss
BetrVG	Betriebsverfassungsgesetz idF v 25.9.2001 (BGBl I 2518; BGBl III/FNA 801-7)
BFH	Bundesfinanzhof
BFHE	Sammlung der Entscheidungen des Bundesfinanzhofs (Band, Seite)
BFuP	Betriebswirtschaftliche Forschung und Praxis (Jahr, Seite)
BGB	Bürgerliches Gesetzbuch v 18.8.1896 (RGBl 195) idF v 2.1.2002 (BGBl I 42, ber 2909 und 2003 I 738; BGBl III/FNA 400-2)
BGBl I, II, III	Bundesgesetzblatt Teil I, II und III
BGH	Bundesgerichtshof
BGHSt	Entscheidungen des Bundesgerichtshofes in Strafsachen (Band, Seite)
BGHVGrS	Bundesgerichtshof, Vereinigter Großer Senat
BGHZ	Entscheidungen des Bundesgerichtshofes in Zivilsachen (Band, Seite)
BilKoG	Gesetz zur Kontrolle von Unternehmensabschlüssen (Bilanzkontrollgesetz – BilKoG) v 15.12.2004 (BGBl I 3408)
BilMoG	Gesetz zur Modernisierung des Bilanzrechts (Bilanzrechtsmodernisierungsgesetz – BilMoG) v 25.5.2005 (BGBl I 1102)
BilReG	Gesetz zur Einführung internationaler Rechnungslegungsstandards und zur Sicherung der Qualität der

	Abschlussprüfung (Bilanzrechtsreformgesetz – BilReg) v 4.12.2004 (BGBl I 3166)
BilRUG	Gesetz zur Umsetzung der Richtlinie 2013/34/EU des Europäischen Parlaments und des Rates vom 26. Juni 2013 über den Jahresabschluss, den konsolidierten Abschluss und damit verbundene Berichte von Unternehmen bestimmter Rechtsformen und zur Änderung der Richtlinie 2006/43/EG des Europäischen Parlaments und des Rates und zur Aufhebung der Richtlinien 78/660/EWG und 83/349/EWG des Rates vom 17. Juli 2015 (BGBl I 1245)
BiRiLiG	Gesetz zur Durchführung der Vierten, Siebenten und Achten Richtlinie des Rates der Europäischen Gemeinschaften zur Koordinierung des Gesellschaftsrechts (Bilanzrichtlinien-Gesetz – BiRiLiG) v 19.12.1985 (BGBl I 2355)
BKR	Zeitschrift für Bank- und Kapitalmarktrecht (Jahr, Seite)
Böckli	Schweizer Aktienrecht, 4. Auflage, Zürich 2009
BörsG	Börsengesetz (BörsG) 16.7.2007 (BGBl 1330, 1351; BGBl III/FNA 4110-10)
Bonner HdR	Bonner Handbuch der Rechnungslegung, hrsg v Hofbauer, Kupsch, Scherrer, Grewe, Loseblatt, 1986 ff
BR	Bundesrat
BRD	Bundesrepublik Deutschland
BRDrucks	Bundesrats-Drucksache
BReg	Bundesregierung
Brodmann	Aktienrecht, Kommentar, 1928
BSG	Bundessozialgericht
BSGE	Entscheidungen des Bundessozialgerichts
Bsp	Beispiel
BStBl	Bundessteuerblatt (Band, Jahr, Seite)
BT	Bundestag
BTDrucks	Bundestags-Drucksache
BVerfG	Bundesverfassungsgericht
BVerfGE	Entscheidungen des Bundesverfassungsgerichts (Band, Seite)
BVerwG	Bundesverwaltungsgericht
BVerwGE	Entscheidungen des Bundesverwaltungsgerichts (Band, Seite)
bzgl	bezüglich
bzw	beziehungsweise
ca	circa
CEO	chief executive officer
c.i.c.	culpa in contrahendo
Combined Code	The Combined Code on Corporate Governance, July 2003 (Financial Reporting Council, London; Combined Code June 2006 im Konsultationsverfahren der FSA)
Company Law Action Plan	Commission of the European Union, Modernising Company Law and Enhancing Corporate Governance in

	the European Union – A Plan to Move Forward, Brussels 21.5.2003, COM(2003) 284 final
CorpGov	Corporate Governance
COVInsAG	COVID-19-Insolvenzaussetzungsgesetz, verkündet als Art. 1 des Gesetzes zur Abmilderung der Folgen der COVID-19-Pandemie im Zivil-, Insolvenz- und Strafverfahrensrecht vom 27. 3. 2020 (BGBl I 569)
Cozian/Viandier/Deboissy	Droit des sociétés, 34ième éd, Paris 2021
CSR-Richtlinie-Umsetzungsgesetz	Gesetz zur Stärkung der nichtfinanziellen Berichterstattung der Unternehmen in ihren Lage- und Konzernlageberichten (CSR-Richtlinie-Umsetzungsgesetz) vom 11. 4. 2017 (BGBl I 802)
DAX	Deutscher Aktienindex
DB	Der Betrieb (Jahr, Seite)
DBW	Die Betriebswirtschaft (Jahr, Seite)
DCGK	Deutscher Corporate Governance Kodex idF v 26.5.2010, eBAnz AT68 2010 B1, Bek v 2.7.2010
ders	derselbe
dies	dieselbe(n)
DiRUG	Gesetz zur Umsetzung der Digitalisierungsrichtlinie vom 5. 7. 2021 (BGBl I 3338)
Diss	Dissertation
DJT	Deutscher Juristentag
DNotZ	Deutsche Notar-Zeitschrift, früher Zeitschrift des Deutschen Notarvereins (Jahr, Seite)
D&O-Versicherung	directors & officers liability insurance
Dörner/Menold/Pfitzer/Oser	Reform des Aktienrechts, der Rechnungslegung und der Prüfung, 2. Auflage 2003
Doralt/Nowotny/Kalss	Kommentar zum Aktiengesetz, Wien 2. Auflage 2012
DrittelbG	Gesetz über die Drittelbeteiligung der Arbeitnehmer im Aufsichtsrat (Drittelbeteiligungsgesetz – DrittelbG) v 18.5.2004 (BGBl I 974; BGBl III/FNA 801-14)
DStR	Deutsches Steuerrecht (Jahr, Seite)
DVO	Durchführungsverordnung
DWiR, DZWir	Deutsche Zeitschrift für Wirtschaftsrecht (1991–1998), ab 1999 DZWIR, (Jahr, Seite)
DZWIR	Deutsche Zeitschrift für Wirtschafts- und Insolvenzrecht (Jahr, Seite), vor 1999 DZWir
E	Entwurf
Ebenroth/Boujong/Joost/Strohn	Handelsgesetzbuch, 4. Auflage 2020 begr v Boujong, Ebenroth, hrsg v Joost, Strohn
EBOR	European Business Organization Law Review (Band, Jahr, Seite)
ECFR	European Company and Financial Law Review (Jahr, Seite)
ECGI	European Corporate Governance Institute, Brüssel
ed(s)	editor(s); edition
éd	édition

EG	Einführungsgesetz; Europäische Gemeinschaft(en)
EGAktG	Einführungsgesetz zum Aktiengesetz v 6.9.1965 (BGBl I 1185; BGBl III/FNA 4121-2)
EGBGB	Einführungsgesetz zum Bürgerlichen Gesetzbuch idF v 21.9.1994 (BGBl I 2494, ber 1997 I 1061; BGBl III/ FNA 400-1)
EGHGB	Einführungsgesetz zum Handelsgesetzbuche v 10.5.1897 (RGBl 437; BGBl III/FNA 4101-1)
EGKomm	Kommission der Europäischen Gemeinschaften
EGV	Vertrag zur Gründung der Europäischen Gemeinschaft (Amsterdamer Fassung), geändert durch den Vertrag von Nizza v 26.2.2002
Ehricke/Ekkenga/Oechsler	Wertpapiererwerbs- und Übernahmegesetz, Kommentar, 2003
EHUG	Gesetz über elektronische Handelsregister und Genossenschaftsregister sowie das Unternehmensregister (EHUG) v 10.11.2006 (BGBl I 2553, BGBl III/ FNA 4100-1)
Einf	Einführung
Einl	Einleitung
end	endgültig
Entsch	Entscheidung
entspr	entsprechend
ErfK	Erfurter Kommentar zum Arbeitsrecht, begr v Dieterich, Hanau, Schaub, hrsg v Müller-Glöge, Preis, Schmidt (Ingrid), 21. Auflage 2021
ErgG	Ergänzungsgesetz
Erman	Bürgerliches Gesetzbuch, Handkommentar, 16. Auflage 2020
etc	et cetera
EU	Europäische Union; Vertrag über die Europäische Union v 7.2.1992 (BGBl II 1251) (s auch EUV)
EuGH	Gerichtshof der Europäischen Gemeinschaft
EuroEG	Gesetz zur Einführung des Euro (Euro-Einführungsgesetz – EuroEG) v 9.6.1998 (BGBl I 1242)
EUV	Vertrag über die Europäische Union v 7.2.1992 (BGBl II 1251) (s auch EU)
EuZW	Europäische Zeitschrift für Wirtschaftsrecht (Jahr, Seite)
evtl	eventuell
EWG	Europäische Wirtschaftsgemeinschaft
EWiR	Entscheidungen zum Wirtschaftsrecht (Jahr, Seite)
EWIV	Europäische wirtschaftliche Interessenvereinigung
f, ff	folgende, fortfolgende
FamFG	Gesetz über das Verfahren in Familiensachen und in den Angelegenheiten der freiwilligen Gerichtsbarkeit idF v 17.12.2008 (BGBl I 2586, 2587; BGBl 2009 I 1102)
FASB	Financial Accounting Standards Board
Feddersen/Hommelhoff/Schneider	Corporate Governance, 1996
FG	Finanzgericht

FinG	Finanzgericht (s auch FG)
FISG	Gesetz zur Stärkung der Finanzmarktintegrität (Finanzmarktintegritätsstärkungsgesetz) v 3. 6. 2021 (BGBl I 1534)
Forstmoser/Meier-Hayoz/Nobel	Schweizerisches Aktienrecht, 1996
FN	Fachnachrichten, Institut der Wirtschaftsprüfer in Deutschland e.V. (Jahr, Seite)
FNA	Fundstellennachweis A, Bundesrecht ohne völkerrechtliche Verträge (zuvor BGBl III)
fragl	fraglich
FS	Festschrift
Fuchs/Köstler	Handbuch zur Aufsichtsratswahl, 7. Auflage 2021
FüPoG	Gesetz für die gleichberechtigte Teilhabe von Frauen und Männern an Führungspositionen in der Privatwirtschaft und im öffentlichen Dienst vom 24. 4. 2015 (BGBl I 642)
FüPoG II	Gesetz zur Ergänzung und Änderung der Regelungen für die gleichberechtigte Teilhabe von Frauen an Führungspositionen in der Privatwirtschaft und im öffentlichen Dienst vom 7. 8. 2021 (BGBl I 3311)
Fußn	Fußnote
G	Gesetz
GBl	Gesetzblatt
GbR	Gesellschaft bürgerlichen Rechts
Geibel/Süßmann	s. *Angerer/Geibel/Süßmann*
gem	gemäß
GenG	Gesetz betreffend die Erwerbs- und Wirtschaftsgenossenschaften (Genossenschaftsgesetz) idF v 19.8.1994 (BGBl I 2202; BGBl III/FNA 4125-1)
Ges	Gesellschaft
GesR	Gesellschaftsrecht
GesRÄG	Gesellschaftsrechtsänderungsgesetz (Österreich)
GesRRL	Richtlinie (EU) 2017/1132 des Europäischen Parlaments und des Rates vom 14. 6. 2017 über bestimmte Aspekte des Gesellschaftsrechts (ABl EU Nr L 169 v 30.6.2017, S 46) (Kodifizierter Text) („Gesellschaftsrechtsrichtlinie“)
GesRZ	Der Gesellschafter, Zeitschrift für Gesellschaftsrecht, Wien (Jahr, Seite)
Geßler	Aktiengesetz, Kommentar, hrsg v Geßler (Ernst), Hefermehl, Eckardt, Kropff, 1973 ff, 2./3. Auflage s MünchKommAktG
GG	Grundgesetz für die Bundesrepublik Deutschland v 23.5.1949 (BGBl I 1; BGBl III/FNA 100-1)
ggf	gegebenenfalls
GmbH	Gesellschaft mit beschränkter Haftung
GmbHG	Gesetz betreffend die Gesellschaften mit beschränkter Haftung v 20.4.1892 (RGBl 477) idF v 20.5.1898 (RGBl I 846; BGBl III/FNA 4123-1)

GmbHR	GmbH-Rundschau, vorher Rundschau für die GmbH (Jahr, Seite)
(v) Godin/Wilhelmi	Aktiengesetz, Kommentar, begr v Freiherr von Godin, H. Wilhelmi, 4. Auflage 1971
Gower/Davies	Gower and Davies' Principles of Modern Company Law, 8th ed, London 2008
grds	grundsätzlich
Großkomm	Aktiengesetz, Großkommentar, begr v Gadow, Heinichen, 1. Auflage 1939, 2. Auflage 1961/65, 3. Auflage 1970 ff, 4. Auflage hrsg v Hopt, Wiedemann, 1992 ff
GrS	Großer Senat
GRUR	Gewerblicher Rechtsschutz und Urheberrecht (Jahr, Seite)
GS	Gedächtnisschrift
GuV	Gewinn- und Verlustrechnung
GVBl	Gesetz- und Verordnungsblatt
hA	herrschende Ansicht
Haarmann/Riehmer/Schüppen	Öffentliche Übernahmeangebote, Kommentar zum Wertpapiererwerbs- und Übernahmegesetz, 2002, 3. Auflage Frankfurter Kommentar zum Wertpapiererwerbs- und Übernahmegesetz, hrsg v Haarmann, Schüppen, 2008
Habersack/Henssler	Kommentar zum Mitbestimmungsgesetz, *Hanau/Ulmer* 1981, 2. Auflage *Ulmer/Habersack/Henssler* MitbestR, 2006; 4. Auflage 2018 *Habersack/Henssler*
Hachenburg	GmbH-Gesetz, Großkommentar, hrsg v Ulmer, 8. Auflage 1992–1997
Happ	Aktienrecht, 5. Auflage 2019
Hb, Hdb	Handbuch
HdbAG	Handbuch der Aktiengesellschaft, hrsg v Nirk, Ziemons, Binnewies, Loseblatt, 1999 ff
Hdb börsennot AG	Handbuch börsennotierte AG, hrsg v Marsch-Barner, Schäfer, 4. Auflage 2017
HdR	Handbuch der Rechnungslegung, hrsg v Küting, Weber, Loseblatt, 2002 ff
Heidel	5. Auflage 2019 Nomoskommentar (s auch AnwKomm)
HeidelbergKomm	Heidelberger Kommentar zum Aktiengesetz, hrsg v Bürgers, Körber, Lieder, 5. Auflage 2021
Frodermann/Jannott	Handbuch des Aktienrechts, 9. Auflage 2017; bis zur 8. Auflage 2009 *Henn/Frodermann/Jannott*
Heymann	Handelsgesetzbuch, Kommentar, 2. Auflage hrsg v Horn, 1995 ff, 3. Auflage 2019 ff.
HFA	Hauptfachausschuss des Instituts der Wirtschaftsprüfer in Deutschland e.V.
HGB	Handelsgesetzbuch vom 10.5.1897 (RGBl 219; BGBl III/FNA 4100-1)
High Level Group	High Level Group of Company Law Experts (Winter, chairman, Christensen, Garrido Garcia, Hopt, Rickford, Rossi, Simon), Report of the High Level Group of

	Company Law Experts on Issues Related to Takeover Bids (High Level I), European Commission, Brussels, 10 January 2002; Report of the High Level Group of Company Law Experts on a Modern Regulatory Framework for Company Law in Europe (High Level II), European Commission, Brussels, 4 November 2002
Hirte Kapitalgesellschaftsrecht	Kapitalgesellschaftsrecht, 8. Auflage 2016
hL	herrschende Lehre
hM	herrschende Meinung
Hoffmann/Lehmann/Weinmann	Mitbestimmungsgesetz, Kommentar, 1978
Hoffmann/Preu	Der Aufsichtsrat, 5. Auflage 2003
Hommelhoff/Hopt/von Werder	Handbuch Corporate Governance, 2. Auflage 2010
Hommelhoff/Lutter/Schmidt/Schön/Ulmer	Corporate Governance. Gemeinschaftssymposium der Zeitschriften ZGR/ZHR, ZHR-Beiheft 71, 2002
Hopt Kapitalanlegerschutz	Der Kapitalanlegerschutz im Recht der Banken, Gesellschafts-, bank- und börsenrechtliche Anforderungen an das Beratungs- und Verwaltungsverhalten der Kreditinstitute, 1975
Hopt/Kanda/Roe/Wymeersch/Prigge	Comparative Corporate Governance, The State of the Art and Emerging Research, Oxford 1998
Hopt/Voigt	Prospekt- und Kapitalmarktinformationshaftung, 2005
Hopt/Wymeersch	Comparative Corporate Governance, Berlin 1997
Hopt/Wymeersch	Capital Markets and Company Law, Oxford 2003
Hopt/Wymeersch/Kanda/Baum	Corporate Governance in Context, Oxford 2005
HReg	Handelsregister
HRR	Höchstrichterliche Rechtsprechung (1928–1942, zitiert Jahr, Nummer), bis 1927: Die Rechtsprechung, Beilage zur Zeitschrift Juristische Rundschau
Hrsg, hrsg	Herausgeber, herausgegeben
HRV	Verordnung über die Einrichtung und Führung des Handelsregisters (Handelsregisterverordnung – HRV) v 12.8.1937 (RMBl 515; DJ 1251; BGBl III/FNA 315-20)
Hs	Halbsatz
Hucke/Ammann	Der Deutsche Corporate Governance Kodex, 2003
Hüffer/Koch	Aktiengesetz, 15. Auflage 2021
HV	Hauptversammlung
IAS	International Accounting Standards (seit 1.4.2001 IFRS)
IASB	International Accounting Standards Board (vor dem 1.4.2001 IASC)
IASC	International Accounting Standards Committee (seit 1.4.2001 IASB)
idF	in der Fassung
idR	in der Regel
IDW	Institut der Wirtschaftsprüfer in Deutschland e.V.
IDW FG	Fachgutachten des IDW
IDW FN	IDW-Fachnachrichten
IDW NA	Stellungnahmen des Sonderausschusses Neues Aktienrecht und des Hauptfachausschusses des IDW zu Fragen des neuen Aktienrechts

IDW PS	IDW Prüfungsstandard
IDW RH	IDW Rechnungslegungshinweise
IDW RS	IDW Stellungnahme zur Rechnungslegung
IDW S	IDW Standards
iE	im Ergebnis
IFRS	International Financial Reporting Standards (vor dem 1.4.2001 IAS)
insb, insbes	insbesondere
InsO	Insolvenzordnung (InsO) v 5.10.1994 (BGBl I 2866; BGBl III/FNA 311-13)
InvG	Investmentgesetz (InvG) v 15.12.2003 (BGBl I 2676; BGBl III/FNA 7612-2)
IPRax	Praxis des internationalen Privat- und Verfahrensrechts (Jahr, Seite)
iÜ	im Übrigen
iVm	in Verbindung mit
Jabornegg/Strasser	Kommentar zum Aktiengesetz, begr v Schiemer, 5. Auflage, Wien 2011
JBl	Justizblatt, Juristische Blätter, Wien (Jahr, Seite)
Jg	Jahrgang
jew	jeweils
JherJ	Jahrbücher für Dogmatik des römischen und deutschen Privatrechts, begr v Jhering, Gerber, später Jherings Jahrbücher für die Dogmatik des Bürgerlichen Rechts (Jahr, Seite)
JR	Juristische Rundschau (Jahr, Seite)
JuS	Juristische Schulung (Jahr, Seite)
JW	Juristische Wochenschrift (Jahr, Seite)
JZ	Juristenzeitung (Jahr, Seite)
KAGG	Gesetz über Kapitalanlagegesellschaften (KAGG) idF v 9.9.1998 (BGBl I 2726; BGBl III/FNA 4120-4), aufgehoben durch InvG
Kallmeyer	Umwandlungsgesetz, 7. Auflage 2020
KapCoRiLiG	Kapitalgesellschaften & Co.-Richtlinie-Gesetz v 24. 2. 2000 (BGBl I 154)
KapMuG	Gesetz über Musterverfahren in kapitalmarktrechtlichen Streitigkeiten (Kapitalanleger-Musterverfahrensgesetz – KapMuG) idF v 16.8.2005 (BGBl I 2437)
KfH	Kammer für Handelssachen
Kfm	Kaufmann
KG	Kommanditgesellschaft, Kammergericht
KGaA	Kommanditgesellschaft auf Aktien
KGJ	Jahrbuch für Entscheidungen des Kammergerichts in Sachen der freiwilligen Gerichtsbarkeit (Band, Seite)
KK	Kölner Kommentar zum Aktiengesetz, hrsg v Zöllner, 1. Auflage 1970 ff, 2. Auflage 1988 ff, 3. Auflage hrsg v Zöllner, Noack, 2004 ff

KK-WpÜG	Kölner Kommentar zum Wertpapiererwerbs- und Übernahmegesetz, hrsg v Hirte, von Bülow, 2. Auflage 2010
Klausing	Gesetz über Aktiengesellschaften und Kommanditgesellschaften auf Aktien (Aktiengesetz) nebst Einführungsgesetz und „Amtlicher Begründung" (AktG 1937)
Köstler/Zachert/Müller	Aufsichtsratspraxis, Handbuch für Arbeitnehmervertreter im Aufsichtsrat, 10. Auflage 2013
Koller/Roth/Morck	Handelsgesetzbuch, Kommentar, 9. Auflage 2019
KOM	Kommission der Europäischen Gemeinschaften (Dokumente)
Komm	Kommentar
KonTraG	Gesetz zur Kontrolle und Transparenz im Unternehmensbereich (KonTraG) v 27.4.1998 (BGBl I 786; BGBl III/FNA 4121)
KostREuroUG	Gesetz zur Umstellung des Kostenrechts und der Steuerberatergebührenverordnung auf Euro (KostREuroUG) v 27.4.2001 (BGBl I 751)
Kraakman/Davies/Hansmann/ Hertig/Hopt/Kanda/Rock	The Anatomy of Corporate Law. A Comparative and Functional Approach, Oxford 2004
KredAufwErsVO	Verordnung über den Ersatz von Aufwendungen der Kreditinstitute v 17. 6. 2003 (BGBl I 885)
krit	kritisch
Kropff AktG	Aktiengesetz vom 6.9.1965 und Einführungsgesetz zum Aktiengesetz mit Begründung des Regierungsentwurfs, 1965
KTS	Zeitschrift für Insolvenzrecht, Konkurs, Treuhand, Sanierung, (Jahr, Seite)
Kübler/Assmann GesR	Gesellschaftsrecht, 6. Auflage 2006, 5. Auflage *Kübler*, 1998
KWG	Gesetz über das Kreditwesen idF v 9.9.1998 (BGBl I 2776; BGBl III/FNA 7610-1)
LAG	Landesarbeitsgericht
LG	Landgericht
li Sp	linke Spalte
Lit	Literatur
LS	Leitsatz
Lutter/Winter	Umwandlungsgesetz, Kommentar, 6. Auflage 2019
Lutter/Hommelhoff GmbHG	GmbH-Gesetz, Kommentar, 20. Auflage 2020
Lutter Information	Information und Vertraulichkeit im Aufsichtsrat, 3. Auflage 2006
Lutter/Krieger/Verse	Rechte und Pflichten des Aufsichtsrats, 7. Auflage 2020; bis 6. Auflage 2014 *Lutter/Krieger*
m	mit
maW	mit anderen Worten
MDR	Monatsschrift für Deutsches Recht (Jahr, Seite)
Merkt	US-amerikanisches Gesellschaftsrecht, 3. Auflag 2013; bis 2. Auflage 2006 *Merkt/Göthel*

MinG	Ministergesetz
MitbestBeiG	Gesetz zur Beibehaltung der Mitbestimmung beim Austausch von Anteilen und der Einbringung von Unternehmensteilen, die Gesellschaften verschiedener Mitgliedstaaten der Europäischen Union betreffen (Mitbestimmungs-Beibehaltungsgesetz – MitbestBeiG) v 23.8.1994 (BGBl I 2228)
MitbestErgG	Gesetz zur Ergänzung des Gesetzes über die Mitbestimmung der Arbeitnehmer in den Aufsichtsräten und Vorständen der Unternehmen des Bergbaus und der Eisen und Stahl erzeugenden Industrie v 7.8.1956 (BGBl I 707; BGBl III/FNA 801-3)
MitbestG	Gesetz über die Mitbestimmung der Arbeitnehmer (Mitbestimmungsgesetz – MitbestG) v 4.5.1976 (BGBl I 1153; BGBl III/FNA 801-8)
Mitt	Mitteilungen
MoMiG	Gesetz zur Modernisierung des GmbH-Rechts und zur Bekämpfung von Missbräuchen (MoMiG) v 23.10.2008 (BGBl I 2026)
Montan-MitbestG	Gesetz über die Mitbestimmung der Arbeitnehmer in den Aufsichtsräten und Vorständen der Unternehmen des Bergbaus und der Eisen und Stahl erzeugenden Industrie v 21.5.1951 (BGBl I 347; BGBl III/FNA 801-2)
Mülbert Aktiengesellschaft	Aktiengesellschaft, Unternehmensgruppe und Kapitalmarkt. Die Aktionärsgruppe bei Bildung und Umbildung einer Unternehmensgruppe zwischen Verbands- und Anlegerschutzrecht, 2. Auflage 1996
MünchAnwHdb Aktienrecht	Münchener Anwaltshandbuch Aktienrecht, hrsg v Schüppen, Schaub, 3. Auflage 2018
MünchHdbAG	Münchener Handbuch des Gesellschaftsrechts Band 4: Aktiengesellschaft, hrsg v Hoffmann-Becking, 4. Auflage 2015
MünchKommAktG	Münchener Kommentar zum Aktiengesetz, hrsg v Kropff, Semler, 5. Auflage 2019 ff, hrsg v Goette, Habersack, 4. Auflage 2016 ff; 1. Auflage s *Geßler*
MünchKommBGB	Münchener Kommentar zum Bürgerlichen Gesetzbuch, hrsg v Rebmann, Säcker, Rixecker, 7. Auflage 2018 ff; Bände 1, 3 und 8 in 6. Auflage 2012 ff
MünchKommHGB	Münchener Kommentar zum Handelsgesetzbuch, hrsg v K. Schmidt, 4. Auflage 2016 ff.
mwN	mit weiteren Nachweisen
MwSt	Mehrwertsteuer
mWv	mit Wirkung vom
Nachw	Nachweis
NASDAQ	National Association of Securities Dealers Automated Quotations (USA)
NaStraG	Gesetz zur Namensaktie und zur Erleichterung der Stimmrechtsausübung (Namensaktiengesetz – NaStraG) v 18.1.2001 (BGBl I 123; BGBl III/FNA 4121-1)

nF	neue Fassung
NJ	Neue Justiz (Jahr, Seite)
NJW	Neue Juristische Wochenschrift (Jahr, Seite)
NJW-RR	NJW-Rechtsprechungs-Report Zivilrecht (Jahr, Seite)
Nr(n)	Nummer(n)
NYSE	New York Stock Exchange
NZA	Neue Zeitschrift für Arbeits- und Sozialrecht, seit 1992 Neue Zeitschrift für Arbeitsrecht (Jahr, Seite)
NZG	Neue Zeitschrift für Gesellschaftsrecht (Jahr, Seite)
Obermüller/Werner/Winden	Die Hauptversammlung der Aktiengesellschaft, 5. Auflage 2011, bearb v Butzke
OECD	Organisation for Economic Cooperation and Development
Österr OGH	Österreichischer Oberster Gerichtshof
OFD	Oberfinanzdirektion (Jahr, Seite)
OGH	Oberster Gerichtshof für die Britische Zone
OGHZ	Entscheidungen des Obersten Gerichtshofes für die Britische Zone in Zivilsachen (1949/50, zitiert Band, Seite)
OHG	Offene Handelsgesellschaft
OLG	Oberlandesgericht
OLGZ	Entscheidungen der Oberlandesgerichte in Zivilsachen (Jahr, Seite)
Palandt	Bürgerliches Gesetzbuch, 80. Auflage 2021
Peltzer	Deutsche Corporate Governance, 2. Auflage 2004
Pfitzer/Oser	Deutscher Corporate Governance Kodex, 2003, 2. Auflage 2005 hrsg v Pfitzer, Oser, Orth
Potthoff/Trescher	Das Aufsichtsratsmitglied, 6. Auflage 2003, bearb v Theisen
PublG	Gesetz über die Rechnungslegung von bestimmten Unternehmen und Konzernen (Publizitätsgesetz – PublG) v 15.8.1969 (BGBl I 1189, ber 1970 I 1113; BGBl III/ FNA 4120-7)
pVV	positive Vertragsverletzung
RabelsZ	Rabels Zeitschrift für ausländisches und internationales Privatrecht (Band, Jahr, Seite)
RAG	Reichsarbeitsgericht, Entscheidungen des Reichsarbeitsgerichts (Band, Seite)
Raiser/Veil/Jacobs	Mitbestimmungsgesetz, Kommentar, 7. Auflage 2020
Raiser/Veil Kapitalgesellschaften	Recht der Kapitalgesellschaften, 6. Auflage 2015
RBegrG	Gesetz zur Begrenzung der mit Finanzinvestitionen verbundenen Risiken (Risikobegrenzungsgesetz) v 12.8.2008 (BGBl I 1666)
Rdn	Randnummer(n) (s auch Rn)
RdA	Recht der Arbeit (Jahr, Seite)
RdW	Recht der Wirtschaft, Wien (Jahr, Seite)
Recht	Das Recht (Jahr, Nummer der Entscheidung; bei Aufsätzen: Jahr, Seite)

RefE	Referentenentwurf
RegE	Regierungsentwurf
re Sp	rechte Spalte
Restrukturierungsgesetz	Gesetz zur Restrukturierung und geordneten Abwicklung von Kreditinstituten, zur Errichtung eines Restrukturierungsfonds für Kreditinstitute und zur Verlängerung der Verjährungsfrist der aktienrechtlichen Organhaftung v. 9. 12. 2010 (BGBl I 1900)
RG	Reichsgericht (Band, Seite)
RGBl I, II	Reichsgesetzblatt, von 1922–1945 Teil I und Teil II (Jahr, Seite)
RGZ	Entscheidungen des Reichsgerichts in Zivilsachen (Band, Seite)
Ringleb/Kremer/Lutter/von Werder	Kommentar zum Deutschen Corporate Governance Kodex, 4. Auflage 2010
Ritter	Aktiengesetz, 2. Auflage 1939
RIW	Recht der internationalen Wirtschaft (Jahr, Seite)
RJA	Entscheidungen in Angelegenheiten der freiwilligen Gerichtsbarkeit, zusammengestellt vom Reichsjustizamt (Band, Seite)
RL	Richtlinie
Rn	Randnummer(n) (s auch Rdn)
ROHG	Reichsoberhandelsgericht
ROHGE	Entscheidungen des Reichsoberhandelsgerichts (Band, Seite)
Röhricht/Graf von Westphalen/Haas	Handelsgesetzbuch, Kommentar, 5. Auflage 2019
Rowedder/Schmidt-Leithoff	GmbHG, Kommentar, 6. Auflage 2017
Roth/Altmeppen	GmbHG, Kommentar, 10. Auflage 2021
Rspr	Rechtsprechung
s	siehe
S	Seite; Satz
SanInsFoG	Sanierungs- und Insolvenzrechtsfortentwicklungsgesetz v 22. 12. 2020 (BGBl I 3256)
Schlegelberger/Quassowski	Aktiengesetz, Kommentar, 3. Auflage 1939
K. Schmidt GesR	Gesellschaftsrecht, 4. Auflage 2002
Scholz	Kommentar zum GmbH-Gesetz, 12. Auflage 2018
Schwark/Zimmer	Kapitalmarktrechts-Kommentar, 5. Auflage 2020
SE	Societas Europaea, Europäische Aktiengesellschaft
SEAG	Gesetz zur Ausführung der Verordnung (EG) Nr. 2157/2001 des Rates vom 8. Oktober 2001 über das Statut der Europäischen Gesellschaft (SE) (SE-Ausführungsgesetz – SEAG) v 22.12.2004 (BGBl I 3675; BGBl III/FNA 4121-4)
SEBG	Gesetz über die Beteiligung der Arbeitnehmer in einer Europäischen Gesellschaft (SE-Beteiligungsgesetz – SEBG) v 22.12.2004 (BGBl I 3686; BGBl III/FNA 801-15)
SEC	Securities and Exchange Commission (USA)
SEEG	Gesetz zur Einführung der Europäischen Gesellschaft v 22.12.2004 (BGBl I 3675)

Semler	Leitung und Überwachung der Aktiengesellschaft, 2. Auflage 1996
Semler/Volhard	Arbeitshandbuch für Aufsichtsratsmitglieder, 3. Auflage 2009 (s auch ARHdb)
SeuffArch	Seufferts Archiv für Entscheidungen der obersten Gerichte (Band, Nummer)
SE-VO	Verordnung (EG) Nr. 2157/2001 des Rates über das Statut der Europäischen Gesellschaft (SE) (ABlEG L 294/1 v 10.11.2001)
Slg	Sammlung
Soergel	Kommentar zum Bürgerlichen Gesetzbuch, 13. Auflage 1999 ff
sog	sogenannte(r)
SprAuG	Gesetz zur Änderung des Betriebsverfassungsgesetzes, über Sprecherausschüsse der leitenden Angestellten und zur Sicherung der Montan-Mitbestimmung v 20.12.1988 (BGBl I 2312; BGBl III/FNA 801-11)
Spark	Die Sparkasse, Zeitschrift des deutschen Sparkassen- und Giroverbandes (Jahr, Seite)
SpruchG	Gesetz über das gesellschaftsrechtliche Spruchverfahren (Spruchverfahrensgesetz), eingeführt durch Art. 1 des Gesetzes zur Neuordnung des gesellschaftsrechtlichen Spruchverfahrens (Spruchverfahrensneuordnungsgesetz) v 12. 6. 2003 (BGBl I 838)
Spruchverfahrensneuordnungsgesetz	Gesetz zur Neuordnung des gesellschaftsrechtlichen Spruchverfahrens (Spruchverfahrensneuordnungsgesetz) v 12. 6. 2003 (BGBl I 838)
Staub	Handelsgesetzbuch, Großkommentar, 4. Auflage 1983 ff, Bände 2, 3, 6 und 7/1 in 5. Auflage 2008 ff, hrsg v Canaris, Habersack, Schäfer, 6. Aufl. 2021 ff, hrsg v Grundmann, Habersack, Schäfer
Staudinger	Kommentar zum Bürgerlichen Gesetzbuch, Neubearbeitung 1999 ff
Steinmeyer	WpÜG, Kommentar zum Wertpapiererwerbs- und Übernahmegesetz, 4. Auflage 2019
StGB	Strafgesetzbuch idF v 13.11.1998 (BGBl I 3322; BGBl III/FNA 450-2)
str	strittig, streitig
st Rspr	ständige Rechtsprechung
StückAG	Gesetz über die Zulassung von Stückaktien (Stückaktiengesetz – StückAG) v 25.3.1998 (BGBl I 590; BGBl III/FNA 4121-1)
SZW/RSDA	Schweizerische Zeitschrift für Wirtschaftsrecht, Revue suisse de droit des affaires (früher SchweizAG, Jahr, Seite)
Teichmann/Koehler	Aktiengesetz, Kommentar, 3. Auflage 1950
Theisen	Grundsätze einer ordnungsmäßigen Information des Aufsichtsrats, 3. Auflage 2002, Information und Berichterstattung des Aufsichtsrats, 4. Auflage 2008

TransPuG	Gesetz zur weiteren Reform des Aktien- und Bilanzrechts, zu Transparenz und Publizität (Transparenz- und Publizitätsgesetz) v 19.7.2002 (BGBl I 2681; BGBl III/FNA 4121-1)
TUG	Gesetz zur Umsetzung der Richtlinie 2004/109/EG des Europäischen Parlaments und des Rates vom 15. Dezember 2004 zur Harmonisierung der Transparenzanforderungen in Bezug auf Informationen über Emittenten, deren Wertpapiere zum Handel auf einem geregelten Markt zugelassen sind, und zur Änderung der Richtlinie 2001/34/EG (Transparenzrichtlinie-Umsetzungsgesetz – TUG) v 5.1.2007 (BGBl I 10)
u	unten
ua	unter anderem; und andere
überw	überwiegend
Ulmer/Habersack/Henssler MitbestR	Mitbestimmungsrecht, Kommentierung des MitbestG, der DrittelbG und der §§ 34 bis 38 SEBG, s. *Habersack/Henssler*
UMAG	Gesetz zur Unternehmensintegrität und Modernisierung des Anfechtungsrechts (UMAG) v 22.9.2005 (BGBl I 2802; BGBl III/FNA 4121-1)
UmwG	Umwandlungsgesetz idF v 28.10.1994 (BGBl I 3210, ber 2005 I 428; BGBl III/FNA 4120-9-2)
unstr	unstreitig
unzutr	unzutreffend
Urt	Urteil
USA	United States of America
US-GAAP	United States Generally Accepted Accounting Principles
usw	und so weiter
v	von; vom
VAG	Gesetz über die Beaufsichtigung der Versicherungsunternehmen (Versicherungsaufsichtsgesetz – VAG) idF v 17.12.1992 (BGBl 1993 I 2; BGBl III/FNA 7631-1)
VerfGH	Verfassungsgerichtshof (s auch VfGH)
Verh	Verhandlungen des Deutschen Bundestages (BT), des Deutschen Juristentages (DJT) usw
VersR	Versicherungsrecht, Juristische Rundschau für die Individualversicherung (Jahr, Seite)
VfGH	Verfassungsgerichtshof (s auch VerfGH)
vgl	vergleiche
VO(en)	Verordnung(en)
Voigt	Haftung aus Einfluss auf die Aktiengesellschaft, 2004
Voraufl	Vorauflage
Vorb, Vorbem	Vorbemerkung
VorstAG	Gesetz über die Angemessenheit von Vorstandsvergütungen (VorstAG) idF v 31.7.2009 (BGBl I 2509)

VorstOG	Gesetz über die Offenlegung von Vorstandsvergütungen (Vorstandsvergütungs-Offenlegungsgesetz – VorstOG) v 3.8.2005 (BGBl I 2267)
WiB	Wirtschaftsrechtliche Beratung (Jahr, Seite)
Wiedemann Gesellschaftsrecht	Gesellschaftsrecht, Band I 1980, Band II 2004
Widmann/Mayer	Umwandlungsrecht, Kommentar, hrsg v Widmann, Mayer, Loseblatt, 182. Aktualisierung 2020
wistra	Zeitschrift für Wirtschafts- und Steuerstrafrecht (Jahr, Seite)
Wlotzke/Wißmann/Koberski/Kleinsorge	Mitbestimmungsrecht, Kommentar, 4. Auflage 2011
WM	Wertpapier-Mitteilungen (Jahr, Seite)
WP	Das Wertpapier (Jahr, Seite)
WPg	Die Wirtschaftsprüfung (Jahr, Seite)
WpHG	Gesetz über den Wertpapierhandel (Wertpapierhandelsgesetz – WpHG) idF v 9.9.1998 (BGBl I 2708; BGBl III/FNA 4110-4)
WPK	Wirtschaftsprüferkammer
WpÜG	Wertpapiererwerbs- und Übernahmegesetz (WpÜG) v 20.12.2001 (BGBl I 3822; BGBl III/FNA 4110-7)
WuB	Entscheidungssammlung zum Wirtschafts- und Bankrecht
zB	zum Beispiel
ZBB	Zeitschrift für Bankrecht und Bankwirtschaft (Jahr, Seite)
ZEuP	Zeitschrift für Europäisches Privatrecht (Jahr, Seite)
ZfA	Zeitschrift für Arbeitsrecht (Band, Jahr, Seite)
ZfB	Zeitschrift für Betriebswirtschaft (Band, Jahr, Seite)
ZfbF	Schmalenbachs Zeitschrift für betriebswirtschaftliche Forschung (Band, Jahr, Seite)
ZfRV	Zeitschrift für Rechtsvergleichung, Internationales Privatrecht und Europarecht (Jahr, Seite)
ZGR	Zeitschrift für Unternehmens- und Gesellschaftsrecht (Jahr, Seite)
ZHR	Zeitschrift für das gesamte Handelsrecht und Wirtschaftsrecht (Band, Jahr, Seite)
ZIP	Zeitschrift für Wirtschaftsrecht (Jahr, Seite)
ZRP	Zeitschrift für Rechtspolitik (Jahr, Seite)
ZVglRWiss	Zeitschrift für Vergleichende Rechtswissenschaft (Band, Jahr, Seite)
ZZP	Zeitschrift für Zivilprozess (Band, Jahr, Seite)
Zweite Aktionärsrechterichtlinie	Richtlinie (EU) 2017/828 des Europäischen Parlaments und des Rates vom 17. Mai 2017 zur Änderung der Richtlinie 2007/36/EG im Hinblick auf die Förderung der langfristigen Mitwirkung der Aktionäre (ABl EU Nr L 132 v 20.5.2017, S 1)

Hinweis

Die folgende Kommentierung zum EGAktG und zu Art 103m EGInsO (S. 1 bis 187) wird hinter die Kommentierung der §§ 399–410 und vor dem Sachregister für den Band 9 eingebunden.

Der Verlag

Einführungsgesetz zum Aktiengesetz

Einleitung

Übersicht

Allgemeines Schrifttum zum Übergangsrecht

Friedrich Xaver Affolter Geschichte des intertemporalen Privatrechts, 1902; *Burkhard Hess* Intertemporales Privatrecht, 1998; *Kropff* AktG Aktiengesetz vom 6. 9. 1965 und Einführungsgesetz zum Aktiengesetz mit Begründung des Regierungsentwurfs, 1965; *Ferdinand Lassalle* Das System der erworbenen Rechte: eine Versöhnung des positiven Rechts und der Rechtsphilosophie, 1861; *Bodo Pieroth* Rückwirkung und Übergangsrecht. Verfassungsrechtliche Maßstäbe für intertemporale Gesetzgebung, 1981; *Friedrich Carl von Savigny* System des heutigen Römischen Rechts. Achter Band, 1849; *Patrick Wegner* Die Übergangs- und Schlussbestimmungen des Grundgesetzes. Eine fällige Würdigung, 2021.

I. Grundlagen des Übergangsrechts

Das Einführungsgesetz zum Aktiengesetz (EGAktG) will in erster Linie den Geltungsbereich des Aktiengesetzes unter räumlichen[1], zeitlichen, sachlichen und personellen Gesichtspunkten abgrenzen. Es enthält daher für viele Normen **Übergangsregelungen**; solche Regeln sind insbesondere bei Vorschriften erforderlich, durch die im Vergleich zur bisherigen Rechtslage Fristen geändert oder neue Pflichten geschaffen werden. Allgemein werden Übergangsvorschriften in der Regel in einem oder – wie hier – mehreren Paragrafen am Ende des Stammgesetzes vor oder mit der Inkrafttretensregelung zusammengefasst, im Grundgesetz heißt es sogar gemeinsam „Übergangs- und Schlussbestimmungen"[2]. Der teils schillernde Sprachgebrauch des „Übergangsrechts", der „Übergangsregelungen" oder „Übergangsvorschriften" wird hier zwar nicht versucht um eine weitere Variante zu bereichern, doch setzt eine **normzweckgebende Analyse** auch von aktienrechtlichen Übergangsvorschriften ein kohärentes Begriffsverständnis voraus. Einführungsgesetze (EG) finden sich in erster Linie bei großen privatrechtlichen Kodifikationen (zB für das BGB, StGB oder GVG, inzwischen auch für das GmbHG) und stellen gesetzgebungstechnisch aufgrund der komplexen Sachverhalte und Rück- wie Fortwirkungen durchaus eine Herausforderung dar.[3] Übergangsregelungen enthalten jedenfalls eine Gemengelage aus Regelungen über das Inkrafttreten des neuen und das Außerkrafttreten des alten Rechts, aus kollisionsrechtlichen Regelungen zur zeitlichen Anwendung sowie selten gar aus materiell-rechtlichen Vorschriften (etwa § 28a). Ein allgemeiner Oberbegriff für diese, hier rechtspositivistischen, Themen findet sich in dem sogenannten Grundsatz des **intertemporalen Privatrechts**, welcher die 1

[1] Überholt, vgl Art 45.

[2] Hierzu monographisch *Wegner* Die Übergangs- und Schlussbestimmungen des Grundgesetzes.

[3] Zur gesetzesmateriellen Schafffung von Übergangsvorschriften eingehend *BMJ* Handbuch der Rechtsförmlichkeit, 2008, Rdn 412 ff.

Abfolge von Gesetzen und Recht in der Zeit betrifft.[4] Dabei lassen sich diverse Konstellationen ausmachen, die einen Bedarf an Übergangsregelungen auslösen und die intertemporale Wirkung unterschiedlich anorden, etwa: klassische kollisionsrechtliche Fragestellungen, mit denen der Gesetzgeber Sachverhalte zu einem anwendbaren Sachrecht zuordnet und an die er Regelungen anknüpft (*lex tempori actus*); verfassungsrechtliche Fragestellungen, da es jeweils auch um den Vertrauensschutz des Normanwenders auf den Fortbestand seiner erlangten Rechtsposition geht;[5] Sachrechtsfortwirkungen, da das Recht auch Stabilisierungswerkzeuge braucht, mit denen Rechtszustände und -geschäfte an die geänderte Gesetzeslage angepasst werden.[6] Was den größten Bedarf an Übergangsregelungen anbelangt, dürften insbesondere politische, so auch europäische, und ökonomische (System-)Wechsel zu nennen sein. Gleichwohl schiene es verfehlt anzunehmen, dass im Bereich des komplexen Privatrechts ausschließlich schonende und positive Übergangsregelungen vorkommen müssten (vgl nur Art 199 EGBGB zum Eherecht).

2 All' diese Grundpositionen finden wir in einem heute 410 Paragrafen (ohne Buchstaben-Normen) starken Aktiengesetz, freilich auch in dem dazugehörigen Einführungsgesetz. Die schwierigen und doch wenig in jüngerer Zeit durchleuchteten Grundpositionen von Übergangsrechten prägen im Folgenden so den **Normzweck** der jeweiligen Übergangsregelung (siehe nur im Übrigen die darüber hinausgehenden Wertungen für §§ 4, 6, 16, 22, 25, 26j bis 26m).

II. Gesetzeszweck und -geschichte

3 Das EGAktG ist in seiner ursprünglichen Fassung zusammen mit dem Aktiengesetz am 6.9.1965 ausgefertigt und am 11.9.1965 verkündet worden; beide Gesetze tragen daher das

---

4 Aus moderner privatrechtlicher Sicht ist hierfür bis heute grundlegend die Habilitationsschrift von *Heß* Intertemporales Recht (zur Begrifflichkeit aaO S 56); zur Diskussion von Übergangsrecht und den zeitlichen Grenzen von Privatrechtsnormen schon im 19. Jahrhundert *Lassalle* Das System der erworbenen Rechte, S 46 ff, 163 ff; *von Savigny* System des heutigen Römischen Rechts VIII, S 375 ff, S 381 ff; historisch zusammenfassend *Affolter* Geschichte des intertemporalen Privatrechts, S 572 ff im Rahmen des Brexits ist dieses Thema unlängst auch gesellschaftsrechtlich aufgekommen, siehe hierzu *Hirte* in: FS Pape, 2019, S 151 ff; *Mäsch/Gausing/Peters* IPRax 2019, 49, 53 f (zum Bestandsschutz nach IPR); *Mohamed* ZVglRWiss 117 (2018), 189, 204 ff; *Schall* ZfPW 2016, 407, 413 f; *Weller/Thomale/Benz* NJW 2016, 2378, 2382 f; *J Schmidt* ZIP 2019, 1093, 1098, zu der rechtlichen Behandlung von Altgesellschaften nun auch *dies* GmbHR 2021, 229, 233 f, insb aber auch das BMF im Zuge eines Schreibens an die obersten Finanzbehörden der Länder v 30.12.2020 – IV A 3 – S 0284/20/10006 :003 (online abrufbar); vgl jüngst nun BGH 16.2.2021 – II ZB 25/17, ECLI:DE:BGH:2021:160221BIIZB25.17.0 unter Aufhebung des vorherigen Aussetzungs- und Vorlagebeschlusses zum EuGH (der II. Zivilsenat verneint die Fortgeltung der Niederlassungsfreiheit [„grundsätzlich nicht mehr berufen“] und stellt sich so auch mittelbar, dh ohne ausdrückliche Nennung, gegen eine intertemporale Lösung für diesen gesonderten Fall); zu einem jüngeren Anwendungsfall siehe unten Anhang 1.

5 Dies betrifft indes im Wesentlichen die klassisch verfassungsrechtliche Diskussion, wohingegen die Gesichtspunkte im andersartigen Privat- und Gesellschaftsrecht sehr anders liegen; vgl selbst schon aus dem Staatsrecht *Pieroth* Rückwirkung und Übergangsrecht, S 192 ff (unter der Überschrift „Die fehlende Relevanz der Rückwirkungsdogmatik“); zur Unterscheidung auch *Wegner* Die Übergangs- und Schlussbestimmungen des Grundgesetzes, S 23.

6 Ausführlich hierzu *Heß* Intertemporales Recht S 7 ff, 515 f.

Datum vom 6.9.1965. Die Notwendigkeit eines Einführungsgesetzes entstand dadurch, dass das Aktiengesetz von 1965 erst einige Zeit nach seiner Verkündung in Kraft getreten ist (1.1.1966), womit die Beteiligten Gelegenheit haben sollten, sich auf die Neuregelungen einzustellen. Für einzelne Vorschriften des neuen Aktiengesetzes bedurfte es daher einer Klarstellung, auf welche Tatbestände sie erstmals anzuwenden sind oder anzuwenden waren. Ferner war es erforderlich, bestimmte Rechtsverhältnisse, Satzungsbestimmungen und Rechtsvorschriften, die mit dem Aktiengesetz von 1965 (und jeweils später bei Änderungen) nicht in Einklang standen, für eine bestimmte Zeit oder auf Dauer aufrechtzuerhalten. Wegen des teilweisen Gleichlaufs der Sach- und Rechtslage war es zudem angebracht, bestimmte Regelungen des Aktiengesetzes auch für Gesellschaften mit beschränkter Haftung für anwendbar zu erklären.[7]

III. Gesetzessystematik

Das Einführungsgesetz weist für diese auch heute noch immer wieder entstehenden Übergangsfälle eine nur spärliche Untergliederung auf, welche sich kaum inhaltlich auf eine logische Ordnung bringen lässt. Der **Erste Abschnitt** („Übergangsvorschriften") regelt nahezu alle Fälle von § 1 bis § 26m, dh schon länger in nummerischer Aufstockung der 26er Normen. Der **Zweite Abschnitt** zur „Anwendung aktienrechtlicher Vorschriften auf Unternehmen mit anderer Rechtsform" weist Regelungen nur in §§ 27, 28a auf, während § 28 aufgehoben wurde. Aus dem **Dritten Abschnitt** zur „Aufhebung und Änderung von Gesetzen" (§§ 29–44) bleibt heute einzig noch § 33 nennens- und beachtenswert. Der **Vierte Abschnitt** widmet sich den beiden „Schlußvorschriften" in §§ 45, 46. Da einzelne Einführungsregelungen nur auf gesetzgeberische Aktienrechtsreformen, -novellen oder europäische Umsetzungen folgen,[8] dürfte eine feinere Untergliederung kaum nützlich oder gewinnbringend sein. Über die Nummeriungssystematik mag man lediglich aus gesetzeskosmetischer Sicht streiten. **4**

IV. Tabellarische Änderungsübersicht

Die Zeit ist auch für das Einführungsgesetz nicht stehen geblieben und so ist es nach seinem Ausfertigungsjahr 1965 vielfach geändert worden. Einen Gesamtüberblick über die Änderungen bis zum heutigen Stand zeigt die folgende Übersicht. **5**

[7] Überholt ist dieser Ansatz für bergrechtliche Gewerkschaften (dazu unten § 28).

[8] Zum Anstoß für gesetzgeberisches und politisches Wirken im Aktienrecht bereits *Hirte* in: FS Seibert, 2019, S 345 ff.

Änderungsübersicht (Stand August 2021)

28

Norm EGAktG	Eingeführt durch	Geändert durch	Bearbeiter der jeweiligen Zielnorm im AktG
§ 1	Aktiengesetz v 6.9.1965 (BGBl I, S 1089)	• Gesetz zur Einführung des Euro (Euro-Einführungsgesetz – EuroEG) v 9.6.1998 (BGBl I, S 1242)	• § 6: *Sebastian Mock*[5]
§ 2	Aktiengesetz v 6.9.1965 (BGBl I, S 1089)	• Gesetz zur Durchführung der Zweiten Richtlinie des Rates der Europäischen Gemeinschaften zur Koordinierung des Gesellschaftsrechts v 13.12.1978 (BGBl I, S 1959) • Gesetz zur Einführung des Euro (Euro-Einführungsgesetz – EuroEG) v 9.6.1998 (BGBl I, S 1242)	• §§ 7, 8: *Sebastian Mock*[5]
§ 3	Aktiengesetz v 6.9.1965 (BGBl I, S 1089)	• Gesetz über den Wertpapierhandel und zur Änderung börsenrechtlicher und wertpapierrechtlicher Vorschriften (Zweites Finanzmarktförderungsgesetz) v 26.7.1994 (BGBl I, S 1749) • Gesetz zur Einführung des Euro (Euro-Einführungsgesetz – EuroEG) v 9.6.1998 (BGBl I, S 1242)	• § 8: *Sebastian Mock*[5]
§ 4	Aktiengesetz v 6.9.1965 (BGBl I, S 1089)	• **aufgehoben durch:** Gesetz über den Wertpapierhandel und zur Änderung börsenrechtlicher und wertpapierrechtlicher Vorschriften (Zweites Finanzmarktförderungsgesetz) v 26.7.1994 (BGBl I, S 1749) • **neu eingeführt durch:** Gesetz zur Einführung des Euro (Euro-Einführungsgesetz – EuroEG) v 9.6.1998 (BGBl I, S 1242) • Gesetz zur Modernisierung des GmbH-Rechts und zur Bekämpfung von Missbräuchen (MoMiG) v 23.10.2008 (BGBl I, S 2026)	• § 73: *Hanno Merkt*[5] • § 150: *Sebastian Mock*[5] • §§ 179, 181, 182: *Herbert Wiedemann*[4] • §§ 207, 208: *Heribert Hirte*[4] • § 222, 229: *Rolf Sethe*[4]
§ 5	Aktiengesetz v 6.9.1965 (BGBl I, S 1089)	• Gesetz zur Kontrolle und Transparenz im Unternehmensbereich (KonTraG) v 27.4.1998 (BGBl I, S 786) • Gesetz zur Neuordnung des gesellschaftsrechtlichen Spruchverfahrens (Spruchverfahrensneuordnungsgesetz) v 12.6.2003 (BGBl I, S 838) • Gesetz über elektronische Handelsregister und Genossenschaftsregister sowie das Unternehmensregister (EHUG) v 10.11.2006 (BGBl I, S 2553)	• § 122: *Volker Butzke*[5] • § 134: *Stefan Grundmann*[5] • § 243: *Karsten Schmidt*[4]
§ 6	Aktiengesetz v 6.9.1965 (BGBl I, S 1089)		• §§ 19, 20, 21: *Christine Windbichler*[5] • § 328: *Holger Fleischer*[4]

Norm EGAktG	Eingeführt durch	Geändert durch	Bearbeiter der jeweiligen Zielnorm im AktG
§ 7	Aktiengesetz v 6.9.1965 (BGBl I, S 1089)		• 20, 21: *Christine Windbichler*[5] • § 328: *Holger Fleischer*[4]
§ 8	Aktiengesetz v 6.9.1965 (BGBl I, S 1089)		• 23: *Volker Röhricht/ Alexander Schall*[5]
§ 9	Aktiengesetz v 6.9.1965 (BGBl I, S 1089)	• **aufgehoben durch:** Gesetz zur Namensaktie und zur Erleichterung der Stimmrechtsausübung (Namensaktiengesetz – NaStraG) v 18.1.2001 (BGBl I, S 123)	
§ 10	Aktiengesetz v 6.9.1965 (BGBl I, S 1089)		• 55: *Hartwig Henze*[4]
§ 11	Aktiengesetz v 6.9.1965 (BGBl I, S 1089)	• Gesetz zur Namensaktie und zur Erleichterung der Stimmrechtsausübung (Namensaktiengesetz – NaStraG) v 18.1.2001 (BGBl I, S 123)	• § 52: *Hans-Joachim Priester*[5]
§ 12	Aktiengesetz v 6.9.1965 (BGBl I, S 1089)	• Gesetz zur Kontrolle und Transparenz im Unternehmensbereich (KonTraG) v 27.4.1998 (BGBl I, S 786) • Gesetz zur Modernisierung des Bilanzrechts (Bilanzrechtsmodernisierungsgesetz – BilMoG) v 25.5.2009 (BGBl I, S 1102)	• §§ 100, 107: *Klaus J. Hopt/Markus Roth*[5] • § 120: *Peter O. Mülbert*[5]
§ 13	Aktiengesetz v 6.9.1965 (BGBl I, S 1089)	• Gesetz zur weiteren Reform des Aktien- und Bilanzrechts, zu Transparenz und Publizität (Transparenz- und Publizitätsgesetz) v 19.7.2002 (BGBl I, S 2681)	• § 175: *Eberhard Vetter*[5]
§ 14	Aktiengesetz v 6.9.1965 (BGBl I, S 1089)	• Gesetz zur weiteren Reform des Aktien- und Bilanzrechts, zu Transparenz und Publizität (Transparenz- und Publizitätsgesetz) v 19.7.2002 (BGBl I, S 2681)	• §§ 171, 173: *Eberhard Vetter*[5]
§ 15	Aktiengesetz v 6.9.1965 (BGBl I, S 1089)	• Gesetz zur weiteren Reform des Aktien- und Bilanzrechts, zu Transparenz und Publizität (Transparenz- und Publizitätsgesetz) v 19.7.2002 (BGBl I, S 2681)	• § 161: *Patrick C. Leyens*[5]
§ 16	Aktiengesetz v 6.9.1965 (BGBl I, S 1089)	• Gesetz zur Durchführung der Richtlinie des Rates der Europäischen Union zur Änderung der Bilanz- und der Konzernbilanzrichtlinie hinsichtlich ihres Anwendungsbereichs (90/605/EWG), zur Verbesserung der Offenlegung von Jahresabschlüssen und zur Änderung anderer handelsrechtlicher Bestimmungen (Kapitalgesellschaften – und Co-Richtlinie-Gesetz – KapCoRiLiG) v 24.2.2000 (BGBl I, S 154) • Gesetz zur Unternehmensintegrität und Modernisierung des Anfechtungsrechts (UMAG) v 22.9.2005 (BGBl I, S 2802)	• §§ 123, 125: *Volker Butzke*[5]

Norm EGAktG	Eingeführt durch	Geändert durch	Bearbeiter der jeweiligen Zielnorm im AktG
§ 17	Aktiengesetz v 6.9.1965 (BGBl I, S 1089)	• **aufgehoben durch:** Gesetz zur Durchführung der Vierten, Siebenten und Achten Richtlinie des Rates der Europäischen Gemeinschaften zur Koordinierung des Gesellschaftsrechts (Bilanzrichtlinien-Gesetz – BiRiLiG) v 19.12.1985 (BGBl I, S 2355) • **neu eingeführt durch:** Gesetz zur Einführung internationaler Rechnungslegungsstandards und zur Sicherung der Qualität der Abschlussprüfung (Bilanzrechtsreformgesetz – BilReG) v 4.12.2004 (BGBl I, S 3166)	• §§ 243, 249: *Karsten Schmidt*[4]
§ 18	Aktiengesetz v 6.9.1965 (BGBl I, S 1089)	• **aufgehoben durch:** Gesetz zur Durchführung der Vierten, Siebenten und Achten Richtlinie des Rates der Europäischen Gemeinschaften zur Koordinierung des Gesellschaftsrechts (Bilanzrichtlinien-Gesetz – BiRiLiG) v 19.12.1985 (BGBl I, S 2355) • **neu eingeführt durch:** Gesetz zur Modernisierung des GmbH-Rechts und zur Bekämpfung von Missbräuchen (MoMiG) v 23.10.2008 (BGBl I, S 2026)	• § 37: *Volker Röhricht/Alexander Schall*[5]
§ 19	Aktiengesetz v 6.9.1965 (BGBl I, S 1089)	• **aufgehoben durch:** Gesetz zur Durchführung der Vierten, Siebenten und Achten Richtlinie des Rates der Europäischen Gemeinschaften zur Koordinierung des Gesellschaftsrechts (Bilanzrichtlinien-Gesetz – BiRiLiG) v 19.12.1985 (BGBl I, S 2355) • **neu eingeführt durch:** Gesetz zur Modernisierung des GmbH-Rechts und zur Bekämpfung von Missbräuchen (MoMiG) v 23.10.2008 (BGBl I, S 2026)	• § 76: *Michael Kort*[5]
§ 20	Aktiengesetz v 6.9.1965 (BGBl I, S 1089)	• Gesetz zur Umsetzung der Aktionärsrechterichtlinie (ARUG) v 30.7.2009 (BGBl I, S 2479)	• § 27: *Alexander Schall*[5] • §§ 121 bis 130: *Volker Butzke*[5] • §§ 134, 135: *Stefan Grundmann*[5] • §§ 175, 176: *Eberhard Vetter*[5] • §§ 241 bis 243: *Karsten Schmidt*[4] • § 305: *Heribert Hirte/Kai Hasselbach*[4] • §§ 319, 320b: *Ulrich Schmolke*[4] • § 327b: *Holger Fleischer*[4]
§ 21	Aktiengesetz v 6.9.1965 (BGBl I, S 1089)		• § 256: *Tilman Bezzenberger*[5]

Norm EGAktG	Eingeführt durch	Geändert durch	Bearbeiter der jeweiligen Zielnorm im AktG
§ 22	Aktiengesetz v 6.9.1965 (BGBl I, S 1089)		• §§ 291, 292, 295 bis 299: *Peter O. Mülbert*[4] • § 300 bis 303, 307 bis 310: *Heribert Hirte*[4] • § 316: *Holger Fleischer*[4]
§ 23	Aktiengesetz v 6.9.1965 (BGBl I, S 1089)	• Gesetz zur Angemessenheit der Vorstandsvergütung (VorstAG) v 31.7.2009 (BGBl I, S 2509)	• §§ 93, 100: *Klaus J. Hopt/Markus Roth*[5] • § 120: *Peter O. Mülbert*[5]
§ 24	Aktiengesetz v 6.9.1965 (BGBl I, S 1089)	• Gesetz zur Restrukturierung und geordneten Abwicklung von Kreditinstituten, zur Errichtung eines Restrukturierungsfonds für Kreditinstitute und zur Verlängerung der Verjährungsfrist der aktienrechtlichen Organhaftung (Restrukturierungsgesetz) v 9.12.2010 (BGBl I, S 1900)	• § 93: *Klaus J. Hopt/ Markus Roth*[5]
§ 25	Aktiengesetz v 6.9.1965 (BGBl I, S 1089)	• Gesetz über die Verwendung des Vermögens der deutschen Industriebank v 3.5.1974 (BGBl I, S 1037) • **aufgehoben durch:** Gesetz über die weitere Bereinigung von Bundesrecht v 8.10.2010 (BGBl I, S 1864) • **neu eingeführt durch:** Gesetz für die gleichberechtigte Teilhabe von Frauen und Männdern an Führungspositionen in der Privatwirtschaft und im öffentlichen Dienst v 24.04.2015 (BGBl I, S 642)	• § 76: *Michael Kort*[5] • §§ 96, 111, *Klaus J. Hopt/Markus Roth*[5]
§ 26	Aktiengesetz v 6.9.1965 (BGBl I, S 1089)		• Zweites Buch (KGaA): *Rolf Sethe*[5]
§ 26a	Gesetz zur Durchführung der Zweiten Richtlinie des Rates der Europäischen Gemeinschaften zur Koordinierung des Gesellschaftsrechts v 13.12.1978 (BGBl I, S 1959)		• § 22: *Christine Windbichler*[5]
§ 26b	Gesetz zur Durchführung der Zweiten Richtlinie des Rates der Europäischen Gemeinschaften zur Koordinierung des Gesellschaftsrechts v 13.12.1978 (BGBl I, S 1959)		• § 22: *Volker Röhricht/ Alexander Schall*[5]
§ 26c	Gesetz zur Durchführung der Zweiten Richtlinie des Rates der Europäischen Gemeinschaften zur Koordinierung des Gesellschaftsrechts v 13.12.1978 (BGBl I, S 1959)		• §§ 71, 71c: *Hanno Merkt*[5]

Norm EGAktG	Eingeführt durch	Geändert durch	Bearbeiter der jeweiligen Zielnorm im AktG
§ 26d	Gesetz zur Durchführung der Dritten Richtlinie des Rates der Europäischen Gemeinschaften zur Koordinierung des Gesellschaftsrechts (Verschmelzungsrichtlinie-Gesetz) v 25.10.1982 (BGBl I, S 1425)		
§ 26e	Gesetz zur Anpassung von Verjährungsvorschriften an das Gesetz zur Modernisierung des Schuldrechts v 9.12.2004 (BGBl I, S 3214)	• Gesetz über elektronische Handelsregister und Genossenschaftsregister sowie das Unternehmensregister (EHUG) v 10.11.2006 (BGBl I, S 2553)	• § 327: *Ulrich Schmolke*[4]
§ 26f	Gesetz zur Umsetzung der Richtlinie 2012/6/EU des Europäischen Parlaments und des Rates vom 14. März 2012 zur Änderung der Richtlinie 78/660/EWG des Rates über den Jahresabschluss von Gesellschaften bestimmter Rechtsformen hinsichtlich Kleinstbetrieben (Kleinstkapitalgesellschaften-Bilanzrechtsänderungsgesetz – MicroBilG) v 20.12.2012 (BGBl I, S 2751)		• §§ 152, 158, 160: *Sebastian Mock*[5]
§ 26g	Gesetz zur Umsetzung der Richtlinie 2013/34/EU des Europäischen Parlaments und des Rates vom 26. Juni 2013 über den Jahresabschluss, den konsolidierten Abschluss und damit verbundene Berichte von Unternehmen bestimmter Rechtsformen und zur Änderung der Richtlinie 2006/43/EG des Europäischen Parlaments und des Rates und zur Aufhebung der Richtlinien 78/660/EWG und 83/349/EWG des Rates (Bilanzrichtlinie-Umsetzungsgesetz – BilRUG) v 17.7.2015 (BGBl I, S 1245)		• § 58: *Hartwig Henze*[4] • §§ 152, 160: *Sebastian Mock*[5] • § 209: *Heribert Hirte*[4] • § 240: *Rolf Sethe*[4] • § 256, 261: *Karsten Schmidt*[4]

Norm EGAktG	**Eingeführt durch**	**Geändert durch**	**Bearbeiter der jeweiligen Zielnorm im AktG**
§ 26h	Gesetz zur Änderung des Aktiengesetzes (Aktienrechtsnovelle 2016) v 22.12.2015 (BGBl I, S 2565)		• § 10: *Sebastian Mock*[5] • §§ 24, 25: *Volker Röhricht/Alexander Schall*[5] • § 122: *Volker Butzke*[5]
§ 26i	Gesetz zur Stärkung der nichtfinanziellen Berichterstattung der Unternehmen in ihren Lage- und Konzernlageberichten (CSR-Richtlinie-Umsetzungsgesetz) v 11.4.2017 (BGBl I, S 802)		• § 111: *Klaus J. Hopt/ Markus Roth*[5] • §§ 170, 171, 176: *Eberhard Vetter*[5] • § 237: *Rolf Sethe*[4] • § 283: *Rolf Sethe*[5]
§ 26j	Gesetz zur Umsetzung der zweiten Aktionärsrechterichtlinie (ARUG II) v 12.12.2019 (BGBl I, S 2637)		• §§ 67a bis f: Neukommentierung ausstehend • § 87a: Neukommentierung ausstehend • § 113: *Klaus J. Hopt/ Markus Roth*[5] • § 118: *Peter O. Mülbert*[5] • § 120a: Neukommentierung ausstehend • §§ 121, 123, 125, 128, 129: *Volker Butzke*[5] • § 162: *Eberhard Vetter* (vorab als Anhang 1 zum EGAktG, 4. Aufl.) • § 186: *Herbert Wiedemann*[4] • § 214: *Heribert Hirte*[4] • § 243: *Karsten Schmidt*[4] • § 405: *Harro Otto*[4]
§ 26k	Gesetz zur Stärkung der Finanzmarktintegrität (Finanzmarktintegritätsstärkungsgesetz – FISG) v 3.6.2021 (BGBl I, S 1534)		
§ 26l	Gesetz zur Ergänzung und Änderung der Regelungen für die gleichberechtigte Teilhabe von Frauen an Führungspositionen in der Privatwirtschaft und im öffentlichen Dienst v 7.8.2021 (BGBl I, S 3311)		
§ 26m	*Gesetz zur Umsetzung der Digitalisierungsrichtlinie (DiRUG) v 5.7.2021 (BGBl I, S 3338)*		

Norm EGAktG	Eingeführt durch	Geändert durch	Bearbeiter der jeweiligen Zielnorm im AktG
§ 27	Aktiengesetz v 6.9.1965 (BGBl I, S 1089)	• Gesetz für die gleichberechtigte Teilhabe von Frauen und Männern an Führungspositionen in der Privatwirtschaft und im öffentlichen dienst v 24.4.2015 (BGBl I, S 642)	• §§ 96, 97 bis 99: *Klaus J. Hopt/Markus Roth*[5]
§ 28	Aktiengesetz v 6.9.1965 (BGBl I, S 1089)	• Gesetz zur Durchführung der Vierten, Siebenten und Achten Richtlinie des Rates der Europäischen Gemeinschaften zur Koordinierung des Gesellschaftsrechts (Bilanzrichtlinie-Gesetz – BiRiLiG) v 19.12.1985 (BGBl I, S 2355) • **aufgehoben durch:** Gesetz zur Einführung des Euro (Euro-Einführungsgesetz – EuroEG) v 9.6.1998 (BGBl I, S 1242)	
§ 28a	Gesetz zur Änderung des Vermögensgesetzes und anderer Vorschriften (Zweites Vermögensrechtsänderungsgesetz – 2.VermRÄndG) v 14.7.1992 (BGBl I, S 1257)		
§ 29	Aktiengesetz v 6.9.1965 (BGBl I, S 1089)	• **aufgehoben durch:** Gesetz über die weitere Bereinigung von Bundesrecht v 8.12.2010 (BGBl I, S 1864)	
§ 30	Reines Änderungsgesetz zum D-Markbilanzänderungsgesetz		
§ 31	Reines Änderungsgesetz zum HGB		
§ 32	Reines Änderungsgesetz zum GmbHG		
§ 33	Aktiengesetz v 6.9.1965 (BGBl I, S 1089)		• § 214: *Heribert Hirte*[4]
§ 34	Reines Änderungsgesetz zum Kapitalanlagegesellschaftsgesetz		
§ 35	Reines Änderungsgesetz zum Hypothekenbankengesetz		
§ 36	Reines Änderungsgesetz zum KWG		
§ 37	Reines Änderungsgesetz zu Versicherungsrechtlichen Vorschriften		
§ 38	Reines Änderungsgesetz zum VolkswagenG		

Norm EGAktG	Eingeführt durch	Geändert durch	Bearbeiter der jeweiligen Zielnorm im AktG
§ 39	Reines Änderungsgesetz zum UmwG		
§ 40	Reines Änderungsgesetz zu den Mitbestimmungsgesetzen		
§ 41	Reines Änderungsgesetz zum GVG		
§ 42	Reines Änderungsgesetz zum ArbGG		
§ 43	Reines Änderungsgesetz zum FGG		
§ 44	Reines Änderungsgesetz zum RPflG		
§ 45	Aktiengesetz v 6.9.1965 (BGBl I, S 1089)		
§ 46	Aktiengesetz v 6.9.1965 (BGBl I, S 1089)		

Einführungsgesetz zum Aktiengesetz

(EGAktG)
vom 6.9.1965

Erster Abschnitt. Übergangsvorschriften

§ 1
Grundkapital

(1) [1]§ 6 des Aktiengesetzes gilt nicht für Aktiengesellschaften, deren Grundkapital und Aktien beim Inkrafttreten des Aktiengesetzes nicht auf einen Nennbetrag in Deutscher Mark lauten, sowie für Aktiengesellschaften, die nach dem Inkrafttreten des Aktiengesetzes nach Maßgabe des § 2 des D-Markbilanzergänzungsgesetzes vom 28. Dezember 1950 (Bundesgesetzbl. S. 811) ihren Sitz in den Geltungsbereich des Aktiengesetzes verlegen. [2]Die Währung, auf die ihr Grundkapital und ihre Aktien lauten müssen, bestimmt sich nach den für sie geltenden besonderen Vorschriften.

(2) [1]Aktiengesellschaften, die vor dem 1. Januar 1999 in das Handelsregister eingetragen worden sind, dürfen die Nennbeträge ihres Grundkapitals und ihrer Aktien weiter in Deutscher Mark bezeichnen. [2]Bis zm 31. Dezember 2001 dürfen Aktiengesellschaften neu eingetragen werden, deren Grundkapital und Aktien auf Deutsche Mark lauten. [3]Danach dürfen Aktiengesellschaften nur eingetragen werden, wenn die Nennbeträge von Grundkapital und Aktien in Euro bezeichnet sind; das gleiche gilt für Beschlüsse über die Änderung des Grundkapitals.

Übersicht

Schrifttum

Heribert Hirte Altbanken und Rechnungslegung, in: Bankrecht und Kapitalmarktrecht in der Entwicklung: Festschrift für Siegfried Kümpel zum 70. Geburtstag, 2003, S 257–273; *Hans-Christoph Ihrig/Georg Streit* Aktiengesellschaft und Euro. Handlungsbedarf und Möglichkeiten der Aktiengesellschaften anläßlich der Euro-Einführung zum 1.1.1999, NZG 1998, S 201–207; *Thomas Schürmann* Die Anpassung des Gesellschaftsrechts bei Einführung des Euro. Zum Referentenentwurf eines gesellschaftsrechtlichen Umstellungsgesetzes, DB 1997, S 1381–1387; *Ulrich Seibert* Die Umstellung des Gesellschaftsrechts auf den Euro. – Die Gesetzentwürfe der Bundesregierung –, ZGR 1998, S 1–19.

I. Grundlagen

1. Gesetzesgeschichte

Abs 1 der Vorschrift wurde in seiner heutigen Form bereits durch das AktG 1965 geschaffen. Die Ausnahmen von § 6 AktG aF (betreffend Deutsche Mark) bezogen sich auf dessen Fassung. **1**

2 Abs 2 wurde hingegen erst durch Art 3 § 2 des Gesetzes zur Einführung des Euro (Euro-Einführungsgesetz – EuroEG) vom 9. Juni 1998 (BGBl I, S 1242) eingeführt. Die Norm wurde seitdem nicht mehr geändert.

3 Abs 1 entspricht bereits der Fassung des RegE[1] zum AktG 1965. Auch der durch das EuroEG eingefügte Abs 2 entspricht bereits der Fassung des RegE EuroEG[2] und blieb infolge der Beschlussempfehlung des Rechtsausschusses unverändert.

2. Europäisches Recht

4 Die Übergangszeit von Deutscher Mark zum Euro wurde bereits durch unmittelbar geltendes und Anwendungsvorrang genießendes europäisches Recht bestimmt, namentlich die Verordnung über die Einführung des Euro[3]. So bedurfte es nach Erwägungsgrund 8 der Verordnung zur Vorbereitung eines reibungslosen Übergangs zum Euro einer Übergangszeit zwischen dem Zeitpunkt, zu dem der Euro an die Stelle der Währungen der teilnehmenden Mitgliedstaaten trat; in dieser Übergangszeit galten die nationalen Währungseinheiten als Untereinheiten des Euro und dadurch waren beide Einheiten rechtlich gleichwertig.[4]

5 Nach Art 2 und 3 der Verordnung ist mit der Euro-Einführung die Währung der teilnehmenden Mitgliedstaaten der Euro, terminlich also seit dem 1. Januar 1999 (Inkrafttreten der Verordnung, Art 17). Weitere Bezugnahmen auf nationale Währungseinheiten, sind als Bezugnahmen auf die Euro-Einheit entsprechend dem jeweiligen Umrechnungskurs zu verstehen (Art 14 der Verordnung), und zwar zu dem unwiderruflich festgelegten[5] Umrechnungskurs von 1,95583 DM für 1 Euro.

3. Wirtschaftliche Bedeutung

6 Der Regelung des **Abs 1 S 1** wird heute keine praktische Bedeutung mehr zukommen, da sich sowohl die Reaktivierung solcher Altbanken infolge des Beitritts der DDR zur Bundesrepublik als auch die Bedeutung der damaligen Abwicklungsgesellschaften mit einem nicht in Deutscher Mark festgesetzten Grundkapital nach Inkrafttreten des AktG 1965 zwischenzeitlich erledigt haben. Die Regelung des **S 2** zur seinerzeitigen Sitzverlegung des S 2 ist heute ebenfalls praktisch nicht mehr von Bedeutung.

7 Die wohl nur noch wenigen nach **Abs 2** betroffenen Altgesellschaften sind bis heute nicht verpflichtet, ihre Satzung auf Euro umzustellen. In seltenen Fällen kann sich insbesondere S 3 Hs 2 bei der Umstellung der Nennbeträge auf Euro heute noch auswirken.

II. Übergangsregelung zum Grundkapital

1. Übergangsfälle bis zur Einführung des Euro (Abs 1)

8 a) **Grundkapital nicht auf DM (S 1).** Aktiengesellschaften, die schon vor der **Währungsumstellung des Jahres 1948** in das Handesregister eingetragen waren und ihr Grundkapital

---

1 Begr RegE, BT-Drucks IV/171, S 300.

2 Begr RegE EuroEG, BT-Drucks 13/9347, S 7.

3 Verordnung (EG) Nr 974/98 des Rates vom 3. Mai 1998 über die Einführung des Euro, ABl EU Nr L 139 v 11.5.1998, S 1; vgl noch für den Entwurf des Umstellungsgesetzes *Schürmann* DB 1997, 1381, 1382; *Seibert* ZGR 1998, 1, 4; zur Einführung des Euro durch das EuroEG auch *Ihrig/Streit* NZG 1998, 201 ff.

4 Eingehend dazu bereits *Schürmann* DB 1997, 1381.

5 Art 1 der Verordnung (EG)[Euro-Umrechnungskurse] Nr 2866/98, ABl EG Nr. L 359 v 31.12.1998, S 1.

nicht nach den Vorschriften der D-Markbilanzgesetze in Deutscher Mark neu festgesetzt hatten, waren nach § 80 des D-Markbilanzgesetzes vom 21. August 1949 (WiBl, S 279) aufgelöst. Sie konnten aber als Gesellschaften in Abwicklung mit einem nicht in Deutscher Mark neu festgesetzten Grundkapital auch nach Inkrafttreten des AktG 1965 noch fortbestehen, wenn ihre Abwicklung bis dahin nicht abgeschlossen war. Entsprechendes galt für Aktiengesellschaften mit Sitz im **Saarland**, welche die Neufestsetzung ihres Grundkapitals in Deutscher Mark nach den Vorschriften des D-Markbilanzgesetzes für das Saarland vom 30. Juni 1959 (BGBl I, S 327) nicht bis zum 30. Juni 1961 zur Eintragung in das Handelsregister angemeldet hatten (§ 56 Abs 1 des D-Markbilanzgesetzes für das Saarland).[6] Auch sie konnten nach Inkrafttreten des AktG 1965 als aufgelöste Gesellschaften mit einem nicht in Deutscher Mark neu festgesetzten Grundkapital noch fortbestehen. Ferner waren Kreditinstitute in der Rechtsform einer Aktiengesellschaft vorhanden, die keinen Sitz im Rechtssinne in der Bundesrepublik hatten und deshalb ihr Grundkapital nicht in Deutscher Mark neu festsetzen konnten (§ 4 der 42. DVO zum Umstellungsgesetz, § 11 des Berliner Altbanken-Bilanz-Gesetzes vom 10. Dezember 1953 – GVBl Berlin, S 1488), gleichwohl aber eine Geschäftstätigkeit im Bundesgebiet ausübten, weil sie nach der 35. DVO zum Umstellungsgesetz als „verlagerte Geldinsitute“ anerkannt oder als „Berliner Altbanken“[7] zum Neugeschäft zugelassen worden waren. Auch Altbanken mit Sitz in Berlin waren zur Neufestsetzung ihres Grundkapitals in Deutscher Mark erst verpflichtet, wenn sie zum Neugeschäft zugelassen wurden (§§ 11, 22 des Berliner Altbanken-Bilanz-Gesetzes).[8]

b) **Außerhalb des Geltungsbereichs des AktG (S 2).** Schließlich bestand die Möglichkeit, 9
dass Aktiengesellschaften mit Sitz außerhalb des (seinerzeitigen) Bundesgebiets, aber im Gebiet des ehemaligen Deutschen Reiches in seinen Grenzen vom 31. Dezember 1937, die mit einem Grundkapital in **Reichsmark** gegründet worden waren, künftig noch nach Maßgabe des § 2 des D-Markbilanzergänzungsgesetzes vom 28. Dezember 1950 (BGBl, S 811) ihren Sitz in die Bundesrepublik verlegten. Gesellschaften, die durch den Zweiten Weltkrieg und die Teilung Deutschlands wirtschaftlch besonders schwer betroffen waren, sollte durch S 2 eine Erleichterung gewährt werden. In diesem Falle hatten sie ihr Grundkapital nach § 2 Abs 3 des D-Markbilanzergänzungsgesetzes innerhalb der durch das Gericht zu bestimmenden Frist in Deutscher Mark neu festzusetzen.

§ 1 EGAktG stellte für diese Aktiengesellschaften klar, dass hinsichtlich der Frage, auf 10
welche Währung ihr Grundkapital und ihre Aktien lauten mussten, an Stelle des § 6 AktG 1965 die für sie geltenden besonderen Vorschriften weiterhin maßgebend waren[9] (siehe ferner oben *Mock*[5] § 6 AktG Rdn 19).

2. Übergangsfälle zum Euro (Abs 2)

Regelungsziel von **Abs 2** war es, den Gesellschaften größtmögliche Flexibiltät und Wahl- 11
möglichkeiten für die Umstellung auf den Euro einzuräumen und ihnen zugleich einfache und kostengünstige Verfahren für die Umstellungsmaßnahmen bereitzustellen.[10] Nach der Gesetzesbegründung zum EuroEG stellt die Übergangsvorschrift des Abs 2 sicher, dass die Währungsangabe „DM“ für die Bezeichnung der Nennbeträge von Grundkapital und

6 Vgl schon Begr RegE bei *Kropff*, AktG, S 514.

7 Vgl zu den Berliner Altbanken *Hirte* in: FS Kümpel, 2003, S 257, 259 f.

8 Begr RegE bei *Kropff*, AktG, S 514 sowie *Brändel*[4] § 6 AktG Rdn 27.

9 Begr RegE bei *Kropff*, AktG, S 514.

10 Vgl noch für den Umstellungs-Entwurf statt aller *Schürmann* DB 1997, 1381, 1382; *Seibert* ZGR 1998, 1, 4.

Aktien auch nach der Umstellung des Aktienrechts auf den Euro noch geraume Zeit zulässig bleibt.[11] Wie vom damaligen „Gemeinschaftsrecht" – heute „Unionsrecht" – vorgesehen, dürfen nach **S 1** zunächst die bei Eintritt in die dritte Stufe der Wirtschafts- und Währungsunion bestehenden Aktiengesellschaften auf Deutsche Mark lautende Nennbeträge beibehalten. Das bedeutet allerdings nicht, dass das fortwährende Grundkapital auch **tatsächlich** in Deutscher Mark besteht; vielmehr ergibt sich der auf Euro lautende Nennbetrag aus der Umrechnung – dh nach Magabe des Umrechnungskurses – des in der Satzung ausgewiesenen Betrags in Deutscher Mark (siehe ferner oben *Mock*[5] § 6 AktG Rdn 20).[12]

12 Nach **S 2** konnten auch Neugründungen während des Übergangszeitraums noch auf die Währungsbezeichnung „DM" lauten, unabhängig davon, ob die Registeranmeldung vor oder nach dem **1. Januar 1999** erfolgte. Denn auch insoweit sicherte der europäische Rechtsrahmen den Wirtschaftsakteuren Wahlfreiheit zwischen den Währungsbezeichnungen zu.

13 Diese Möglichkeit **endete** erst mit Ablauf des Übergangszeitraums (**S 3**). Neugründungen müssen seither in Euro erfolgen. Bestehende Gesellschaften dürfen dagegen auch noch nach Ablauf des Übergangszeitraums die DM-Bezeichnung in ihren Satzungen jedenfalls vorerst weiterführen. Dies steht im Einklang mit der Ratsverordnung[13], wonach seit dem Ende der Übergangszeit Bezugnahmen auf nationale Währungseinheiten als Bezugnahme auf die Euro-Einheit entsprechend dem jeweiligen Umrechnungskurs zu verstehen sind; daraus folgt zugeich, dass eine Umschreibung solcher Rechtsinstrumente nicht erforderlich ist, um ihre Rechtsgültigkeit zu gewährleisten. Gleichwohl erscheint es nach der Gesetzesbegründung nicht sinnvoll, Denominierungen in Deutscher Mark auf unbegrenzte Zeit beizubehalten.[14] Spätestens bei einer Kapitaländerung, die nach § 3 Abs 5 ohnehin mit einer Anpassung der Nennbeträge verbunden werden muss (vgl dazu unter § 3 Rdn 18 ff), ist der Zeitpunkt für eine Umstellung der Währungsbezeichnung gekommen, wie es Hs 2 von S 3 vorsieht (siehe im Übrigen oben *Mock*[5] § 6 AktG Rdn 21 f).

---

[11] Begr RegE EuroEG, BT-Drucks 13/9347, S 32.

[12] Vgl auch schon BeckOGK/*Drescher* § 6 AktG Rdn 6; KK/*Dauner-Lieb*[3] § 6 Rdn 10; MünchKomm/*Heider*[5] § 6 AktG Rdn 49; Hüffer/*Koch*[15] § 6 Rdn 4.

[13] ABl EG Nr C 236 v 2.8.1997, S 8.

[14] So schon Begr RegE EuroEG, BT-Drucks 13/9347, S 32.

§ 2
Mindestnennbetrag des Grundkapitals

[1]Für Aktiengesellschaften, die vor dem 1. Januar 1999 in das Handelsregister eingetragen oder zur Eintragung in das Handelsregister angemeldet worden sind, bleibt der bis dahin gültige Mindestbetrag des Grundkapitals maßgeblich, bis die Aktiennennbeträge an die seit diesem Zeitpunkt geltenden Beträge des § 8 des Aktiengesetzes angepaßt werden. [2]Für spätere Gründungen gilt der Mindestbetrag des Grundkapitals nach § 7 des Aktiengesetzes in der ab dem 1. Januar 1999 geltenden Fassung, der bei Gründungen in Deutscher Mark zu dem vom Rat der Europäischen Union gemäß Artikel 109l Abs. 4 Satz 1 des EG-Vertrages unwiderruflich festgelegten Umrechnungskurs in Deutsche Mark umzurechnen ist.

Übersicht

I. Grundlagen

1. Gesetzesgeschichte

Die am 1. Januar 1999 in Kraft getretene Norm wurde in ihrer heutigen Form durch Art 3 § 2 des Gesetzes zur Einführung des Euro (Euro-Einführungsgesetz – EuroEG) vom 9. Juni 1998 (BGBl I, S 1242) geschaffen. Die Norm wurde seitdem nicht mehr geändert. **1**

Die Norm ersetzte die Fassung durch das Gesetz zur Durchführung der Zweiten Richtlinie des Rates der Europäischen Gemeinschaften zur Koordinierung des Gesellschaftsrechts (Kapitalrichtlinie-Gesetz) vom 13. Dezember 1978 (BGBl I, S 1959)[1], die selbst wiederum die Ursprungsfassung des AktG 1965 ersetzt hatte. **2**

Schon die Ursprungsfassung des AktG 1965 behandelte den „Mindestnennbetrag des Grundkapitals"[2] (hierzu schon in der 3. Aufl. GroßkommAktG/*Meyer-Landrut*[3] § 2). Und auch § 2 Abs 1 des Einführungsgesetzes zum Aktiengesetz vom 30. Januar 1937 (RGBl I, S 166) idF des § 61 des D-Markbilanzgesetzes schrieb bereits vor, dass für solche Gesellschaften das neu festgesetzte Grundkapital als Mindestnennbetrag im Sinne des Aktiengesetzes galt, jedoch auf **einhunderttausend Deutsche Mark** erhöht werden müsste, wenn die Gesellschaft ihre **Satzung wesentlich änderte**. § 2 idF des AktG 1965 übernahm diese Regelung des damals geltenden Rechts unverändert. Die Fassung galt aber nur bis zum 30. Juni 1979. Die Übergangsregelung idF des Kapitalrichtlinie-Gesetzes lehnte sich sodann an Art 6 § 1 des Entwurfs eines Gesetzes zur Änderung des Gesetzes über Gesellschaften mit beschränkter Haftung und anderer handelsrechtlicher Vorschriften (BR-Drucks 404/77) an.[3] Sie zwang Altgesellschaften, wenn sie fortbestehen wollten, ihr Grundkapital auf **3**

---

1 Vgl zum europarechtlichen Grundstein der Kapitalrichtlinie selbst die Kommentierung unter § 26a Rdn 3.

2 Vgl Begr RegE bei *Kropff*, AktG, S 514 f.

3 Vgl Begr RegE Kapitalrichtlinie-Gesetz, BT-Drucks 8/1678, S 20.

mindestens einhunderttausend Deutsche Mark zu erhöhen oder sich nach den Vorschriften des Aktiengesetzes oder des Umwandlungsgesetzes **umzuwandeln** (in Abs 1 idF des Kapitalrichtlinie-Gesetzes). Die **Fortsetzung** einer aufgelösten Gesellschaft wurde jedoch kraft Fortsetzungsbeschluss möglich gemacht, der nur wirksam werden konnte, wenn das Grundkapital auf einhunderttausend Deutsche Mark erhöht wurde (Abs 2 S 1 und 2 idF des Kapitalrichtlinie-Gesetzes).

4 Die heute geltende Übergangsregelung des § 2 idF des EuroEG entspricht bereits der Fassung des RegE EuroEG[4] und blieb infolge der Beschlussempfehlung des Rechtsausschusses[5] unverändert.

2. Europäisches Recht

5 Siehe hierzu die Ausführungen oben unter § 1 Rdn 4 f.

3. Wirtschaftliche Bedeutung

6 Nur in höchst seltenen Fällen, in denen keine Anpassung der Aktiennennbeträge seit dem 1. Januar 1999 vorgenommen wurde, kann die Regelung heute noch praktische Relevanz aufweisen.

II. Übergangsregelung zum Mindestnennbetrag des Grundkapitals

1. Mindestnennbetrag nach Deutscher Mark (S 1)

7 Es handelt sich um eine reine Übergangsregelung zu § 7 AktG. Nach **S 1** bleibt, solange eine Gesellschaft die bisherige DM-Nennbetragsstückelung beibehält, für sie auch der gegenwärtige Mindestbetrag von einhunderttausend Deutsche Mark weiter maßgeblich.[6] Betroffen können dabei Altgesellschaften sein, die vor dem 1. Januar 1999 in das Handelsregister eingetragen waren oder zur Eintragung in das Handelsregister angemeldet worden sind (siehe ferner oben *Mock*[5] § 7 AktG Rdn 47).

2. Mindestnennbetrag nach Deutscher Mark (S 2)

8 **S 2** stellt klar, dass auf spätere Gründungen, für die nach § 3 Abs 3 die neuen Euro-Beträge gelten (vgl dazu § 3 Rdn 13), konsequent auch der neue Mindestbetrag des Grundkapitals von **fünfzigtausend Euro Anwendung** findet, der bei während des Übergangszeitraums noch möglichen Gründungen in Deutscher Mark dann in den entsprechenden DM-Wert umzurechnen ist[7] (siehe ferner oben *Mock*[5] § 7 AktG Rdn 48).

---

[4] RegE EuroEG, BT-Drucks 13/9347, S 7.
[5] Beschlussempfehlung und Bericht des Rechtsausschusses EuroEG, BT-Drucks 13/10334, S 9.
[6] Begr RegE EuroEG, BT-Drucks 13/9347, S 32.
[7] Begr RegE EuroEG, BT-Drucks 13/9347, S 32.

§ 3
Mindestnennbetrag der Aktien

(1) Aktien dürfen nur noch nach § 8 des Aktiengesetzes ausgegeben werden.

(2) [1]Aktien einer Gesellschaft, die vor dem 1. Januar 1999 in das Handelsregister eingetragen oder zur Eintragung in das Handelsregister angemeldet und bis zum 31. Dezember 2001 eingetragen worden ist, dürfen weiterhin auf einen nach den bis dahin geltenden Vorschriften zulässigen Nennbetrag lauten, Aktien, die auf Grund eines Kapitalerhöhungsbeschlusses ausgegeben werden, jedoch nur, wenn dieser bis zum 31. Dezember 2001 in das Handelsregister eingetragen worden ist. [2]Dies gilt nur einheitlich für sämtliche Aktien einer Gesellschaft. [3]Die Nennbeträge können auch zu dem vom Rat der Europäischen Union gemäß Artikel 109l Abs. 4 Satz 1 des EG-Vertrages unwiderruflich festgelegten Umrechnungskurs in Euro ausgedrückt werden.

(3) Für Aktiengesellschaften, die auf Grund einer nach dem 31. Dezember 1998 erfolgten Anmeldung zum Handelsregister bis zum 31. Dezember 2001 eingetragen werden und deren Grundkapital und Aktien nach § 1 Abs. 2 Satz 2 auf Deutsche Mark lauten, gelten die zu dem vom Rat der Europäischen Union gemäß Artikel 109l Abs. 4 Satz 1 des EG-Vertrages unwiderruflich festgelegten Umrechnungskurs in Deutsche Mark umzurechnenden Beträge nach § 8 des Aktiengesetzes in der ab dem 1. Januar 1999 geltenden Fassung.

(4) [1]Das Verhältnis der mit den Aktien verbundenen Rechte zueinander und das Verhältnis ihrer Nennbeträge zum Nennkapital wird durch Umrechnung zwischen Deutscher Mark und Euro nicht berührt. [2]Nach Umrechnung gebrochene Aktiennennbeträge können auf mindestens zwei Stellen hinter dem Komma gerundet dargestellt werden; diese Rundung hat keine Rechtswirkung. [3]Auf sie ist in Beschlüssen und Satzung hinzuweisen; der jeweilige Anteil der Aktie am Grundkapital soll erkennbar bleiben.

(5) Beschließt eine Gesellschaft, die die Nennbeträge ihrer Aktien nicht an § 8 des Aktiengesetzes in der ab dem 1. Januar 1999 geltenden Fassung angepaßt hat, die Änderung ihres Grundkapitals, darf dieser Beschluß nach dem 31. Dezember 2001 in das Handelsregister nur eingetragen werden, wenn zugleich eine Satzungsänderung über die Anpassung der Aktiennennbeträge an § 8 des Aktiengesetzes eingetragen wird.

Übersicht

I. Grundlagen

1. Gesetzesgeschichte

1 Die am 1. Januar 1999 in Kraft getretene Norm wurde in ihrer heutigen Form durch Art 3 § 2 des Gesetzes zur Einführung des Euro (Euro-Einführungsgesetz – EuroEG) vom 9. Juni 1998 (BGBl I, S 1242) geschaffen. Die Norm wurde seitdem nicht mehr geändert.

2 Die Norm ersetzte die Fassung durch das Gesetz über den Wertpapierhandel und zur Änderung börsenrechtlicher und wertpapierrechtlicher Vorschriften (Zweites Finanzmarktförderungsgesetz) vom 26. Juli 1994 (BGBl I, S 1749), die selbst wiederum die Ursprungsfassung des AktG 1965 ersetzt hatte.

3 Abs 1 ist bereits seit der Fassung des RegE[1] zum AktG 1965 unverändert, lediglich der materielle Verweis auf § 8 AktG hat sich mehrfach geändert (siehe ferner oben *Mock*[5] § 8 AktG Rdn 15 ff). Die Änderungen der Abs 2 bis 5 aF im Vergleich zur Fassung des AktG 1965 durch das Zweite Finanzmarktförderungsgesetz waren Folgeänderungen der Herabsetzung des Mindestnennbetrags in § 8 AktG aF. Die dort vorgesehenen Aufhebungen ergaben sich daraus, dass diese Bestimmungen entweder mittlerweise obsolet geworden waren oder darauf beruhten, dass mit dem AktG 1965 der Nennbetrag auf fünfzig Deutsche Mark festgelegt worden war und nach früherem Recht geringere Nennbeträge möglich waren.[2]

4 Die heute geltende[3] Normfassung der Abs 2 bis 5 seit dem EuroEG enthält auch weiterhin Überleitungsregelungen betreffend § 8 AktG. Abs 2 und 3 entsprechen bereits der Fassung des RegE[4] und blieben auch durch die Beschlussempfehlung des Rechtsausschusses[5] unverändert. Abs 4 entspricht zwar auch größtenteils bereits der Fassung des RegE; aufgrund der Beschlussempfehlung des Rechtsausschusses wurden allerdings die S 2 und 3 zur Klarstellung zusammengefasst (durch das heutige Semikolon in Abs 4). Abs 5 hingegen ist maßgeblich erst infolge der Beschlussempfehlung des Rechtsausschusses entstanden (vgl inhaltlich sogleich unter Rdn 18).[6]

2. Europäisches Recht

5 Siehe hierzu die Ausführungen oben unter § 1 Rdn 4 f.

3. Wirtschaftliche Bedeutung

6 Die beschränkte Möglichkeit der Beibehaltung eines Nennbetragsausweises in Deutscher Mark kann heute noch angesichts der Abs 2 bis 5 praktische Relevanz aufweisen (siehe im Einzelnen Rdn 9 ff). Für alle übrigen Aktiengesellschaften gilt § 8 AktG zu Form

---

1 RegE, BT-Drucks IV/171, S 300.

2 Zur Erläuterung näher Begr RegE Zweites Finanzmarktförderungsgesetz, BT-Drucks 12/6679, S 85.

3 Und rundum erneuerte Fassung im Vergleich zum Zweiten Finanzmarktförderungsgesetz. Auf letztere Fassungen wird daher nicht mehr eingegangen.

4 RegE EuroEG, BT-Drucks 13/9347, S 7 f.

5 Beschlussempfehlung und Bericht des Rechtsausschusses EuroEG, BT-Drucks 13/10334, S 9 f.

6 Beschlussempfehlung und Bericht des Rechtsausschusses EuroEG, BT-Drucks 13/10334, S 10.

und Mindestbeträgen der Aktien heute praktisch uneingeschränkt (siehe § 3 Abs 1, hierzu Rdn 7 f).

II. Übergangsregelung zum Mindestnennbetrag der Aktien

1. Aktienausgabe nach Maßgabe des § 8 AktG (Abs 1)

Nach Abs 1 aF musste der **Nennbetrag von Aktien**, die nach Inkrafttreten des AktG 1965 ausgegeben wurden, § 8 AktG entsprechen, also idF des AktG 1965 noch **auf einhundert DM oder ein Vielfaches dieses Betrages** lauten.[7] Dies hatte zur Folge, dass Aktiengesellschaften, die ihr Grundkapital noch nach Inkrafttreten des AktG 1965 in DM neu festsetzten, die Aktiennennbeträge bei der Neufestsetzung nur noch auf einen in DM durch hundert teilbaren Betrag stellen konnten. § 44 Abs 3 des D-Markbilanzgesetzes, der eine Neufestsetzung der Aktiennennbeträge auch auf zwanzig und fünfzig DM oder ein Vielfaches dieser Beträge zuließ, sollte also insoweit nicht mehr gelten. Die Neufestsetzung musste nach Inkrafttreten des AktG 1965 dessen § 8 entsprechen. 7

Auf eine **Kapitalerhöhung aus Gesellschaftsmitteln**, die erst nach Inkrafttreten des AktG 1965 in das Handelsregister eingetragen wurde, waren die Vorschriften des AktG 1965 anzuwenden. Sie wichen von den Vorschriften des Gesetzes über die Kapitalerhöhung aus Gesellschaftsmitteln und über die Gewinn- und Verlustrechnung (KapErhG) vom 23. Dezember 1959 (BGBl I, S 789) unter anderem insofern ab, als sie eine Kapitalerhöhung durch Erhöhung des Nennbetrags der Aktien nur bei teileingezahlten Aktien vorsahen (§ 215 Abs 2 AktG aF; heutige Fassung des § 215 Abs 2 dagegen: „Anteil am Grundkapital"). Auch trafen sie hinsichtlich des Nennbetrages der neu auszugebenden Aktien keine Sonderregelung gegenüber § 8 AktG aF. Nach Abs 2 blieben die vom AktG 1965 abweichenden Vorschriften des Gesetzes über die Kapitalerhöhung aus Gesellschaftsmitteln und über die Gewinn- und Verlustrechnung anwendbar, wenn der Beschluss über die Kapitalerhöhung vor Inkrafttreten des AktG 1965 in das Handelsregister eingetragen worden war.[8] In diesem Fall konnten die neuen Aktien, auch wenn sie erst nach Inkrafttreten des AktG 1965 ausgegeben wurden, unter den Voraussetzungen des § 6 Abs 1 des Gesetzes über die Kapitalerhöhung aus Gesellschaftsmitteln und über die Gewinn- und Verlustrechnung auch auf in DM durch zehn teilbare Beträge oder auf Beträge unter einhundert DM gestellt werden. 8

2. Fortgelung der alten Nennbeträge (Abs 2)

Abs 2 betrifft – vorbehaltlich der in Abs 5 geregelten Anpassungspflichten – die **Fortgeltung der Nennbeträge** bestehender Gesellschaften. 9

Nach **S 1** können die bei Eintritt in die dritte Stufe der Wirtschafts- und Währungsunion bestehenden Gesellschaften die bislang zulässigen Aktiennennbeträge (also fünf DM oder ein Vielfaches davon) beibehalten. Dies gilt auch für Gesellschaften, die zu diesem Zeitpunkt bereits zur Eintragung in das Handelsregister angemeldet waren, auch wenn sie erst während der nachfolgenden Übergangszeit eingetragen worden sind.[9] Altgesellschaften durften auch noch während des Übergangszeitraums eine Kapitalerhöhung nach Maßgabe der bis 10

---

[7] Vgl Begr RegE bei *Kropff*, AktG, S 515.
[8] Vgl Begr RegE bei *Kropff*, AktG, S 515.
[9] Begr RegE EuroEG, BT-Drucks 13/9347, S 33.

dahin zulässigen Nennbetragsstufung beschließen und eintragen lassen. Dabei war unschädlich, wenn die entsprechenden Aktien erst nach Ablauf des Übergangszeitraums ausgegeben worden sind. Dies war gerechtfertigt, weil Aktien mit unterschiedlicher Nennbetragsstückelung nach altem und neuem Recht nebeneinander nicht bestehen können (**S 2**).

11 S 2 verhindert das **Nebeneinander von Aktien** bisheriger DM-Stückelung und künftiger Euro-Stückelung bei derselben Gesellschaft, indem eine solche „gemischte" Nennbetragseinteilung des Grundkapitals ausgeschlossen wird.[10] Demnach war es beispielweise einer DM-Gesellschaft nicht möglich, während des Übergangszeitraums eine Kapitalerhöhung gegen Einlagen zu beschließen, die durch die Ausgabe von Aktien im neuen Euro-Nennbetragsraster durchgeführt werden sollte, bevor nicht das vorhandene Grundkapital auf glatte Euro-Beträge gestellt war.[11] Umgekehrt konnten nach Umstellung und Glättung des Grundkapitals und der Nennbeträge der ausgegebenen Aktien aus einem genehmigten Kapital neue Aktien nur ausgegeben werden, wenn auch dieses entsprechend umgestellt und angepasst worden ist.

12 S 3 stellte klar, dass die vorherige Nennbetragsstückelung auch dann noch zulässig war, wenn die Aktiengesellschaft mittlerweile ihre vertraglichen Grundlagen auf die Euro-Einheit umgestellt hatte, wodurch jedenfalls vorübergehend gebrochene Euro-Nennbeträge enstehen konnten. Dies konnte bei kleinen Aktiengesellschaften in Betracht kommen, die zwar ihre vertraglichen Grundlagen auf den Euro umstellten, aber noch nicht die Kapitalmaßnahmen ergreifen wollten, um die Aktiennennbeträge an das neue Raster des geänderten § 8 AktG anzupassen (siehe ferner oben *Mock*[5] § 8 AktG Rdn 58 f; zu den *qua* Satzung ausgewiesenen Nennbeträgen schon *Röhricht*[4] § 23 AktG Rdn 148 f; explizit zum neuen Recht *Röhricht/Schall*[5] § 23 Rdn 102 ff, 155 f).[12]

3. Anmeldung zum Handelsregister während Übergangszeitraum (Abs 3)

13 **Abs 3** betrifft solche **Aktiengesellschaften**, die erst **während des Übergangszeitraums zum Handelsregister angemeldet** und dort eingetragen worden sind und deren Gründer sich im Einklang mit dem damaligen „EG-Recht" und § 1 Abs 2 S 2 noch für die Denominierung in DM entschieden hatten. Hier mussten die neuen Nennbeträge des geänderten § 8 AktG beachtet werden. Dies führte zwar vorübergehend zu gebrochenen DM-Beträgen, die sich dann aber mit Ablauf des Übergangszeitraumes in glatte Euro-Beträge entsprechend den Anforderungen des § 8 AktG umwandelten.[13]

4. Gerundete Betragsdarstellungen (Abs 4)

14 **Abs 4 begrenzt die rechtlichen Wirkungen gerundeter Betragsdarstellungen.** Die Umrechnung eines glatten Nennbetrages in die jeweils andere Währungseinheit lässt wegen des mutmaßlich gebrochenen Umrechnungskurses regelmäßig eine „krumme" Zahl entstehen. Wird ein solcher Nennwert gerundet, so kann die Rundungsdifferenz bei einer einzelnen Aktie vernachlässigt werden.[14] Angesichts der großen Zahl von Aktien würden sich jedoch die Rundungsdifferenzen mit der Folge vervielfachen, dass der Gesamtnennbetrag der jeweils gerundeten Aktien von der selbständig umgerechneten Grundkapitalziffer erheblich abweichen kann.[15] Ein **Beispiel** nach der Gesetzesbegründung: Das Grundkapital einer

---

[10] Begr RegE EuroEG, BT-Drucks 13/9347, S 33.
[11] Begr RegE EuroEG, BT-Drucks 13/9347, S 33.
[12] Begr RegE EuroEG, BT-Drucks 13/9347, S 33.
[13] Begr RegE EuroEG, BT-Drucks 13/9347, S 33.
[14] Begr RegE EuroEG, BT-Drucks 13/9347, S 33.
[15] Begr RegE EuroEG, BT-Drucks 13/9347, S 33.

Gesellschaft in Höhe von 1 Mrd DM würde bei Umrechnung mit einem Faktor vor 1,94 DM für 1 Euro auf zwei Stellen nach dem Komma gerundet 515.463.917,53 Euro betragen. Würde man den Nennwert bei 200 Mio Aktien dieser Gesellschaft zu 5 DM auf 2,58 Euro runden, würde das Produkt der Aktien mit ihren Nennwerten 516 Mio Euro betragen, mithin 536.082,47 Euro mehr als das ausgewiesene Grundkapital.[16] Auf diese Weise hätten sich (scheinbar) auch Mehrverheitshältnisse verschieben können: Besitzt ein Aktionär beispielweise 50 % der Anteile zuzüglich einer Aktie, so würde er bei einer Addition jeweils abgerundeter Nennbeträge seiner Aktien die Anteilsmehrheit verlieren, wenn man nach dem Vorbild des § 16 Abs 2 S 1 AktG den Gesamtnennbetrag seiner Anteile ins Verhältnis zum Nennkapital setzt (dagegen bleibt es grundsätzlich bei den bisherigen Anteilsverhältnissen, wenn man nicht das Nennkapital, sondern den Gesamtnennbetrag der Anteile der übrigen Aktionäre zum Vergleich heranzieht, der demselben Rundungsfehler unterliegt; dies kann sich aber wegen des Multiplikationseffektes wiederum ändern, wenn die Aktien unterschiedlich hohe Nennbeträge aufweisen).

Die Währungsumstellung sollte **keine Änderung der Anteilsverhältnisse** in der Gesell- **15**
schaft herbeiführen. Die Rundung mag in der Praxis zu rechnerischen Schwierigkeiten und Darstellungsproblemen führen, die gesellschaftsrechtlichen Verhältnisse ändert sie jedoch nicht. Die Multiplikation von Rundungsdifferenzen kann weder zu einer automatischen Erhöhung oder Herabsetzung des Grundkapitals führen noch die grundlegende Eigenschaft der Aktiengesellschaft, die Zerlegung des Grundkapitals in Aktien nach § 1 Abs 2 AktG, ignorieren.

Demgemäß schreibt **S 1** fest, dass die durch das Verhältnis von Nennbeträgen zueinan- **16**
der bestimmten gesellschaftsrechtlichen Verhältnisse durch die Umrechnung unberührt bleiben. Dies bedingt, dass Aktiennennbeträge nicht mit Rechtswirkung gerundet werden dürfen (**S 2 aE**). Ein Widerspruch zu der Verordnung (EG) Nr 1103/97 des Rates vom 17. Juni 1997 über bestimmte Vorschriften im Zusammenhang mit dem Euro besteht nicht; denn sie sieht eine Rundung nur für „zu zahlende oder zu verbuchende Geldbeträge" vor. Der Aktiennennbetrag, der mittelbar eine Beteiligungsquote am Grundkapital zum Ausdruck bringt und sich darin grundlegend etwa vom Nennbetrag einer Schuldverschreibung unterscheidet, ist kein solcher Betrag. Jedoch können nach **S 2** umgerechnete und auf gebrochene Zahlen lautende Aktien aus praktischen Erwägungen **auf mindestens zwei Nachkommastellen gerundet** dargestellt werden, wenn sie in gesellschaftsrechtlichen Instrumenten wie Hauptversammlungsbeschlüssen oder Satzungen bezeichnet werden. Notwendig ist allerdings, dass die auf die Aktien entfallenden Beteiligungsquoten nachvollziehbar sind. Deshalb muss, wenn gebrochene Aktiennennbeträge in Rechtsinstrumenten gerundet dargestellt werden sollen, auf diesen Umstand in geeigneter Form hingewiesen werden (**S 3**). Dabei reicht es aber aus, dass bei gerundeter Darstellung des Nennbetrags die Beteiligungsquote jedenfalls nachvollziehbar bleibt.[17]

Die vorgenannten Regeln gelten nur für die **Nennbeträge der einzelnen Aktien, nicht** **17**
aber für den Gesamtbetrag des Grundkapitals. Die Grundkapitalziffer ist ein „zu verbuchender Betrag" im Sinne der Verordnung (EG) Nr 1103/97 des Rates vom 17. Juni 1997 und deshalb kraft unmittelbar geltenden europäischen Rechts auf den nächsten Cent zu runden.

---

16 Vgl zum Rechenbeispiel Begr RegE EuroEG, BT-Drucks 13/9347, S 33.

17 Beschlussempfehlung und Bericht des Rechtsausschusses EuroEG, BT-Drucks 13/10334, S 37.

5. Erforderliche Satzungsänderung betreffend Aktiennennbeträge bei Kapitalmaßnahme (Abs 5)

18 Für eine möglichst baldige Anpassung der Aktiennennwerte an glatte Euro-Beträge sprach neben der „Zahlenästhetik" auch der praktische Vorteil, dass eine Glättung der Beträge die oben bei **Abs 4** skizzierten Rundungsungenauigkeiten und Berechnungsschwierigkeiten vermied.[18] Nicht zuletzt war eine rasche Anpassung an die neuen Euro-Nennbetragsstufen auch als Bekenntnis zum einheitlichen Wirtschafts- und Währungsraum zu verstehen und sollte die Positionierung im Markt unterstützen. So war denn auch seitens der von der Anpassung betroffenen Unternehmen insbesondere bei den Publikumsgesellschaften ein erhebliches Interesse an einer frühzeitigen Umstellung auf den Euro und einer Vermeidung gebrochener Nennwerte erkennbar: Eine Umfrage unter den DAX 100-Unternehmen hatte ergeben, dass fast alle Gesellschaften noch während des Übergangszeitraums ihr Kapital auf Euro umstellen wollten und gebrochene Nennwerte ablehnten.[19]

19 Die Begründung zum RegE verdeutlichte zudem, dass die Regelung des **Abs 5** sich ausdrücklich auf die Aktiennennbeträge beschränkte; die **Glättung der Grundkapitalziffer** ergab sich daraus als zwangsläufige Folge. Gesellschaften, die nach der angestrebten Zulassung nennwertloser Aktien (Stückaktien) auf diese neue Aktienform umgestellt hatten, brauchten deshalb mangels anpassungsbedürftiger Aktiennennbeträge keine Glättungsmaßnahme vorzunehmen; die Glättung allein des Grundkapitals war und ist nicht vorgesehen. Allerdings konnte es aus praktischen Erwägungen sinnvoll erscheinen, das Grundkapital zumindest so weit zu verändern, dass die Stückaktien rechnerisch zumindest auf volle Cent gestellt werden konnten.[20]

20 Aufgrund der Beschlussempfehlung des Rechtsausschusses verzichtet **Abs 5** auf die im RegE[21] noch vorgesehene Frist für die Anpassung und Glättung der Aktiennennbeträge bei börsennotierten Gesellschaften und stellt diese insoweit den nicht börsengehandelten Aktiengesellschaften gleich.[22] Denn ein zwingender Grund zur Glättung der Aktiennennbeträge nach Umstellung auf Euro bestehe nicht. Allerdings schienen die börsennotierten Gesellschaften – sofern sie nicht gleich auf die Stückaktie auswichen – einen glatten Nennbetrag zu bevorzugen. Das EuroEG erleichterte es daher den Aktiengesellschaften, einen glatten Euro-Nennbetrag zu bilden; es bestand aber keine Veranlassung dazu, besonderen Druck auf die Gesellschaften auszuüben.[23] Lediglich bei Gelegenheit einer ohnehin **geplanten Kapitalmaßnahme** verlangt **Abs 5** eine Anpassung an das Nennbetragsmuster des § 8 AktG in der heute geltenden neuen Fassung. Der Durchsetzung dieses Ziels dient die **Registersperre**. Als Vorbild für eine solche Registersperre dienten die §§ 8 und 9 sowie Art 12 § 7 des Gesetzes zur Änderung des GmbHG und anderer handelsrechtlicher Vorschriften vom 4. Juli 1980 (BGBl I, S 836).

---

[18] Hierzu auch MünchKomm/*Heider*[5] § 6 AktG Rdn 51.

[19] Vgl hierzu schon Begr RegE EuroEG, BT-Drucks 13/9347, S 34.

[20] Vgl auch hierzu Begr RegE EuroEG, BT-Drucks 13/9347, S 34.

[21] Vgl Begr RegE EuroEG, BT-Drucks 13/9347, S 34.

[22] Beschlussempfehlung und Bericht des Rechtsausschusses EuroEG, BT-Drucks 13/10334, S 37.

[23] Beschlussempfehlung und Bericht des Rechtsausschusses EuroEG, BT-Drucks 13/10334, S 37 f.

§ 4
Verfahren der Umstellung auf den Euro

(1) [1]Über die Umstellung des Grundkapitals und der Aktiennennbeträge sowie weiterer satzungsmäßiger Betragsangaben auf Euro zu dem gemäß Artikel 109l Abs. 4 Satz 1 des EG-Vertrages unwiderruflich festgelegten Umrechnungskurs beschließt die Hauptversammlung abweichend von § 179 Abs. 2 des Aktiengesetzes mit der einfachen Mehrheit des bei der Beschlußfassung vertretenen Grundkapitals. [2]Ab dem 1. Januar 2002 ist der Aufsichtsrat zu den entsprechenden Fassungsänderungen der Satzung ermächtigt. [3]Auf die Anmeldung und Eintragung der Umstellung in das Handelsregister ist § 181 Abs. 1 Satz 2 und 3 des Aktiengesetzes nicht anzuwenden.

(2) [1]Für eine Erhöhung des Grundkapitals aus Gesellschaftsmitteln oder eine Herabsetzung des Kapitals auf den nächsthöheren oder nächstniedrigeren Betrag, mit dem die Nennbeträge der Aktien auf volle Euro gestellt werden können, genügt abweichend von § 207 Abs. 2, § 182 Abs. 1 und § 222 Abs. 1 des Aktiengesetzes die einfache Mehrheit des bei der Beschlußfassung vertretenen Grundkapitals, bei der Herabsetzung jedoch nur, wenn zumindest die Hälfte des Grundkapitals vertreten ist. [2]Diese Mehrheit gilt auch für Beschlüsse über die entsprechende Anpassung eines genehmigten Kapitals oder über die Teilung der auf volle Euro gestellten Aktien sowie für Änderungen der Satzungsfassung, wenn diese Beschlüsse mit der Kapitaländerung verbunden sind. [3]§ 130 Abs. 1 Satz 3 des Aktiengesetzes findet keine Anwendung.

(3) [1]Eine Kapitalerhöhung aus Gesellschaftsmitteln oder eine Kapitalherabsetzung bei Umstellung auf Euro kann durch Erhöhung oder Herabsetzung des Nennbetrags der Aktien oder durch Neueinteilung der Aktiennennbeträge ausgeführt werden. [2]Die Neueinteilung der Nennbeträge bedarf der Zustimmung aller betroffenen Aktionäre, auf die nicht ihrem Anteil entsprechend volle Aktien oder eine geringere Zahl an Aktien als zuvor entfallen; bei teileingezahlten Aktien ist sie ausgeschlossen.

(4) [1]Sofern Aktien aus einem bedingten Kapital nach dem Beschluß über eine Kapitalerhöhung aus Gesellschaftsmitteln oder über eine andere Satzungsänderung zur Umstellung auf Euro, die mit der Zahl der Aktien verbunden ist, ausgegeben worden sind, gelten sie für den Beschluß erst nach dessen Eintragung in das Handelsregister als ausgegeben. [2]Diese aus einem bedingten Kapital ausgegebenen und die noch auszugebenden Aktien nehmen an der Änderung der Nennbeträge teil.

(5) [1]Für eine Kapitalerhöhung aus Gesellschaftsmitteln nach Absatz 2 können abweichend von § 208 Abs. 1 Satz 2 und § 150 Abs. 3 des Aktiengesetzes die Kapitalrücklage und die gesetzliche Rücklage sowie deren Zuführungen, auch soweit sie zusammen den zehnten Teil oder den in der Satzung bestimmten höheren Teil des bisherigen Grundkapitals nicht übersteigen, in Grundkapital umgewandelt werden. [2]Auf eine Kapitalherabsetzung nach Absatz 2, die in vereinfachter Form vorgenommen werden soll, findet § 229 Abs. 2 des Aktiengesetzes keine Anwendung.

(6) [1]§ 73 Abs. 1 Satz 2 des Aktiengesetzes findet keine Anwendung. [2]Im übrigen bleiben die aktienrechtlichen Vorschriften unberührt.

Übersicht

Schrifttum

Andreas Heidinger Die Euroumstellung der Aktiengesellschaft durch Kapitalherabsetzung, DNotZ 2000, S 661–663; *Henning Schröer* Vorschläge für Hauptversammlungsbeschlüsse zur Euro-Umstellung bei Nennbetragsaktien, ZIP 1998, S 529–534; *Jochen Vetter* Verpflichtung zur Schaffung von 1 Euro-Aktien? AG 2000, S 193–208.

I. Grundlagen

1. Gesetzesgeschichte

1 Die am 1. Januar 1999 in Kraft getretene aktuelle Fassung der Norm wurde durch Art 3 § 2 des Gesetzes zur Einführung des Euro (Euro-Einführungsgesetz – EuroEG) vom 9. Juni 1998 (BGBl I, S 1242) geschaffen. Sie ersetzte die Ursprungsfassung des AktG 1965 zur „Vereinigung von Aktien“[1], die durch Art 6 des Zweiten Finanzmarktförderungsgesetzes schon zuvor aufgehoben worden war (hierzu schon in der 3. Aufl. GroßkommAktG/*Meyer-Landrut*[3] § 4). Die Norm hat ihre letzte Änderung durch Art 6 des Gesetzes zur Modernisierung des GmbH-Rechts und zur Bekämpfung von Missbräuchen (MoMiG) vom 23. Oktober 2008 (BGBl I, S 2026) erfahren. Die Norm wurde seitdem nicht mehr geändert.

2 Das Grundgerüst der heutigen[2] Übergangsregelung in § 4 basiert zum großen Teil auf dem RegE EuroEG[3]. In den Abs 1 bis 5 ergaben sich jedoch verschiedene Änderungen infolge der Beschlussempfehlung des Rechtsausschusses[4], auf die jeweils in den Erläuterungen unter Rdn 7 ff verwiesen wird (eine Gegenüberstellung der Normfassungen ferner oben bei *Hirte*[4] § 207 AktG Rdn 16). Abs 6 blieb hingegen unverändert idF des RegE.

3 Durch das MoMiG wurde der ursprüngliche Verweis in Abs 1 auf § 181 Abs 2 S 2 AktG infolge der Änderung des im Rahmen des Gesetzes über elektronische Handelsregister und Genossenschaftsregister sowie das Unternehmensregister (EHUG) vom 10. November 2006 (BGBl I, S 2553) vorgesehenen Verzichts auf Zusatzbekanntmachungen gestrichen.[5] Bei der Streichung des Verweises wurde allerdings das nunmehr lose Wort „und“ vergessen.

---

1 Vgl Begr RegE bei *Kropff*, AktG, S 517.

2 Die aF zur Vereinigung von Aktien verlor durch die in dem Zweiten Finanzmarktförderungsgesetz vorgesehene Absenkung des Nennbetrags ihre Bedeutung und konnte aufgehoben werden; vgl Näheres unter Begr RegE Zweites Finanzmarktförderungsgesetz, BT-Drucks 12/6679, S 85.

3 Begr RegE EuroEG, BT-Drucks 13/9347, S 8.

4 Beschlussempfehlung und Bericht des Rechtsausschusses EuroEG, BT-Drucks 13/10334, S 9 f.

5 Begr RegE MoMiG, BT-Drucks 16/6140, S 52.

2. Normzweck

Über den allgemeinen Zweck einer Übergangsregelung (siehe oben Einl) hinaus enthält die Vorschriftt Verfahrensvereinfachungen für die Umstellung auf den Euro, um den Umstellungsaufwand für die Unternehmen möglichst gering zu halten und ihnen die fristgemäße Anpassung nach § 3 Abs 5 zu erleichtern. Außerdem trifft sie einige Sonderregelungen insbesondere für die Ausführung von Kapitalmaßnahmen. 4

3. Europäisches Recht

Siehe hierzu die Ausführungen oben unter § 1 Rdn 4 f. 5

4. Wirtschaftliche Bedeutung

Für die Umstellung der Nennbeträge von Deutscher Mark auf Euro – soweit dies denn weiterhin geschieht – gelten die vielfachen Verfahrenserleichterungen aus § 4 praktisch heute noch. 6

II. Übergangsregelung zum Verfahren der Euro-Umstellung

1. Bloße Umstellung der Grundkapitalziffer, der Aktiennennwerte und anderer satzungsmäßiger Betragsangaben auf den Euro (Abs 1)

Abs 1 betrifft ausschließlich die bloße Umstellung der Grundkapitalziffer, der Aktiennennwerte und – auf der Grundlage der Beschlussempfehlung des Rechtsausschusses – auch anderer satzungsmäßiger Betragsangaben auf den Euro (**S 1**).[6] Darunter wird die Umrechnung zu dem festgelegten Kurs nebst entsprechender Umschreibung der einschlägigen Satzungsbestimmungen verstanden, nicht aber die Anpassung der nach Umrechnung gebrochenen Nennwerte an die glatten Euro-Beträge des § 8 AktG, die in den **Abs 2 bis 5** behandelt wird. Abs 1 hat deshalb Bedeutung nur für kleine Aktiengesellschaften, die zwar ihre gesellschaftsrechtlichen Instrumente auf den Euro umschreiben möchten, jedoch die für die Anpassung der Aktiennennbeträge erforderlichen Kapitalmaßnahmen zunächst nicht ergreifen können oder wollen.[7] 7

Die Umschreibung des Gesellschaftsvertrags stellt eine Satzungsänderung dar, die nach **§ 179 AktG** grundsätzlich eines Hauptversammlungsbeschlusses mit einer **Mehrheit von drei Vierteln** des vertretenen Grundkapitals bedarf. Allerdings ist die Änderung der Beträge in den einschlägigen Satzungsbestimmungen unter Anwendung des festgelegten Umrechnungskurses jedenfalls nach Ablauf der Übergangszeit rein formaler Natur. Nach der Verordnung des Rates über die Einführung des Euro gilt dann nämlich die Nennung der abgelösten nationalen Währungseinheiten in einem Vertrag automatisch als Bezugnahme auf die neue Euro-Einheit, so dass die entsprechende Umschreibung der Satzung nur eine Fassungsänderung darstellt.[8] Nach **S 1** – eingefügt durch die Beschlussempfehlung des 8

---

6 Begr RegE EuroEG, BT-Drucks 13/9347, S 34 und Beschlussempfehlung und Bericht des Rechtsausschusses EuroEG, BT-Drucks 13/10334, S 38.

7 Begr RegE EuroEG, BT-Drucks 13/9347, S 34.

8 Begr RegE EuroEG, BT-Drucks 13/9347, S 34.

Rechtsausschusses[9] – soll nunmehr bereits die **einfache Mehrheit** für die Umstellung sämtlicher satzungsmäßiger Betragsangaben auf Euro gelten.[10] Durch **S 2** – ebenfalls infolge der Änderung auf der Grundlage der Beschlussempfehlung des Rechtsausschusses[11] – ist der **Aufsichtsrat** sogar seit Ablauf des Übergangszeitraums zum 1. Januar 2002 unmittelbar kraft Gesetzes ermächtigt, die Fassung der Gesellschaftssatzung an die spätestens zu diesem Zeitpunkt kraft der in Art 1 S 1 genannten EG-Vertragsnorm eingetretene Betragsumstellung anzupassen. Aufgrund der Änderung des **S 3**, wonach der Verweis nach § 181 Abs 2 verkürzt wurde auf Abs 2 S 2, genügt in diesem Zusammenhang bei der Eintragung auch eine Bezugnahme auf die beim Gericht eingereichten Urkunden.

9 Während des Übergangszeitraums dagegen hat die Änderung der Währungsbezeichnung noch eine weitergehende, konstitutive Bedeutung, weil nach der genannten Verordnung alle Handlungen, die aufgrund des Gesellschaftsvertrages erfolgen, in der von der Satzung verwendeten Währungseinheit ausgeführt werden müssen. Allerdings ist die praktische Bedeutung dieser Regelung hier **gering**, zumal sie für bargeldlose Zahlungen, wie etwa regelmäßig von Dividenden, nach Art 8 Abs 2 der Verordnung ohnehin keine Bedeutung hat. Andererseits konnte man in einer frühzeitigen Umstellung des Kapitals auf die Euro-Währung eine wichtige unternehmenspolitische Entscheidung sehen. Deshalb war nach **S 1 idF des Regierungsentwurfs** die Umstellungsentscheidung während der Übergangszeit noch ausdrücklich der Hauptversammlung vorbehalten, wenngleich (und weiterhin so) aber zwecks Erleichterung der Beschlussfassung die einfache Mehrheit des vertretenen Grund-kapitals ausreichend. Eine solche Übergangszeit für die Hauptversammmlung ist nicht Gesetz geworden und stattdessen vielmehr der Aufsichtsrat seit dem 1. Januar 2002 zur Fassungsänderung befugt.

10 Die einfache Mehrheit des S 1 entspricht grundsätzlich den Anforderungen bei einer Kapitaländerung (dazu unter Rdn 13 [zu Abs 2]), die in der Praxis zwecks Glättung der Nennbeträge mit der Umstellung auf die neue Euro-Währung meist verbunden war. Der Verzicht auf eine Dreiviertelmehrheit macht bei der kleinen Aktiengesellschaft nach § 130 Abs 1 S 3 AktG die notarielle Beurkundung des Hauptversammlungsbeschlusses entbehrlich.

11 Die Umschreibung der Satzung auf den Euro ist gemäß § 181 Abs 1 S 1 AktG vom Vorstand zum Handelsregister anzumelden und wird nach § 181 Abs 3 AktG erst mit der **Eintragung wirksam**. Nach S 3 kann aber auf die weiteren Formerfordernisse des § 181 AktG verzichtet werden; so muss der Anmeldung weder der vollständige Wortlaut der Satzung noch eine notarielle Bescheinigung beigefügt und die Änderung auch nicht bekanntgemacht werden. Nach dem damals erst neu eingefügten Art 45 EGHGB sind auch die §§ 10 und 12 HGB nicht anzuwenden (siehe im Übrigen zu Abs 1 oben *Hirte*[4] § 207 Rdn 17; *Mock*[5] § 8 AktG Rdn 63).

2. Kapitalmaßnahmen des Abs 2

12 **Abs 2** erleichtert die Beschlussfassung der Hauptversammlung über eine Kapitalmaßnahme, mit der die Aktien auf volle Euro-Beträge des § 8 AktG gestellt werden sollen.

---

[9] Beschlussempfehlung und Bericht des Rechtsausschusses EuroEG, BT-Drucks 13/10334, S 38.

[10] Hierzu auch schon MünchKomm/*Heider*[5] § 6 AktG Rdn 52; *Schröer* ZIP 1998, 529, 530.

[11] Beschlussempfehlung und Bericht des Rechtsausschusses EuroEG, BT-Drucks 13/10334, S 38.

S 1 schwächt die Anforderungen des Aktiengesetzes an die **Beschlussmehrheit** für eine **Kapitalerhöhung aus Gesellschaftsmitteln** oder eine **Kapitalherabsetzung** ab. Während § 207 Abs 2 iVm § 182 Abs 1 sowie § 222 Abs 1 AktG sonst eine Mehrheit von mindestens drei Vierteln des bei der Beschlussfassung vertretenen Grundkapitals verlangen, genügt für eine Maßnahme, mit der die Nennbeträge der Aktien auf den nächsterreichbaren vollen Euro gestellt werden, die einfache Mehrheit des bei der Beschlussfassung vertretenen Grundkapitals. Die Formulierung des RegE (und so auch Gesetz geworden) privilegierte Kapitalmaßnahmen nur in dem zur Glättung erforderlichen Umfang.[12] Bei einer Glättung durch Kapitalerhöhung mittels **Nennbetragsheraufsetzung** hatte (und hat) dies in der Regel eine Anhebung der Aktiennennbeträge auf den nächsthöheren vollen Euro, bei einem Nennbetrag von fünf Deutsche Mark also auf drei Euro, zu bedeuten. Bei Gesellschaften mit Aktien unterschiedlicher Stückelung (zum Beispiel mit Nennbeträgen von fünf und fünfzig Deutsche Mark) ist allerdings auf eine proportionale Erhöhung zu achten, so dass die größeren Nennbeträge dann nicht lediglich auf den nächsthöheren Euro-Betrag gestellt werden können (aus einem Aktiennennbetrag von fünfzig Deutschmark neben 5-DM-Aktien müsste demnach ein Nennbetrag von dreißig Euro erwachsen). 13

Weitergehenden Erleichterungen zieht das Europäische Recht enge Grenzen. So schreibt Art. 68 Abs. 1 Satz 1 GesRRL (früher Art 29 Abs 1 S 1 Zweite Richtlinie 2012/30/EU vom 25. Oktober 2012 und davor Art 25 Abs 1 S 1 Zweite Richtlinie 77/91/EWG vom 13. Dezember 1976)[13] vor, dass jede Kapitalerhöhung von der Hauptversammlung beschlossen werden muss; dies steht einer Beschlussfassung allein durch Aufsichtsrat oder Vorstand entgegen. Noch strenger sind die Anforderungen an die Herabsetzung des gezeichneten Kapitals: Nach Art 73 S 1 iVm Art 83 GesRRL (früher Art 34 S 1 iVm Art 44 Zweite Richtlinie 2012/30/EU und davor Art 40 iVm Art 30 der Zweiten Richtlinie 77/91/EWG) muss insoweit eine Mehrheit von mindestens zwei Dritteln des vertretenen Kapitals vorliegen, die einfache Mehrheit kann nur für den Fall als ausreichend erklärt werden, dass mindestens die Hälfte des gezeichneten Kapitals vertreten ist; diese Einschränkung ist im zweiten Hs 2 des Satzes 1 berücksichtigt. Auch kann nicht ohne weiteres auf die Gläubigerschutzbestimmung des § 225 AktG verzichtet werden, weil Art 76 Abs 1 GesRRL (früher Art 37 Abs 1 der Zweiten Richtlinie und davor Art 33 Abs 1 Zweite Richtlinie) die Nichtanwendung des dem § 225 AktG entsprechenden Art 75 Abs 1 GesRRL (früher Art 36 Abs 1 der Zweiten Richtlinie und davor Art 32 Abs 1 Zweite Richtlinie) lediglich zu Sanierungszwecken zulässt. Eine Glättung durch vereinfachte Kapitalherabsetzung ist deshalb nur bei Vorliegen der Voraussetzungen des § 229 AktG möglich. 14

S 2 erstreckt die herabgesetzte Beschlussmehrheit des **S 1** auf die Anpassung eines **genehmigten Kapitals** sowie auf eine an die Kapitaländerung anschließende **Teilung** der dadurch auf volle Euro gestellten Aktien (dazu ferner oben *Hirte*[4] § 207 Rdn 22). Da nach der Umstellung und Glättung der Nennbeträge auch künftig ausgegebene Aktien auf volle Euro gestellt sein müssen (vgl schon § 3 Abs 2 S 2), ist die Änderung von Beschlüssen über genehmigte Kapitalien erforderlich. Für eine der Änderung des Grundkapitals entsprechen- 15

---

12 Vgl hierzu schon Begr RegE EuroEG, BT-Drucks 13/9347, S 35.

13 Die genuin **gesellschaftsrechtlichen Richtlinien**, nämlich die Erste, Zweite, Dritte, Sechste, Zehnte und Elfte Richtlinie, wurden – ohne dass dies Auswirkungen auf die schon früher abgelaufenen Umsetzungsfristen gehabt hätte (siehe dort Anhang III Teil B) **zusammengefasst („kodifiziert“) in der (allgemeinen) Gesellschaftsrechtsrichtlinie (GesRRL)** Richtlinie (EU) 2017/1132 des Europäischen Parlaments und des Rates vom 14. Juni 2017 über bestimmte Aspekte des Gesellschaftsrechts, ABl EU Nr L 169 v 30.6.2017, S 46 (Kodifizierter Text) (siehe zum Überblick deren Art 1).

de Anpassung soll ebenfalls die einfache Kapitalmehrheit ausreichen. Die Ergänzung des Abs 2 S 2 („sowie für Änderungen der Satzungsfassung [...] verbunden sind“) aufgrund der Beschlussempfehlung des Rechtsausschusses[14] macht deutlich, dass die abgesenkte Beschlussmehrheit nach **S 1** auch für die aus einer solchen Kapitaländerung resultierenden **Anpassung der Satzungsfassung** gilt.

16 Eine weitere Begleitmaßnahme der Aktienumstellung bildet die **Aktienteilung.** Ist beispielsweise durch eine Kapitalerhöhung aus Rücklagen der Nennbetrag der Aktien auf 3 Euro angehoben worden, werden Gesellschaften möglicherweise die Aktien im Verhältnis 1 zu 3 splitten und so auf Nennbeträge von 1 Euro stellen wollen. Eine solche Aufspaltung eines Anteils in jeweils mehrere Aktien mit entsprechend niedrigeren Nennbeträgen stellt eine Satzungsänderung dar (§ 23 Abs 3 Nr 4 AktG), für die hier als Bestandteil der Neufestsetzung von Euro-Nennbeträgen ebenso wie für die vorangehende Kapitaländerung die einfache Kapitalmehrheit ausreichen soll. Eine Zustimmung der einzelnen Aktionäre zu der Aktienteilung ist entbehrlich, weil sich die jeweilige Beteiligungsquote nicht verändert und die Veräußerbarkeit des Aktienbesitzes wegen der Vergrößerung der Anzahl der Aktien nicht beeinträchtigt wird (anders dagegen bei einer Neueinteilung des Grundkapitals; dazu bei **Abs 3**).

17 Bei den über die reine Umstellung nach Abs 1 hinausgehenden Maßnahmen des Abs 2, die der Sache nach Grundlagenbeschlüsse darstellen, ist die notarielle Beurkundung der Beschlussfassung sachgerecht, weshalb S 3 die Ausnahmevorschrift des **§ 130 Abs 1 S 3 AktG** hier für **unanwendbar** erklärt.

3. Besondere Anforderungen an Durchführung der Kapitalmaßnahmen (Abs 3)

18 **Abs 3** trifft besondere Anordnungen für die Durchführung der Kapitalmaßnahme.

19 **S 1** ermöglicht zunächst abweichend von dem Grundsatz, dass eine Kapitalerhöhung aus Gesellschaftsmitteln nur durch Ausgabe neuer Aktien durchgeführt werden kann (§ 207 Abs 2 iVm § 182 Abs 1 S 4 AktG), die **Erhöhung des Nennbetrags der Aktien** (ähnlich schon § 3 Abs 3 S 2 in der bis August 1994 geltenden Fassung).[15] Nur auf diese Weise, und nicht durch die Ausgabe neuer Aktien, können auf volle Euro lautende glatte Nennbeträge herbeigeführt werden. Unmittelbar im Anschluss an eine solche Anhebung, zB auf einen Nennbetrag von drei Euro, kann ein Aktiensplit im Verhältnis 1 zu 3 erfolgen und Aktien mit einem Nennbetrag von 1 Euro geschaffen werden (Abs 2 S 2).[16] Bei der **Kapitalherabsetzung** ist die Anpassung der Aktiennennbeträge auch schon gemäß § 222 Abs 4 AktG möglich.

20 Eine ergänzende Variante der Durchführung einer Kapitalerhöhung oder -herabsetzung wird mit der **Neueinteilung des Grundkapitals** zugelassen. Mit dieser zusätzlichen Möglichkeit der Kapitalanpassung kann unter bestimmten Voraussetzungen der insbesondere bei 5 DM-Aktien erforderliche nicht unerhebliche Änderungsbedarf vermieden werden.[17] Während die Maßnahme der Kapitaländerung mittels Erhöhung oder Herabsetzung der Aktiennennbeträge mit eventuell anschließender Aktienteilung bei der einzelnen Aktie ansetzt und deshalb jede Aktie auf den nächsthöheren oder niedrigeren runden Euro-Betrag gestellt

---

[14] Beschlussempfehlung und Bericht des Rechtsausschusses EuroEG, BT-Drucks 13/10334, S 38.

[15] Hierzu auch *J Vetter* AG 2000, 193, 197 Fn 39.

[16] Vgl schon Begr RegE EuroEG, BT-Drucks 13/9347, S 36.

[17] Vgl schon Begr RegE EuroEG, BT-Drucks 13/9347, S 36.

werden muss, beschränkt sich die Bedeutung der Kapitaländerung bei der Variante der Neueinteilung des Grundkapitals darauf, die nach der Umrechnung in Euro vermutlich gebrochene Kapitalziffer um einen geringen Betrag auf (irgend)eine runde Zahl zu erhöhen oder herabzusetzen, die es ermöglicht, das Grundkapital daraufhin in Aktien mit glatten Euro-Nennbeträgen vollständig neu zu zerlegen.

Diese Variante hat allerdings den **Nachteil**, vielfach die Beteiligungsquoten der Aktionäre zu beeinträchtigen: Maßnahmen, die wie die Erhöhung oder Herabsetzung des Aktiennennbetrags einschließlich eines anschließenden Aktiensplits jede einzelne Aktie gleichermaßen betreffen, lassen den jeweiligen Anteil des Aktionärs an der Gesellschaft unberührt; die völlige Neustückelung des Grundkapitals verläuft dagegen gewissermaßen quer zur vorherigen Nennbetragseinteilung und kann deshalb nicht sicherstellen, dass die Beteiligungsquote jedes Gesellschafters mit den neuen Aktien vollständig ausgefüllt wird. Da Teilrechte wegen des mit ihrer Verwaltung verbundenen Aufwands nicht zugelassen werden, verlangt S 2 entsprechend allgemeinen aktienrechtlichen Grundsätzen für die Neueinteilung der Nennbeträge die Zustimmung sämtlicher Aktionäre, die mit einem Spitzenbetrag ihres Anteils, der den Nennbetrag einer weiteren neuen Aktie nicht vollständig erreicht, ausfallen würden.[18] **21**

Für die **Publikums-Aktiengesellschaft** ist die Kapitalerhöhung mit Neueinteilung der Aktiennennbeträge deshalb kein tauglicher Weg zur Nennbetragsglättung. Der Vorteil dieser Variante tritt dagegen bei Gesellschaften mit nur einem oder wenigen Aktionären und runden Anteilen zutage. So kann sich insbesondere ein Alleinaktionär darauf beschränken, das Grundkapital um wenige Cent auf den nächsten vollen Euro-Betrag zu erhöhen und in Aktien mit glatten Nennbeträgen neu aufzuteilen. Und wenn beispielsweise in einer Aktiengesellschaft mehrere Aktionäre mit runden Anteilen von beispielsweise 5 %, 10 % oder 25 % beteiligt sind, muss das Grundkapital lediglich auf einen durch den Divisor 20 teilbaren Betrag gestellt werden, damit auf jeden Aktionär entsprechend seinem Anteil volle 1-Euro-Aktien entfallen können; in diesem Fall wäre eine Zustimmung der einzelnen Aktionäre nicht erforderlich und für die Kapitaländerung einschließlich ihrer Ausführung durch die Neustückelung des Grundkapitals die einfache Kapitalmehrheit nach Abs 2 ausreichend. **22**

S 2 verlangt die Zustimmung der betroffenen Aktionäre auch dann, wenn sich durch die Neustückelung die Zahl der in ihrem Besitz befindlichen Aktien verringern würde.[19] In diesem Fall sind die Aktionärsrechte ähnlich wie bei einer Vereinigung von Aktien allein schon deswegen beeinträchtigt, weil durch die Neueinteilung in größere Stücke die bislang mögliche separate Veräußerung eines kleineren Teils des bisherigen Aktienbesitzes vereitelt wird (die Vereinigung von Aktien betraf der bis August 1994 geltende frühere § 4). Schließlich ist die **Neustückelung** bei Gesellschaften mit **teileingezahlten Aktien** ausgeschlossen (**S 2 Hs 2**), um die Haftung für die Erfüllung der Einlagepflicht (§§ 64, 65 AktG) auch nach der Währungsumstellung und Nennbetragsanpassung konkreten Aktien zuordnen zu können (siehe im Übrigen oben *Hirte*[4] § 207 Rdn 23 f; *Mock*[5] § 8 AktG Rdn 64). **23**

4. Aktien aus bedingtem Kapital (Abs 4)[20]

Abs 4 enthält eine ergänzende Sonderregelung für Gesellschaften, die ein bedingtes Kapital geschaffen haben. Die Sonderreglung ist auf solche Aktien beschränkt, die erst nach dem **24**

---

[18] Vgl schon Begr RegE EuroEG, BT-Drucks 13/9347, S 36.

[19] Für die Kapitalherabsetzung schon *Heidinger* DNotZ 2000, 661.

[20] Siehe zum Folgenden auch Begr RegE EuroEG, BT-Drucks 13/9347, S 36 f.

Beschluss über eine Kapitalerhöhung aus Gesellschaftsmitteln oder eine andere Satzungsänderung, die an die Zahl der Aktien anknüpft, ausgegeben werden. Die noch im RegE[21] enthaltene Einbeziehung auch des vorangehenden Zeitraums seit dem letzten Bilanzstichtag bis zum Schluss der Hauptversammlung erschien entbehrlich[22]. Denn bei der Einladung zur Hauptversammlung kann für die Bemessung des erforderlichen Kapitaländerungsbetrages von der zu diesem Zeitpunkt vorhandenen Aktienzahl und Kapitalziffer ausgegangen werden. Um die bis zum Zeitpunkt der Hauptversammlung weiter ausgeübten **Wandlungs- und Optionsrechte** einzubeziehen, kann der Wortlaut des zu fassenden Beschlusses in der Hauptversammlung angepasst werden. Wenn sich danach aber die Eintragung des Beschlusses in das Handelsregister und damit sein Wirksamwerden verzögert, können zwischenzeitlich unter Umständen weitere Bezugsaktien ausgegeben worden sein.[23] Damit in diesem Fall nicht der Erfolg einer Kapitalmaßnahme, alle Aktien auf glatte Euro-Beträge zu stellen, vereitelt wird, soll es insoweit bei der **Fiktion** bleiben, dass solche zwischen Hauptversammlungsbeschluss und Registereintagung ausgegebenen Aktien als erst nach der Eintragung des Beschlusses in das Register ausgegeben gelten.[24] Nach **S 2** bleibt es dabei, dass solche Aktien, wie auch die zukünftig aus dem bedingten Kapital noch ausgegebenen Aktien automatisch an der Nennbetragsänderung teilnehmen.

5. Rücklage (Abs 5)

25 **Abs 5** erweitert die umwandlungsfähigen Rücklagen abweichend von § 208 Abs 1 S 2 und § 150 Abs 3 AktG um **Kapitalrücklage** und **gesetzliche Rücklage**, auch soweit sie 10 % des Grundkapitals nicht übersteigen (**S 1**). Damit soll dem hohen Kapitaländerungsbedarf insbesondere bei Gesellschaften mit 5-DM-Aktien Rechnung getragen werden.[25] Ein Nachteil für die Gesellschaftsgläubiger ist mit der Umwandlung der Rücklagen in noch strenger gebundenes Grundkapital nicht verbunden. **S 2** – erst infolge der Beschlussempfehlung des Rechtsausschusses eingefügt – erweitert die Zulässigkeit einer vereinfachten Kapitalherabsetzung unter Verzicht auf das aufwändige Aufgebotsverfahren zum Zwecke der Herstellung glatter Euro-Nennbeträge.[26] Eine vereinfachte Herabsetzung der Aktiennennbeträge wird dadurch auch dann möglich, wenn die Gesellschaft über die Gewinnrücklage verfügt oder ein Gewinnvortrag vorhanden ist. Unberührt bleiben allerdings die sonstigen Voraussetzungen der vereinfachten Kapitalherabsetzung, insbesondere die Beschränkung der Rücklagendotierung auf insgesamt 10 % des herabgesetzten Grundkapitals.[27]

6. Kraftloserklärung (Abs 6)

26 **S 1** ermöglicht die Kraftloserklärung der im Umlauf befindlichen Aktienurkunden über die auf glatte Euro-Beträge umgestellten Anteile. Während sonst § 73 Abs 1 S 2 AktG eine

---

[21] Vgl hier noch die Begr RegE EuroEG, BT-Drucks 13/9347, S 36 f.

[22] Beschlussempfehlung und Bericht des Rechtsausschusses EuroEG, BT-Drucks 13/10334, S 38.

[23] Vgl schon Beschlussempfehlung und Bericht des Rechtsausschusses EuroEG, BT-Drucks 13/10334, S 38.

[24] Vgl schon Beschlussempfehlung und Bericht des Rechtsausschusses EuroEG, BT-Drucks 13/10334, S 38.

[25] Begr RegE EuroEG, BT-Drucks 13/9347, S 37.

[26] Vgl hierzu schon Beschlussempfehlung und Bericht des Rechtsausschusses EuroEG, BT-Drucks 13/10334, S 38.

[27] Vgl auch hierzu schon Beschlussempfehlung und Bericht des Rechtsausschusses EuroEG, BT-Drucks 13/10334, S 38.

Kraftloserklärung zwecks Neustückelung des Grundkapitals nicht ermöglicht, steht hier die Änderung der Nennbeträge in unmittelbarem Zusammenhang mit der Einführung der Euro-Währung und ist vom Gesetzgeber angeordnet. Bei dieser Sachlage sollen die Gesellschaften jedenfalls die Möglichkeit erhalten, ggfls irreführende umlaufende Aktienurkunden für kraftlos zu erklären. Für die Ausgabe neuer Urkunden anstelle der für kraftlos erklärten Papiere durch die Gesellschaft sind Satzungsbestimmungen nach § 10 Abs 5 AktG zu beachten. Diese Vorschrift ermöglicht es unter anderem, den Anspruch auf Einzelverbriefung auf die Lieferung der in der Satzung vorgesehenen Mehrfachurkunden zu beschränken. Soweit Urkunden mit den alten DM-Nennbeträgen weiter verwendet werden, können sie nach dem Vorbild der Nennbetragsherabsetzung von fünfzig auf fünf Deutsche Mark als Sammelurkunden über eine Mehrzahl von Euro-Aktien verstanden werden: Eine Urkunde über eine Aktie im Nennbetrag von ehemals fünf Deutsche Mark würde so nach Umstellung und Aufrundung mittels Kapitalerhöhung auf drei Euro sowie anschließender Aktienteilung zu einer Sammelurkunde über drei Aktien im Nennbetrag von je einem Euro.[28]

Wenn nach S 2 die aktienrechtlichen Vorschriften im Übrigen unberührt bleiben, so **27**
bedeutet dies unter anderem, dass der Anmeldung eines Kapitalerhöhungsbeschlusses zum Handelsregister nach § 210 AktG auch die Neufassung des Satzungstextes nebst notarieller Vollständigkeitsbestätigung gemäß § 181 Abs 1 S 2 AktG beizufügen ist, weil mit der Eintragung das Grundkapital erhöht (§ 211 Abs 1 AktG) und damit der Satzungstext unrichtig wird; die Verfahrenserleichterung des Abs 1 S 3 findet hier keine Anwendung, sondern beschränkt sich auf die reine Umstellung ohne Kapitaländerung.[29]

---

[28] Vgl bereits Begr RegE EuroEG, BT-Drucks 13/9347, S 37 f.

[29] Vgl bereits Begr RegE EuroEG, BT-Drucks 13/9347, S 37 f.

§ 5
Mehrstimmrechte. Höchststimmrechte

(1) [1]Mehrstimmrechte erlöschen am 1. Juni 2003, wenn nicht zuvor die Hauptversammlung mit einer Mehrheit, die mindestens drei Viertel des bei der Beschlußfassung vertretenen Grundkapitals umfaßt, ihre Fortgeltung beschlossen hat. [2]Inhaber von Mehrstimmrechtsaktien sind bei diesem Beschluß von der Ausübung des Stimmrechts insgesamt ausgeschlossen.

(2) [1]Unabhängig von Absatz 1 kann die Hauptversammlung die Beseitigung der Mehrstimmrechte beschließen. [2]Der Beschluß nach Satz 1 bedarf einer Mehrheit, die mindestens die Hälfte des bei der Beschlußfassung vertretenen Grundkapitals umfaßt, aber nicht der Mehrheit der abgegebenen Stimmen. [3]Eines Sonderbeschlusses der Aktionäre mit Mehrstimmrechten bedarf es nicht. [4]Abweichend von § 122 Abs. 2 des Aktiengesetzes kann jeder Aktionär verlangen, daß die Beseitigung der Mehrstimmrechte auf die Tagesordnung der Hauptversammlung gesetzt wird.

(3) [1]Die Gesellschaft hat einem Inhaber von Mehrstimmrechtsaktien im Falle des Erlöschens nach Absatz 1 und der Beseitigung nach Absatz 2 einen Ausgleich zu gewähren, der den besonderen Wert der Mehrstimmrechte angemessen berücksichtigt. [2]Im Falle des Absatzes 1 kann der Anspruch auf den Ausgleich nur bis zum Ablauf von zwei Monaten seit dem Erlöschen der Mehrstimmrechte gerichtlich geltend gemacht werden. [3]Im Falle des Absatzes 2 hat die Hauptversammlung den Ausgleich mitzubeschließen; Absatz 2 Satz 2 und 3 ist anzuwenden.

(4) [1]Die Anfechtung des Beschlusses nach Absatz 2 kann nicht auf § 243 Abs. 2 des Aktiengesetzes oder darauf gestützt werden, daß die Beseitigung der Mehrstimmrechte oder der festgesetzte Ausgleich unangemessen sind. [2]Statt dessen kann jeder in der Hauptversammlung erschienene Aktionär, der gegen den Beschluß Widerspruch zur Niederschrift erklärt hat, einen Antrag auf gerichtliche Bestimmung des angemessenen Ausgleichs stellen. [3]Der Antrag kann nur binnen zwei Monaten seit dem Tage gestellt werden, an dem die Satzungsänderung im Handelsregister nach § 10 des Handelsgesetzbuchs bekannt gemacht worden ist.

(5) Für das Verfahren in den Fällen des Absatzes 3 Satz 2 und des Absatzes 4 Satz 2 gilt das Spruchverfahrensgesetz sinngemäß.

(6) [1]Der durch Beschluß der Hauptversammlung festgesetzte Ausgleich wird erst zur Leistung fällig, wenn ein Antrag auf gerichtliche Bestimmung nicht oder nicht fristgemäß gestellt oder das Verfahren durch rechtskräftige Entscheidung oder Antragsrücknahme abgeschlossen ist. [2]Der Ausgleich ist seit dem Tage, an dem die Satzungsänderung im Handelsregister nach § 10 des Handelsgesetzbuchs bekannt gemacht worden ist, mit fünf vom Hundert für das Jahr zu verzinsen.

(7) Für Höchststimmrechte bei börsennotierten Gesellschaften, die vor dem 1. Mai 1998 von der Satzung bestimmt sind, gelten die Sätze 2 bis 5 des § 134 Abs. 1 des Aktiengesetzes in der vor dem 1. Mai 1998 geltenden Fassung bis zum 1. Juni 2000 fort.

Übersicht

Schrifttum

Arnd Arnold Entschädigung von Mehrstimmrechten bei Übernahmen. Überlegungen zur geplanten Übernahmerichtlinie, BB 2003, S 267–270; *Walter Bayer/Thomas Hoffmann* Mehrstimmrechtsaktien in Deutschland, AG 2008, R464-R468; *Holger Fleischer* Die Siemens AG: Rechtliche Wegmarken von der Familien- zur Publikumsgesellschaft, AG 2019, S 481–491; *Henning Löwe/Stefan Thoß* Der Ausgleich für den Entzug von Mehrstimmrechten, ZIP 2002, S 2075–2078; *Jörgen Tielmann/Volker Schulenburg* Aktuelle Gestaltungsempfehlungen zur Vorbereitung der Hauptversammlung nach EHUG und TUG, BB 2007, S 840–845; *Wolfgang Zöllner/Ulrich Noack* Zulässigkeitsgrenzen des gesetzgeberischen Eingriffs in Gesellschafterrechte. Verfassungsrechtliche Fragen der Beseitigung bestehender Höchst- und Mehrstimmrechte, AG 1991, S 157–165.

Rechtsprechung

BayobLG (Beschl v 31.7.2002 – 3Z BR 362/01) Z 2002, 250 = ZIP 2002 1765 (Siemens AG): Ausgleichspflicht bei Beseitigung von Mehrstimmrechten.

I. Grundlagen

1. Gesetzesgeschichte

1 Die am 27. April 1998 in Kraft getretene heutige Fassung der Norm wurde durch Art 11 des Gesetzes zur Kontrolle und Transparenz im Unternehmensbereich (KonTraG) vom 27. April 1998 (BGBl I, S 786) geschaffen. Sie ersetzte die Ursprungsfassung des AktG 1965, die sich (allein) zu Mehrstimmrechten verhalten hatte[1] (vgl hierzu schon in der 3. Aufl. GroßkommAktG/*Meyer-Landrut*[3] § 3). Die Norm hat ihre letzten Änderungen durch Art 3 des Gesetzes zur Neuordnung des gesellschaftsrechtlichen Spruchverfahrens (Spruchverfahrensneuordnungsgesetz) vom 12. Juni 2003 (BGBl I, S 838) und durch Art 12 des Gesetzes über elektronische Handelsregister und Genossenschaftsregister sowie das Unternehmensregister (EHUG) vom 10. November 2006 (BGBl I, S 2553) erfahren. Die Norm wurde seitdem nicht mehr geändert.

2 Die heutige Kernfassung des § 5 wurde ganz wesentlich erst aufgrund der Beschlussempfehlung des Rechtsausschusses zum KonTraG[2] eingefügt; lediglich Abs 7 gründete auf dem ursprünglichen Abs 3 des Regierungsentwurfs zum KonTraG[3]. Durch das Spruchverfahrensneuordnungsgesetz wurden in Abs 5 lediglich die Wörter „§ 306 des Aktiengesetzes“ durch die Wörter „das Spruchverfahrensgesetz“ ersetzt (und zwar bereits idF des RefE des BMJ). Die Vorschrift verwies vorher idF des KonTraG für das anzuwendende Verfahren auf § 306 AktG. Da diese Vorschrift durch Art 2 Nr 4 des Spruchverfahrensneuordnungsgesetzes aufgehoben wurde, musste die Verweisung angepasst werden.[4] Durch Art 12 Abs 10 Nr 1 des EHUG wurden schließlich in Abs 4 S 3 und Abs 6 S 2 jeweils die Wörter „als bekanntgemacht gilt“ durch die Wörter „bekanntgemacht worden ist“ ersetzt. Es handelte sich um Folgeänderungen zu der durch Art 1 Nr 2 vorgenommenen Neufassung

---

1 Vgl Begr RegE bei *Kropff*, AktG, S 517 ff; hierzu damals eingehend *Zöllner/Noack* AG 1991, 157, 161 f.

2 Beschlussempfehlung und Bericht des Rechtsausschusses KonTraG, BT-Drucks 13/10038, S 19 f.

3 Begr RegE KonTraG, BT-Drucks 13/9712, S 10.

4 Begr RegE Spruchverfahrensneuordnungsgesetz, BT-Drucks 15/371, S 9, 19.

des § 10 HGB;[5] die Fassung blieb auch infolge der Beschlussempfehlung des Rechtsausschusses[6] unverändert.

2. Europäisches Recht

3 Die Übergangsregelung weist keinen europarechtlichen Bezug auf.

3. Wirtschaftliche Bedeutung

4 Die praktische Relevanz der Übergangsvorschrift zu Mehrstimmrechten[7] (Abs 1 bis 6) beschränkt sich auf die noch wenigen nicht börsennotierten Aktiengesellschaften, für die das Verfahren der Abschaffung der Mehrstimmrechte nach Abs 2 ff weiterhin gilt. Das dürfte heute nur noch wenige Aktiengesellschaften betreffen (siehe auch oben GroßkommAktG/*Mock*[5] § 12 Rdn 15).

5 Die Übergangsregelung zu den Höchststimmrechten aus Abs 7 weist seit dem 1. Juni 2000 keine praktische Bedeutung mehr auf.

II. Übergangsregelug zu Mehrstimmrechten und Höchststimmrechten

1. Mehrstimmrechte (Abs 1 bis 6)

6 Die Übergangsregelung zu Mehrstimmrechten idF seit KonTraG sah vor, dass Alt-Mehrstimmrechte nach fünf Jahren seit Inkrafttreten des KonTraG, dh am 1. Juni 2003 (vgl **Abs 1**), zwingend entfielen. Eine Entschädigung[8] wurde dann durch das Gericht festgesetzt (**Abs 3 S 2, Abs 6**). Durch diese zeitliche Endlinie sollten die Parteien dazu angehalten werden, sich vorher um eine einvernehmliche Lösung und Aufhebung der Mehrstimmrechte durch die Hauptversammlung ernsthaft zu bemühen.[9]

7 Allerdings konnte die Hauptversammlung beschließen, dass die Mehrstimmrechte nicht wegfallen sollten (Abs 1).[10] Die Mehrstimmrechtsaktionäre durften bei dieser Abstimmung nicht mitstimmen (**Abs 1 S 2**) – vgl § 136 AktG[11]. Eine solche Alternative erschien sinnvoll, da es Extremfälle hätte geben konnen, in denen die Ausgleichsleistung an die Mehrstimmrechtsaktionäre für die Gesellschaft aus Liquiditätsgründen schwer zu ertragen gewesen wäre und sie den Aktionären mit einfachem Stimmrecht nicht aufgezwungen werden sollte.[12]

---

5 Begr RegE EHUG, BT-Drucks 16/960, S 32, 71.

6 Beschlussempfehlung und Bericht des Rechtsausschusses EHUG, BT-Drucks 16/2781, S 73.

7 Kurzempirisch und –historisch die Fortgeltung der Mehrstimmrechtsaktien aufbearbeitet etwa von *Bayer/Hoffmann* AG 2008, R464 ff.

8 Zur Bemessung der Entschädigung bei Übernahmen *Arnold* BB 2003, 267 ff.

9 Beschlussempfehlung und Bericht des Rechtsausschusses KonTraG, BT-Drucks 13/10038, S 28.

10 Vgl dazu auch *Tielmann/Schulenburg* BB 2007, 840, 841.

11 So auch schon der Verweis in Beschlussempfehlung und Bericht des Rechtsausschusses KonTraG, BT-Drucks 13/10038, S 28.

12 Beschlussempfehlung und Bericht des Rechtsausschusses KonTraG, BT-Drucks 13/10038, S 28.

Die Hauptversammlung konnte aber auch innerhalb der Fünf-Jahres-Frist bis 2003 (wie auch zu jedem späteren Zeitpunkt) die Beseitigung der Mehrstimmrechte beschließen. Sie musste und muss in diesem Fall zugleich einen Ausgleich mitbeschließen (Abs 3). 8

Das Verfahren für die Beseitigung der Mehrstimmrechte ist im Übrigen im Rahmen des Gesetzgebungsverfahrens, namentlich aufgrund der Beschlussempfehlung des Rechtsausschusses[13], erleichtert worden, da nunmehr eine einfache Kapitalmehrheit ausreicht (**Abs 2 S 2**; nach Abs 2 S 2 aF war es noch eine Drei-Viertel-Mehrheit). Dadurch wirken sich die Mehrstimmen der Mehrstimmrechtsaktionäre nicht aus. 9

Zusätzlich wird dadurch, dass jeder Aktionär die Beseitigung der Mehrstimmrechte auf die Tagesordnung der Hauptversammlung setzen kann, dafür gesorgt, dass das Thema voraussichtlich in jedem Jahr auf der Tagesordnung stehen kann, bis die Mehrstimmrechte beseitigt sind oder per Gesetz wegfallen (§ 12 Abs 2 AktG). 10

Entscheidend ist, dass der Beschluss der Hauptversammlung über die Beseitigung der Mehrstimmrechte und die gefundene Ausgleichsleistung **nicht** wegen **Unangemessenheit** angefochten werden kann (**Abs 4**). Stattdessen ist ein **Spruchverfahren** eröffnet,[14] welches die Beseitigung der Mehrstimmrechte nicht mehr in Frage stellen kann, sondern nur eine Überprüfung der Höhe der beschlossenen Ausgleichsleistung ermöglicht (**Abs 5**). Die Entscheidung des Gerichts wirkt für und gegen alle (vgl heute § 13 S 2 SpruchG)[15]; auch Aktionäre, die sich nicht am Verfahren beteiligt haben, können damit von der Entscheidung profitieren. 11

Die Höhe des Ausgleichs wurde im Gesetz nicht näher festgeschrieben.[16] Bemessungsgrundlage ist der Wert des Mehrstimmrechts, der im Einzelfall allerdings sogar gegen Null tendieren kann. Es erschien daher umso mehr geboten, dass die Beteiligten eine einvernehmliche Lösung finden und dass diese nur bei deutlicher Fehlbewertung im Spruchverfahren angegriffen und korrigiert werden kann. 12

Anders als bei den Höchststimmrechten (sogleich Rdn 14) wurde bei den Mehrstimmrechten von einer Differenzierung zwischen börsennotierten und anderen Aktiengesellschaften abgesehen. Die praktische Bedeutung sei nämlich bei den Mehrstimmrechten gering[17]; zudem sollte den kleinen Aktiengesellschaften der Weg an die Börse nicht durch die sonst bestehende Notwendigkeit einer Beseitigung von Mehrstimmrechten durch expliziten Beschluss erschwert werden[18] (siehe ferner oben GroßkommAktG/*Mock*[5] § 12 AktG Rdn 50). 13

2. Höchststimmrechte (Abs 7)

Bei Abs 7 handelt es sich um eine Übergangsregelung zu den in § 134 Abs 1 S 2 AktG seit Fassung des KonTraG verbotenen Höchststimmrechten bei börsennotierten Gesellschaften. Für bestehende Höchststimmrechte bei börsennotierten Gesellschaften galt das 14

[13] Beschlussempfehlung und Bericht des Rechtsausschusses KonTraG, BT-Drucks 13/10038, S 28.

[14] Hierzu BayObLG 31.7.2002 – 3Z BR 362/01, Z 2002, 250 = ZIP 2002, 1765; näher *Löwe/Thoß* ZIP 2002, 2075 ff; unlängst *Fleischer* AG 2019, 481, 489 f.

[15] Vgl Begr RegE, BT-Drucks 15/371, S 17, wonach § 13 SpruchG die Regelung in § 306 Abs 2 AktG (aF) iVm § 99 Abs 5 S 1 und 2 AktG übernimmt.

[16] Vgl zu den vielschichtigen Gründen näher Beschlussempfehlung und Bericht des Rechtsausschusses KonTraG, BT-Drucks 13/10038, S 28.

[17] So Beschlussempfehlung und Bericht des Rechtsausschusses BilMoG, BT-Drucks 13/10038, S 28 f.

[18] Beschlussempfehlung und Bericht des Rechtsausschusses BilMoG, BT-Drucks 13/10038, S 28 f.

alte Recht noch für zwei Jahre nach Inkrafttreten des Gesetzes, also bis zum 1. Juni 2000, fort. Danach entfielen sie. Entsprechende Satzungsbestimmungen wurden unwirksam (§ 23 Abs 5 AktG). Sofern in einer Gesellschaft kein Aktionär ein bestehendes Höchststimmrecht überschritt, war die Abschaffung unproblematisch. Dort, wo ein oder mehrere Aktionäre ein bestehendes Höchststimmrecht überschritten, griff die Regelung als **Inhalts- und Schrankenbestimmung** in das Gefüge der bestehenden Stimmrechtsverhältnisse ein, weshalb eine Übergangsfrist gewährt wurde[19] (siehe ferner oben GroßkommAktG/*Grundmann*[4] § 134 AktG Rdn 55 Fn 76).

[19] Vgl schon Begr RegE KonTraG, BT-Drucks 13/9713, S 31.

§ 6
Wechselseitig beteiligte Unternehmen

(1) Sind eine Aktiengesellschaft und ein anderes Unternehmen bereits beim Inkrafttreten des Aktiengesetzes wechselseitig beteiligte Unternehmen, ohne daß die Voraussetzungen des § 19 Abs. 2 oder 3 des Aktiengesetzes vorliegen, und haben beide Unternehmen fristgemäß (§ 7) die Mitteilung nach § 20 Abs. 3 oder § 21 Abs. 1 des Aktiengesetzes gemacht, so gilt § 328 Abs. 1 und 2 des Aktiengesetzes für sie nicht.

(2) Solange die Unternehmen wechselseitig beteiligt sind und nicht die Voraussetzungen des § 19 Abs. 2 oder 3 des Aktiengesetzes vorliegen, gilt für die Ausübung der Rechte aus den Anteilen an dem anderen Unternehmen statt dessen folgendes:

1. Aus den Anteilen, die den Unternehmen beim Inkrafttreten des Aktiengesetzes gehört haben oder die auf diese Anteile bei einer Kapitalerhöhung aus Gesellschaftsmitteln entfallen, können alle Rechte ausgeübt werden.

2. Aus Anteilen, die bei einer Kapitalerhöhung gegen Einlagen auf Grund eines nach Nummer 1 bestehenden Bezugsrechts übernommen werden, können alle Rechte mit Ausnahme des Stimmrechts ausgeübt werden; das gleiche gilt für Anteile, die auf diese Anteile bei einer Kapitalerhöhung aus Gesellschaftsmitteln entfallen.

3. Aus anderen Anteilen können mit Ausnahme des Rechts auf neue Aktien bei einer Kapitalerhöhung aus Gesellschaftsmitteln keine Rechte ausgeübt werden.

(3) Hat nur eines der wechselseitig beteiligten Unternehmen fristgemäß (§ 7) die Mitteilung nach § 20 Abs. 3 oder § 21 Abs. 1 des Aktiengesetzes gemacht, so gilt § 328 Abs. 1 und 2 nicht für dieses Unternehmen.

Übersicht

I. Grundlagen

1. Gesetzesgeschichte

Die Vorschrift ist in ihrer heutigen Form bereits durch das AktG 1965 eingeführt. Seit ihrem Inkrafttreten wurde die Norm nicht mehr geändert. 1

Abs 1 und Abs 2 Nr 1 (letzterer ursprünglich § 6 Nr 1 RegE[1]) wurden erst in der zweiten und dritten Lesung vom Bundestag umgegliedert und in den Verweisungen an die zu §§ 20, 21 AktG beschlossenen Änderungen angepasst.[2] 2

---

[1] Begr RegE, BT-Drucks IV/171, S 301.

[2] Vgl Deutscher Bundestag, Plen-Prot 4/184,

3 Abs 2 Nr 2 wurde erst vom Bundestag aufgrund der Beschlussempfehlung und des Berichts des Rechtsausschusses[3] eingefügt. Abs 2 Nrn 3 und Abs 3 (ursprünglich § 6 Nrn 1 und 2 RegE) – wurden ebenfalls vom Bundestag umgegliedert und in den Verweisungen an die zu den §§ 20, 21 AktG beschlossenen Änderungen angepasst.

2. Normzweck

4 Die Norm regelt neben den allgemeinen Bestimmungen einer Übergangsregelung (siehe oben Einl) insbesondere die Anwendung der Vorschriften über wechselseitig beteiligte Unternehmen auf eine bereits beim Inkrafttreten des Aktiengesetzes bestehende wechselseitige Beteiligung.

3. Europäisches Recht

5 Die Übergangsregelung weist keinen europarechtlichen Bezug auf.

4. Wirtschaftliche Bedeutung

6 Die Regelung wird angesichts des nur aus § 6 Abs 2 geltenden Inhalts für die Rechteausübung aus Altbeteiligungen noch erhebliche praktische Relevanz für schon vor Inkrafttreten des AktG wechselseitig beteiligte Unternehmen aufweisen können. Die kumulativen Voraussetzungen des Abs 1 dürften in praxi allerdings nur noch selten erfüllt sein.

II. Übergangsregelung zu wechselseitig beteiligten Unternehmen

1. Wechselseitige Beteiligung und Anteile bei einer Kapitalerhöhung aus Gesellschaftsmitteln (Abs 1 und Abs 2 Nr 1)

7 Nach § 19[4] Abs 2 und 3 AktG besteht zwischen wechselseitig beteiligten Unternehmen in zwei Fällen ein **Abhängigkeitsverhältnis**, so dass die Vorschriften über abhängige und herrschende Unternehmen anzuwenden sind. Diese Vorschriften sind anzuwenden, wenn einem der wechselseitig beteiligten Unternehmen an dem anderen Unternehmen eine Mehrheitsbeteiligung gehört oder, wenn das eine auf das andere Unternehmen einen beherrschenden Einfluss ausüben kann. Das entsprach schon dem alten Recht des AktG 1937. Die Vorschriften über abhängige und herrschende Unternehmen gelten fort, wenn jedem der wechselseitig beteiligten Unternehmen an dem anderen Unternehmen eine Mehrheitsbeteiligung gehört oder, wenn jedes auf das andere einen beherrschenden Einfluss ausüben kann. Für diesen zweiten Fall stellt das Aktiengesetz in seinem § 19 Abs 3 klar, dass sich ein

S 9213–9217 und Plen-Prot 4/187, S 9392–9416 (mit damaliger Korrektur zwischen 2. und 3. Lesung).

3 Siehe auch 4. Deutscher Bundestag, Zusammenstellung Drucks IV/3444 zu Drucks IV/171, IV/3296, unverändert nach den Beschlüssen des Rechtsausschusses Drucks IV/3296, S 10 (allerdings noch § 19 AktG-E statt § 20 AktG).

4 § 19 erfuhr seit dem Erlass des AktG 1965 nur eine Änderung durch Art 1 Nr 6 des StückAG vom 25. März 1998 (BGBl I, S 590), wonach die Wörter „oder bergrechtlichen Gewerkschaft" in Abs 1 S 1 gestrichen wurden.

wechselseitiger beherrschender Einfluss nicht aufhebt, so dass keines der Unternehmen von dem anderen abhängig ist. Es wurde damit eine ehemalige Streitfrage im Sinne der herrschenden Ansicht entschieden[5] (siehe ferner oben *Windbichler*[5] § 19 Rdn 30 iVm Rdn 1, 3).

Für diese beiden Fälle, in denen eine wechselseitige Beteiligung mit einem einseitigen oder beiderseitigen Abhängigkeitsverhältnis einhergeht, sind keine Übergangsvorschriften vorgesehen. Vielmehr sind auf sie die Vorschriften des Aktiengesetzes über abhängige und herrschende Unternehmen unmittelbar anzuwenden. Die Vorschriften des Aktiengesetzes über abhängige und herrschende Unternehmen entsprachen schon damals in den Grundzügen dem Recht des AktG 1937. Selbst wenn aber dieser herrschenden Ansicht zum alten Recht nicht zu folgen gewesen wäre, hätte eine wechselseitige Beteiligung als missbräuchliche Ausnutzung rechtlicher Gestaltungsmöglichkeiten angesehen werden müssen, weil sie die Verwaltungen der beteiligten Unternehmen der Kontrolle durch die eigentlichen Anteilseigner entzöge.[6] Es erschien daher gerechtfertigt, derartige wechselseitige Beteiligungen ohne Übergangsregelung den Vorschriften über abhängige und herrschende Unternehmen zu unterwerfen. **8**

Hingegen können die Vorschriften des Aktiengesetzes auf wechselseitig beteiligte Unternehmen, zwischen denen kein Abhängigkeitsverhältnis nach § 19 Abs 2 oder 3 AktG besteht, nicht ohne Weiteres angewendet werden. Solche wechselseitigen Beteiligungen unterlagen vor Inkrafttreten des AktG 1965 keinen Beschränkungen. Sie dürften in der Regel zu einer Zeit begründet worden sein, in der mit gesetzlichen Beschränkungen von wechselseitigen Minderheitsbeteiligungen **nicht gerechnet zu werden brauchte.** Da die wechselseitige Minderheitsbeteiligung geringere Gefahren mit sich bringt als ein wechselseitiges Abhängigkeitsverhältnis, kann sie auch nicht ohne weiteres als missbräuchliche Ausnutzung rechtlicher Gestaltungsmöglichkeiten angesehen werden. Das EGAktG unterwirft sie daher den Vorschriften **nur mit wesentlichen Einschränkungen.** Es knüpft dabei an die in § 7 EGAktG iVm § 20 Abs 3, § 21 Abs 1 AktG bestimmte Pflicht an, Beteiligungen, die den **vierten Teil der Anteile des anderen Unternehmens übersteigen,** diesem binnen eines Monats nach Inkrafttreten des Aktiengesetzes mitzuteilen (vgl dazu bereits unter § 7 Rdn 5 ff). Ähnliches gilt heute im Wertpapierhandelsrecht des WpHG.[7] **9**

Haben die beiden wechselseitig beteiligten Unternehmen fristgemäß („binnen eines Monats", vgl § 7) diese Mitteilung gemacht, so gilt nach **Abs 1** § 328 AktG für sie nicht. Beide Unternehmen können also aus ihren Anteilen alle Rechte, auch das Stimmrecht, ausüben. Sie können diese Rechte allerdings nur ausüben, soweit ihnen die Anteile bereits beim Inkrafttreten des Aktiengesetzes gehört haben. Aus Anteilen, die sie später hinzu übernommen oder erworben haben, stehen ihnen grundsätzlich keine Rechte zu. Diese Anteile unterliegen also den gleichen Beschränkungen wie nach § 328 AktG Anteile, die seither neu eine wechselseitige Beteiligung begründeten. Diese Regelung sollte verhindern, dass die bei Inkrafttreten des Aktiengesetzes bestehenden wechselseitigen Beteiligungen später erhöht werden[8] (siehe ferner oben *Fleischer*[4] § 328 AktG Rdn 8). **10**

Für den Fall der **Kapitalerhöhung aus Gesellschaftsmitteln** sieht das Gesetz in **Abs 2 Nr 1** allerdings eine Ausnahme von dem Grundsatz vor, dass aus den nach Inkrafttreten des Aktiengesetzes hinzu übernommenen oder erworbenen Anteilen keine Rechte zustehen. Die Kapitalerhöhung aus Gesellschaftsmitteln verändert der Sache nach nicht die Beteiligung, sondern nur den Gesamtnennbetrag der Anteile. Soweit daher auf Anteile, die dem Unter- **11**

---

5 Vgl Begr RegE bei *Kropff*, AktG, S 519 ff.

6 Vgl Begr RegE zu § 19 Abs 2 und 3 AktG bei *Kropff*, AktG, S 520 iVm S 34 ff.

7 Zur Übergangsregelung für Mitteilungs- und Veröffentlichungspflichten nach dem WpHG siehe die dortigen §§ 127 ff (§ 41 aF v 23.6.2017).

8 Vgl Begr RegE bei *Kropff*, AktG, S 520.

nehmen bereits beim Inkrafttreten des Aktiengesetzes gehört haben, bei einer Kapitalerhöhung aus Gesellschaftmitteln neue Anteile entfallen, können auch aus diesen neuen Anteilen alle Rechte ausgeübt werden. Ferner kann aus Anteilen, die später hinzu übernommen oder erworben worden sind und aus denen daher grundsätzlich keine Rechte zustehen, das Recht auf neue Aktien bei einer Kapitalerhöhung aus Gesellschaftsmitteln ausgeübt werden. Das entspricht jeweils § 328 Abs 1 S 2 AktG.[9]

12 Für die Frage, welche Anteile dem Unternehmen beim Inkrafttreten des Aktiengesetzes gehört haben, kommt es ebenso wie für die Frage, welche Anteile künftig hinzu übernommen oder erworben worden sind, nicht auf formalrechtliche Gesichtspunkte an. Bereits das Aktiengesetz (§ 19 Abs 1 S 2) erklärt daher hier wie in § 328 Abs 1 S 3 AktG, § 16 Abs 4 AktG für anwendbar. Anteile, die einem abhängigen Unternehmen zustehen, werden dem herrschenden Unternehmen zugerechnet.

2. Kapitalerhöhung gegen Einlage (Abs 2 Nr 2)

13 Nach dem RegE waren die Beschränkungen, denen wechselseitig beteiligte Unternehmen bei der Ausübung der Rechte aus ihren Aktien unterlagen, auf alle Aktien anzuwenden, die bereits beim Inkrafttreten des Aktiengesetzes wechselseitig beteiligte Unternehmen später hinzuerwarben, ausgenommen nur die Aktien aus einer Kapitalerhöhung aus Gesellschaftsmitteln (vgl oben zu Abs 2 Nr 1 Rdn 11). Der Rechtsausschuss und der Wirtschaftsausschuss waren übereinstimmend der Auffassung, dass diese auf die Wahrung des rechtlichen Besitzstandes beschränkte Übergangsregelung den wirtschaftlichen Besitzstand nicht genügend berücksichtige.[10] Denn nach ihr hätten auch die Rechte aus Aktien nicht ausgeübt werden können, die bei einer Kapitalerhöhung gegen Einlagen unter Ausübung des Bezugsrechts übernommen wurden. Im Ergebnis hätten sich die Unternehmen, solange sie wechselseitig beteiligt waren, an einer Kapitalerhöhung gegen Einlagen nicht beteiligen können. Durch die Übernahme solcher Aktien und der auf sie bei einer Kapitalerhöhung aus Gesellschaftsmitteln entfallenden neuen Aktien wird aber der Prozentsatz der Beteiligung nicht erhöht. Zudem hätte, so der Ausschussbericht, die Regelung des RegE zur Folge gehabt, dass wechselseitig beteiligte Unternehmen eine wirtschaftlich gebotene Kapitalerhöhung nicht beschließen können.[11] Denn das andere wechselseitig beteiligte Unternehmen hätte an einer Kapitalerhöhung gegen Einlagen, an der es sich nicht selbst beteiligen kann, unter Umständen nicht interessiert sein und sie mit seiner **Sperrminorität** verhindern können.

14 Nach Ansicht des Rechtsausschusses und des Wirtschaftsausschusses war es daher geboten, auch aus Anteilen, die bei einer späteren Kapitalerhöhung gegen Einlagen übernommen werden sollten, alle Rechte **mit Ausnahme des Stimmrechts** zu gewähren. Der Entzug des Stimmrechts stellt sicher, dass der Einfluss der Verwaltungen der wechselseitig beteiligten Unternehmen in den Hauptversammlungen auf die Dauer zurückgeht. Ein weitergehender Antrag, aus den bei einer Kapitalerhöhung gegen Einlagen übernommenen Aktien auch das Stimmrecht zu gewähren, ist im Rechtsausschuss daher abgelehnt[12] worden.

---

9 Vgl bereits Begr RegE bei *Kropff*, AktG, S 520.

10 Vgl zum Folgenden Bericht des Rechtsausschusses bei *Kropff*, AktG, S 521.

11 Vgl Bericht des Rechtsausschusses bei *Kropff*, AktG, S 521.

12 Vgl auch hierzu Bericht des Rechtsausschusses bei *Kropff*, AktG, S 521.

3. Andere Anteile und nur eine Meldung eines wechselseitig beteiligten Unternehmens (Abs 2 Nr 3 und Abs 3)

Hat nur eines der wechselseitig beteiligten Unternehmen die Mitteilung nach § 7 EGAktG iVm § 20 Abs 3, § 21 Abs 1 AktG gemacht, so besteht kein Grund, das andere Unternehmen, das diese Mitteilung unterlassen hat, nicht den Beschränkungen für wechselseitig beteiligte Unternehmen zu unterwerfen. Würde auch für ein Unternehmen, das die rechtzeitige Mitteilung unterlassen hat, eine Übergangsregelung getroffen, so wäre die Rechtssicherheit gefährdet. Es könnte dann auch ein Unternehmen, das die Beteiligung tatsächlich erst nach Inkrafttreten des Aktiengesetzes erworben oder erhöht hat, geltend machen, die Beteiligung stamme aus der Zeit vor dem Inkrafttreten des Aktiengesetzes und sei nur versehentlich nicht rechtzeitig mitgeteilt worden.[13] **15**

Abs 3 enthält daher, nur eine Übergangsvorschrift für das Unternehmen, dass die Beteiligung rechtzeitig mitgeteilt hat. Für dieses Unternehmen gilt § 328 AktG nicht. Es wird ebenso behandelt wie nach § 328 AktG ein Unternehmen, das als erstes die Mitteilung nach § 20 Abs 3, § 21 AktG gemacht hat, und unterliegt daher auch nicht mit später hinzu übernommenen oder erworbenen Anteilen der Beschränkung nach Abs 2. **16**

Haben beide wechselseitig beteiligte Unternehmen es versäumt, fristgemäß die Mitteilung nach § 7 EGAktG iVm § 20 Abs 3, § 21 AktG zu machen, so besteht für beide Unternehmen zu einer Übergangsregelung kein Anlass. Für beide Unternehmen gilt namentlich § 328 AktG. **17**

---

[13] So schon Begr RegE bei *Kropff*, AktG, S 521.

§ 7
Mitteilungspflicht von Beteiligungen

[1]Die Mitteilungspflichten nach §§ 20, 21 und 328 Abs. 3 des Aktiengesetzes gelten auch für Beteiligungen, die beim Inkrafttreten des Aktiengesetzes bestehen. [2]Die Beteiligungen sind binnen eines Monats nach dem Inkrafttreten des Aktiengesetzes mitzuteilen.

Übersicht

I. Grundlagen

1. Gesetzesgeschichte

1 Die Vorschrift ist in ihrer heutigen Form bereits durch das AktG 1965 geschaffen worden. Seit ihrem Inkrafttreten wurde die Norm nicht mehr geändert.

2 Der Bundestag hat die Verweisungen den zu §§ 20, 21, 328 AktG 1965 beschlossenen Änderungen angepasst (dazu oben § 6 Rdn 2). Im Übrigen entspricht die Norm bereits der Fassung des RegE[1] zum AktG 1965.

2. Europäisches Recht

3 Die Übergangsregelung weist keinen europarechtlichen Bezug auf.

3. Wirtschaftliche Bedeutung

4 Die Übergangsregelung zu den Mitteilungspflichten bei Inkrafttreten des AktG 1965 hat heute **keine Bedeutung** mehr.

II. Übergangsregelung zu Mitteilungspflichten nach AktG 1965

5 Nach §§ 20, 21, 328 Abs 4 (vor dem KonTraG noch Abs 3) AktG sind eine Beteiligung, die den vierten Teil aller Anteile des Unternehmens übersteigt, eine Mehrheitsbeteiligung sowie die jeweilige Höhe einer wechselseitigen Beteiligung dem Unternehmen, an dem die Beteiligung besteht, unverzüglich mitzuteilen. **S 1** stellte insoweit klar, dass diese Mitteilungspflicht auch für **Beteiligungen gilt**, die **bereits bei Inkrafttreten des Aktiengesetzes bestanden.**[2]

---

[1] Begr RegE, BT-Drucks IV/171, S 301.
[2] Vgl Begr RegE bei *Kropff*, AktG, S 522.

S 2 setzte aber an die Stelle der Pflicht zur unverzüglichen Mitteilung die Pflicht zur **Mitteilung binnen eines Monats**. Die Monatsfrist sollte im Interesse der Rechtssicherheit[3] klarstellen, von welchem Zeitpunkt an die Mitteilungspflicht versäumt war, weil ein Verstoß gegen sie erhebliche Rechtsfolgen auslöste (und für heutige Fälle ebenfalls noch auslöst). Schließlich knüpfte auch die Übergangsregelung des § 6 für die bei Inkrafttreten des Aktiengesetzes wechselseitig beteiligten Unternehmen an die Monatsfrist des § 7 an. 6

Ähnliche Übergangsregelungen für die Mitteilungs- und Veröffentlichtungspflichten gelten heute im **Wertpapierhandelsrecht** des WpHG.[4] 7

3 Vgl Begr RegE bei *Kropff*, AktG, S 522.

4 Vgl §§ 128, 130 WpHG (Übergangsregelung für die Mitteilungs- und Veröffentlichungspflichten zur Wahl des Herkunftsstaates bzw für Inhaber von Netto-Leerverkaufspositionen), siehe etwa BeckOK/*Kraack* § 130 WpHG. Zur Übergangsregelung von § 41 WpHG aF KK-WpHG/*Hirte*[2] § 41.

§ 8
Gegenstand des Unternehmens

Entspricht bei Aktiengesellschaften, die beim Inkrafttreten des Aktiengesetzes in das Handelsregister eingetragen sind, die Satzungsbestimmung über den Gegenstand des Unternehmens nicht dem § 23 Abs. 3 Nr. 2 des Aktiengesetzes, so sind Änderungen der Satzung durch die Hauptversammlung nur einzutragen, wenn zugleich die Satzungsbestimmung über den Gegenstand des Unternehmens an § 23 Abs. 3 Nr. 2 des Aktiengesetzes angepaßt wird.

Übersicht

I. Grundlagen

1. Gesetzesgeschichte

1 Die Vorschrift wurde in ihrer heutigen Form durch das AktG 1965 geschaffen. Seit ihrem Inkrafttreten wurde die Norm nicht mehr geändert.

2 Die noch in § 8 RegE[1] enthaltenen Worte „des Gegenstandes des Unternehmens oder wesentliche Änderungen der Verfassung der Aktiengesellschaft“ wurden im Anschluss an die Stellungnahme des Bundesrates auf Empfehlung des Rechtsausschusses und des Wirtschaftsausschusses[2] durch die Worte „der Satzung durch die Hauptversammlung“ ersetzt.[3]

2. Europäisches Recht

3 Die Übergangsregelung weist keinen europarechtlichen Bezug auf.

3. Wirtschaftliche Bedeutung

4 Größere praktische Bedeutung dürfte § 8 heute nicht mehr zukommen, da die Anpassungspflicht bereits nach irgendeiner Satzungsänderung eintrat (siehe ferner oben *Röhricht/Schall*[5] § 23 Rdn 151 mit Verweis auf Voraufl, *Röhricht*[4] § 23 AktG Rdn 116).

---

[1] RegE, BT-Drucks IV/171, S 301.

[2] Vgl Zusammenstellung BT-Drucks IV/171 mit Beschlüssen Rechtsausschuss BT-Drucks IV/3296, S 227; Schriftlicher Bericht des Rechtsausschusses, BT-Drucks IV/3296, S 57.

[3] Vgl Stellungnahme des Bundesrates und den Bericht des Rechtsausschusses bei *Kropff*, AktG, S 523.

II. Übergangsregelung zur Anpassung von Altsatzungen bei Änderung des Unternehmensgegenstandes

Die Satzung von Aktiengesellschaften bestimmte **früher**, dh nach § 16 Abs 3 Nr 2 AktG 1937, den Gegenstand des Unternehmens häufig nur sehr allgemein. Die Praxis hat sich damals mit der meist farblosen Bezeichnung über den Gegenstand des Unternehmens zufriedengegeben. § 23 Abs 3 Nr 2 AktG schreibt deshalb heute (erweiternd) vor, dass namentlich bei Industrie- und Handelsunternehmen die Art der Erzeugnisse und Waren, die hergestellt und gehandelt werden sollen, näher anzugeben ist. Daher bedurfte es einer Anpassung der Satzung bei Inkrafttreten des AktG 1965 bestehender Aktiengesellschaften an die neue Regelung. § 8 ordnete deshalb eine **Registersperre** an: Nach § 8 war die zur Anpassung notwendige Satzungsänderung vorzunehmen, sobald die Gesellschaft eine Satzungsänderung in das Handelsregister eintragen lassen wollte.[4] Damit gibt das Gesetz vor, bereits **jede Satzungsänderung** zum Anlass zu nehmen, die Gesellschaft zur Präzisierung des Unternehmensgegenstandes zu zwingen. **5**

Vom Aufsichtsrat beschlossene Fassungsänderungen gem § 179 Abs 1 S 2 AktG konnten nach dem Wortlaut des § 11 („durch die Hauptversammlung") nicht unter die Anpassungspflicht fallen. **6**

Das Registergericht brauchte von sich aus zwecks Anpassung der Satzung nicht tätig zu werden, sondern konnte warten, bis (irgend)eine von der Hauptversammlung beschlossene Satzungsänderung anzumelden war. **7**

Die erforderliche Satzungsänderung konnte gem § 179 Abs 2 S 2 AktG nur mit einer Dreiviertel-Mehrheit des vertretenen Grundkapitals beschlossen werden. Eine Änderung iSd § 11 liegt im Übrigen auch dann vor, wenn ohne Änderung der materiellen Tätigkeit der Gesellschaft der in der Satzung ganz allgemein angegebene Gegenstand auf eine **konkretisierte Tätigkeit** eingeschränkt wird.[5] Die unter die alten generellen Angaben fallenden Tätigkeiten scheiden dann nämlich aus dem Gegenstand des Unternehmens insoweit aus, als dass sie von der neuen konkreten Angabe nicht mehr erfasst sind. **8**

---

[4] Vgl zum älteren Ansatzpunkt des RegE Begr RegE bei *Kropff*, AktG, S 522 und oben unter Rdn 2.

[5] Dies zwingt dann auch zu der von § 179 Abs 2 S 2 besagten Hauptversammlungsmehrheit zur Satzungsänderung.

§ 9
Namensaktien

(weggefallen)

Die Norm wurde aufgehoben durch das Gesetz zur Namensaktie und zur Erleichterung der Stimmrechtsausübung [NaStraG] vom 18.01.2001 (BGBl. I, S 123). Siehe zu der weggefallenen Vorschrift die Kommentierung in der 3. Aufl. GroßkommAktG/*Barz*[3] § 9.[1]

[1] Vgl hierzu auch Begr RegE NaStraG, BT-Drucks 14/4618, S 9 sowie BT-Drucks 14/4051, S 16.

§ 10
Nebenverpflichtungen der Aktionäre

[1]§ 55 Abs. 1 Satz 2 des Aktiengesetzes gilt nicht für Aktiengesellschaften, die bereits beim Inkrafttreten des Aktiengesetzes in ihrer Satzung Nebenverpflichtungen der Aktionäre vorgesehen haben. [2]Ändern jedoch solche Gesellschaften den Gegenstand des Unternehmens oder die Satzungsbestimmungen über die Nebenverpflichtungen, so sind diese Änderungen nur einzutragen, wenn zugleich bestimmt wird, ob die Leistungen entgeltlich oder unentgeltlich zu erbringen sind.

Übersicht

I. Grundlagen

1. Gesetzesgeschichte

Die Vorschrift wurde in ihrer heutigen Form durch das AktG 1965 geschaffen. Seit ihrem Inkrafttreten wurde die Norm nicht mehr geändert. **1**

Sie wurde im Gesetzgebungsverfahren von § 9 RegE[1] zum heutigen § 10, blieb inhaltlich aber unverändert. **2**

2. Europäisches Recht

Die Übergangsregelung weist keinen europarechtlichen Bezug auf. **3**

3. Wirtschaftliche Bedeutung

Die Relevanz und das Eingreifen der Übergangsregelung dürften nur noch gering sein; allerdings ist sie angesichts der aus S 2 nur beschränkten Eintragungspflicht – dh gerade nicht bei jeder zwischenzeitlichen Satzungsänderung – nicht vollends überholt[2]. **4**

II. Übergangsregelung zu Nebenverpflichtungen der Aktionäre

Für Nebenleistungsaktiengesellschaften enthält § 55 Abs 1 S 2 AktG die gegenüber dem früheren Recht neue Vorschrift, dass die Satzung zu bestimmen hat, ob die Leistungen entgeltlich oder unentgeltlich zu erbringen sind. Nach § 10 mussten die bei Inkrafttreten des **5**

---

[1] Begr RegE, BT-Drucks IV/171, S 301.
[2] MünchKomm/*Habersack*[5] Einl Rdn 150 sieht § 10 etwa „noch heute von Bedeutung".

Aktiengesetzes bereits bestehenden Nebenleistungsaktiengesellschaften ihre Satzung an diese neue Rechtslage anpassen, **sobald** sie eine **Satzungsänderung** in das Handelsregister eintragen lassen wollten, die den Gegenstand des Unternehmens oder die Nebenverpflichtung betrifft (**S 2**).[3]

6 **S 1** sagt zwar ausdrücklich, dass § 55 Abs 1 S 2 AktG für Nebenleistungspflichten nicht gilt, die am 1. Januar 1966 in der Satzung bereits vorgesehen waren. Um den rechtlichen Unterschied zwischen Nebenleistungspflichten aus der Zeit vor und nach dem AktG 1965 zu beseitigen, bestimmt **S 2** die Einfügung einer Satzungsbestimmung in den dort beschriebenen Fällen.

7 Bei noch unter § 11 S 1 fallenden Altgesellschaften können daher künftige Erwerber entsprechender Aktien der Satzung womöglich nicht entnehmen, ob hinsichtlich der Nebenleistung Entgeltlichkeit (iSd § 51 S 2 AktG) besteht. Diese Fälle werden heute jedoch eher selten vorkommen (siehe oben Rdn 4), wenngleich S 2 gerade nicht jede Satzungsänderung ausreichen lässt, um das Erfordernis des § 55 S 2 AktG herbeizuführen.

---

3 Vgl Begr RegE bei *Kropff*, AktG, S 524.

§ 11
Nachgründungsgeschäfte

Die Unwirksamkeit gemäß § 52 Aktiengesetz eines vor dem 1. Januar 2000 geschlossenen Nachgründungsgeschäfts kann nach dem 1. Januar 2002 nur noch auf Grund der zum 1. Januar 2000 geänderten Fassung der Vorschrift geltend gemacht werden.

Übersicht

Schrifttum

Ulrike Dormann/Ferdinand Fromholzer Offene Fragen der Nachgründung nach dem NaStraG, AG 2001, S 242–250; *Dirk Eisolt* Neuregelung der Nachgründung durch das Namensaktiengesetz, DStR 2001, S 748–754; *Andreas Pentz* Die Änderungen des Nachgründungsrechts durch das NaStraG. Ein Austausch alter durch neue Probleme, NZG 2001, S 346–355.

I. Grundlagen

1. Gesetzesgeschichte

Die am 25. Januar 2001 in Kraft getretene Norm wurde durch Art 2 Nr 2 des NaStraG eingeführt. Die heutige Norm wurde seitdem nicht mehr geändert. Sie ersetzte die Ursprungsfassung des AktG 1965 zum „Ausschluß säumiger Aktionäre" (hierzu schon in der 3. Aufl. GroßkommAktG/*Barz*³ § 3).[1] **1**

Die Übergangsregelung des § 11 basiert auf dem RegE zum NaStraG[2] und blieb aufgrund der Beschlussempfehlung des Rechtsausschusses[3] unverändert. **2**

2. Europäisches Recht

Die Übergangsregelung weist keinen europarechtlichen Bezug auf. **3**

3. Wirtschaftliche Bedeutung

Eine praktische Relevanz kommt der Vorschrift des § 11 heute nicht mehr zu. Von Bedeutung war sie lediglich zu der (Inkrafttretens-)Zeit des NaStraG und für etwaige Heilungsfälle. **4**

---

[1] Hierzu schon *Kropff*, AktG, S 527 f.
[2] RegE NaStraG, BT-Drucks 14/4051, S 7.
[3] Beschlussempfehlung und Bericht des Rechtsausschusses NaStraG, BT-Drucks 14/4618, S 9.

II. Heilungsvorschrift zu Nachgründungsgeschäften

5 **§ 11** enthält eine Heilungsvorschrift für Nachgründungsgeschäfte nach § 52 AktG idF des NasTraG aus der Zeit vor dem 1. Januar 2000, dem Datum des Inkrafttretens der Änderung dieser nachgründungsrechtlichen Bestimmung gemäß Art 7 S 1 des NaStraG. Danach konnte die Unwirksamkeit eines Nachgründungsgeschäfts gemäß § 52 AktG aF, das vor dem 1. Januar 2000 geschlossen wurde und nach § 52 AktG idF des NaStraG wirksam wäre, nur noch bis zum 1. Januar 2002 geltend gemacht werden. Betroffen war damit der neue Anwendungsbereich des § 52 AktG idF des NaStraG auf Gründer oder Aktionäre, die mit mehr als 10 % am Grundkapital beteiligt sind. Diese maßgebliche Regelung zu den Geschäftsparteien gilt bis heute.

6 Die zu weitgehende Fassung der Vorschrift des § 52 AktG aF hatte sich für viele aufstrebende Aktiengesellschaften als unerkannte Falle erwiesen. Mit der **Heilungsvorschrift** sollte nach einer kurzen Übergangszeit auch **für die Vergangenheit** Rechtssicherheit erzeugt werden.[4]

7 **§ 11** bewirkte somit, dass die Unwirksamkeit von Nachgründungsgeschäften, die bis zum 31. Dezember 1999 geschlossen wurden und die daher mangels Rückwirkung noch nach der alten Rechtslage zu beurteilen waren, die jedoch nach der neuen Fassung des § 52 Abs 1 S 1 AktG wirksam wären (und waren), nur noch bis zum 1. Januar 2002 geltend gemacht werden konnte. Für die Heilungsvorschrift des § 11 war es auch nicht etwa erforderlich, dass den Vertragsparteien die Unwirksamkeit des Vertrages unbekannt war. Diese trat vielmehr auch dann ein, wenn die Unwirksamkeit beiden Parteien bekannt war und diese einvernehmlich die Geltentmachungsfrist des 1. Januar 2002 verstreichen und den Vertrag dadurch wirksam werden ließen. § 11 sieht ausdrücklich keine Geltendmachung der Unwirksamkeit vor und sieht damit eben keinen von der Kenntnis der Beteiligten abhängigen Modus vor.[5]

8 Aus der Gesetzesbegründung („für die Vergangenheit") sowie der angeordneten Rückwirkung des Art 7 S 1 des NaStraG ist zu schließen, dass die Wirksamkeit der Nachgründungsgeschäfte **ex tunc** und nicht nur ex nunc eintreten soll. Für etwaige **Zwischenverfügungen**, die der Veräußerer damals im Vertrauen auf die seinerzeitige Unwirksamkeit ohne eine Geltendmachung der Wirksamkeit gegenüber der Gesellschaft (iSd § 11) vorgenommen hatte, war allerdings im Wege einer teleologischen Einschränkung des § 11 zu reagieren. Denn immer, wenn bereits aufgrund der Rechtslage vor NaStraG die Unsicherheit über die Wirksamkeit eines schwebend unwirksamen Nachgründungsgeschäfts endgültig beseitigt wurde, bedurfte es nach der gesetzeberischen Intention des Bemühens um Rechtsklarheit und einer reinen Formerleichterung keiner rückwirkenden Wirksamkeit dieses Nachgründungsgeschäfts.[6]

---

[4] Vgl Begr RegE NaStraG, BT-Drucks 14/4051, S 17.

[5] So iE auch schon *Dormann/Fromholzer* AG 2001, 242, 250; *Eisolt* DStR 2001, 748, 754 f; *Pentz* NZG 2001, 346, 353.

[6] Vgl hierzu schon die anschauliche Falldarstellung von *Dormann/Fromholzer* AG 2001, 242, 246 ff, 249; *Pentz* NZG 2001, 346, 353 f.

§ 12
Aufsichtsrat

(1) [1]Bestimmungen der Satzung über die Zahl der Aufsichtsratsmitglieder und über Stellvertreter von Aufsichtsratsmitgliedern treten, soweit sie mit den Vorschriften des Aktiengesetzes nicht vereinbar sind, mit Beendigung der Hauptversammlung außer Kraft, die über die Entlastung der Mitglieder des Aufsichtsrats für das am 31. Dezember 1965 endende oder laufende Geschäftsjahr abgehalten wird, spätestens mit Ablauf der in § 120 Abs. 1 des Aktiengesetzes für die Beschlußfassung über die Entlastung bestimmten Frist. [2]Eine Hauptversammlung, die innerhalb dieser Frist stattfindet, kann an Stelle der außer Kraft tretenden Satzungsbestimmungen mit einfacher Stimmenmehrheit neue Satzungsbestimmungen beschließen.

(2) Treten Satzungsbestimmungen nach Absatz 1 Satz 1 außer Kraft, erlischt das Amt der Aufsichtsratsmitglieder oder der Stellvertreter von Aufsichtsratsmitgliedern mit dem in Absatz 1 genannten Zeitpunkt.

(3) Hat ein Aufsichtsratsmitglied am 1. Mai 1998 eine höhere Zahl von Aufsichtsratsmandaten, als nach § 100 Abs. 2 Satz 1 Nr. 1 in Verbindung mit Satz 3 des Aktiengesetzes in der ab dem 1. Mai 1998 geltenden Fassung zulässig ist, so gilt für diese Mandate § 100 Abs. 2 Aktiengesetz in der bis zum 30. April 1998 geltenden Fassung bis zum Ablauf der jeweils für das Mandat geltenden Amtszeit fort.

(4) § 100 Abs. 5 und § 107 Abs. 4 des Aktiengesetzes in der Fassung des Bilanzrechtsmodernisierungsgesetzes vom 25. Mai 2009 (BGBl. I S. 1102) finden keine Anwendung, solange alle Mitglieder des Aufsichtsrats und des Prüfungsausschusses vor dem 29. Mai 2009 bestellt worden sind.

(5) § 100 Absatz 5 und § 107 Absatz 4 des Aktiengesetzes jeweils in der Fassung des Abschlussprüfungsreformgesetzes vom 10. Mai 2016 (BGBl. I S. 1142) müssen so lange nicht angewandt werden, wie alle Mitglieder des Aufsichtsrats und des Prüfungsausschusses vor dem 17. Juni 2016 bestellt worden sind.

(6) § 100 Absatz 5 und § 107 Absatz 4 Satz 3 des Aktiengesetzes in der jeweils ab dem 1. Juli 2021 geltenden Fassung müssen so lange nicht angewandt werden, wie alle Mitglieder des Aufsichtsrats und des Prüfungsausschusses vor dem 1. Juli 2021 bestellt worden sind.

Übersicht

Schrifttum

Joachim Freiherr von Falkenhausen/Dirk Kocher Wie wird der unabhängige Finanzexperte in den Aufsichtsrat gewählt? – Praktische Fragen der Umsetzung des BilMoG, ZIP 2009, S 1601–1603;

Harald Gesell Prüfungsausschuss und Aufsichtsrat nach dem BilMoG, ZGR 2011, S 361–397; *Andreas Kerkemeyer* Die Reform des deutschen Abschlussprüfungs-, Bilanzkontroll- und Finanzaufsichtsrechts durch das Gesetz zur Stärkung der Finanzmarktintegrität (FISG), JZ 2021, S 813–820; *Manuel René Theisen* Ein guter Geist im Aufsichtsrat – Der Financial Expert, Der Aufsichtsrat 2009, S 81; *Andre P H Wandt* Der Antrag auf gerichtliche Bestellung eines Aufsichtsratsmitglieds bei AG und SE, AG 2016, S 877–888; *Hildegard Ziemons* Was müssen Aktiengesellschaften nach Inkrafttreten des BilMoG beachten? GWR 2009, S 106–109.

I. Grundlagen

1. Gesetzesgeschichte

1 Abs 1 und 2 der Vorschrift wurden bereits durch das AktG 1965 geschaffen. Abs 3 wurde[1] hingegen erst durch Art 11 Nr 2 des Gesetzes zur Kontrolle und Transparenz im Unternehmensbereich (KonTraG) vom 27. April 1998 (BGBl I, S 786, 793) angefügt. Abs 4 wurde durch Art 6 des Gesetzes zur Modernisierung des Bilanzrechts (Bilanzrechtsmodernisierungsgesetz – BilMoG) vom 25. Mai 2009 (BGBl I, S 1102) und Abs 5 durch Art 6 des Gesetzes zur Umsetzung der prüfungsbezogenen Regelungen der Richtlinie 2014/56/EU sowie zur Ausführung der entsprechenden Vorgaben der Verordnung (EU) Nr 537/2014 im Hinblick auf die Abschlussprüfung bei Unternehmen von öffentlichem Interesse (Abschlussprüfungsreformgesetz – AReG] vom 10. Mai 2016 (BGBl I, S 1142) angefügt. Abs 6 wurde erst durch Art 16 des Gesetzes zur Stärkung der Finanzmarktintegrität (Finanzmarktintegritätsstärkungsgesetz – FISG) vom 3. Juni 2021 (BGBl I, S 1534) angefügt. Die Norm wurde seitdem nicht mehr geändert.

2 In Abs 1 wurde die konkrete Frist zur Satzungsanpassung („endende oder laufende Geschäftsjahr") erst infolge des Ausschussberichts[2] zum AktG 1965 eingefügt. Im Übrigen entspricht er dem RegE[3]. Abs 2 entspricht vollständig dem RegE. Abs 3 idF des KonTraG entspricht vollständig dem diesbezüglichen RegE[4]. Abs 4 idF des BilMoG wurde hingegen erst aufgrund der Beschlussempfehlung des Rechtsausschusses[5] eingefügt und war im RegE[6] noch nicht enthalten. Abs 5 idF des AReG war bereits im entsprechenden RegE[7] enthalten und blieb in der der weiteren Beratung unverändert. Abs 6 entspricht schließlich fast vollständig dem RegE zum FISG[8] und erfuhr aufgrund der Beschlussempfehlung des Finanzausschusses[9] lediglich eine Folgeänderung wegen der Einfügung des neuen Satzes 2 in § 107 Abs 4 AktG (Verweis in § 12 zuvor auf Satz 3).

2. Europäisches Recht

3 Allein Abs 5 beruht hinsichtlich der in Bezug genommenen Normen auf der Umsetzung europäischen Rechts zu der Richtlinie 2014/56/EU vom 16. April 2014.[10] Die Richtlinie ist

---

1 Vgl zu Abs 3 aF des AktG 1965 Begr RegE bei *Kropff*, AktG, S 525.
2 Vgl Zusammenstellung BT-Drucks IV/171 mit Beschlüssen Rechtsausschuss BT-Drucks IV/3296, S 228; schriftlicher Bericht des Rechtsausschusses, BT-Drucks IV/3296, S 57.
3 Begr RegE, BT-Drucks IV/171, S 300 f.
4 Begr RegE KonTraG, BT-Drucks 13/9712, S 10.
5 Beschlussempfehlung und Bericht des Rechtsausschusses BilMoG, BT-Drucks 16/12407, S 50.
6 Begr RegE BilMoG, BT-Drucks 16/10067.
7 Begr RegE AReG, BT-Drucks 18/7219, S 19.
8 Begr RegE, BT-Drucks 19/26966, S 44, 118.
9 Beschlussempfehlung und Bericht des Finanzausschusses FISG, BT-Drucks 19/29879, S 107, 178 (elektronische Vorabfassung).
10 ABl EU Nr L 158 v 27.5.2014, S 196.

am 16. Mai 2014 in Kraft getreten (Art 3) und war bis zum 17. Juni 2016 umzusetzen (Art 2 Abs 1), ein Termin, der mit dem AReG auch in übergangsrechtlicher Hinsicht eingehalten wurde (oben Rdn).

3. Wirtschaftliche Bedeutung

Das in **Abs 1** und **2** enthaltene Übergangsrecht betreffend dem damaligen AktG 1965 widersprechende Satzungsbestimmungen über die Mitgliederzahl des Aufsichtsrats und der Stellvertreter von Aufsichtsratsmitgliedern ist aufgrund des praktischen Zeitablaufs nicht mehr von aktuellem Interesse. **4**

Der Übergangsregelung des **Abs 3** kam eine Bedeutung zu der Zeit des Inkrafttretens des KonTraG bei. Gegenwärtig weist sie jedoch keine praktische Relevanz mehr auf. **5**

Eine praktische Relevanz kam der Übergangsregelung aus **Abs 4** erstmals[11], aber auch maximal bis ins Jahr 2014 zu, wenn nämlich die Gesellschaft ihre Aufsichtsräte bzw Mitglieder der Prüfungsausschüsse noch vor dem 29. Mai 2009 vollständigt neu bestellt hatte und gem § 102 Abs 1 AktG erst nach fünf Jahren eine nach § 105 Abs 5 AktG bzw § 107 Abs 4 AktG idF des BilMoG zu füllende Vakanz entstand. Die Übergangsregelung hat seitdem keine praktische Bedeutung mehr. **6**

Die Vorgaben des **Abs 5**, und damit insbesondere die **Sektorenkenntnis**, müssen nicht beachtet werden, solange alle Mitglieder des Aufsichtsrats und des Prüfungsausschusses vor dem 17. Juni 2016 bestellt worden sind. Hat die Gesellschaft ihre Aufsichtsräte bzw Mitglieder der Prüfungsausschüsse noch vor dem 17. Juni 2016 vollständig neu bestellt, kann bei regulärem Ablauf der Amtszeit aller Mitglieder eine Anwendung der neuen Regelung idF des AReG erstmals nach fünf Jahren, also im **Jahr 2021**, entstehen. Abs 5 war bis dahin von hohem Interesse und dürfte nunmehr höchstens noch bei Rechtsstreitigkeiten eine Rolle spielen. **7**

Die neuen Vorgaben des Abs 6 führen dazu, dass bei regulärem Ablauf der Amtszeit aller Mitglieder des Aufsichtsrats und des **Prüfungsausschusses** eine Anwendung der neuen Regelung idF des FISG – und damit auch im Zuge der Aufarbeitung von „Wirecard" – erstmals nach fünf Jahren, also im **Jahr 2026**, stattfindet. Die Übergangsregelung ist somit von sehr hohem **aktuellen Interesse**. **8**

II. Übergangsrecht betreffend den Aufsichtsrat

1. Satzungsbestimmungen über Zahl der Aufsichtsratsmitglieder und Stellvertreter (Abs 1 und 2)

Nach § 86 Abs 1 S 4 AktG 1937 konnten – anders als nach dem heutigen Aktiengesetz – Ausnahmen von der **Höchstzahl** der Aufsichtsratsmitglieder zugelassen werden.[12] Aus diesem Grunde konnten bei Inkrafttreten des Aktiengesetzes Aufsichtsräte vorhanden sein, deren Mitgliederzahl die neuen Höchstzahlen des § 95 S 4 AktG überstiegen. Ferner sahen die Satzungen von Aktiengesellschaften zur damaligen Zeit vielfach keine bestimmte, sondern eine sogenannte variable Zahl von Aufsichtsratsmitgliedern vor, während nach § 95 S 2 AktG 1965 eine „bestimmte" Zahl festgesetzt werden musste. Schließlich bestimmt **9**

---

11 So auch KK/*Noack*[3] § 12 EGAktG Rdn 13.
12 Vgl zum Folgenden schon Begr RegE bei *Kropff*, AktG, S 525.

§ 101 Abs 2 S 1 AktG zur Klärung einer Zweifelsfrage, dass Stellvertreter von Aufsichtsratsmitgliedern nicht bestellt werden können. Diese vom früher geltenden Recht abweichenden Regelungen machten eine Übergangsvorschrift erforderlich um zu vermeiden, dass Aufsichtsräte mit dem Inkrafttreten des Aktiengesetzes funktionsunfähig würden, weil die Satzungsbestimmungen über die Zahl der Aufsichtsratsmitglieder und über Stellvertreter von Aufsichtsratsmitgliedern nicht mehr dem neuen Recht entsprachen.

10 **Abs 1** hielt diese **Satzungsbestimmungen für eine bestimmte Übergangszeit aufrecht**. Die Gesellschaften sollten Gelegenheit haben, ihre Satzungen während dieser Zeit dem neuen Recht anzupassen. Um die Anpassung zu erleichtern, konnten die erforderlichen neuen Satzungsbestimmungen mit einfacher Stimmenmehrheit beschlossen werden (Abs 1 S 2).

11 Die Frist, in der die Gesellschaften nach § 12 Abs 1 ihre Satzungen an die Vorschriften des neuen Rechts über die Zahl der Aufsichtsratsmitglieder und über die Stellvertreter von Aufsichtsratsmitgliedern anpassen konnten, war so bestimmt, dass die Anpassung in der ordentlichen Hauptversammlung beschlossen werden konnte, die zur Beschlussfassung über die Entlastung für das bei Inkrafttreten des Aktiengesetzes **endende oder laufende Geschäftsjahr** abgehalten wurde.[13] Das bedeutete praktisch, dass je nach dem Lauf des Geschäftsjahrs die Anpassung im Sommer 1966 zu beschließen gewesen war. Damit stand den Gesellschaften ausreichend Zeit zur Verfügung um zu prüfen, wie sie die erforderlichen Anpassungen vornehmen wollten.

12 Traten Satzungsbestimmungen über die Zahl der Aufsichtsratsmitglieder oder über Stellvertreter von Aufsichtsratsmitgliedern außer Kraft, weil sie dem neuen Recht widersprachen, so erlosch nach **Abs 2** das Amt sämtlicher Aufsichtsratsmitglieder und Stellvertreter von Aufsichtsratsmitgliedern zu dem gleichen Zeitpunkt, zu dem die Satzungsbestimmungen nach Abs 1 S 1 außer Kraft traten.[14]

2. Doppelzählung (Abs 3)

13 **Abs 3** bildet eine Übergangsregelung zur Änderung des § 100 Abs 2 AktG, und zwar zur Anfügung des neuen S 3 durch Art 1 Nr 8 lit b) KonTraG.[15] Seit jener Änderung sind Mandate, die als Aufsichtsratsvorsitzender wahrgenommen werden, doppelt zu zählen. Überschritten einzelne Aufsichtsratsmitglieder durch die Doppelanrechnung der Vorsitzmandate die zulässige Höchstzahl, so brauchten sie nicht sofort auszuscheiden, sondern konnten die Mandate, die sie innehatten, bis zum vorgesehenen Ende der Amtsperiode weiterführen. Die Einführung der Doppelzählung führte somit nicht zum automatischen Ausscheiden aus einzelnen Aufsichtsräten bei eintretendem Verstoß gegen die Höchstzahl. Für neu übernommene Mandate galt für solche Personen die Neuregelung demgegenüber uneingeschränkt (siehe ferner oben *Hopt/Roth*[5] § 100 AktG Rdn 71).

3. Aufsichtsrat bei kapitalmarktorientierten Gesellschaften nach dem BilMoG (Abs 4)[16]

14 Da eine sofortige Anwendung des § 100 Abs 5 AktG und des § 107 Abs 4 AktG idF des BilMoG die betroffenen Gesellschaften eventuell gezwungen hätte, wirksam bestellte Auf-

---

13 Vgl hierzu Bericht des Rechtsausschusses bei *Kropff*, AktG, S 525.

14 Vgl hierzu bereits Begr RegE bei *Kropff*, AktG, S 525.

15 Vgl Begr RegE KonTraG, BT-Drucks 13/9712, S 31.

16 Beschlussempfehlung und Bericht des Rechtsausschusses BilMoG, BT-Drucks 16/12407, S 97.

sichtsräte bzw Ausschussmitglieder vorzeitig auszutauschen, erachtete es der Rechtsausschuss als sinnvoll, diesen ausreichend Zeit für die Umsetzung zu geben. Demgemäß sollte genügen, wenn die neuen Anforderungen bei der nächstmöglichen Aufsichtsratsbestellung – also in der Regel bei turnusgemäßem Wechsel – erfüllt würden.[17]

Nach **Abs 4** war somit die durch BilMoG gefasste Regelung, wonach bei kapitalmarkt- **15**
orientierten Gesellschaften (§ 264d HGB) mindestens ein Mitglied des Aufsichtsrates und eines eingerichteten Prüfungsausschusses unabhängig sein und über Sachverstand auf den Gebieten der Rechnungslegung oder Abschlussprüfung verfügen musste (sog **unabhängiger Finanzexperte**), nicht umgehend anzuwenden. Sobald ein Mitglied aus dem Aufsichtsrat oder aus dem Prüfungsausschuss nach dem 29. Mai 2009 ausschied, musste der Aufsichtsrat über mindestens ein unabhängiges in Rechnungslegung oder Abschlussprüfung kundiges Mitglied verfügen. Daher genügte man dieser Voraussetzung des § 100 Abs 5 AktG bzw 107 Abs 4 AktG idF des BilMoG auch, falls ein bereits vorhandenes Mitglied eine solche Eigenschaft aufweisen konnte. Einen gesonderten **Bestätigungsbeschluss**, wie er teils gefordert wurde,[18] brauchte es hierzu mangels einer Erwähnung im Gesetz oder der Gesetzesbegründung gerade nicht.[19]

Die Überleitungsregelung unterscheidet des Weiteren nicht danach, ob ein von der **16**
Hauptversammlung (Anteilseignervertreter) oder ein von den Arbeitnehmern gewähltes Mitglied (Arbeitnehmervertreter) ausscheidet. Dass die Fälle eher selten sind bzw waren, in denen ein **Arbeitnehmervertreter** auch unabhängiger Finanzexperte ist bzw war, stellt mangels Differenzierung im Gesetzeswortlaut kein triftiges Argument dafür dar, Abs 4 entgegen seinem offenen Wortlaut einschränkend auf die Bestellung der Anteilseignervertreter auszulegen.[20]

Für Fälle, in denen ein **Ersatzmitglied** nachrückte, das vor dem Stichtag des Abs 4 **17**
gewählt wurde, war § 100 AktG idF des BilMoG dennoch nicht anwendbar, da die Übergangsregelung in Abs 4 allein auf den Bestellungszeitpunkt abstellt[21] (siehe ferner oben *Hopt/Roth*[5] § 100 AktG Rdn 225).

4. Aufsichtsrat nach dem AReG (Abs 5)[22]

Abs 5 enthält eine Übergangsvorschrift zu den im Aktiengesetz in Umsetzung von Art 39 **18**
der überarbeiteten Abschlussprüferrichtlinie (siehe oben Rdn) geregelten Vorgaben. In § 100 Abs 5 AktG idF des AReG kam der Begriff der **Sektorenkenntnis** hinein, der von den Aufsichtsratsmitgliedern bzw Mitgliedern des Prüfungsausschusses eine Vertrautheit mit dem Sektor, in dem die Gesellschaft tätig ist, erwartet.[23] Des Weiteren wurde die durch das BilMoG geschaffene **Unabhängigkeitsvorgabe** gestrichen (aufgrund Art 39 Abs 5 iVm Abs 1 UA 4 der überarbeiteten Abschlussprüferrichtlinie [oben Rdn]).

---

17 Beschlussempfehlung und Bericht des Rechtsausschusses BilMoG, BT-Drucks 16/12407, S 97.

18 Vgl *Theisen* Der Aufsichtsrat 2009, 81.

19 So auch schon *Freiherr von Falkenhausen/Kocher* ZIP 2009, 1601, 1602; KK/*Noack*[3] § 12 EGAktG Rdn 9.

20 So aber *von Falkenhausen/Kocher* ZIP 2009, 1601; *Gesell* ZGR 2011, 361, 392 Fn 105. Wie hier KK/*Noack*[3] § 12 EGAktG Rdn 12; *Ziemons* GWR 2009, 106, 108.

21 So schon *von Falkenhausen/Kocher* ZIP 2009, 1601; *Gesell* ZGR 2011, 361, 392 Fn 106, die aber einschränkend auf eine bei den Anteilseignervertretern im Aufsichtsrat auftretende Vakanz abstellen (Einschränkung zweifelhaft, da bereits der Ansatzpunkt für eine Begrenzung auf Anteilseignervertreter nicht überzeugend ist).

22 Vgl insbesondere Begr RegE AReG, BT-Drucks 18/7219, S 58.

23 Begr RegE AReG, BT-Drucks 18/7219, S 56.

19 Eine stichtagsbezogene Anwendung der neuen Regelungen in den §§ 100 Abs 5, 107 Abs 4 AktG idF des AReG hätte dazu führen können, dass wirksam bestellte Mitglieder des Aufsichtsrats vorzeitig hätten ausgetauscht werden müssen. Dies wäre auch mit Blick auf das Bestreben, unnötige Verwaltungslasten zu vermeiden, wenig sinnvoll gewesen.[24] Die neuen Vorgaben waren daher zwingend erst bei der nächsten Nachbestellung und damit in der Regel beim **nächsten turnusmäßigen Wechsel** eines der Mitglieder des Aufsichtsrats anzuwenden. Es ist ausweislich des offenen Wortlauts („bestellt worden sind") davon auszugehen, dass auch in einer gerichtlichen Ersatzbestellung (§ 104 AktG) eine solche Nachbestellung zu sehen ist.[25] Schied ein Aufsichtsratsmitglied vor Ablauf seiner Amtszeit aus (etwa wegen Erreichens einer Altersgrenze) und wurde infolgedessen ein bereits bestelltes Ersatzmitglied Mitglied des Aufsichtsrats, so sollte dies ebenfalls keine Pflicht zur Anwendung der neuen Vorgaben auslösen.[26] Eine freiwillige frühere Anwendung der neuen Vorgaben blieb den Unternehmen unbenommen.

5. Qualifikation der Aufsichtsratsmitglieder zur Besetzung des Prüfungsausschusses nach dem FISG (Abs 6)

20 **Abs 6** enthält eine Übergangsvorschrift zu den im AktG idF des FISG (siehe näher unten § 26k) eingefügten Vorgaben für die **Qualifikationsanforderungen** an die Mitglieder eines vom Aufsichtsrat eingerichteten Prüfungsausschusses. Nach § 100 Abs 5 AktG muss nämlich bei Gesellschaften, die Unternehmen von öffentlichem Interesse nach § 316a S 2 HGB sind, mindestens ein Mitglied des Aufsichtsrats über Sachverstand auf dem Gebiet **Rechnungslegung** und mindestens ein weiteres Mitglied des Aufsichtsrats über Sachverstand auf dem Gebiet **Abschlussprüfung** verfügen; die Mitglieder müssen in ihrer Gesamtheit mit dem Sektor, in dem die Gesellschaft tätig ist, vertraut sein. Über § 107 Abs 4 S 3 AktG werden diese Qualifikationsanforderungen auch auf den Prüfungsausschuss übertragen.

21 Eine stichtagsbezogene Anwendung der neuen Regelungen hätte dazu führen können, dass man wirksam bestellte Mitglieder des Aufsichtsrats vorzeitig hätte austauschen müssen. Das wäre auch mit Blick auf das Bestreben, unnötige Verwaltungslasten zu vermeiden, wenig sinnvoll gewesen. Die neuen Vorgaben sind daher zwingend **erst bei der nächsten Nachbestellung** und damit in der Regel beim **nächsten turnusmäßigen Wechsel** eines der Mitglieder des Aufsichtsrats anzuwenden. Scheidet ein Aufsichtsratsmitglied vor Ablauf seiner Amtszeit aus (etwa wegen des Erreichens einer Altersgrenze) und wird infolgedessen ein bereits bestelltes Ersatzmitglied Mitglied des Aufsichtsrats, löst dies keine Pflicht zur Anwendung der neuen Vorgaben aus.[27] **Eine freiwillige** frühere Anwendung der neuen Vorgaben – wie sie nach hier vertretener Auffassung mit Blick auf die dem Gesetz zugrundeliegende Aufarbeitung des **Wirecard-Bilanzskandals**[28] und der *Best Practice* naheliegen dürfte – bleibt den Unternehmen unbenommen.

---

24 Begr RegE AReG, BT-Drucks 18/7219, S 58.

25 So auch schon *Wandt* AG 2016, 877, 883 Fn 64.

26 Begr RegE AReG, BT-Drucks 18/7219, S 58.

27 Vgl insgesamt so auch Begr RegE FISG, BT-Drucks 19/26966, S 118.

28 Zu Wirecard und der gesetzgeberischen Antwort durch das FISG etwa *Kerkemeyer* JZ 2021, 813 ff.

§ 13
Übergangsvorschrift zu § 175 und § 337 Abs. 2 und 3 des Aktiengesetzes

[1]§ 175 des Aktiengesetzes in der Fassung des Artikels 1 Nr. 21 des Transparenz- und Publizitätsgesetzes vom 19. Juli 2002 (BGBl. I S. 2681) ist erstmals auf den Konzernabschluss und den Konzernlagebericht für das nach dem 31. Dezember 2001 beginnende Geschäftsjahr anzuwenden. [2]Auf den Konzernabschluss und den Konzernlagebericht für ein vorangehendes Geschäftsjahr sind die §§ 175, 337 Abs. 3 des Aktiengesetzes in der bis zum 25. Juli 2002 geltenden Fassung weiterhin anzuwenden. [3]§ 337 Abs. 2 des Aktiengesetzes in der bis zum 25. Juli 2002 geltenden Fassung ist letztmals auf den Konzernabschluss und den Konzernlagebericht für das nach dem 31. Dezember 2001 beginnende Geschäftsjahr anzuwenden.

Übersicht

Schrifttum

Heribert Hirte Das Transparenz- und Publizitätsgesetz, 2003.

I. Grundlagen

1. Gesetzesgeschichte

1 Die am 26. Juli 2002 in Kraft getretene heutige Fassung der Norm wurde durch Art 3 Abs 2 Nr 1 des Gesetzes zur weiteren Reform des Aktien- und Bilanzrechts, zur Transparenz und Publizität (Transparenz- und Publizitätsgesetz – TransPuG) vom 19. Juli 2002 (BGBl I, S 2681) geschaffen. Die Norm wurde seitdem nicht mehr geändert. Sie ersetzte die Ursprungsfassung des AktG 1965 zu „Hauptversammlung. Auskunftsrecht" (hierzu schon in der 3. Aufl. GroßkommAktG/*Barz*[3] § 13).[1]

2 Die inhaltliche Fassung des heutigen § 13 blieb zwar während des Gesetzgebungsverfahrens zum TransPuG gleich. Doch sollten die Sätze des § 13 idF des RegE[2] TransPuG zunächst noch als weitere Sätze an § 13 Abs 1 aF angefügt werden. Erst aufgrund der Beschlussempfehlung des Rechtsausschusses[3] wurde die alte Übergangsbestimmung zum AktG 1965, die längst gegenstandslos geworden war, aufgehoben. Eine materielle Rechtsänderung im Vergleich zum RegE war mit dieser Aufhebung nicht verbunden.[4]

---

1 Hierzu *Kropff*, AktG, S 526 f.

2 Begr RegE TransPuG, BT-Drucks 14/8769, S 9.

3 Beschlussempfehlung und Bericht des Rechtsausschusses TransPuG, BT-Drucks 14/9079, S 13.

4 In der Diktion der Beschlussempfehlung und des Berichts des Rechtsausschusses TransPuG, BT-Drucks 14/9079, S 18 wurde die Übergangsregelung somit „lediglich redaktionell neu gefasst".

2. Europäisches Recht

3 Die Übergangsregelung weist keinen europarechtlichen Bezug auf.

3. Wirtschaftliche Bedeutung

4 Eine aktuelle praktische Bedeutung wird der Übergangsregelung des § 13 für ggfls noch anhängige Rechtsstreitigkeiten zukommen (höchst unwahrscheinlich), sofern die Gesellschaft in der Zeit nach oder zu Inkrafttreten des TransPuG die Auslagepflichten des § 175 AktG verletzt hatte und Beschlüsse der Hauptversammlung damit anfechtbar geworden sind.

II. Übergangsregelung zur Vorlage von Konzernabschluss und -lagebericht an die Hauptversammlung

5 § 13 sieht Übergangsvorschriften zu den durch Art 1 Nrn 21 und 26 des TransPuG vorgenommenen Änderungen des Aktiengesetzes vor, die im Wesentlichen eine Neustrukturierung der Regelungen über die Prüfung des Konzernabschlusses durch den Aufsichtsrat und über die Vorlage von Konzernabschluss und -lagebericht an die Hauptversammlung sowie die Einführung des Erfordernisses einer förmlichen Billigung des Konzernabschlusses durch Aufsichtsrat oder Hauptversammlung zum Gegenstand hatten.[5]

6 Aus der Bestimmung des § 337 AktG aF, der durch Art 1 Nr 26 des TransPuG aufgeboben wurde, sind die wesentlichen Regelungen der Abs 2 und 3 von § 175 AktG übernommen worden mit den Modifikationen, die sich etwa aus dem eingeführten **Billigungserfordernis** für den Konzernabschluss ergaben.[6]

7 Die Neuregelungen hinsichtlich der Vorlage von Konzernabschluss und –lagebericht an die Hauptversammlung waren dementsprechend auf Hauptversammlungen anzuwenden, denen Konzernabschlüsse und lageberichte für das **Geschäftsjahr ab 2002** vorzulegen waren (**S 1**). Für Konzernabschlüsse und -lageberichte aus der Zeit davor galt demgegenüber nach **S 2** das bisherige Recht fort (dh auch der durch TransPuG aufgehobene § 337 Abs 3 AktG).

8 Abs 2 des aufgehobenen § 337 AktG fand nach **S 3** letztmalig Anwendung auf den Konzernabschluss für das Geschäftsjahr, welches im Laufe des (Kalender-)Jahres 2002 begann. Diese Bestimmung trug dem Umstand Rechnung, dass die in § 337 Abs 2 S 2 AktG aF geregelte Situation – der Stichtag des Konzernabschlusses weicht vom Stichtag des Einzelabschlusses des Mutterunternehmens ab – letztmalig bei dem Konzernabschluss für das in 2002 beginnende Geschäftsjahr auftreten konnte.[7] Dies ergab sich schon aus der Neufassung des § 299 Abs 1 HGB durch das TransPuG durch Art 2 Nr 6 und aus der zugehörigen Übergangsregelung in Art 54 Abs 1 S 1 EGHGB.

---

[5] Vgl Begr RegE TransPuG, BT-Drucks 14/8769, S 30; zu den parallelen handelsrechtlichen Übergangsvorschriften *Weiler/Gaube* in: Hirte (Hrsg) TransPuG, 4. Kap Rdn 75 ff.

[6] Vgl Begr RegE TransPuG, BT-Drucks 14/8769, S 23.

[7] Vgl Begr RegE TransPuG, BT-Drucks 14/8769, S 30.

§ 14
Übergangsvorschrift zu § 171 Abs. 2, 3 und § 173 Abs. 1 des Aktiengesetzes

§ 171 Abs. 2 Satz 5, Abs. 3 Satz 3 zweiter Halbsatz und § 173 Abs. 1 Satz 2 des Aktiengesetzes in der Fassung des Artikels 1 Nr. 18, 19 des Transparenz- und Publizitätsgesetzes vom 19. Juli 2002 (BGBl. I S. 2681) ist erstmals auf den Konzernabschluss für das nach dem 31. Dezember 2001 beginnende Geschäftsjahr anzuwenden.

Übersicht

Schrifttum

Heribert Hirte Das Transparenz- und Publizitätsgesetz, 2003.

I. Grundlagen

1. Gesetzesgeschichte

1 Die am 26. Juli 2002 in Kraft getretene heutige Fassung der Norm wurde durch Art 3 Abs 2 Nr 2 des Gesetzes zur weiteren Reform des Aktien- und Bilanzrechts, zur Transparenz und Publizität (Transparenz- und Publizitätsgesetz – TransPuG) vom 19. Juli 2002 (BGBl I, S 2681) geschaffen. Die Norm wurde seitdem nicht mehr geändert. Sie ersetzte die Ursprungsfassung des AktG 1965 zur „Rechnungslegung" (hierzu schon in der 3. Aufl. GroßkommAktG/*Mellerowicz* ³ § 14).[1]

2 Die inhaltliche Fassung des heutigen § 14 blieb zwar während des Gesetzgebungsverfahrens zum TransPuG gleich. Doch sollte die Regelung des § 14 idF des RegE[2] TransPuG zunächst noch als weiterer Satz an § 14 Abs 1 aF angefügt werden. Erst aufgrund der Beschlussempfehlung des Rechtsausschusses[3] wurde die alte Übergangsbestimmung zum AktG 1965, die längst gegenstandslos geworden war, aufgehoben (vgl entsprechend zu § 13 bereits oben Rdn 2). Eine materielle Rechtsänderung im Vergleich zum RegE war mit dieser Aufhebung nicht verbunden.[4]

2. Europäisches Recht

3 Die Übergangsregelung weist keinen europarechtlichen Bezug auf.

---

1 Hierzu *Kropff*, AktG, S 527 f.

2 RegE TransPuG, BT-Drucks 14/8769, S 9.

3 Beschlussempfehlung und Bericht des Rechtsausschusses TransPuG, BT-Drucks 14/9079, S 13.

4 In der Diktion der Beschlussempfehlung und des Berichts des Rechtsausschusses TransPuG, BT-Drucks 14/9079, S 19 wurde die Übergangsregelung somit „lediglich redaktionell neu gefasst".

3. Wirtschaftliche Bedeutung

4 Der Übergangsvorschrift für das Geschäftsjahr 2002 – und der damaligen (Konzernabschluss-)Prüfung durch den Aufsichtsrat – wird heute keine Bedeutung mehr zukommen.

II. Übergangsregelung zur Mitwirkung des Aufsichtsrates beim Konzernabschluss

5 Das Erfordernis der Mitwirkung des Aufsichtsrates bei der Prüfung und (ggfls) Billigung des Konzernabschlusses nach §§ 171 Abs 2 S 5 und Abs 3 S 3 Hs 2 AktG idF des TransPuG sollte erst für Geschäftsjahre gelten, die ab dem **Jahr 2002** begonnen hatten.[5] Das entspricht dem Regelungsansatz von § 13, auf dessen Erläuterungen im Übrigen verwiesen wird (oben § 13 Rdn 5 ff). Die damalige Erweiterung des § 171 AktG durch das TransPuG mit dem Ziel einer intensiveren Auseinandersetzung des Aufsichtsrats mit dem Konzernabschluss[6] erfuhr somit in § 14 eine rein zeitliche Anwendungsbestimmung, und zwar ohne Übergangsfrist erstmalig für das Geschäftsjahr 2002.

---

[5] Vgl Begr RegE TransPuG, BT-Drucks 14/8769, S 30.

[6] Vgl Begr RegE TransPuG, BT-Drucks 14/8769, S 22.

§ 15
Übergangsvorschrift zu § 161 des Aktiengesetzes

[1]Die Erklärung nach § 161 des Aktiengesetzes ist erstmals im Jahr 2002 abzugeben. [2]Sie kann in diesem Jahr aber darauf beschränkt werden, dass den Empfehlungen der „Regierungskommission Deutscher Corporate Governance Kodex" entsprochen wird oder welche Empfehlungen nicht angewendet werden.

Übersicht

Schrifttum

Heribert Hirte Das Transparenz- und Publizitätsgesetz, 2003; *Peltzer* Handlungsbedarf in Sachen Corporate Governance, NZG 2002, S 593–599; *Ulrich Seibert* Das „TransPuG". Gesetz zur weiteren Reform des Aktien- und Bilanzrechts, zu Transparenz und Publizität (Transparenz- und Publizitätsgesetz) – Diskussion im Gesetzgebungsverfahren und endgültige Fassung, NZG 2002, S 608–617; *Christoph H Seibt* Deutscher Corporate Governance Kodex: Antworten auf Zweifelsfragen der Praxis, AG 2003, S 465–477.

I. Grundlagen

1. Gesetzesgeschichte

Die am 26. Juli 2002 in Kraft getretene heutige Fassung der Norm wurde durch Art 3 Abs 2 Nr 3 des Gesetzes zur weiteren Reform des Aktien- und Bilanzrechts, zur Transparenz und Publizität (Transparenz- und Publizitätsgesetz – TransPuG) vom 19. Juli 2002 (BGBl I, S 2681) geschaffen. Die Norm wurde seitdem nicht mehr geändert. Sie ersetzte die Ursprungsfassung des AktG 1965 zur „Verwendung des Jahresüberschusses. Gewinnverwendung" (hierzu schon in der 3. Aufl. GroßkommAktG/*Barz*[3] § 15).[1] **1**

Die Norm gelangte erst durch die Beschlussempfehlung des Rechtsausschusses[2] TransPuG in das Gesetz. **2**

2. Europäisches Recht

Die Übergangsregelung weist keinen europarechtlichen Bezug auf. **3**

3. Wirtschaftliche Bedeutung

Der reinen Übergangsvorschrift für das Jahr 2002 wird heute keine Bedeutung mehr zukommen. Sie wird sich durch Zeitablauf praktisch erledigt haben. **4**

---

1 Hierzu *Kropff*, AktG, S 529 f.

2 Beschlussempfehlung und Bericht des Rechtsausschusses TransPuG, BT-Drucks 14/9079, S 13 f.

II. Übergangsvorschrift zur Erklärung zum Corporate Governance Kodex

5 § 15 enthält eine Übergangsregelung zu § 161 AktG für das Jahr 2002.[3] **S 1** legt zunächst fest, wann die Erklärung nach § 161 erstmalig[4] abzugeben war. **S 2** modifiziert darüber hinaus deren Inhalt gegenüber dem zwischenzeitlich geltenden Normalfall: Wäre das Gesetz ohne diese Regelung in Kraft getreten, wären die Aktiengesellschaften bereits im Jahr 2002 verpflichtet gewesen, zu erklären, ob sie den Deutschen Corporate Governance Kodex schon in der Vergangenheit beachtet haben. Das sollte nicht verlangt werden, da der Kodex erst seit Februar 2002 existiert und erst nach Inkrafttreten des TransPuG amtlich bekannt gemacht wurde. Die Übergangsvorschrift des S 2 stellt klar, dass die im Jahr 2002 erstmals abzugebende Erklärung keine Aussage zur Kodexbefolgung in der Vergangenheit zu enthalten braucht (siehe im Übrigen oben *Leyens*[5] § 161 AktG Rdn 3, 355). Die im Jahr 2002 abzugebende Erklärung musste aber auch dann abgegeben werden, wenn der Jahresabschluss bereits zum Handelsregister eingereicht wurde – dann aber nur beschränkt auf die Zukunft.[5]

6 Die gesetzliche Vorschrift zur Entsprechenserklärung beschreibt in § 161 Abs 1 Satz 1 AktG lediglich den „jährlich[en]" Abgabeturnus. Die Pflicht zu dieser jährlichen Erklärungsabgabe entsteht, sobald die Merkmale der Erklärungspflicht erfüllt sind. Dies ist im Regelfall erst der **Moment der Zulassung zum Börsenhandel**. Erst ab diesem Zeitpunkt setzt der jährliche Erklärungsturnus ein.[6] Eine Pflicht zur **unmittelbaren Abgabe der Entsprechenserklärung nach der Zulassung zum Börsenhandel** wird im Schrifttum teilweise abgelehnt,[7] während andere Stimmen zumindest von einer zeitnahen Abgabe nach Aufnahme der Börsennotierung ausgehen[8]. Bei einer zeitnahen Abgabe der Entsprechenserklärung nach dem Börsengang der Gesellschaft wird vertreten, dass auf den in die Vergangenheit schauenden Teil der Erklärung verzichtet werden kann (daher lediglich zukunftsgerichtete Absichtserklärung);[9] hierfür kann **mittelbar die Wertung aus § 15 Satz 2** herangezogen werden. Im Übrigen gilt § 15 nicht für diesen materiell-übergangsrechtlichen Fall zu dem Zeitpunkt (!) der Entsprechenserklärung kurz nach Börsennotierung. Eine mittelbar-zeitnahe Veröffentlichung der Entsprechenserklärung nach der Zulassung zum Börsenhandel dürfte aus Gesichtspunkten der Governance und der Kapitalmarktinformation allerdings empfehlenswert sein.

---

3 Zum Folgenden bereits Beschlussempfehlung und Bericht des Rechtsausschusses zum TransPuG, BT-Drucks 14/9079, S 18 f.

4 Vgl auch *Peltzer* NZG 2002, 593, 594, der angesichts des Inkrafttretens des Gesetzes im Jahr 2002 sogar – wohl etwas überhöht – von „unverzüglich" sprach; dagegen *Seibert* NZG 2002, 608, 612, der zu Recht auf die Erklärung theoretisch bis zum letzten Tag des Jahres hinwies; zum Zeitbezug der Erst-Erklärung *Seibt* AG 2003, 465, 467 f.

5 Vgl bereits *Hirte* TransPuG, 1. Kap Rdn 46.

6 So ausdrücklich *Illert* in: Johannsen-Roth/Illert/Ghassemi-Tabar, DCGK, 2020, § 161 AktG Rdn 15.

7 Vgl auch hier *Illert* in: Johannsen-Roth/Illert/Ghassemi-Tabar, DCGK, 2020, § 161 AktG Rdn 15, mit umfangreicher Empirie.

8 Bürgers/Körber/Lieder/*Hemeling*[5] § 161 AktG Rdn 28.

9 Vgl Bürgers/Körber/Lieder/*Hemeling*[5] § 161 AktG Rdn 28; Kremer et al/*Lutter*/*Bachmann*/*v. Werder*[8] DCGK Teil 4 Rdn 16; ebenso bereits für den unmittelbaren Anwendungsbereich der Norm *Hirte* TransPuG, 1. Kap Rdn 46.

§ 16
Übergangsvorschrift zu § 123 Abs. 2, 3 und § 125 Abs. 2 des Aktiengesetzes

[1]§ 123 Abs. 2 und 3 und § 125 Abs. 2 des Aktiengesetzes in der Fassung des Gesetzes zur Unternehmensintegrität und Modernisierung des Anfechtungsrechts gelten für Hauptversammlungen, zu denen nach dem 1. November 2005 einberufen wird. [2]Solange eine börsennotierte Gesellschaft ihre Satzung noch nicht an § 123 in der Fassung des Gesetzes zur Unternehmensintegrität und Modernisierung des Anfechtungsrechts angepasst hat, gilt die bisherige Satzungsregelung für die Teilnahme an der Hauptversammlung oder die Ausübung des Stimmrechts mit der Maßgabe fort, dass für den Zeitpunkt der Hinterlegung oder der Ausstellung eines sonstigen Legitimationsnachweises auf den Beginn des einundzwanzigsten Tages vor der Versammlung abzustellen ist. [3]Hat eine Gesellschaft auf Grund des Entwurfs des Gesetzes zur Unternehmensintegrität und Modernisierung des Anfechtungsrechts einen Vorratsbeschluss gefasst, ist der Vorstand mit Zustimmung des Aufsichtsrats ermächtigt, den Beschluss hinsichtlich des Zeitpunkts der Ausstellung des Legitimationsnachweises zu ändern.

Übersicht

Schrifttum

Volker Butzke Hinterlegung, Record Date und Einberufungsfrist. Überlegungen und praktische Hinweise für die ersten Hauptversammlungen nach Inkrafttreten der Gesetzesänderungen durch das UMAG, WM 2005, S 1981–1986; *Hans Diekmann/Dieter Leuering* Der Referentenentwurf eines Gesetzes zur Unternehmensintegrität und Modernisierung des Anfechtungsrechts (UMAG), NZG 2004, S 249–257; *Alexander Kiefner/Dirk Zetzsche* Die Aktionärslegitimation durch Record Date Nachweis und die Übergangsvorschrift des § 16 EGAktG, ZIP 2006, S 551–557; *Jean Mohamed* Der Berechtigungsnachweis für die Hauptversammlung in neuem Gewande – von der Legitimationsmethodik 2.0 über die Aktienrechtsnovelle 2016, ZIP 2016, S 1100–1107.

Rechtsprechung

BGH (Beschl v 7.12.2009 – II ZR 239/08) AG 2010, 453 = NZG 2010, 618 = ZIP 2010,622: Anmeldung zur Hauptversammlung; Zulässigkeit eines Delistings ohne Vorstandsbericht über Abfindungsangebot und Prüfung durch sachverständigen Prüfer.

OLG München (Urt v 22.12.2010 – 7 U 2251/10) ECLI:DE:OLGMUEN:2010:1222.7U2251.10.0A = AG, 2011, 342 = MittBayNot 2011, 247: Geltung der Record Date-Regelung neben der Satzungsregelung für den Nachweis der Teilnahmeberechtigung an einer nach dem 1. November 2005 einberufenen Hauptversammlung.

OLG Frankfurt/Main (Urt v 17.3.2009 – 5 U 9/08) AG 2010, 130: Einberufungsfrist für Hauptversammlung und Auslegung des § 16.

LG Potsdam (Beschl v 30.9.2009 – 52 O 21/08) juris: Aktienrechtliches Freigabeverfahren: Offensichtliche Unbegründetheit von Nichtigkeits- bzw. Anfechtungsklage gegen einen Squeeze-out-

Beschluss, ua durch Prüfung des Nachweises des Aktienbesitzes für jede nach 2005 einzuberufene Hauptversammlung.

I. Grundlagen

1. Gesetzesgeschichte

1 Die am 1. November 2005 in Kraft getretene heutige Fassung der Norm wurde durch Art 2 Abs 1 des Gesetzes zur Unternehmensintegrität und Modernisierung des Anfechtungsrechts (UMAG) vom 22. September 2005 (BGBl I, S 2802) geschaffen. Sie wurde seitdem nicht mehr geändert.

2 Sie ersetzte die Fassung durch das Gesetz zur Durchführung der Richtlinie des Rates und der Europäischen Union zur Änderung der Bilanz- und der Konzernbilanzrichtlinie hinsichtlich ihres Anwendungsbereichs (90/605/EWG), zur Verbesserung der Offenlegung von Jahresabschlüssen und zur Änderung anderer handelsrechtlicher Bestimmungen (Kapitalgesellschaften- und Co- Richtlinie-Gesetz – KapCoRiLiG) vom 24. Februar 2000 (BGBl I, S 154) mit dem Titel „Übergangsvorschrift zu § 160 Abs. 1 Nr. 8, 313 Abs. 2 Satz 3 und § 314 Abs. 1 und 4 des Aktiengesetzes“[1], die selbst wiederum die Ursprungsfassung des AktG 1965 zur „Lastenausgleichs-Vermögensabgabe“[2] ersetzt hatte (hierzu schon in der 3. Aufl. GroßkommAktG/*Mellerowicz*[3] § 16). Letztere (Urprungs-)Fassung war durch Art 10 Abs 11 Nr 1 des Gesetzes zur Durchführung der Vierten, Siebenten und Achten Richtlinie des Rates der Europäischen Gemeinschaften zur Koordinierung des Gesellschaftsrechts (Bilanzrichtlinien-Gesetz – BiRiLiG) vom 19. Dezember 1985 (BGBl I, S 2355) aufgehoben worden, so dass die Vorschrift zeitweilig „unbesetzt“ war. Die Lastenausgleichs-Vermögensabgabe war abgelaufen, so dass es der Vorschriften in § 16 aF über den Ausweis in der Gewinn- und Verlustrechnung und zur Umwandlung in Eigenkapital nicht mehr bedurfte.[3]

3 Die alte Regelung in § 16 idF des KapCoRiLiG war durch Zeitablauf überholt. Aus diesem Grund konnte die Vorschrift neu durch das UMAG besetzt werden. IdF des RegE[4] UMAG bestand die Übergangsregelung zunächst nur aus dem heutigen S 1. S 2 bis 3 gelangten erst aufgrund der Beschlussempfehlung des Rechtsausschusses[5] in § 16 hinein.

2. Normzweck

4 Neben den allgemeinen Erwägungen für eine Übergangsregelung (siehe oben Einl) befasst sich § 16 mit der durch das UMAG eingeführten Neuregelung der Hauptversammlungsteilnahmevoraussetzungen für Aktionäre mit Inhaberaktien und blickt gerade auf solche börsennotierten Gesellschaften, deren Satzung an die damalige durch das UMAG eingeführte Rechtslage noch nicht angepasst war. Inzwischen wurden die in Bezug genommenen aktienrechtlichen Normen der §§ 123, 125 AktG durch das ARUG geändert; vgl

---

[1] Vgl Begr RegE KapCoRiLiG, BT-Drucks 14/1806, S 31 und Beschlussempfehlung und Bericht des Rechtsausschusses zum KapCoRiLiG, BT-Drucks 14/2353, S 32.

[2] Hierzu *Kropff*, AktG, S 530 f.

[3] Vgl Begr RegE BiRiLiG, BT-Drucks 10/317, S 132.

[4] Begr RegE UMAG, BT-Drucks 15/5092, S 9.

[5] Beschlussempfehlung und Bericht des Rechtsausschusses UMAG, BT-Drucks 15/5693, S 14; hierzu auch für das Übergangsrecht *Diekmann/Leuering* NZG 2004, 249, 257.

hierzu die Kommentierung unter § 20 Rdn 1 ff. Eine zweite Änderung (und Neuordnung) hat § 123 AktG zusätzlich noch durch die Aktienrechtsnovelle 2016 vom 22. Dezember 2015 (BGBl I, S 2565) erfahren.

3. Europäisches Recht

Die Übergangsregelung weist keinen europarechtlichen Bezug auf. **5**

4. Wirtschaftliche Bedeutung

Die heutige Übergangsvorschrift wird nur noch für Altfälle in der Zeit des UMAG (und **6** zeitlich davor) für alte Hinterlegungsklauseln praktische Bedeutung erlangen.

Speziell hinsichtlich der praktischen Bedeutung des **S 3** dürften zwischenzeitlich alle **7** „fehlerhaften" Vorratsbeschlüsse korrigiert und die Relevanz der Regelung damit durch Zeitablauf obsolet geworden sein.[6]

II. Übergangsvorschrift zum Recht der Hauptversammlungseinberufung

1. Zeitlicher Übergang (S 1)

§ 16 regelt in seinem **S 1** die Anmeldung und Nachweisberechtgung für Hauptversamm- **8** lungen gemäß den durch das UMAG neu gefassten § 123 Abs 2 und 3[7] und § 125 Abs 2 AktG dahingehend, dass die (seinerzeitigen) Neuregelungen nur für Hauptversammlungen galten, zu denen nach dem Tage des Inkrafttretens des UMAG (1. November 2005) einberufen wurde.[8] Für die Frage der Anwendbarkeit des neuen Rechts galt daher einheitlich der Zeitpunkt der Einberufung und nicht der der Durchführung der Hauptversammlung. Es wurde dadurch die Situation vermieden, dass zum Zeitpunkt der Einberufung insofern ein anderes Recht galt und anzuwenden war als zum Zeitpunkt der Abhaltung der Hauptversammlung.[9]

Die Übergangsregelung bedeutete ferner, dass Satzungsbestimmungen, die die Hinterle- **9** gung von Aktien als Voraussetzung für die Teilnahme oder Ausübung des Stimmrechts bestimmten, für Hauptversammlungen nach dem Inkrafttreten des UMAG zwar vorbehaltlich einer zwischenzeitlich erfolgten und sicherlich auch anzuratenden Satzungsänderung weiterhin wirksam blieben, dass jedenfalls aber der **Nachweis des depotführenden Finanzinstituts** ausreichend war. Denn insoweit verdrängte das zwingende Gesetz entgegenstehende Satzungsregelungen, die aber als zusätzliche und ergänzende Regelungen weitere Legitimationsvarianten eröffnen konnten.[10]

---

6 Zu der weitgehend eingetretenen Korrektur bereits MünchKomm/*Kubis*[3] § 123 AktG Rdn 61 und KK/*Noack*[3] § 16 EGAktG Rdn 7.

7 Absätze 3 bis 5 wurden indes durch die Aktienrechtsnovelle 2016 neu gefasst und angefügt (vgl *Mohamed* ZIP 2016, 1100 ff). Der Verweis auf Abs 3 in der Fassung des UMAG geht für heutige Fälle ins Leere.

8 Begr RegE UMAG, BT-Drucks 15/5092, S 31.

9 Begr RegE UMAG, BT-Drucks 15/5092, S 31.

10 Begr RegE UMAG, BT-Drucks 15/5092, S 31.

2. Legitimationstermin (S 2)

10 Die Einfügung des S 2 aufgrund der Beschlussempfehlung des Rechtsausschusses beruhte auf der Gegenäußerung der Bundesregierung zu der Stellungnahme des Bundesrates sowie Anregungen der Hauptversammlungspraxis, insbesondere des Handelsrechtsausschusses des DAV.[11]

11 Durch die Neuregelung wurde sichergestellt, dass bei börsennotierten Gesellschaften bereits im Übergangsjahr als Zeitpunkt für die Hinterlegung oder die Ausstellung eines sonstigen Legitimationsnachweises der Beginn des **21. Tages** (vgl heute § 123 Abs 4 S 2 AktG) vor der Versammlung maßgebend war.[12] Wurde die Satzung der börsennotierten Gesellschaft daher noch nicht an die Regelung nach UMAG angepasst, galt die alte statutarische Hinterlegungsregelung mit der vorstehenden Maßgabe fort. Ohne die Maßgabe (Beginn 21. Tag vor der Versammlung) hätte sich ein Aktionär nämlich zu dem für den Record Date maßgeblichen Zeitpunkt von seiner Depotbank einen Legitimationsnachweis ausstellen lassen und anschließend seine Aktien noch innerhalb der bis zu sieben Tage vor der Hauptversammlung andauernden Hinterlegungsfrist (§ 123 Abs 3 S 1 AktG aF) hinterlegen können, wodurch sich sein Stimmbestand **verdoppelt** hätte („Empty Voting"; dazu im Übrigen oben *Butzke*[5] § 123 AktG Rdn 73 f).[13]

12 Bis zur Anpassung der Satzung idF des UMAG kann nach **S 2** neben[14] der Regelung über den Banknachweis auch eine alt-bestehende Satzungsregelung zu einer **Legitimation durch Hinterlegung** zeitgleich zur Anwendung gelangen[15] (siehe zum Ganzen oben *Butzke*[5] § 123 AktG Rdn 76).

13 Da Zweck der Übergangsregelung in **S 2** ausweislich der Beschlussempfehlung und des Berichts des Rechtsausschusses die Vermeidung einer verdoppelten Legitimation ist und zur Einberufungsfrist selbst in S 2 nichts steht, ist eine **Verlängerung der Einberufungsfrist** für den Fall, dass der letzte Hinterlegungszeitpunkt mit dem gesetzlichen Record Date zusammenfällt und die Satzungsregelung zur Einberufung an den letzten Hinterlegungszeitpunkt anknüpft(e), **nicht geboten.**[16]

3. Vorratsbeschlüsse nach Entwurfsfassung UMAG (S 3)

14 Ferner wurde durch S 1 den Gesellschaften, die **Vorratsbeschlüsse** auf der Grundlage früherer Fassungen des Gesetzesentwurfs gefasst hatten, die notwendige, unkomplizierte

---

[11] Beschlussempfehlung und Bericht des Rechtsausschusses zum UMAG, BT-Drucks 15/5693, S 18.

[12] Beschlussempfehlung und Bericht des Rechtsausschusses UMAG, BT-Drucks 15/5693, S 18.

[13] Vgl schon *Butzke* WM 2005, 1981, 1982; *Kiefner/Zetzsche* ZIP 2006, 551, 552. – Zu den Bedenken im Hinblick auf eine „Verdoppelung des Stimmrechts" auch schon Beschlussempfehlung und Bericht des Rechtsausschusses zum UMAG, BT-Drucks 15/5693, S 17.

[14] Vgl zu dem möglichen Nebeneinander der Regelungen schon OLG Frankfurt/Main 17.3.2009 – 5 U 9/08, AG 2010, 130, 131.

[15] So auch schon BGH 7.12.2009 – II ZR 239/08, AG 2010, 453 = NZG 2010, 618; OLG München 22.12.2010 – 7 U 2251/10, ECLI:DE:OLGMUEN:2010:1222.7U2251.10.0A = AG, 2011, 342 = MittBayNot 2011, 247; hierzu ebenfalls LG Potsdam 30.9.2009 – 52 O 21/08 (juris); *Butzke* WM 2005, 1981, 1984; *Kiefner/Zetzsche* ZIP 2006, 551, 554. – Dem Banknachweis kommt daneben aber eine gesetzliche und unwiderlegliche Vermutung zu, dh dieser ist stets ausreichend; vgl statt aller oben *Butzke*[5] § 123 AktG Rdn 90 mwN.

[16] So aber noch (mit zweifelhaftem Wortlautargument) Gutachten des DNotI, DNotI-Report 23/2005, 185, 188. Ablehnend und vertiefend *Kiefner/Zetzsche* ZIP 2006, 551, 553 f mwN; dem folgend auch KK/*Noack*[3] § 16 EGAktG Rdn 3.

Anpassungsmöglichkeit gegeben. Im RegE war nämlich noch ein Record Date 14 Tage vor der Hauptversammlung vorgesehen.[17] Die Regelung ist allerdings nicht Gesetz geworden. Die Anpassung der Satzung an die Rechtslage des finalen UMAG konnte (zur allgemeinen Vereinfachung) in der Form geschehen, dass **ohne** Zustimmung der Hauptversammlung der durch Satzung vorgesehene Zeitpunkt für Legitimationsnachweise mit dem idF des UMAG Gesetz gewordenen Zeitpunkt harmonisiert wurde. Auf die Form der vorherigen Vorratsbeschlüsse nach Fassung eines früheren UMAG-Entwurfs mit 14 tägigem Record Date kam es daher nicht mehr an. Mochte man den Vorratsbeschluss allerdings nutzen, musste die Ermächtigung in S 3 auch zwingend wahrgenommen werden, um eine doppelte Legitimation zu vermeiden.

---

[17] Begr RegE UMAG, BT-Drucks 15/5092, S 14.

§ 17
Übergangsvorschrift zu § 243 Abs. 3 Nr. 2 und § 249 Abs. 1 Satz 1 des Aktiengesetzes

§ 243 Abs. 3 Nr. 2 und § 249 Abs. 1 Satz 1 des Aktiengesetzes in der Fassung des Bilanzrechtsreformgesetzes vom 4. Dezember 2004 (BGBl. I S. 3166) sind erstmals auf Anfechtungsklagen und Nichtigkeitsklagen anzuwenden, die nach dem 31. Dezember 2004 erhoben worden sind.

Übersicht

Schrifttum

Boris P Paal Rechtsfolgen und Rechtsbehelfe bei Inhabilität des Abschlussprüfers, DStR 2007, S 1210–1216; *Martin Schwab* Zum intertemporalen Anwendungsbereich des § 243 IV 2 AktG. Zugleich ein Beitrag zur rechtsdogmatischen Einordnung der Vorschrift, NZG 2007, S 521–527.

Rechtsprechung

BGH (Urt v 25.11.2002 – II ZR 49/01) Z 153, 32 = AG 2003, 319 = NJW 2003, 970, 973 = ZIP 2003, 290: Anfechtbarkeit der Wahl wegen Besorgnis der Befangenheit infolge vorangegangener fehlerhafter Erstellung eines Verschmelzungswertgutachtens und Schadensersatzpflicht.

OLG Karlsruhe (Beschl v 27.10.2015 – 11 Wx 87/15) NJW-RR 2016, 295, = ZIP 2015, 2319: Gerichtliche Bestellung des Abschlussprüfers wegen anhängiger Anfechtungsklage gegen Abschlussprüferwahl.

I. Grundlagen

1. Gesetzesgeschichte

1 Die am 10. Dezember 2004 in Kraft getretene heutige Fassung der Norm wurde durch Art 5 des Gesetzes zur Einführung internationaler Rechnungslegungsstandards und zur Sicherung der Qualität der Abschlussprüfung (Bilanzrechtsreformgesetz – BilReG) vom 4. Dezember 2004 (BGBl I, S 3166) geschaffen. Sie wurde seitdem nicht mehr geändert.

2 Sie ersetzte die Ursprungsfassung des AktG 1965 zu „Formblätter für den Jahresabschluß“[1] (hierzu schon in der 3. Aufl. GroßkommAktG/*Mellerowicz*³ § 17), die durch Art 10 Abs 11 Nr 1 des Gesetzes zur Durchführung der Vierten, Siebenten und Achten Richtlinie des Rates der Europäischen Gemeinschaften zur Koordinierung des Gesellschaftsrechts (Bilanzrichtlinien-Gesetz – BiRiLiG) vom 19. Dezember 1985 (BGBl I, S 2355) aufgehoben worden war.

---

[1] Hierzu *Kropff*, AktG, S 531 f.

3 Die in § 17 idF des AktG 1965 für Jahresabschlussformblätter enthaltene Regelung hatte keine Bedeutung mehr, weil die §§ 151 und 157 AktG aufgehoben wurden und der nach RegE BiRiLiG noch „neue § 151 AktG"[2] in Zukunft **keine Formblattvorschriften** mehr enthalten sollte.[3] Damit entfiel auch der Ansatzpunkt für eine Übergangsvorschrift zu Formblättern für den Jahresabschluss, weiterhin weil zusätzlich sogar § 151 AktG ganz aufgehoben wurde und § 17 idF AktG 1965 sodann leerlief.

4 Die aktuelle Fassung des § 17 nach BilReG entspricht dem RegE[4] BilReG und blieb auch aufgrund der Beschlussempfehlung des Rechtsausschusses[5] unverändert.

2. Europäisches Recht

5 Die Übergangsregelung weist keinen europarechtlichen Bezug auf.

3. Wirtschaftliche Bedeutung

6 Eine theoretische Bedeutung dürfte der Übergangsregelung heute nur noch für ggfls weiterhin anhängige **Anfechtungs- und Nichtigkeitsklagen** gegen Beschlüsse der Hauptversammlung aus dem Zeitraum vor und kurz nach Inkrafttreten des BilReG zukommen, die sich seit dem 1. Januar 2015 auf Gründe stützen, die ein Verfahren nach § 318 Abs 3 HGB (Ersetzungsverfahren) rechtfertigen. Angesichts der hierfür in den Jahren 2004 und 2005 zu erheben gewesenen Klagen dürfte dies allerdings kaum mehr vorkommen.

II. Übergangsregelung zu Anfechtungs- und Nichtigkeitsklagen nach BilReG

7 **§ 17** stellt klar, dass Anfechtungs- und Nichtigkeitsklagen, die sich auf die vorgebliche Befangenheit des **Abschlussprüfers** beziehen und die vor dem 1. Januar 2005 erhoben wurden, von der Neuregelung des § 243 Abs 3 und des § 249 Abs 1 AktG in der damaligen Neufassung des Aktiengesetzes durch das BilReG unberührt bleiben.[6]

8 Im Anschluss an die Ausführungen des **II. Zivilsenats des BGH**[7] wurde vom Gesetzgeber das damalige (zulässige) Nebeneinander von Anfechtungs- und Nichtigkeitsklage als nicht (mehr) „optimale Konstellation" bewertet, um die durch eine mögliche Befangenheit des Abschlussprüfer aufgeworfene Gemengelage problemadäquat zu lösen.[8] Denn neben den Interessen der Aktionäre und der Verwaltung an einer unbefangenen und ordnungsgemäßen Abschlussprüfung durch den Abschlussprüfer sind auch die Interessen des Rechtsverkehrs, insbesondere der Gläubiger der Gesellschaft an der Wirksamkeit des geprüften

---

[2] § 151 AktG enthielt eine Gliederung der Jahresbilanz und wurde aufgehoben durch Art 2 des Gesetzes vom 19. Dezember 1985 (BGBl I, S 2355). Dazu Beschlussempfehlung und Bericht des Rechtsausschusses zum BiRiLiG, BT-Drucks 10/4268, S 125, wonach die Gliederung der Bilanz in § 266 HGB geregelt wurde, und damit aus dem AktG herausgenommen werden konnte.

[3] Vgl Begr RegE BiRiLiG, BT-Drucks 10/317, S 132.

[4] RegE BilReG, BT-Drucks 15/3419, S 17.

[5] Beschlussempfehlung und Bericht des Rechtsausschusses BilReG, BT-Drucks 15/4054.

[6] Begr RegE BilReG, BT-Drucks 15/3419, S 55; hierzu auch *Schwab* NZG 2007, 521, 523 (der den „intertemporalen Anwendungsbereich" ausdrücklich benennt).

[7] BGH 25.11.2002 – II ZR 49/01, BGHZ 153, 32 = AG 2003, 319 = NJW 2003, 970, 973 = ZIP 2003, 290 mwN zur damaligen Rechtslage vor BilReG.

[8] Begr RegE BilReG, BT-Drucks 15/3419, S 35; dazu *Hirte* Kapitalgesellschaftsrecht[8] Rdn 4.9.

Jahresabschlusses und nicht zuletzt die Interessen der Gesellschaft, ihrer Aktionäre und auch des gewählten Abschlussprüfers an einer zeitnahen und verlässlichen Entscheidung über die Wirksamkeit der Prüferbestellung, der von diesem vorgenommenen Prüfungshandlungen und des Ergebnisses seiner Jahresabschlussprüfung damit in Einklang zu bringen.[9]

9 Der von § 17 in Bezug genommene § 243 Abs 3 Nr 2 AktG entspricht heute § 243 Abs 3 Nr 3 AktG idF des ARUG. Eine sinngemäße Anwendung des damals neu geschaffenen § 243 Abs 3 Nr 2 AktG auch auf die Nichtigkeitsklage war damals ausdrücklich in § 249 Abs 1 S 1 AktG idF BilReG angeordnet worden (Art. 4 Nr 8). Der Verweis wurde durch das UMAG gestrichen[10]. Die Streichung wird vom Großteil des Schrifttum und vom **OLG Karlsruhe**[11] als damaliger **Redaktionsfehler** bewertet (aus den Gesetzesmaterialien liest sich nur die Wortlautänderung infolge des Verweises auf das Freigabeverfahren)[12] und § 249 Abs 1 berichtigend so gelesen, dass die sinngemäße Anwendung des heutigen § 243 Abs 3 Nr 3 AktG weiterhin angeordnet wird.[13] Ansonsten wäre das vorrangige gerichtliche Ersetzungsverfahren des Abschlussprüfers nach § 318 Abs 3 HGB untergraben; auf die Nichtigkeitsklage sei § 243 Abs 3 Nr 3 AktG daher im Wege der teleologischen Extension heranzuziehen. Tatsächlich scheinen aber mangels eines ausdrücklichen Verweises sowie aufgrund der Gesetzeshistorie die besseren Gründe **gegen**[14] **eine inhaltliche Klagebeschränkung** zu sprechen. Eine berichtigende Lesart dürfte auch deshalb schwierig sein, da der Anfechtungssausschluss des § 243 Abs 3 Nr 3 AktG ohnehin eine Ausnahme darstellt, die ohne ausdrückliche gesetzliche Entsprechung für das **Nichtigkeitsbeschlussmängelrecht** kaum in eine andere Vorschrift hineingelesen werden kann. Der Gesetzeswortlaut von § 249 Abs 1 AktG wurde zuletzt gar durch Art 1 Nr 40 des Gesetzes zur Umsetzung der Aktionärsrechterichtlinie (ARUG) vom 30. Juli 2009 (BGBl I, S 2479) leicht angepasst, ohne diese streitige Frage aufzugreifen. Spätestens dabei hätte der Gesetzgeber aber eine Berichtigung, falls gewollt und notwendig, vornehmen können.[15] Für das (materielle) Sachrecht dürfte es also dabei bleiben, dass **schwerwiegende Verletzungen** der Gründe, die ein Ersetzungsverfahren nach § 318 Abs 3 HGB rechtfertigen, gleichzeitig auch Nichtigkeitsgründe (§ 241 Nr 3, 4 AktG) sein können.

---

9 Begr RegE BilReG, BT-Drucks 15/3419, S 35.

10 Siehe die neue Formulierung aus Begr RegE UMAG, BT-Drucks 15/5092, S 8.

11 OLG Karlsruhe 27.10.2015 – 11 Wx 87/15, NJW-RR 2016, 295, 298 Tz 40 = ZIP 2015, 2319, 2322.

12 Siehe Begr RegE UMAG, BT-Drucks 15/5092, S 30, die nur auf die Klarstellung zum Freigabeverfahren verweist; der Beschluss des Rechtsausschusses selbst ließ die Anpassung unverändert.

13 Vgl BeckOGK HGB/*Bormann* § 318 Rdn 149; MünchKomm-HGB/*Ebke*[4] § 318 Rdn 79; Hölters/*Englisch*[3] § 249 Rdn 22; MünchKomm/*Hüffer/Schäfer*[4] § 249 AktG Rdn 1 und 18; Heidel/Schall-HGB/*Schüppen*[3] § 318 Rdn 11; Hüffer/*Koch*[15] § 249 Rdn 12a; Baumbach/Hopt-HGB/*Merkt*[40] § 318 Rdn 12; *Paal* DStR 2007, 1210, 1215; Beck'scher BilanzKomm/*Schmidt/Heinz*[20] § 318 HGB Rdn 72. Für eine Analogie im Bereich der Nichtigkeitsklage K Schmidt/Lutter/*Schwab*[4] § 243 Rdn 19.

14 Vgl insgesamt so auch Heidel/*Heidel*[5] § 249 AktG Rdn 4; immerhin wohl auch bei Verstoß gegen § 319 Abs 2, 3 HGB, EBJS/*Rabenhorst*[4] § 318 HGB Rdn 17; differenzierend Staub HGB/*Habersack/Schürnbrand*[5] § 318 Rdn 46 f.

15 Zu diesem Argument Heidel/*Heidel*[4] § 249 AktG Rdn 3a (wozu Heidel/*Heidel*[5] § 249 AktG Rdn 4 heute auf die Vorauflage verweist).

§ 18
Übergangsvorschrift zu den §§ 37 und 39 des Aktiengesetzes

[1]Die Pflicht, die inländische Geschäftsanschrift bei dem Gericht nach § 37 des Aktiengesetzes in der ab dem Inkrafttreten des Gesetzes vom 23. Oktober 2008 (BGBl. I S. 2026) am 1. November 2008 geltenden Fassung zur Eintragung in das Handelsregister anzumelden, gilt auch für Gesellschaften, die zu diesem Zeitpunkt bereits in das Handelsregister eingetragen sind, es sei denn, die inländische Geschäftsanschrift ist dem Gericht bereits nach § 24 Abs. 2 der Handelsregisterverordnung mitgeteilt worden und hat sich anschließend nicht geändert. [2]In diesen Fällen ist die inländische Geschäftsanschrift mit der ersten die eingetragene Gesellschaft betreffenden Anmeldung zum Handelsregister ab dem 1. November 2008, spätestens aber bis zum 31. Oktober 2009 anzumelden. [3]Wenn bis zum 31. Oktober 2009 keine inländische Geschäftsanschrift zur Eintragung in das Handelsregister angemeldet worden ist, trägt das Gericht von Amts wegen und ohne Überprüfung kostenfrei die ihm nach § 24 Abs. 2 der Handelsregisterverordnung bekannte inländische Anschrift als Geschäftsanschrift in das Handelsregister ein; in diesem Fall gilt die mitgeteilte Anschrift zudem unabhängig von dem Zeitpunkt ihrer tatsächlichen Eintragung ab dem 31. Oktober 2009 als eingetragene inländische Geschäftsanschrift der Gesellschaft, wenn sie im elektronischen Informations- und Kommunikationssystem nach § 9 Abs. 1 des Handelsgesetzbuchs abrufbar ist. [4]Ist dem Gericht keine Mitteilung im Sinne des § 24 Abs. 2 der Handelsregisterverordnung gemacht worden, ist ihm aber in sonstiger Weise eine inländische Geschäftsanschrift bekannt geworden, so gilt Satz 3 mit der Maßgabe, dass diese Anschrift einzutragen ist, wenn sie im elektronischen Informations- und Kommunikationssystem nach § 9 Abs. 1 des Handelsgesetzbuchs abrufbar ist. [5]Dasselbe gilt, wenn eine in sonstiger Weise bekannt gewordene inländische Anschrift von einer früher nach § 24 Abs. 2 der Handelsregisterverordnung mitgeteilten Anschrift abweicht. [6]Eintragungen nach den Sätzen 3 bis 5 werden abweichend von § 10 des Handelsgesetzbuchs nicht bekannt gemacht.

Übersicht

Schrifttum

Walter Böhringer Das neue GmbH-Recht in der Notarpraxis, BWNotZ 2008, S 104–113; *Heribert Hirte* Die „Große GmbH-Reform" – Ein Überblick über das Gesetz zur Modernisierung des GmbH-Rechts und zur Bekämpfung von Missbräuchen (MoMiG), NZG 2008, S 761–766; *ders* Die organisierte „Bestattung" von Kapitalgesellschaften: Gesetzgeberischer Handlungsbedarf im Gesellschafts- und Insolvenzrecht, ZInsO 2003, S 833–844; *Jennifer Kruck* Tote Kapitalgesellschaften im Handelsregister, ZIP 2011, S 1550–1553; *Hartmut Wicke* Pflicht zur Anmeldung einer inländischen Geschäftsanschrift nach der Übergangsvorschrift des § 3 I EGGmbHG, NZG 2009, S 296–297.

Rechtsprechung

OLG München (Beschl v 28.1.2009 – 31 Wx 005/09, 31 Wx 5/09, 31 Wx 05/09) ECLI:DE:OLGMUEN:2009:0128.31WX005.09.0A = NZG 2009, 304, 305 = ZIP 2009, 366: Zur Pflicht einer Alt-GmbH zur Anmeldung einer inländischen Geschäftsanschrift nach MoMiG.

I. Grundlagen

1. Gesetzesgeschichte

1 Die am 1. November 2004 in Kraft getretene heutige Fassung der Norm wurde durch Art 6 Nr 2 des Gesetzes zur Modernisierung des GmbH-Rechts und zur Bekämpfung von Missbräuchen (MoMiG) vom 23. Oktober 2008 (BGBl I, S 2026) geschaffen. Sie wurde seitdem nicht mehr geändert.

2 Sie ersetzte die Ursprungsfassung des AktG 1965 zur „Befreiung von der Abschlußprüfung" (hierzu schon in der 3. Aufl. GroßkommAktG/*Brönner*[3] § 18),[1] die durch Art 10 Abs 11 Nr 1 des Gesetzes zur Durchführung der Vierten, Siebenten und Achten Richtlinie des Rates der Europäischen Gemeinschaften zur Koordinierung des Gesellschaftsrechts (Bilanzrichtlinien-Gesetz – BiRiLiG) vom 19. Dezember 1985 (BGBl I, S 2355) aufgehoben worden war, so dass die Vorschrift zeitweilig „unbesetzt" war. § 18 aF konnte aufgehoben werden, weil die für die Prüfung von gemeinnützigen Wohnungsunternehmen notwendige Ausnahmeregelung heute in Art 25 des EGHGB enthalten ist.[2]

3 § 18 geht auf den RegE[3] MoMiG zurück, der aufgrund der Beschlussempfehlung des Rechtsausschusses erhebliche Änderungen erfahren hat, insbesondere durch Einfügung der S 4 bis 6.[4]

2. Europäisches Recht

4 Die Übergangsregelung weist keinen europarechtlichen Bezug auf.

3. Wirtschaftliche Bedeutung

5 Praktische Bedeutung kam der Übergangsregelung hauptsächlich im nahen Zeitraum nach Inkrafttreten des MoMiG am 1. November 2008 bei. Auch heute gilt zwar, dass ggfls die Anmeldung der Geschäftsanschrift durch das Gericht von Amts wegen (kostenfrei) erfolgt, siehe S 3 bis 5. Die (Alt-)Fälle fehlender angemeldeter inländischer Geschäftsanschriften von Altgesellschafen sollten praktisch aber kaum noch vorkommen. Die Dunkelziffer von Altgesellschaften abzuschätzen, deren Geschäftsanschrift dem Registergericht aber nicht einmal in sonstiger Weise bekannt ist, erweist sich jedoch als schwierig. Sollten solche Altgesellschaften einen Eintragungsantrag in einer anderen Angelegenheit stellen, liegt immerhin eine Zwischenverfügung des Registergerichts nahe, dh der Altgesellschaft die Anmeldung ihrer inländischen Geschäftsanschrift aufzugeben, um sich eigene, zusätzlichen Aufwand erforderne Anschriftenrecherechen zu ersparen.[5]

---

1 Hierzu *Kropff*, AktG, S 532.

2 Vgl Begr RegE BiRiLiG, BT-Drucks 10/317, S 132.

3 Begr RegE MoMiG, BT-Drucks 16/6140, S 14.

4 Beschlussempfehlung und Bericht des Rechtsausschusses zum MoMiG, BT-Drucks 16/9737, S 25, 57.

5 IE für die Praxis so auch schon in Michalski GmbHG/*Miras*[2] § 3 EGGmbHG Rdn 19.

II. Übergangsregelung zur Angabe einer inländischen Geschäftsanschrift

1. Anmeldepflicht und Anmeldemodalitäten (S 1 und 2)

Die seit dem MoMiG neu vorgesehenen Anmeldungsverpflichtungen bezüglich einer inländischen Geschäftsanschrift (§§ 37 Abs 3 Nr 1, 39 Abs 1 S 1 AktG)[6] erforderten eine Regelung, ob und ggf bis zu welchem Zeitpunkt die bereits im Handelsregister eingetragenen Gesellschaften dieser Pflicht nachzukommen haben. Sie wird durch § 18 entsprechend dem inhaltsgleichen § 3 Abs 1 EGGmbHG getroffen.[7] Nach alter Rechtslage nahm die Anmeldung der „Lage der Geschäftsräume" aus § 24 bs 2 S 1 HRV aF[8] gerade nicht an der Registerpublizität des § 15 HGB teil. Zudem war der alte Rechtsstand auch praktisch ganz unbefriedigend und hatte zu Zustellungsproblemen zu Lasten der Gläubiger der Gesellschaft geführt (heute erleichtert durch § 15a HGB idF MoMiG); unter der nun inländischen Geschäftsanschrift (materiell von § 18 in Bezug genommen), die für Dritte im Handelsregister jederzeit online einsehbar ist, kann an den Vertreter der Gesellschaft einfacher und wirksam zugestellt werden.[9] Im Übrigen war es erklärtes Ziel, die damaligen Missbräuche im Wege der „Firmenbestattung" einzudämmen.[10] 6

Da dem Registergericht aufgrund der Regelung des § 24 Abs 2 und 3 HRV die Lage der Geschäftsräume bereits mitgeteilt worden sein sollte, bestand eine Anmeldepflicht für diese Gesellschaften nur dann, wenn zuvor noch keine inländische Anschrift mitgeteilt worden war oder sich eine Änderung ergeben hatte (**S 1**).[11] Zudem konnte die Gesellschaft eine von der mitgeteilten Lage der Geschäftsräume abweichende Geschäftsanschrift anmelden. 7

Der Pflicht zur Anmeldung der inländischen Geschäftsanschrift war grundsätzlich zusammen mit der ersten die Gesellschaft betreffenden Anmeldung zum Handelsregister nach Inkrafttreten des MoMiG nachzukommen (**S 2**). Hier sollte auch vom Notar bei der Beglaubigung darauf geachtet werden, dass dies korrekt erledigt wird, um fehlerhafte Anmeldungen, Zwischenbescheide und dadurch Eintragungsverzögerungen zu vermeiden. Spätestens hätte die Anmeldung idF des RegE bis zum 31. März 2009 erfolgen müssen; die Übergangsfrist selbst wurde angesichts der seit Verabschiedung des RegE verstrichenen Zeit zur Entlastung der Unternehmen und der Registergerichte dann aber noch aufgrund der Beschlussempfehlung des Rechtsausschusses vom 31. März auf den **31. Oktober 2009** verlängert.[12] Auch **Altgesellschaften** sollten somit **spätestens ab dem 1. November 2009** eine für Gläubiger leicht ermittelbare **inländische Geschäftsanschrift** haben, unter der Zustellungen an die Gesellschaft erfolgen können. Insgesamt erhielten die Gesellschaften damit ausreichend Zeit, der „neuen" Anmeldepflicht nachzukommen. 8

Die **Anmeldepflicht** des S 2 galt nur für anmeldepflichtige, **nicht aber für alle Altgesellschaften**, deren dem Handelsregister mitgeteilte inländische Geschäftsanschrift unverändert bleibt. Die Anmeldepflicht des S 2 galt also nicht für Gesellschaften, die in S 1 Hs 2 aus- 9

---

[6] Hierzu auch iVm § 18 *Kruck* ZIP 2011, 1550, 1552 Fn 9.

[7] Auch hierzu iVm der damals neu eingeführten Übergangsregelung *Böhringer* BWNotZ 2008, 104, 113.

[8] Begr RegE, BT-Drucks 16/6140, S 35 f.

[9] Begr RegE, BT-Drucks 16/6140, S 36.

[10] Begr RegE MoMiG, BT-Drucks 16/6140, S 27; hierzu auch bereits einführend und erläuternd *Hirte* NZG 2008, 761, 765 f; *ders* Ad legendum 2008, 137 ff; zur „Bestattung" von Kapitalgesellschaften auch bereits *ders* ZInsO 2003, 833 ff.

[11] Begr RegE MoMiG, BT-Drucks 16/6140, S 53 iVm S 48.

[12] Beschlussempfehlung und Bericht des Rechtsausschusses zum MoMiG, BT-Drucks 16/9737, S 57.

genommen werden. Teile der Rechtspraxis sahen dies eine Zeit lang anders, weil sich die Bezugnahme in S 2 („In diesen Fällen") nicht auf die in S 1 begründete Pflicht zur Anmeldung, sondern als eine Rückausnahme auf den in S 1 Hs 2 angesprochenen Fall beziehe, dass die inländische Geschäftsanschrift bereits dem Gericht mitgeteilt worden sei und sich nicht geändert habe.[13] Dem trat das **OLG München** im spiegelbildlichen Fall des § 3 Abs 1 EGGmbHG überzeugend entgegen und zog hierfür sowohl den Normaufbau als auch den Willen des historischen Gesetzgebers heran (siehe vorstehend Rdn 8).[14] Dem ist in Gänze beizupflichten und daher auch eine – ansonten widersinnige – Rückausnahme für Fälle des S 1 Hs 2 abzulehnen.

10 Die **Übergangsfrist** sollte eine übermäßige Belastung sowohl der Register als auch der mittelständischen Wirtschaft vermeiden. Ein vollständiger Verzicht auf eine feste Übergangsfrist für Nachmeldungen sei demgegenüber angesichts der beabsichtigten Verbesserung des Gläubigerschutzes nicht möglich, da andernfalls insbesondere die Wirkungen des ebenfalls neu eingefügten § 185 Nr 2 ZPO möglicherweise auf längere Zeit nicht hätten greifen oder hätten unterlaufen werden können.[15]

2. Eintragung mitgeteilter oder in sonstiger Weise bekannter Geschäftsanschriften in das Handelsregister (S 3 bis 6)

11 Nach Ablauf der in **S 3** enthaltenen Übergangsfrist des 31. Oktober 2009 mussten die Registergerichte die ihnen mitgeteilten inländischen Anschriften ohne inhaltliche Prüfung als Geschäftsanschrift der Gesellschaft eintragen; die Eintragung erfolgte kostenfrei und eine besondere Bekanntmachung nach § 10 HGB fand nicht statt (**S 6**). Auch auf diese Weise wurde die Belastung durch die Neuregelung in Grenzen gehalten. Zudem galt eine dem Registergericht mitgeteilte Geschäftsanschrift, die – nach Fassung des RegE[16] – im „Handelsregister" (über die Unternehmensträgerdaten) „abrufbar ist", unabhängig von dem Datum ihrer tatsächlichen Eintragung im Handelsregister seit dem 31. Oktober 2009 als eingetragene Geschäftsanschrift der Gesellschaft. Aufgrund der Beschlussempfehlung und des Berichts des Rechtsausschusses wurde diese Angabe dann konkretisiert auf die Abrufbarkeit „im elektronischen Informations- und Kommunikationssystem" nach § 9 Abs 1 HGB (www.handelsregister.de).[17] Es wurde damit den Registergerichten ein gewisser Spielraum gegeben, die Umtragung gestreckt über einen angemessenen Zeitraum vorzunehmen. Die Geltung der mitgeteilten Geschäftsanschrift half, eine ungerechtfertigte Privilegierung einzelner Gesellschaften aufgrund solcher Verzögerungen bei der Eintragung zu vermeiden.

---

[13] Vgl zur Norminterpretation der alten Registerpraxis und einer solchen auch von manchen aus dem Schrifttum *Wicke* NZG 2009, 296 mwN in Fn 4.

[14] OLG München 28.1.2009 – 31 Wx 005/09, 31 Wx 5/09, 31 Wx 05/09, ECLI:DE:OLGMUEN:2009:0128.31WX005.09.0A = NZG 2009, 304, 305 = ZIP 2009, 366. Zustimmend (ebenfalls für den spiegelbildlich geschaffenen § 3 Abs 1 EGGmbHG) Michalski/*Miras*[2] § 3 EGGmbHG Rdn 14; *Wicke* NZG 2009, 296; Beck-OKGmbHG/*Ziemons* § 3 EGGmbHG Rdn 5; für § 18 auch schon KK/*Noack*[3] § 18 EGAktG Rdn 8.

[15] Begr RegE MoMiG, BT-Drucks 16/6140, S 53 iVm S 48.

[16] Begr RegE MoMiG, BT-Drucks 16/6140, S 53 iVm S 48.

[17] Beschlussempfehlung und Bericht des Rechtsausschusses zum MoMiG, BT-Drucks 16/9737, S 57.

Die heutigen **S 4 bis 6** wurden aufgrund der Beschlussempfehlung und des Berichts des Rechtsausschusses[18] eingefügt und gingen zurück auf Nr 22 der Gegenäußerung der Bundesregierung zur Stellungnahme des Bundesrates. Die dort angesprochene Umfrage der Bundesregierung unter den Landesjustizverwaltungen hatte ergeben, dass zwar in den meisten, aber nicht in allen Bundesländern gewährleistet war, dass die nach früher geltendem Recht im Handelsregistersystem zu der Gesellschaft gespeicherte (vom Unternehmen selbst nach § 24 Abs 2 HRV mitgeteilte oder dem Gericht in sonstiger Weise bekannt gewordene) inländische Geschäftsanschrift auch online abrufbar war. Angesichts der mit der heutigen Eintragung der Geschäftsanschrift verbundenen Folgen (so zB hinsichtlich einer öffentlichung Zustellung nach dem durch das MoMiG ebenfalls neu eingefügten § 185 ZPO), konnte vor diesem Hintergrund die Eintragung einer Geschäftsanschrift, die nicht vom Unternehmen selbst mitgeteilt, sondern dem Gericht **auf andere Weise** bekannt geworden war, abweichend von dem Vorschlag des Bundesrates nur unter der Einschränkung zugelassen werden, dass diese Anschrift auch **online abrufbar** war. Denn nur dann hatte das Unternehmen die Chance, vor Ablauf der Übergangsfrist zu überprüfen, welche Anschrift eingetragen würde und ob diese auch zutreffend war. **12**

Fehlte eine Mitteilung, trug das Handelsregister somit von Amts wegen auch eine sonstige ihm nach Ablauf der Übergangsfrist bekannt gewordene inländische Adresse als Geschäftsanschrift ein (S 4 und 5). **13**

[18] Vgl zum Folgenden Beschlussempfehlung und Bericht des Rechtsausschusses zum MoMiG, BT-Drucks 16/9737, S 57.

§ 19
Übergangsvorschrift zu § 76 Abs. 3 Satz 2 Nr. 3 und Satz 3 des Aktiengesetzes

[1]§ 76 Abs. 3 Satz 2 Nr. 3 Buchstabe a, c, d und e des Aktiengesetzes in der ab dem Inkrafttreten des Gesetzes vom 23. Oktober 2008 (BGBl. I S. 2026) am 1. November 2008 geltenden Fassung ist auf Personen, die vor diesem Tag zum Vorstandsmitglied bestellt worden sind, nicht anzuwenden, wenn die Verurteilung vor dem 1. November 2008 rechtskräftig geworden ist. [2]Entsprechendes gilt für § 76 Abs. 3 Satz 3 des Aktiengesetzes in der ab dem 1. November 2008 geltenden Fassung, soweit die Verurteilung wegen einer Tat erfolgte, die den Straftaten im Sinne des Satzes 1 vergleichbar ist.

Übersicht

Schrifttum

Lars Böttcher/Florian Hassner Inhabilität des strafrechtlich verurteilten Geschäftsführers nach MoMiG. Die zeitliche Dimension des neuen § 6 Abs. 2 Nr. 3 lit. e) GmbHG, GmbHR 2009, S 1321–1325.

I. Grundlagen

1. Gesetzesgeschichte

1 Die am 1. November 2004 in Kraft getretene heutige Fassung der Norm wurde durch Art 6 Nr 2 des Gesetzes zur Modernisierung des GmbH-Rechts und zur Bekämpfung von Missbräuchen (MoMiG) vom 23. Oktober 2008 (BGBl I, S 2026) geschaffen. Die Norm wurde seitdem nicht mehr geändert.

2 Sie ersetzte die Ursprungsfassung des AktG 1965 zur „Auswahl der Abschlußprüfer" (hierzu schon in der 3. Aufl. GroßkommAktG/*Brönner*[3] § 19),[1] die durch Art 10 Abs 11 Nr 1 des Gesetzes zur Durchführung der Vierten, Siebenten und Achten Richtlinie des Rates der Europäischen Gemeinschaften zur Koordinierung des Gesellschaftsrechts (Bilanzrichtlinien-Gesetz – BiRiLiG) vom 19. Dezember 1985 (BGBl I, S 2355) aufgehoben wurde. § 19 aF konnte aufgehoben werden, weil § 164 Abs 3 Nr 3 AktG aufgehoben wurde. Eine entsprechende Übergangsregelung war für den neuen § 319 Abs 3 HGB in dem neuen Art 26 Abs 2 EGHGB vorgesehen.[2]

3 Der sachliche Regelungsgehalt der von § 19 erfassten Regelungen fand sich bereits im Gesetzesentwurf des Bundesrates zur Sicherung von Werkunternehmeransprüchen und zur

---

[1] Hierzu *Kropff*, AktG, S 532.

[2] Vgl Begr RegE BiRiLiG, BT-Drucks 10/317, S 132 (noch als § 277 Abs 3 Nr 3 HGB bzw Art 26 EGHGB – geändert aufgrund Beschlussempfehlung und Bericht des Rechtsausschusses, BT-Drucks 10/4268, S 84).

verbesserten Durchsetzung von Forderungen (Forderungssicherungsgesetz – FoSiG) vom 2. Februar 2006 (BGBl I, S 2022) als § 26e AktG-E wieder, wurde dann aber im Zusammenhang mit der damals schon geplanten Reform des GmbH-Rechts verwirklicht.[3] Die hiesige Übergangsregelung geht auf den RegE[4] MoMiG zurück und wurde auch aufgrund der Beschlussempfehlung des Rechtsausschusses[5] nicht mehr verändert.

2. Europäisches Recht

4 Die Übergangsregelung weist keinen europarechtlichen Bezug auf.

3. Wirtschaftliche Bedeutung

5 Angesichts der Bestellungshöchstdauer von fünf Jahren gem § 84 Abs 1 S 1 AktG wird der Übergangsregelung des § 19 heute nur noch in gerichtlich streitigen Fällen eine praktische Bedeutung zukommen (zeitlich wohl kaum mehr denkbar).

II. Übergangsvorschrift zu Bestellungsverboten

1. Übergangsregelung zu den Katalogstraftaten (S 1)

6 Die Norm entspricht § 3 Abs 2 EGGmbHG, dessen Begründung sie teilt.[6] Durch das MoMiG wurden die Bestellungshindernisse für Vorstandsmitglieder (so wie auch entsprechend für Geschäftsführer einer GmbH) stark erweitert. § 19 **S 1** bestimmt, dass bei Personen, die bereits vor Inkrafttreten des MoMiG zum Vorstandsmitglied (für die GmbH entsprechend zum Geschäftsführer) bestellt worden sind, Verurteilungen nach den damals neu in den Katalog des § 76 Abs 3 S 2 Nr 3 lit a, c, d und e AktG (entsprechend § 6 Abs 2 S 2 Nr 3 lit a, c, d und e GmbHG) aufgenommenen Straftaten nicht zum Verlust der Befähigung führen, Vorstandsmitglied einer AG bzw Geschäftsführer einer GmbH sein zu können, wenn die Verurteilung bereits vor Inkrafttreten des MoMiG rechtskräftig geworden ist. Lag die Verurteilung durch das jeweilige Instanzgericht vor dem Stichtag und trat die Rechtskraft am Stichtag (1. November 2008) oder danach ein, so gilt die neue Rechtslage idF der von § 19 genannten Normen. Nach dem Stichtag gilt der Katalog des § 19 S 1 auch für eine Wiederbestellung des Vorstandsmitglieds (siehe im Übrigen auch oben *Kort*[5] § 76 AktG Rdn 256 mwN).

2. Gesamtstrafenproblematik

7 Offen ist im Rahmen des § 19 jedoch, welche Auswirkungen eine stichtagsübergreifende **Gesamtstrafenbildung** (§ 55 StGB) hat. Bei einer solchen Gesamtstrafenbildung muss nicht nur die neue Gesamtstrafe im Tenor des neuen Urteils ausgesprochen werden; vielmehr müssen sachlich-rechtlich zunächst die Einzelstrafen (dh auch die vor dem Stichtag liegen-

3 Begr BRat FoSiG BT-Drucks 16/511, S 9, 30 f. und Beschlussempfehlung und Bericht des Rechtsausschusses FoSiG, BT-Drucks 16/9787, S 19.

4 Begr RegE MoMiG, BT-Drucks 16/6140, S 19.

5 Beschlussempfehlung und Bericht des Rechtsausschusses MoMiG, BT-Drucks 16/9737, S 26.

6 Begr RegE MoMiG, BT-Drucks 16/6140, S 53 iVm 48. Vgl parallel zum GmbHG daher etwa *Böttcher/Hassner* GmbHR 2009, 1321, 1322.

den) festgestellt werden, und danach wird **unter Erhöhung der Einzelstrafe** (vor dem Stichtag) die nachträgliche Gesamtstrafe **neu gebildet.**[7]

8 Bleibt in einem solchen Fall ein vor dem Stichtag bestelltes und rechtskräftig verurteiltes Vorstandsmitglied zunächst im Amt und wird nach dem 1. November 2008 erneut wegen einer Katalogstraftat rechtskräftig verurteilt, so kann in den Fällen der nachträglichen Gesamtstrafenbildung unter Berücksichtigung der früheren Verurteilung eine Gesamtstrafe gebildet werden, welche insgesamt über der **Mindeststrafe** des § 76 Abs 3 S 2 Nr 3 lit e) AktG liegt. Bei einer solchen nachträglichen Gesamtstrafenbildung bleiben die rechtskräftig festgesetzten Einzelstrafen (vor dem Stichtag) nämlich vollstreckbar bis zur Rechtskraft der Gesamtstrafenentscheidung.[8] Die Einzelstrafen sind aber auch nicht nur bloße Rechnungsfaktoren für die Gesamtstrafe, sondern besitzen rechtliche Selbständigkeit[9]. Dies kann für das Vorstandsmitglied strafprozessual auch dazu führen, dass eine nicht angefochtene Einzelstrafe – unterhalb der Jahres-Inhabilitätsgrenze – rechtskräftig bestehen bleibt, wenn die Verurteilung wegen der anderen mit abgeurteilten Taten aufgehoben wird und die Gesamtstrafe wegfällt.[10]

9 Eine vor dem Stichtag bereits rechtskräftige Verurteilung könnte bei einer solchen nachträglichen Gesamtstrafenbildung daher entgegen dem – der Norm auf dem ersten Blick zugrundeliegenden – Einzelstrafenverständnis doch noch zum Verlust der Organstellung beitragen – und zu ihrer zumindest untechnisch rückwirkenden Anwendbarkeit führen, wenn deren Höhe oberhalb der Inhabilitätsgrenze liegt.[11] Eine von der Gesamtstrafe **gelöste Summe** nur derjenigen Einzelstrafen zu bilden (genauer wohl für das Aktienrecht zu „berücksichtigen"), die nach dem Stichtag abgeurteilt wurden, erscheint hier aber nach dem vorskizzierten Grundschema **nicht richtig.**[12] Dies würde nämlich nicht der strafrechtlichen und -prozessualen Entscheidung entsprechen und somit auch gegen den Grundsatz der Einheit der Rechtsordnung verstoßen. Daher kommt es **auf die Gesamtstrafe an**, die nach dem Stichtag rechtskräftig geworden ist. Das strafrechtliche Rückwirkungsverbot (Art 103 Abs 2 GG; Art 7 Abs 1 S 1 EMRK; § 1 StGB) greift hier nicht, da keine Strafnorm in Rede steht, sondern nur deren mittelbare Wirkung für das gesellschaftsrechtliche Vertretungsrecht.

3. Auslandsstraftaten (S 2)

10 Entsprechend findet § 19 auch Anwendung auf Verurteilungen wegen vergleichbarer **Auslandsstraftaten** (S 2 iVm § 76 Abs 3 Satz 3). Allerdings kann die Einbeziehung von ausländischen Verurteilungen wegen Straftaten zur Folge haben, dass eine dem deutschen Strafverfahren adäquate Durchführung des Strafprozesses (Prozessmaximen) mit gleichwertiger Sachverhaltsermittlung und Rechtsfolgenbestimmung nicht in jedem Falle gewährleistet ist (siehe im Übrigen kritisch oben *Kort*[5] § 76 AktG Rdn 257). Mit deren Berück-

---

[7] Vgl Leipziger GK StGB/*Rissing-van Saan*[12] § 55 Rdn 28 ff.

[8] KG 19.5.2004 – 5 Ws 236/04, NStZ-RR 2004, 286, 287.

[9] Vgl schon BGH 21.5.1951 – 3 StR 224/51, BGHSt 1, 252; BGH 22.9.1953 – 1 StR 726/52, BGHSt 4, 345.

[10] Vgl schon RG 18.4.1894 – 4453/93, RGSt 25, 297; RG 30.10.1894 – 2998/94, RGSt 26, 169; BGH 21.5.1951 – 3 StR 224/51, BGHSt 1, 252; BGH 4.5.1951 – 2 StR 114/51, NJW 1951, 610.

[11] Vgl schon zur zeitlichen Dimension *Böttcher/Hassner* GmbHR 2009, 1321, 1322 f.

[12] AA wohl *Böttcher/Hassner* GmbHR 2009, 1321, 1322 f, die (zumindest für das Zusammentreffen von Katalog- und Nichtkatalogtaten) frühere, bereits rechtskräftige, Strafen außen vor lassen wollen.

sichtigung hier wird jedoch dem Gebot des Vertrauensschutzes Rechnung getragen.[13] Die Rechtskraft des ausländischen Strafurteils ist dabei im Übrigen nach dem Recht des verurteilenden Staates *(lex fori)* zu bestimmen.

13 Begr RegE MoMiG, BT-Drucks 16/6140, S 53 iVm S 48.

§ 20
Übergangsvorschrift zum Gesetz zur Umsetzung der Aktionärsrechterichtlinie

(1) Die §§ 121, 122, 123, 124, 124a, 125, 126, 127, 130, 134, 175, 176, 241 bis 243 des Aktiengesetzes in der Fassung des Gesetzes zur Umsetzung der Aktionärsrechterichtlinie vom 30. Juli 2009 (BGBl. I S. 2479) sind erstmals auf Hauptversammlungen anzuwenden, zu denen nach dem 31. Oktober 2009 einberufen wird.

(2) Die §§ 128, 129 und 135 des Aktiengesetzes in der Fassung des Gesetzes zur Umsetzung der Aktionärsrechterichtlinie sind ab dem 1. November 2009 anzuwenden.

(3) [1]Enthält die Satzung einer Aktiengesellschaft eine Frist, die abweichend von § 123 Abs. 2 Satz 2 und 3 oder Abs. 3 Satz 3 und 4 des Aktiengesetzes in der Fassung des Gesetzes zur Umsetzung der Aktionärsrechterichtlinie nicht in Tagen ausgedrückt ist, so bleibt diese bis zur ersten ordentlichen Hauptversammlung nach Inkrafttreten des Gesetzes zur Umsetzung der Aktionärsrechterichtlinie am 1. September 2009 wirksam. [2]§ 123 Abs. 4 des Aktiengesetzes in der vor Inkrafttreten des Gesetzes zur Umsetzung der Aktionärsrechterichtlinie geltenden Fassung bleibt für diese Frist anwendbar.

(4) § 246a Abs. 2 Nr. 2 und § 319 Abs. 6 Satz 3 Nr. 2 des Aktiengesetzes in der Fassung des Gesetzes zur Umsetzung der Aktionärsrechterichtlinie sind nicht auf Freigabeverfahren und Beschwerdeverfahren anzuwenden, die vor dem 1. September 2009 anhängig waren.

(5) In Fällen des § 305 Abs. 3 Satz 3, des § 320b Abs. 1 Satz 6 und des § 327b Abs. 2 des Aktiengesetzes bleibt es für die Zeit vor dem 1. September 2009 bei dem bis dahin geltenden Zinssatz.

(6) § 319 Abs. 6 Satz 11 des Aktiengesetzes in der Fassung des Gesetzes zur Umsetzung der Aktionärsrechterichtlinie ist nicht anzuwenden, wenn die Klage gegen die Wirksamkeit des Hauptversammlungsbeschlusses vor dem 1. September 2009 rechtshängig war.

(7) [1]§ 27 Abs. 3 und 4 des Aktiengesetzes in der ab dem 1. September 2009 geltenden Fassung gilt auch für Einlagenleistungen, die vor diesem Zeitpunkt bewirkt worden sind, soweit sie nach der vor dem 1. September 2009 geltenden Rechtslage wegen der Vereinbarung einer Einlagenrückgewähr oder wegen einer verdeckten Sacheinlage keine Erfüllung der Einlagenverpflichtung bewirkt haben. [2]Dies gilt nicht, soweit über die aus der Unwirksamkeit folgenden Ansprüche zwischen der Gesellschaft und dem Gesellschafter bereits vor dem 1. September 2009 ein rechtskräftiges Urteil ergangen oder eine wirksame Vereinbarung zwischen der Gesellschaft und dem Gesellschafter getroffen worden ist; in diesem Fall beurteilt sich die Rechtslage nach den bis zum 1. September 2009 geltenden Vorschriften.

Übersicht

Schrifttum

Boris Kläsener/Norman Wasse Erste Freigabebeschlüsse nach dem ARUG – Erkenntnisse, Probleme und Konsequenzen für die Praxis, AG 2010, S 202–207; *Klaus von der Linden/Markus Ogorek* Mindestquorum im Freigabeverfahren verfassungsgemäß, Anm zu OLG Stuttgart v 19.10.2009 20 AR (Freig) 1/09, EWiR 2010, S 5–6; *Jean Mohamed* Der Berechtigungsnachweis für die Hauptversammlung in neuem Gewande – von der Legitimationsmethodik 2.0 über die Aktienrechtsnovelle 2016, ZIP 2016, S 1100–1107; *Tobias Nikoleyczik/Ines Butenschön* Mindestquorum im Freigabeverfahren verfassungsgemäß, NZG 2010, S 218–220; *Andreas Pentz* Verdeckte Sacheinlagen nach dem MoMiG und prozessuale Folgen des Übergangsrechts, GmbHR 2009, S 126–132; *Robert Saß/Markus Ogorek* Verfassungsmäßigkeit der Neuregelung des Freigabeverfahrens durch das ARUG, NZG 2010, S 337–338; *Thomas Weber/Maximilian Findeisen* Die HV-Einberufung 2010 bei Divergenz von Satzung und Aktiengesetz in der Fassung des ARUG, BB 2010, S 711–717.

Rechtsprechung

BGH (Urt v 22.3.2010 – II ZR 12/08) Z 185, 44 = NJW 2010, 1948 = ZIP 2010, 978 (ADCOCOM): Rückwirkende Anrechnung bei der verdeckten Sacheinlage verfassungsgemäß.

OLG Stuttgart (Beschl v 19.10.2009 – 20 AR (Freig) 1/09) ECLI:DE:OLGSTUT:2009:1019.20AR.FREIG1.09.0A = NZG 2010, 27 = ZIP 2009, 2337: Mindestquorum im Freigabeverfahren und Verfassungsmäßigkeit; (Un-)Vereinbarkeit des § 319 Abs 6 S 3 Nr 2 AktG (iVm § 20 Abs 4 EGAktG) mit dem Gebot der Normenklarheit und -bestimmtheit und der Eigentumsgarantie.

I. Grundlagen

1. Gesetzesgeschichte

Die am 1. September 2009 in Kraft getretene heutige Fassung der Norm wurde durch Art 2 des Gesetzes zur Umsetzung der Aktionärsrechterichtlinie (ARUG) vom 30. Juli 2009 (BGBl I, S 2479) geschaffen. Sie wurde seitdem nicht mehr geändert. 1

Sie ersetzte die Ursprungsfassung des AktG 1965 zum „Streitwert" (hierzu schon in der 3. Aufl. GroßkommAktG/*Schilling*[3] § 20).[1] Die alte Regelung in § 20 aF hatte sich durch Zeitablauf erledigt. Aus diesem Grund konnte die Vorschrift neu besetzt werden.[2] 2

Die aktuelle Fassung von § 20 geht auf den RegE[3] zurück, während die Norm im RefE[4] vom 6. Mai 2008 noch gänzlich fehlte. Erst aufgrund der Beschlussempfehlung des Rechtsausschusses wurde sodann zum einen in Abs 3 entsprechend einer Änderung zu § 123 Abs 2 und 3 AktG einheitlich der Begriff „Tagen" und nicht mehr „Kalendertagen" eingefügt und zum anderen der jetzige Abs 7 neu geschaffen.[5] 3

2. Europäisches Recht

Die Übergangsregelung beruht hinsichtlich der in Bezug genommenen Normen auf der Umsetzung europäischen Rechts zu der Richtlinie 2007/36/EG vom 11. Juli 2007.[6] Die 4

1 Hierzu *Kropff*, AktG, S 533.
2 Vgl Begr RegE ARUG, BT-Drucks 16/11642, S 43 f.
3 Begr RegE ARUG, BT-Drucks 16/11642, S 14 f.
4 RefE ARUG v 6.5.2008.
5 Beschlussempfehlung und Bericht des Rechtsausschusses zum ARUG, BT-Drucks 16/13098, S 42.
6 ABl EU Nr L 184 v 14.7.2007, S 17.

Richtlinie ist am 3. August 2009 in Kraft getreten (Art 16) und war bis zum 3. August 2009 umzusetzen (Art 2 Abs 1), ein Termin, der mit dem ARUG auch in übergangsrechtlicher Hinsicht eingehalten wurde (oben Rdn).

3. Wirtschaftliche Bedeutung

5 Bedeutung kommt **Abs 1** heute nur noch für – kaum mehr denkbare – anhängige Klagen gegen Hauptversammlungsbeschlüsse zu (vgl Anwendung der „[§§] 241 bis 243 des Aktiengesetzes"),[7] die um den Übergangszeitraum des § 20 herum (Ende 2009) gefasst wurden.

6 Auch die praktische Bedeutung der zeitlichen Übergangsregelung aus **Abs 2** wird sich heute – bis auf aktuell noch anhängige Anfechtungs- oder Nichtigkeitsklagen – erledigt haben.

7 Ebenso ist die Geltung der Übergangsregelung in **Abs 3** allein auf eventuell noch anhängige Anfechtungs- und Nichtiskeitsklagen gegen Beschlüsse beschränkt, die in der ersten ordentlichen Hauptversammlung kurz nach Inkrafttreten des ARUG gefasst wurden.

8 Für die **Abs 4 bis 7** gilt das Vorstehende zur heute praktischen Überholung entsprechend; das betrifft insbesondere die Übergangsregelungen zum Freigabeverfahren, da diese nur kurzzeitig wirken konnten.

II. Übergangsregelung zum Gesetz zur Umsetzung der Aktionärsrechterichtlinie (ARUG)

1. Einberufung und Nichtigkeitsvorschriften (Abs 1)

9 Abs 1 schaffte eine Übergangsfrist, damit durch das Inkrafttreten des ARUG nicht in bereits laufende Vorbereitungen für Hauptversammlungen eingegriffen werden musste. Die Regelung orientiert sich an der Übergangsregelung zum **UMAG** in **§ 16 EGAktG.**[8] Bis zur Anwendbarkeit der geänderten Vorschriften galt die bisherige Regelung fort.

10 Eine Übergangsregelung bezüglich des Nachweisstichpunkts in § 123 Abs 3 S 3 AktG aF (heute: § 123 Abs 4 S 2 AktG) wurde nicht geschaffen.[9] Bei diesem Stichpunkt handelt es sich um einen Termin, der weder entsprechend § 193 BGB noch nach § 123 Abs 4 AktG aF auf einen Werktag verlegt werden kann. Der Stichpunkt kann und konnte also auch auf einen Sonnabend, Feiertag oder Sonntag fallen. Dies war bereits früher geltende Rechtslage. Trotz bestehender Auslegungsstreitigkeiten, welche die Praxis verunsichert hatten, erschien eine Übergangsregelung nicht erforderlich, zumal sie lediglich klarstellenden Charakter gehabt hätte.

11 Die in der Regelung aufgelisteten Vorschriften idF des ARUG waren damit erstmalig auf Hauptversammlungen anzuwenden, zu denen nach dem 31. Oktober 2009 einberufen wurde.

---

[7] Sofern solche Anfechtungs- und Nichtigkeitsklagen denn noch anhängig sind.

[8] Vgl Begr RegE ARUG, BT-Drucks 16/11642, S 44.

[9] Vgl auch hierzu Begr RegE ARUG, BT-Drucks 16/11642, S 44.

2. Stimmrechtsausübung durch Kreditinstitut (Intermediär) und Übermittlung der Mitteilungen (Abs 2)

§§ 128 und 135 AktG beziehen sich jeweils auf das gesamte Depot eines Aktionärs bei seinem depotführenden Kreditinstitut. Für dieses Depot besteht regelmäßig eine **generelle Vollmacht** des Kunden. Da der Inhalt dieser Vollmacht und die diesbezüglichen Pflichten des Kreditinstituts (seit ARUG II: „Intermediär" [§ 67a Abs. 4 AktG]) nicht davon abhängen können, wann zu den Hauptversammlungen der einzelnen Gesellschaften des Depots einberufen wird, ist für die Anwendbarkeit dieser Vorschriften ein einheitlicher Termin erforderlich. Die Verschiebung der Anwendbarkeit der §§ 128, 129, 135 AktG auf den 1. November 2009 ließ den Banken ausreichend Zeit, sich auf die neue Rechtslage einzustellen.[10] Bis zur Anwendbarkeit der geänderten Vorschriften galt die frühere Rechtslage fort. 12

3. Satzungsfristen idF ARUG (Abs 3)

Nach der früheren Rechtslage war es möglich, die Frist für die Anmeldung zur Hauptversammlung oder für die Erbringung des Nachweises der Teilnahmeberechtigung (§ 125 Abs 2 und 3 AktG *[sic!]*[11]) durch Satzung zu verkürzen und diese Frist beispielsweise in Werktagen anzugeben. In diesem Fall konnte es auch zu einer Veränderung des auf einen Sonnabend, Freitag oder Sonntag fallenden Fristendes kommen (§ 123 Abs 4 AktG). Solche Satzungsregelungen waren nach der Neuregelung in § 123 Abs 2 und 3 AktG idF des ARUG[12] unwirksam, da eine kürzere als die gesetzliche Frist in (Kalender-)Tagen[13] zu bemessen war und auch weiterhin ist. Um den Gesellschaften die Möglichkeit zu geben, ihre Satzungen an die neue Rechtslage anzupassen und um zu vermeiden, dass es infolge der Neuregelung zu Einberufungsfehlern kam, ließ Abs 3 in diesen Fällen die vorherige Rechtslage bis zur ersten Hauptversammlung nach der Rechtsänderung fortgelten.[14] Der Vorrang alter Satzungsfristen und Berechnungsvorschriften[15] war somit beschränkt auf den Zeitraum bis zur ersten ordentlichen Hauptversammlung nach Inkrafttreten des ARUG. 13

4. Freigabeverfahren (Abs 4)

Durch Abs 4 wurde sichergestellt, dass sich der Maßstab für die Begründetheit des Freigabeantrags nicht in einem laufenden Freigabeverfahren oder Beschwerdeverfahren ändert.[16] Die Freigabegründe der durch das ARUG eingefügten §§ 246a Abs 2 Nr 3, 319 Abs 6 Nr 2 (Eingliederung) AktG fanden nach Abs 4 auf Freigabe- und Beschwerdeverfahren Anwendung, die nicht bereits vor dem 1. September 2009 anhängig waren. 14

Nach **Abs 4** gelangte das Bagatellquorum des Freigabeverfahrens auch zur Anwendung, wenn das Freigabeverfahren zwar nach Inkrafttreten des ARUG eingeleitet wurde, die gegen den betreffenden Hauptversammlungsbeschluss gerichtete Anfechtungsklage aber 15

---

[10] Vgl Begr RegE ARUG, BT-Drucks 16/11642, S 44.

[11] Redaktioneller Fehler der Begr RegE. Gemeint sein müsste in der Begr RegE: „123 Abs 2 und 3 AktG" (aF).

[12] Heute (nach der Aktienrechtsnovelle 2016), und genauer: § 123 Abs 2 S 3 und Abs 4 S 3. Zu den Änderungen des § 123 AktG im Zuge der Aktienrechtsnovelle *Mohamed* ZIP 2016, 1100 ff.

[13] Zur Umstellung und einheitlichen sprachlichen Anpassung auf den Begriff „Tage" oben Rdn 3.

[14] Vgl Begr RegE ARUG, BT-Drucks 16/11642, S 44.

[15] Zu einer beispielhaften Darstellung der Berechnung iRd § 20 Abs 3 *Weber/Findeisen* BB 2010, 711, 712 f.

[16] Vgl Begr RegE ARUG, BT-Drucks 16/11642, S 44.

vorher erhoben worden war. In der verfassungsrechtlichen Terminologie ließe sich vor diesem Hintergrund also ein Fall der **Rückwirkung** annehmen. Richtigerweise handelt es sich, wenn überhaupt,[17] um einen Fall einer zulässigen unechten Rückwirkung.[18] Verfassungsrechtliche Bedenken, die generell auf einer Begrenzung durch das Verhältnismäßigkeitsprinzip oder einer Begrenzung durch das Vertrauensschutzprinzip beruhen können, stellen sich nicht. Insbesondere ist ein überwiegendes Bestandsinteresse in Bezug auf die alten Freigaberegelungen nicht ersichtlich. Das Ziel des Bagatellquorums liegt nämlich darin, das Aufspringen von rein missbräuchlichen Trittbrettfahrern zu erschweren, die sich mit sehr geringem Aktienbesitz (oft nur eine Aktie) ohne eigenständigen Sachvortrag anderen Klägern anschließen.[19] Nach dem Bericht des Rechtsausschusses[20] soll das dahin zu verstehen sein, dass ein Akionär erst dann **nachhaltig** an der Entwicklung eines Unternehmens interessiert ist, wenn er sich beim Beteiligungserwerb nicht zuvorderst von taktischen Erwägungen zum Erreichen eines Quorums für das dem Anfechtungsverfahren erst nachgeschaltete Freigabeverfahren leiten lässt.

5. Zinsen (Abs 5)

16 Die Regelung in Abs 5 bewirkt, dass der höhere Zinssatz der §§ 305 Abs 2 S 3, 320b Abs 1 S 6 und 327b Abs 2 AktG idF seit ARUG erst seit dem Inkrafttreten des ARUG anzuwenden ist. Für die Zeit davor blieb es bei der Verzinsung mit dem damaligen Zinssatz.[21]

6. Freigabeverfahren bei Eingliederung (Abs 6)

17 Die Regelung bezweckte, dass die Gesetzesänderung auf eine vor Inkrafttreten des Gesetzes bereits erhobene Anfechtungsklage keine Auswirkung haben sollte. Die Regelung zur Bestandskraft in § 319 Abs 6 S 11 AktG blieb damit nur anwendbar, wenn eine Anfechtungsklage nicht bereits vor dem 1. September rechtshängig war. Unter den Voraussetzungen des **Abs 6** war es zudem unschädlich, wenn eine eventuelle Schadenersatzklage gegen die Gesellschaft erst nach Inkrafttreten des ARUG erhoben worden ist.

7. Verdeckte Sacheinlage und Hin- und Herzahlen (Abs 7)

18 Diese auf die Beschlussempfehlung und den Bericht des Rechtsausschusses zum ARUG[22] zurückgehende Übergangsregelung bestimmt den zeitlichen Anwendungsbereich der Vor-

---

[17] Mit guten Gründen eine (unechte) Rückwirkung bereits verneinend *von der Linden/Ogorek* EWiR 2010, 5, 6; *Saß/Ogorek* NZG 2010, 337, 338.

[18] OLG Stuttgart 19.10.2009 – 20 AR (Freig) 1/09, ECLI:DE:OLGSTUT:2009:1019.20AR.FREIG1.09.0A = NZG 2010, 27, 28 = ZIP 2009, 2337, 2338; zustimmend *Kläsener/Wasse* AG 2010, 202, 205; *Nikoleyczik/Butenschön* NZG 2010, 218, 219; berichtend auch *Saß/Ogorek* NZG 2010, 337, 338.

[19] Vgl Beschlussempfehlung und Bericht des Rechtsausschusses zum ARUG, BT-Drucks 16/13098, S 41. Dies aufnehmend auch OLG Stuttgart 19.10.2009 – 20 AR (Freig) 1/09, NZG 2010, 27, 28 = ZIP 2009, 2337, 2338.

[20] Siehe Beschlussempfehlung und Bericht des Rechtsausschusses ARUG, BT-Drucks 16/13098, S 41, der von einem „ökonomisch nachvollziehbare[n] Investment" spricht und einem „Interesse an der nachhaltigen Entwicklung des Unternehmens"; siehe auch schon OLG Stuttgart 19.10.2009 – 20 AR (Freig) 1/09, NZG 2010, 27, 29 = ZIP 2009, 2337, 2338.

[21] Vgl Begr RegE ARUG, BT-Drucks 16/11642, S 44.

[22] Beschlussempfehlung und Bericht des Rechtsausschusses zum ARUG, BT-Drucks 16/13098, S 42.

schriften zur **verdeckten Sacheinlage** (§ 27 Abs 3 AktG) und zum **Hin- und Herzahlen** (§ 27 Abs 4 AktG). Sie entspricht inhaltlich der im MoMiG getroffenen Regelung des § 3 Abs 4 des EGGmbHG. Gegenüber letzterer Norm wurden in der Literatur vereinzelt **verfassungsrechtliche Bedenken** geäußert, weil die Vorschrift rückwirkend die Rechtszuständigkeit am Einlagegegenstand ändere. Dies könne zu Problemen führen, wenn die verdeckte Sacheinlage nachträglich erkannt und auf der Grundlage dieser neuen Erkenntnis eine Verfügung über den Einlagegegenstand vorgenommen wurde. Dabei dürfte es sich nach Ansicht des Rechtsausschusses allerdings um ein eher theoretisches Problem gehandelt haben. Der Tatbestand der verdeckten Sacheinlage, wie er (zum damaligen Zeitpunkt) von der Rechtsprechung herausgearbeitet worden sei, habe nämlich einige Unschärfen aufgewiesen. Das Problem habe in der Praxis daher weniger darin gelegen, dass nachträglich eine verdeckte Sacheinlage zweifelsfrei als solche identifiziert und auf dieser Grundlage verfügt worden sei; vielmehr sei es für die Beteiligten bei der Gestaltung von Transaktionen oftmals nicht eindeutig erkennbar gewesen, ob eine von ihnen ins Auge gefasste Gestaltung nachträglich von einem Gericht als verdeckte Sacheinlage gerwertet werden könnte oder nicht. Für diese praktisch wichtigen Fälle wollte die Regelung in § 27 Abs 3 AktG iVm § 20 Abs 7 EGAktG rückwirkend Rechtssicherheit schaffen.

Verfassungsrechtliche Bedenken gegen die Übergangsregelung wies der **II. Zivilsenat des BGH** durch sein **ADCOCOM**-Urteil zu der parallelen Regelung in § 3 Abs 4 EGGmbHG zurück.[23] Die rückwirkende Anordnung des § 27 Abs 3 AktG greife zwar im Sinne einer Inhalts- und Schrankenbestimmung in das Eigentum der Gesellschaft und des Inferenten ein, sei aber durch den mit ihr geschaffenen Zuwachs an Rechtssicherheit gerechtfertigt[24]. Und auch eine verfassungsrechtlich unzulässige Rückwirkung ist mit dem BGH **abzulehnen**, da ua bereits das Bestandsinteresse der Inferenten, das Eigentum an einer verdeckt eingebrachten Sache oder die Inhaberschaft an einer verdeckt eingebrachten Forderung zu behalten, nach dem Grundsatz **widersprüchlichen Verhaltens** nicht schutzwürdig ist.[25] 19

Nach Abs 7 gelten die Neuregelungen der verdeckten Sacheinlage und des Hin- und Herzahlens somit auch noch für Altfälle vor dem ARUG, sofern nicht bereits vor dem Inkrafttreten des ARUG eine wirksame Vergleichsvereinbarung[26] erzielt oder ein rechtskräftiges Urteil erwirkt worden ist (**S 2**). Die Vereinbarung muss ausweislich des Wortlautes **vor dem Stichtag**, dh „vor dem 1. September 2009 [...] zwischen der Gesellschaft und dem Gesellschafter getroffen worden" sein.[27] Eine vertragliche Vereinbarung, die dem 1. September 2009 auf der Basis der alten Rechtslage getroffen wurde, wäre damit eine gesetzliche Umgehung und unwirksam. 20

---

[23] BGH 22.3.2010 – II ZR 12/08, BGHZ 185, 44 = NJW 2010, 1948, 1950 Tz 20 ff und 1952 Tz 32 (ADCOCOM); kritisch *Pentz*, GmbHR 2009, 126, 130 f.

[24] BGH 22.3.2010 – II ZR 12/08, BGHZ 185, 44 = NJW 2010, 1948, 1951 Tz 30 (ADCOCOM).

[25] BGH 22.3.2010 – II ZR 12/08, BGHZ 185, 44 = NJW 2010, 1948, 1953 Tz 45 (ADCOCOM).

[26] Der Begriff „Vereinbarung" ist weit auszulegen und umfasst alle Formen von Rechtsgeschäften, mit denen zwischen der Gesellschaft und dem die Einlage schuldenden Gründer eine verbindliche Regelung über das Bestehen oder Nichtbestehen der im Zusammenhang mit der verdeckten Sacheinlage oder dem Hin- und Herzahlen in Betracht kommenden Ansprüche getroffen worden ist; vgl hierzu schon MünchKomm/*Pentz*[5] § 27 AktG Rdn 182 mwN.

[27] **AA** für die entsprechende Regelung in § 3 Abs 4 S 2 EGGmbHG MichalskiGmbHG/*Miras*[2] § 3 EGGmbHG Rdn 62, wonach sich die Stichtagsregelung nur auf rechtskräftige Urteile beziehe. Diese Lesart ist aber keineswegs zwingend. Es liegt näher, dass auf eine terminologische Verdoppelung des Stichtags bezogen auf die folgende Alternative der „Vereinbarung" verzichtet worden ist.

§ 21
Heilung der Nichtigkeit von Jahresabschlüssen

[1]§ 256 Abs. 6 des Aktiengesetzes über die Heilung der Nichtigkeit von Jahresabschlüssen gilt auch für Jahresabschlüsse, die vor dem Inkrafttreten des Aktiengesetzes festgestellt worden sind; jedoch bleibt es für die Heilung der Nichtigkeit nach § 256 Abs. 2 des Aktiengesetzes bei den bisherigen Vorschriften. [2]Die in § 256 Abs. 6 des Aktiengesetzes bestimmten Fristen beginnen für Jahresabschlüsse, die vor dem Inkrafttreten des Aktiengesetzes festgestellt worden sind, nicht vor dem Inkrafttreten des Aktiengesetzes.

Übersicht

I. Grundlagen

1. Gesetzesgeschichte

1 Die Vorschrift wurde in ihrer heutigen Form bereits durch das AktG 1965 eingeführt. Seit ihrem Inkrafttreten wurde die Norm nicht mehr geändert.

2 S 1 der Übergangsregelung wurde vom Bundestag erst infolge des Ausschussberichts[1] eingefügt. S 2 entspricht dem § 18 RegE[2] AktG 1965 und wurde als heutiger S 2 übernommen.

2. Europäisches Recht

3 Die Übergangsregelung weist keinen europarechtlichen Bezug auf.

3. Wirtschaftliche Bedeutung

4 Der Übergangsregelung wird heute angesichts der ggfls über 50 Jahre zurückliegenden Klageverfahren über die Heilung der Jahresabschlüsse keine Bedeutung mehr zukommen.

II. Übergangsregelung zur Heilung der Nichtigkeit von Jahresabschlüssen

1. Anwendung des § 256 Abs 6 AktG (S 1)

5 Das frühere Recht bestimmte nur für den Fall des § 256 Abs 2 AktG – in dem der Vorstand oder der Aufsichtsrat bei der Feststellung nicht ordnungsmäßig mitgewirkt hatte –

---

1 Vgl Zusammenstellung BT-Drucks IV/171 mit Beschlüssen Rechtsausschuss BT-Drucks IV/3296, S 232; schriftlicher Bericht des Rechtsausschusses, BT-Drucks IV/3296, S 59.

2 Begr RegE, BT-Drucks IV/171, S 302.

eine Heilung der Nichtigkeit des Jahresabschlusses durch Zeitablauf (§ 202 Abs 2 AktG 1937). Das AktG 1965 hat demgegenüber die Fälle, in denen die Nichtigkeit durch Zeitablauf geheilt werden kann, im Vergleich zum zuvor geltenden Recht erheblich erweitert. Soweit die Nichtigkeit nach den neuen Vorschriften geheilt wird, sollte sie auch bei vor dem Inkrafttreten des AktG 1965 festgestellten Jahresabschlüssen nicht mehr zeitlich unbeschränkt geltend gemacht werden können. Der vom Rechts- und Wirtschaftsausschuss übereinstimmend vorgeschlagene **S 1** stellte deshalb klar, dass auch die Nichtigkeit von Jahresabschlüssen, die vor dem Inkrafttreten des Aktiengesetzes festgestellt worden waren, entsprechend § 256 Abs 6 AktG geheilt worden ist.[3]

2. Altes Recht und Fristen- bzw Heilungsthematik (S 1 Hs 2 und S 2)

In § 256 Abs 6 AktG werden die Fälle, in denen die Nichtigkeit von Jahresabschlüssen durch **Zeitablauf** geheilt werden, im Vergleich zum zuvor geltenden Recht erheblich erweitert. So ist zB eine Heilung vorgesehen, wenn der Jahresabschluss von Personen geprüft worden ist, die **nicht Abschlussprüfer** sein konnten (vgl Abs 6 iVm Abs 1 Nr 3). Nach früher geltendem Recht blieb in einem solchen Fall der Jahresabschluss unheilbar nichtig. Für vor Inkrafttreten des nach damals „neuem" Aktiengesetz festgestellte Jahresabschlüsse, deren Feststellung nach früher geltendem Recht unheilbar nichtig war, nach dem Recht des AktG 1965 aber geheilt werden konnte, sah § 21 eine Heilung der Nichtigkeit vor, wenn die Nichtigkeit nicht innerhalb der in § 256 AktG bestimmten Fristen, gerechnet vom Inkrafttreten des AktG 1965 an, geltend gemacht wurde. Es wäre nicht gerechtfertigt, bei solchen Jahresabschlüssen die Geltendmachung der Nichtigkeit auch noch nach Inkrafttreten des AktG 1965 zeitlich unbeschränkt zuzulassen.[4] Für den Fall, in dem das alte Recht eine Heilung kannte – keine ordnungsgemäße Mitwirkung von Vorstand oder Aufsichtsrat –, blieb es jedoch bei den „bisherigen Vorschriften" (**S 1 Hs 2**). 6

S 2 regelt den Beginn der Frist für die Fälle, in denen das **früher geltende Recht keine Heilung durch Fristablauf** vorsah.[5] In den Heilungsfällen des § 256 Abs 6 AktG begannen für Jahresabschlüsse, die vor dem 1. Januar 1966 festgestellt worden waren, die Fristen des Abs 6 (und zwar sechs Monate oder drei Jahre, vgl S 1) nicht vor dem 1. Januar 1966. Ihre Heilung trat also am 1. Juli 1966 oder am 1. Januar 1969 ein, sofern die Frist nicht gem Abs 6 S 2 durch Klageerhebung verlängert worden war. 7

[3] Vgl Bericht des Rechtsausschusses bei *Kropff*, AktG, S 533.
[4] Vgl Begr RegE bei *Kropff*, AktG, S 534.
[5] Vgl Bericht des Rechtsausschusses bei *Kropff*, AktG, S 534.

§ 22
Unternehmensverträge

(1) [1]Für Unternehmensverträge (§§ 291, 292 des Aktien-gesetzes), die vor dem Inkrafttreten des Aktiengesetzes geschlossen worden sind, gelten §§ 295 bis 303, 307 bis 310, 316 des Aktiengesetzes mit Wirkung vom Inkrafttreten des Aktiengesetzes. [2]Die in § 300 Nr. 1 des Aktiengesetzes bestimmte Frist für die Auffüllung der gesetzlichen Rücklage läuft vom Beginn des nach dem 31. Dezember 1965 beginnenden Geschäftsjahrs an. [3]§ 300 Nr. 1 und 3 des Aktiengesetzes gilt jedoch nicht, wenn der andere Vertragsteil beim Inkrafttreten des Aktiengesetzes auf Grund der Satzung oder von Verträgen verpflichtet ist, seine Erträge für öffentliche Zwecke zu verwenden. [4]In die gesetzliche Rücklage ist im Falle des Satzes 3 spätestens bei Beendigung des Unternehmensvertrags oder der Verpflichtung nach Satz 3 der Betrag einzustellen, der nach § 300 des Aktiengesetzes in Verbindung mit Satz 2 in die gesetzliche Rücklage einzustellen gewesen wäre, wenn diese Vorschriften für die Gesellschaft gegolten hätten. [5]Reichen die während der Dauer des Vertrags in freie Rücklagen eingestellten Beträge hierzu nicht aus, hat der andere Vertragsteil den Fehlbetrag auszugleichen.

(2) [1]Der Vorstand der Gesellschaft hat das Bestehen und die Art des Unternehmensvertrags sowie den Namen des anderen Vertragsteils unverzüglich nach dem Inkrafttreten des Aktiengesetzes zur Eintragung in das Handelsregister anzumelden. [2]Bei der Anmeldung ist das Datum des Beschlusses anzugeben, durch den die Hauptversammlung dem Vertrag zugestimmt hat. [3]Bei Teilgewinnabführungsverträgen ist außerdem die Vereinbarung über die Höhe des abzuführenden Gewinns anzumelden.

Übersicht

Schrifttum

Heribert Hirte Die Entwicklung des Unternehmens- und Gesellschaftsrechts in Deutschland in den Jahren 2000 bis 2002. 3. Teil: Gesellschaften ohne Rechtspersönlichkeit, Recht der verbundenen Unternehmen, Umwandlungs- und Mitbestimmungsrecht, NJW 2003, S 1285–1293.

Rechtsprechung

KG (Urt v 30.6.2000 – 14 U 8337/98) NZG 2000, 1132: Wirksamkeit von Altverträgen; Anfechtbarkeit einer Entlastung von Vorstand und Aufsichtsrat wegen unterbliebener Information über einen Beherrschungsvertrag.

I. Grundlagen

1. Gesetzesgeschichte

Die Vorschrift ist in ihrer heutigen Form bereits durch das AktG 1965 eingeführt. Seit ihrem Inkrafttreten wurde die Norm nicht mehr geändert. 1

Die Norm wurde aber ergänzt durch den Einigungsvertrag, in dessen Anhang es zum Inkrafttreten des § 22 Abs 1 AktG in den neuen Bundesländern wie folgt heißt:[1] 2

„6. Einführungsgesetz zum Aktiengesetz vom 6. September 1965 (BGBl. I S. 1185), zuletzt geändert durch Artikel 10 Abs. 11 des Gesetzes vom 19. Dezember 1985 (BGBl. I S. 2355), mit folgender Maßgabe:

§ 22 Abs. 1 ist für Aktiengesellschaften, die vor dem 1. Juli 1990 in das Handelsregister eingetragen wurden, mit der Maßgabe anzuwenden, daß das Datum „31. Dezember 1965“ durch das Datum „30. Juni 1990“ ersetzt wird. *Für Aktiengesellschaften, die vor dem 1. Juli 1990 zur Eintragung in das Handelsregister angemeldet, aber noch nicht eingetragen worden sind, bleibt es bei den bisherigen Rechtsvorschriften über die Errichtung und Eintragung der Gesellschaft.*“

Der kursiv gesetzte Teil ist dabei nach Anhang EV Abschn. III Nr 6 S 2 gem. § 1 Abs 1 Nr 4 lit e) des Gesetzes vom 19. April 2006 (BGBl I, S 866, 891) (BMJMaßgabenBerG) mWv 25. April 2006 nicht mehr anzuwenden. 3

Abs 1 S 1 und 2 entsprechen im Wesentlichen § 19 Abs 1 S 1 und 2 des RegE. Abs 2 entspricht bis auf eine geringere Änderung § 19 Abs 5 RegE.[2] 4

Abs 1 S 1 entspricht bis auf die vorgenommene Verweisungsanpassung zu den Hauptnormen bereits dem RegE, während in S 2 aufgrund der Beschlussempfehlung des Rechtsausschusses der Beginn der Frist für die Auffüllung der gesetzlichen Rücklage mit dem Zeitpunkt abzustimmen war, an dem das Aktiengesetz in Kraft treten sollte. S 3 und Abs 2 bis 4 des RegE wurden vom Bundestag gestrichen. Abs 1 S 3 bis 5 wurden aufgrund der Beschlussempfehlung des Rechtsausschusses eingefügt. Abs 2 (ursprünglich Abs 5 RegE) wurde auf Vorschlag des Rechtsausschusses geändert und ist infolge der Streichung der ursprünglich vorgeschlagenen Abs 2 bis 4 angepasst und lediglich sprachlich geändert geworden.[3] 5

2. Normzweck

Über den allgemeinen Zweck einer Übergangsregelung hinaus (siehe oben Einl) weist die Vorschrift einen bedeutenden Zusammenhang mit den materiell-rechtlichen Vorgaben und Neuregelungen zu Unternehmensverträgen auf. So enthält nämlich das Aktiengesetz im Ersten Teil des Dritten Buchs Vorschriften für Unternehmensverträge. Es bestimmt die unter diesen Begriff fallenden **Vertragstypen**, regelt ihren Abschluss, ihre Änderung und ihre Beendigung, verbindet mit bestimmten Vertragstypen Sicherungen für die Gesellschaft und die Gläubiger und gibt bei Beherrschungs- und Gewinnabführungsveträgen den außenstehenden Aktionären einen Anspruch auf **Ausgleichszahlungen und Abfindung**. 6

---

1 Anhang EV Anlage I Kapitel III Sachgebiet D Abschnitt III (BGBl II 1990, S 889, 960).

2 Vgl insgesamt Begr RegE bei *Kropff*, AktG, S 535 ff.

3 Vgl insgesamt Bericht des Rechtsausschusses bei *Kropff*, AktG, S 537.

7 Diese Vorschriften waren im Jahr 1965 überwiegend neu. Zwar waren die unter dem Oberbegriff des Unternehmensvertrags zusammengefassten Vertragsarten dem zuvor geltenden Recht nicht unbekannt. Sie waren mit Ausnahme des Beherrschungsvertrages bereits in § 256 AktG 1937 erfasst. Auch der in § 256 AktG 1937 nicht ausdrücklich genannte Beherrschungsvertrag war eigentlich nicht neu. Er war der Sache nach Bestandteil des namentlich vom **Steuerrecht** herausgebildeten Organvertrags und des Organverhältnisses im Sinne des § 1 Abs 2 des Mitbestimmungsergänzungsgesetzes. Das früher geltende Recht regelte diese Vertragsarten aber nicht im Einzelnen. Es beschränkte sich im Wesentlichen darauf, ihren Abschluss an die Zustimmung der Hauptversammlung zu binden.

8 § 22 leitete die beim Inkrafttreten des Aktiengesetzes bereits bestehenden Unternehmensverträge in den Rechtszustand nach Inkrafttreten des Aktiengesetzes über. Die genannten alten Verträge bleiben grundsätzlich wirksam, obwohl namentlich die **außenstehenden Aktionäre** bei ihrem Abschluss nicht in ähnlicher Weise wie nach dem heutigen Aktiengesetz geschützt sind. Insbesondere sollen die alten Verträge nicht allgemein kraft Gesetzes enden, weil sie in der Regel die rechtliche Grundlage eines **wirtschaftlichen Dauerverhältnisses** zwischen den Vertragsparteien bilden und ihre unvorhergesehene Beendigung dieses Dauerverhältnis erschüttern könnte.[4]

3. Europäisches Recht

9 Die Übergangsregelung weist keinen europarechtlichen Bezug auf.

4. Wirtschaftliche Bedeutung

10 Die Vorschrift weist in Teilen heute noch erhebliche Bedeutung auf, da hiernach die alten Unternehmensverträge grundsätzlich bei Bestand bleiben (siehe unten Rdn 11); dies gilt insbesondere für **Abs 1 S 1**. Die Übergangsregelung zur Auffüllung der gesetzlichen Rücklage nach **S 2** hat sich praktisch schon lange durch Zeitablauf erledigt, während die Ausnahmeregelungen der **S 3 bis 5** ausnahmsweise – dh bei Beendigung des Altvertrages – noch relevant werden könnten. Die Eintragungsregelung aus **Abs 2** ist hingegen überholt, und nicht angemeldete Altverträge sind schon lange unwirksam.

II. Übergangsregelung zu Unternehmensverträgen

1. „Neue" Unternehmensvertragswirkungen auf fortwirkende Altfälle (Abs 1 S 1 und 2)

11 **Abs 1 S 1** bestimmt, dass die Vorschriften des Aktiengesetzes über die Änderung und Beendigung von Unternehmensverträgen, über die Sicherung der Gesellschaft und der Gläubiger und über die Leitungsmacht und Verantwortlichkeit bei Bestehen eines Beherrschungsvertrages **auch auf die alten Verträge** anzuwenden sind. Diese Vorschriften ergänzen (seither) auch einen Vertrag nach früherem Recht. Vertragliche Bestimmungen, die ihnen widersprechen, treten außer Kraft. Nur die Vorschriften zur Sicherung der außenstehenden Aktionäre (§§ 304 bis 306 AktG) gelten für alte Verträge nicht.[5] Umgekehrt

---

[4] Vgl Begr RegE bei *Kropff*, AktG, S 535.

[5] So auch schon Begr RegE bei *Kropff*, AktG, S 535. Der RegE trug den Belangen der außenstehenden Aktionäre noch dadurch Rechnung, dass er ihnen in Abs 2 und 4 die Entscheidung überlassen wollte, ob der Vertrag gekündigt

sollen nach der Rechtsprechung[6] alte isolierte Beherrschungsverträge (ohne Gewinnabführungsvertrag) aufgrund ihres Bestandsschutzes und angesichts der fehlenden Inbezugnahme auf § 293 AktG nicht dem Zustimmungserfordernis der Hauptversammlung unterliegen, was angesichts des Schutzes von (Klein-)Aktionären und der schon unter AktG 1937 geltenden Kompetenzzuordnung des Vorstands gegenüber der Generalversammlung höchst fraglich erscheint.[7] Auf **Zeit bestimmte** und daher **ablaufende Altverträge** sind hingegen nach Maßgabe der §§ 291 ff AktG neu abzuschließen (gewesen), da Abs 1 S 1 im Wesentlichen nur auf Vorschriften zur Änderung, Aufhebung und Kündigung von Unternehmensverträgen verweist (hierzu ferner oben *Mülbert*[4] § 291 AktG Rdn 19 mwN).

§ 300 AktG bestimmt, dass bei Gesellschaften, die einen Beherrschungs- und Gewinnabführungsvertrag abgeschlossen haben, die **gesetzliche Rücklage** binnen fünf Geschäftsjahren nach dem Abschluss des Vertrages auf den zehnten oder den in der Satzung bestimmten höheren Teil des Grundkapitals aufzufüllen war, und auch noch aufzufüllen ist. **Abs 1 S 2** trifft hierzu die für alte Verträge notwendige Übergangsregelung. Bei alten Beherrschungs- und Gewinnabführungsverträgen begann die Frist mit dem Beginn des Geschäftsjahres, das beim Inkrafttreten des Aktiengesetzes lief. **12**

Für das früher geltende Recht war umstritten, ob ein Beherrschungsvertrag, namentlich ein Organvertrag, wegen Verstoßes gegen die in § 70 Abs 1 AktG 1937 bestimmte Pflicht des Vorstands, die Gesellschaft unter eigener Verantwortung zu leiten, unwirksam war. Eine ähnliche Meinungsverschiedenheit bestand für Gewinnabführungsverträge mit einem Aktionär, die von einem Teil des Schrifttums wegen Verstoßes gegen die §§ 52 und 54 AktG 1937 für nichtig gehalten wurden. Schließlich war streitig, ob beim Abschluss der in § 256 AktG 1937 erfassten Verträge die Vorschriften über Satzungsänderungen einzuhalten seien. **13**

Der im Laufe des Gesetzgebungsverfahrens **gestrichene Abs 1 S 3** entschied diese Streitfragen, ohne zu ihnen für das damals geltende Recht Stellung zu nehmen, damit sie den Bestand der alten Verträge (künftig) nicht mehr gefährdeten.[8] Ein Verstoß gegen die Grundsätze der §§ 52, 54 und 70 Abs 1 AktG 1937 brauchte, obwohl diese Grundsätze in das AktG übernommen worden waren, die alten Verträge nicht unwirksam zu machen. Zum Schutze der Gläubiger sollten die Sicherungen, die nach **Abs 1 S 2** auch mit alten Unternehmensverträgen verbunden sind, genügen. **14**

Gegen die Wirksamkeit der früher bestehenden Gewinnabführungsverträge und Organschaftsverträge wurden Bedenken erhoben (hierzu berichtend auch schon in der 3. Aufl. GroßKommAktG/*Würdinger*[3] § 22 Anm 3).[9] Der vorgenannte RegE[10] bestimmte daher einerseits, dass diese Verträge nicht deshalb unwirksam seien, weil ein Verstoß gegen die §§ 52, 54 und 70 Abs 1 AktG 1937 angenommen werde, oder bei ihrem Abschluss die Vorschriften über Satzungsänderungen nicht eingehalten wurden. Andererseits enthielt er in den Abs 2 bis 4 Vorschriften über die Kündigung dieser Verträge und er bestimmte in Abs 3, dass nach dem 31. März 1960 geschlossene Verträge endeten, die nicht einen Ausgleich und eine Abfindung für die außenstehenden Aktionäre vorsahen. **15**

---

werden solle. Dieser Regelungsvorschlag wurde aber nicht aufgegriffen (vgl schon unter Rdn 5).

6 KG 30.6.2000 – 14 U 8337/98, NZG 2000, 1132, 1133; hierzu auch schon im Zuge der Übergangsregelung *Hirte* NJW 2003, 1285, 1291.

7 Ebenfalls zweifelnd MünchKomm/*Altmeppen*[5] § 291 AktG Rdn 238 Fn 451; Emmerich/Habersack/*Emmerich*[9] Vorbem § 291 Rdn 5.

8 Vgl Gesetzesverlauf bei *Kropff*, AktG, S 535.

9 Vgl zum Folgenden Bericht des Rechtsausschusses bei *Kropff*, AktG, S 535 f.

10 Begr RegE bei *Kropff*, AktG, S 535.

16 Der **Wirtschaftsausschuss** hatte zu dieser Frage Sachverständige gehört. In der Beratung wurden **zwei Lösungen** als möglich bezeichnet: Entweder gehe man den Weg des RegE, etwaige Rechtsmängel der bestehenden, in ihrer Wirksamkeit umstrittenen Verträge zu heilen. Dann müsse man – ebenfalls wie der RegE – durch Vorschriften über die Beendigung solcher Verträge darauf hinwirken, dass die alten Verträge nach Möglichkeit auslaufen und an ihre Stelle neue Unternehmensverträge mit entsprechenden Sicherungen für die außenstehenden Aktionäre träten (vgl §§ 304, 305 AktG). Oder man streiche sowohl Abs 1 S 3 des RegE, der die Heilung etwaiger Rechtsmängel bestimmte, als auch die Abs 2 bis 4 RegE und überlasse die ganze Frage der Rechtsprechung.

17 Der **Rechtsausschuss** schloss sich der Auffassung des Wirtschaftsausschusses an. Damit kam es dann auch zu der **Streichung** der in Rede stehenden Regelungen. Ferner wurde § 22 in einigen Fragen von geringerer Bedeutung geändert. In **Abs 1 S 2** war der Beginn der Frist für die Auffüllung der **gesetzlichen Rücklage** mit dem Zeitpunkt abzustimmen, an dem das Aktiengesetz in Kraft treten sollte und getreten ist (§ 410 AktG).

2. Gesetzliche Rücklagen (Abs 1 S 3 bis S 5)

18 Die **Sätze 3 bis 5** enhalten vom Rechts- und Wirtschaftsausschuss übereinstimmend vorgeschlagene Sondervorschriften für die Auffüllung der gesetzlichen Rücklage, falls der andere Vertragsteil seine Erträge für öffentliche Zwecke zu verwenden hat.[11] Sie sollen Schwierigkeiten begegnen, die aus einer Anwendung des § 300 AktG auf bei Inkrafttreten des Aktiengesetzes bestehende Unternehmensverträge namentlich bei einzelnen Unternehmen der Energieversorgung befürchtet worden waren. Bei diesen Unternehmen erschienen die Ziele der Übergangsregelung zu § 300 nach S 1 und 2 genügend dadurch gewahrt, dass sie – wie es S 4 verlangt – in die gesetzliche Rücklage **spätestens bei Beendigung** des Vertrags den Betrag einzustellen hatten, der nach § 300 AktG iVm dieser Übergangsregelung in sie hätte eingestellt werden müssen.[12] Hier musste also die nach § 300 Nr 1 oder 3 AktG zu bildende gesetzliche Rücklage spätestens bei Beendigung des Unternehmensvertrags oder der Verpflichtung gebildet sein, wobei der andere Vertragsteil jenen Fehlbetrag selbst auszugleichen hatte, der sich dadurch ergab, dass die Überführung freier Rücklagen in die zu bildende gesetzliche Rücklage nicht ausreiche (S 5). Für nach dem Inkrafttreten des Aktiengesetzes beschlossene Unternehmensverträge auch dieser Unternehmen galt § 300 AktG demgegenüber in vollem Umfang (siehe im Übrigen oben *Hirte*[4] § 300 Rdn 71).

3. Anmeldung (Abs 2)[13]

19 Nach § 294 AktG[14] ist das Bestehen eines Unternehmensvertrags zur Eintragung in das Handelsregister anzumelden. **Abs 2** schreibt diese Eintragung auch für Unternehmensverträge aus der **Zeit vor Inkraftrreten des AktG** vor. Im Gegensatz zu § 294 Abs 2 AktG wirkte die Eintragung der alten Verträge allerdings nicht rechtsbegründend. Ferner brauchte der Vertrag selbst nicht zum Handelsregister eingereicht zu werden. Für einen Teil der Verträge war bis dahin die schriftliche Form nicht vorgeschrieben. Soweit solche Verträge nicht in schriftlicher Form vorlagen, konnten sie schon aus diesem Grund nicht zum

---

11 Vgl Bericht des Rechtsausschusses bei *Kropff*, AktG, S 536.

12 Vgl Bericht des Rechtsausschusses bei *Kropff*, AktG, S 536.

13 Vgl für das Folgende auch Begr RegE bei *Kropff*, AktG, S 536.

14 Die Begr RegE bei *Kropff*, AktG, S 536 nennt versehentlich § 394 AktG.

Handelsregister eingereicht werden. Fernen konnten die alten Verträge im Einzelfall Abreden etwa über Abschreibungssätze oder Kalkulationsgrundlagen enthalten, deren Bekanntwerden für die Gesellschaft nicht unerhebliche Nachteile mit sich gebracht hätten. Auch aus diesem Grund sieht das Gesetz von einer Pflicht zur Einreichung der Altverträge zum Handelsregister ab. Es verlangt lediglich, dass bei der Anmeldung des Vertrags das Datum des Beschlusses angegeben wird, durch den die Hauptversammmlung dem Vetrag zugestimmt hatte (**S 2**) (siehe ferner oben *Mülbert*[4] § 291 AktG Rdn 19 mwN).

§ 23
Übergangsvorschrift zum Gesetz zur Angemessenheit der Vorstandsvergütung

(1) [1]§ 93 Absatz 2 Satz 3 des Aktiengesetzes in der ab dem 5. August 2009 geltenden Fassung ist ab dem 1. Juli 2010 auch auf Versicherungsverträge anzuwenden, die vor dem 5. August 2009 geschlossen wurden. [2]Ist die Gesellschaft gegenüber dem Vorstand aus einer vor dem 5. August 2009 geschlossenen Vereinbarung zur Gewährung einer Versicherung ohne Selbstbehalt im Sinne des § 93 Absatz 2 Satz 3 des Aktiengesetzes verpflichtet, so darf sie diese Verpflichtung erfüllen.

(2) § 100 Absatz 2 Satz 1 Nummer 4 des Aktiengesetzes in der ab dem 5. August 2009 geltenden Fassung ist nicht auf Aufsichtsratsmitglieder anzuwenden, die ihr Mandat am 5. August 2009 bereits innehatten.

(3) § 120 Absatz 4 und § 193 des Aktiengesetzes in der ab dem 5. August 2009 geltenden Fassung ist erstmals auf Beschlüsse anzuwenden, die in Hauptversammlungen gefasst werden, die nach dem 5. August 2009 einberufen werden.

Übersicht

Schrifttum

Barbara Dauner-Lieb/Peter W Tettinger Vorstandshaftung, D&O-Versicherung, Selbstbehalt. Offene Fragen zum neuen § 93 Abs. 2 Satz 3 AktG, ZIP 2009, S 1555–1557; *Meinrad Dreher* Die selbstbeteiligungslose D&O-Versicherung in der Aktiengesellschaft, AG 2008, S 429–438; *Thomas Gädtke* Implizites Verbot der D&O-Selbstbehaltsversicherung?, VersR 2009, S 1565–1572; *Tobias Harzenetter* Der Selbstbehalt in der D&O-Versicherung nach dem VorstAG und der Neufassung des Deutschen Corporate Governance Kodex (DCGK), DStR 2010, S 653–658; *Klaus-Stefan Hohenstatt* Das Gesetz zur Angemessenheit der Vorstandsvergütung, ZIP 2009, S 1349–1358; *Hans-Christoph Ihrig/Andre P H Wandt/Jonas Wittgens* Die angemessene Vorstandsvergütung drei Jahre nach Inkrafttreten des VorstAG. Grundsätze, Leitlinien und Zweifelsfragen in der Praxis – eine Bestandsaufnahme, ZIP 2012, S S001–S031; *Jürgen van Kann* Zwingender Selbstbehalt bei der D&O-Versicherung – Gut gemeint, aber auch gut gemacht? Änderungsbedarf an D&O-Versicherungen durch das VorstAG, NZG 2009, S 1010–1013; *Robert Koch* Einführung eines obligatorischen Selbstbehalts in der D&O-Versicherung durch das VorstAG, AG 2009, S 637–647; *Ulrich Seibert* Das VorstAG – Regelungen zur Angemessenheit der Vorstandsvergütung und zum Aufsichtsrat, WM 2009, S 1489–1493.

I. Grundlagen

1. Gesetzesgeschichte

1 Die am 5. August 2009 in Kraft heutige Fassung der Norm wurde durch Art 2 des Gesetzes zur Angemessenheit der Vorstandsvergütung (VorstAG) vom 31. Juli 2009 (BGBl I,

S 2509) geschaffen. Die Norm wurde seitdem nicht mehr geändert. Sie ersetzte die Ursprungsfassung des AktG 1965 zu „Rechnungslegung im Konzern. Bericht über die Beziehungen zu verbundenen Unternehmen" (hierzu schon in der 3. Aufl. GroßkommAktG/*Barz*[3] § 23).[1]

Absätze 1 und 2 sowie die Nennung des „§ 120 Absatz 4" gelangten erst aufgrund der Beschlussempfehlung des Rechtsausschusses[2] in § 23 hinein. Im Übrigen geht die Norm auf den RegE[3] zurück. **2**

2. Europäisches Recht

Die Übergangsregelung weist keinen europarechtlichen Bezug auf. **3**

3. Wirtschaftliche Bedeutung

Gewisse Bedeutung kann heute noch – für streitige Verfahren – die Rechtsfolgenseite bei Verstoß gegen die D&O-Versicherungsregelung aus **Abs 1 S 1** erhalten (angesichts des Zeitraums jedoch selten). Die praktische Bedeutung der Regelungen in **Abs 2** und **Abs 3** hat sich inzwischen durch Zeitablauf erledigt. **4**

II. Übergangsregelung zum VorstAG

1. Selbstbehalt in der D&O Versicherung (Abs 1)

Abs 1 S 1 verlangte, dass laufende D&O Versicherungsverträge bis zum 30. Juni 2010 an die Neuregelung in Art 1 Nr 2 des VorstAG (Verpflichtung zur Vereinbarung eines Selbstbehalts) angepasst werden.[4] Bestand aus dem laufenden Anstellungsvertrag des Vorstandes ein Anspruch auf eine Versicherung ohne einen vom Gesetz geforderten Selbstbehalt, so blieb diese Verpflichtung der Gesellschaft nach § 23 Abs 1 S 2 bis zum Ablauf des Vorstandsvertrags, also in der Praxis maximal fünf Jahre, erfüllbar.[5] Eine **Fortgeltung** der Vorstandsaltverträge ohne Selbstbehalt war daher bis zum 4. August 2014 möglich (vgl § 84 Abs 1 S 1 AktG, wenn Vereinbarung spätestens am 4. August 2009). Verlängerungen des Vorstandsvertrags blieben hierbei außer Betracht.[6] Eine Verlängerung der Amtszeit (§ 84 Abs 1 S 2 AktG) fällt daher nicht unter § 23. **5**

Für die Übergangsregelung bleibt praktisch einzig noch von Bedeutung (siehe oben Rdn 4), welche **Rechtsfolgen ein Verstoß** gegen § 93 Abs 2 S 3 AktG im Rahmen einer fehlenden Anpassung von Altverträgen zum 1. Juli 2010 zeitigt. Richtigerweise hat Abs 3 S 3 **nicht** die (Teil-)Nichtigkeit der Vereinbarung zur Folge, da die Vorschrift kein Verbots- **6**

---

1 Hierzu *Kropff*, AktG, S 537 f.

2 Vgl Beschlussempfehlung und Bericht des Rechtsausschusses VorstAG, BT-Drucks 16/13433, S 6.

3 Begr RegE VorstAG, BT-Drucks 16/12278, S 3.

4 Hierzu auch schon *Harzenetter* DStR 2010, 653, 656 f; *Hohenstatt* ZIP 2009, 1349, 1354; *Ihrig/Wandt/Wittgens* ZIP 2012, S001, S022; *Seibert* WM 2009, 1489, 1492.

5 Vgl Beschlussempfehlung und Bericht des Rechtsausschusses VorstAG, BT-Drucks 16/13433, S 12.

6 Vgl Beschlussempfehlung und Bericht des Rechtsausschusses VorstAG, BT-Drucks 16/13433, S 12.

gesetz iSd § 134 BGB ist.[7] Bei den Folgen ist vielmehr nach Aktien- und uU Bereicherungsrecht, maßgeblich im Binnenverhältnis von Gesellschaft und Vorstandsmitglied, anzusetzen und dabei eine eventuelle Prämiendifferenz[8] zu beachten (siehe im Übrigen eingehend oben *Hopt/Roth*[5] § 93 AktG Rdn 459 mwN, dort auch zur Übergangsregelung aaO unter Rdn 456 Fn 1732).

2. Karenzzeit für Wechsel von Vorstandsmitgliedern in den Aufsichtsrat (Abs 2)

7 Die Übergangsregelung zu der in Art 1 Nr 3 lit c) des VorstAG vorgesehenen Einführung einer zweijährigen Karenzzeit für den Wechsel von Vorstandsmitgliedern in den Aufsichtsrat in § 100 Abs 2 AktG stellt sicher, dass bestehende Mandate fortgeführt werden konnten. Da sich die Regelung auf die Person und nicht auf das Mandat bezieht, konnten die **Mandatsinhaber** nach Ende der Amtszeit auch dann wiedergewählt werden, wenn die Karenzzeit noch nicht abgelaufen war. Es erschien unverhältnismäßig, den damaligen Amtsinhabern zwar die Weiterführung des Mandats bis zum vorgesehenen Ende der Amtszeit zu gestatten, sie aber dann von einer Wiederwahl auszuschließen, weil noch ein Teil der Karenzzeit offen war, möglicherweise nur wenige Monate[9] (siehe im Übrigen oben *Hopt/Roth*[5] § 100 Rdn 93).

8 Auf eine Übergangsregelung für Hauptversammlungen, die bei Inkrafttreten des VorstAG bereits einberufen waren, wurde verzichtet, um die neu geschaffene Karenzzeit für den Wechsel vom Vorstand in den Aufsichtsrat möglichst schnell wirksam werden zu lassen.

3. Beschlüsse über die Billigung des Vergütungssystems und solche über bedingte Kapitalerhöhungen (Abs 3)

9 Die Übergangsregelung sollte – in den Worten des Fraktionsentwurfs – sicherstellen, dass vor Inkrafttreten der Neuregelung gefasste Beschlüsse nicht unwirksam würden, und regelte hierzu den zeitlichen Anwendungsbereich des § 193 AktG (Erfordernisse des Beschlüsse über die bedingte Kapitalerhöhung).[10]

10 Die finale Fassung der Übergangsregelung zu der in Art 1 Nr 6 des VorstAG vorgesehenen Änderung von § 120 AktG (namentlich Abs 4 hier noch idF VorstAG zur Billigung des Systems zur Vergütung der Vorstandsmitglieder[11]) stellt zudem sicher, dass durch die Gesetzesänderung keine Hauptversammlungen betroffen wurden, die bei Inkrafttreten des VorstAG bereits einberufen waren.

---

[7] So auch *Dauner-Lieb/Tettinger* ZIP 2009, 1555, 1556 f; *Ihrig/Wandt/Wittgens* ZIP 2012, S001, S030; *van Kann* NZG 2009, 1010, 1013; anders noch *Gädtke* VersR 2009, 1565, 1568; *R Koch* AG 2009, 637, 639.

[8] Fraglich ist, ob eine derartige Prämiendifferenz praktisch entsteht, vgl *Dreher* AG 2008, 429, 433.

[9] Vgl Beschlussempfehlung und Bericht des Rechtsausschusses zum VorstAG, BT-Drucks 16/13433, S 12.

[10] Vgl Begr FraktionsE VorstAG, BT-Drucks 16/12278, S 7.

[11] Inzwischen durch Art 1 ARUG II (Gesetz zur Umsetzung der zweiten Aktionärsrechterichtlinie vom 12.12.2019, BGBl I, S 2637) erneut geändert in § 120a AktG nF.

§ 24
Übergangsvorschrift zu dem Gesetz zur Restrukturierung und geordneten Abwicklung von Kreditinstituten, zur Errichtung eines Restrukturierungsfonds für Kreditinstitute und zur Verlängerung der Verjährungsfrist der aktienrechtlichen Organhaftung

§ 93 Absatz 6 des Aktiengesetzes in der seit dem 15. Dezember 2010 geltenden Fassung ist auch auf die vor dem 15. Dezember 2010 entstandenen und noch nicht verjährten Ansprüche anzuwenden.

Übersicht

I. Grundlagen

1. Gesetzesgeschichte

Die am 15. Dezember 2010 in Kraft getretene heutige Fassung der Norm wurde durch Art 7 des Gesetzes zur Restrukturierung und geordneten Abwicklung von Kreditinstituten, zur Errichtung eines Restrukturierungsfonds für Kreditinstitute und zur Verlängerung der Verjährungsfrist der aktienrechtlichen Organhaftung (Restrukturierungsgesetz) vom 9. Dezember 2010 (BGBl I, S 1900) geschaffen. Die Norm wurde seitdem nicht mehr geändert. Sie ersetzte die Ursprungsfassung des AktG 1965 zur „Umwandlung" (hierzu schon in der 3. Aufl. GroßkommAktG/*Meyer-Landrut*³ § 24).[1] 1

Die Vorschrift geht im Grundsatz auf den RegE[2] zurück. Aufgrund der Beschlussempfehlung des Finanzausschusses[3] wurde lediglich ein Gleichlauf des Inkrafttretens der neuen Verjährungsregelung des Aktiengesetzes und derjenigen des Kreditwesengesetzes im jeweiligen Übergangsrecht hergestellt (parallel zu § 96 Abs 6 AktG und § 24 EGAktG: § 52a KWG). Anstatt der zeitlichen Angabe „1. Januar 2011" in der Fassung des RegE zu § 24 kam aufgrund der Beschlussempfehlung die Angabe „Inkrafttreten von Artikel 7 nach Artikel 17 dieses Gesetzes" in § 24 hinein. Da das Restrukturierungsgesetz am 14. Dezember 2010 verkündet worden ist, ist die Zeitangabe in § 24 („15. Dezember 2010") daher auch nur durch Lektüre des Art 17 S 1 Restrukturierungsgesetz verständlich, welcher die Übergangsgregelung „am Tag nach der Verkündung in Kraft" treten ließ. 2

2. Europäisches Recht

Die Übergangsregelung weist keinen europarechtlichen Bezug auf. 3

---

[1] Hierzu *Kropff*, AktG, S 538.
[2] Begr RegE Restrukturierungsgesetz, BT-Drucks 17/3024, S 37.
[3] Beschlussempfehlung des Finanzausschusses zum Restrukturierungsgesetz, BT-Drucks 17/3407, S 66 und Bericht, BT-Drucks 17/3547, S 12.

3. Wirtschaftliche Bedeutung

4 Die Übergangsregelung dürfte bis auf selten denkbare Fälle, in denen die Verjährung noch gehemmt wird (Rdn 7), keine Bedeutung mehr haben.

II. Übergangsregelung zum Restrukturierungsgesetz

5 Mit der Übergangsregelung wird klargestellt, dass die Verlängerung der Verjährungsfrist für alle noch nicht verjährten Ansprüche gelten soll.[4] Dies entspricht den bereits üblichen Übergangsregelungen für Änderungen im Verjährungsrecht. Auch für die schon vor Inkrafttreten der Verlängergung der Verjährungsfristen in § 93 Abs 6 AktG entstandenen, aber noch nicht verjährten Ansprüche sollen die neuen Verjährungsfristen gelten. Damit wird vermieden, dass alte und neue Verjährungsfristen für noch nicht verjährte Ansprüche nebeneinander gelten. In der Zeit vor dem Jahr 2010 entstandene Ansprüche konnten somit bei börsennotierten Gesellschaften auch noch bis ins Jahr 2019 geltend gemacht werden, ohne dass die Einrede der Verjährung erhoben werden konnte (Konstellationen der **Hemmung** nach §§ 203 ff BGB außer Acht gelassen) – sog **unechte Rückwirkung**. Begründet werden kann diese Art der Rückwirkung mit dem Argument des historischen Gesetzgebers, dass die **Finanzmarktkrise** sorgfältig und in Ruhe aufgearbeitet werden sollte, insbesondere mit Blick darauf, dass die Steuerzahler mit erheblichen Mitteln zur Abwendung von Schlimmerem einspringen und die langfristigen Folgen der Krise tragen mussten bzw müssen.[5] Für andere, nicht der Finanzbranche unterfallende Gesellschaften, greift die Begründung daher nicht (siehe im Übrigen kritisch oben *Hopt/Roth*[5] § 93 AktG Rdn 579).

6 Für Ansprüche, die am Tag des Inkrafttretens dieses Gesetzes nach § 93 Abs 6 AktG in der vorherigen Fassung bereits verjährt waren, blieb es dagegen bei der fünfjährigen Verjährungsfrist. Damit wurde nicht in Vorgänge eingegriffen, die bereits in der Vergangenheit abgeschlossen waren, und so eine **echte Rückwirkung** vermieden.

7 Der Beginn, die Hemmung, die Ablaufhemmung und der Neubeginn der Verjährung sind nach den allgemeinen Vorschriften zu bestimmen. Auch die jetzt geltende zehnjährige Verjährungsfrist beginnt nach § 200 BGB mit dem Entstehen des Anspruchs zu laufen und nicht erst mit Inkrafttreten des Restrukturierungsgesetzes. Der seit dem Entstehen des Anspruchs bis zur Verlängerung der Verjährungsfrist schon abgelaufene Zeitraum ist also bei der Berechnung der nunmehr geltenden Zehnjahresfrist zu berücksichtigen[6] (siehe ferner oben *Hopt/Roth*[5] § 93 AktG Rdn 579 Fn 2069).

---

[4] Vgl Begr RegE Restrukturierungsgesetz, BT-Drucks 17/3024, S 83.

[5] Vgl schon Begr RegE Restrukturierungsgesetz, BT-Drucks 17/3024, S 42 f.

[6] Vgl Begr RegE Restrukturierungsgesetz, BT-Drucks 17/3024, S 83.

§ 25
Übergangsvorschrift zu dem Gesetz für die gleichberechtigte Teilhabe von Frauen und Männern an Führungspositionen in der Privatwirtschaft und im öffentlichen Dienst

(1) [1]Die Festlegung nach § 76 Absatz 4 Satz 1 und 3 sowie nach § 111 Absatz 5 Satz 1 und 3 des Aktiengesetzes in der am 1. Mai 2015 geltenden Fassung haben erstmals bis spätestens 30. September 2015 zu erfolgen. [2]Die nach § 76 Absatz 4 Satz 3 und die nach § 111 Absatz 5 Satz 3 des Aktiengesetzes in der am 1. Mai 2015 geltenden Fassung erstmals festzulegende Frist darf nicht länger als bis zum 30. Juni 2017 dauern.

(2) [1]Der Mindestanteil von jeweils 30 Prozent an Frauen und Männern im Aufsichtsrat nach § 96 Absatz 2 des Aktiengesetzes ist bei erforderlich werdenden Neuwahlen und Entsendungen ab dem 1. Januar 2016 zur Besetzung einzelner oder mehrerer Aufsichtsratssitze zu beachten. [2]Reicht die Anzahl der neu zu besetzenden Aufsichtsratssitze nicht aus, um den Mindestanteil zu erreichen, sind die Sitze mit Personen des unterrepräsentierten Geschlechts zu besetzen, um dessen Anteil sukzessive zu steigern. Bestehende Mandate können bis zu ihrem regulären Ende wahrgenommen werden.

(3) Für die Fälle des § 96 Absatz 3 des Aktiengesetzes gilt Absatz 2 entsprechend.

Übersicht

Schrifttum

Heribert Hirte Die Entwicklung des Unternehmens- und Gesellschaftsrechts im Jahr 2014, NJW 2015, S 1219–1225; *Hartmut Oetker* Die zwingende Geschlechterquote für den Aufsichtsrat – vom historischen Schritt zur Kultivierung einer juristischen terra incognita, ZHR 179 (2015), S 707–749; *Ulrich Seibert* Frauenförderung durch Gesellschaftsrecht – Die Entstehung des Frauenfördergesetzes, NZG 2016, S 16–20; *Christoph H Seibt* Geschlechterquote im Aufsichtsrat und Zielgrößen für die Frauenbeteiligung in Organen und Führungsebenen in der Privatwirtschaft, ZIP 2015, S 1193–1208.

I. Grundlagen

1. Gesetzesgeschichte

Die am 1. Mai 2015 in Kraft getretene heutige Fassung der Norm wurde durch Art 4 **1**
Nr 1 des Gesetzes für die gleichberechtigte Teilhabe von Frauen und Männern an Führungspositionen in der Privatwirtschaft und im öffentlichen Dienst (FüPoG) vom 24. April 2015 (BGBl I, S 642) eingeführt. Lediglich Abs 1 erhielt durch Art 8 Nr 1 des am 12. August 2021 in Kraft getretenen Gesetzes zur Ergänzung und Änderung der Regelungen für die gleichberechtigte Teilhabe von Frauen an Führungspositionen in der Privatwirtschaft und im öffentlichen Dienst (FüPoG II) vom 7. August 2021 (BGBl I, S 3311) eine leichte Änderung: Es wurden – aus Gründen der Klarstellung – die Angaben zur Gesetzesfassung eingefügt, auf

die sich Abs. 1 bezieht. Die Norm wurde seitdem nicht mehr geändert. Sie ersetzte die Ursprungsfassung des AktG 1965 zu „Deutsche Golddiskontbank. Deutsche Industriebank" (hierzu schon in der 3. Aufl. GroßkommAktG/*Meyer-Landrut*[3] § 25).[1]

2 Die Vorschrift geht im Wesentlichen auf den RegE[2] zurück. Durch Art 4 der Beschlussempfehlung des Ausschusses wurden lediglich in Abs 1 S 1 die Angabe „30 Juni 2015" durch die Angabe „30. September 2015" sowie in S 2 die Wörter „zwei Jahre sein" durch die Wörter „bis zum 30. Juni 2017 dauern" ersetzt.[3] Die Änderung des Abs 1 durch das FüPoG II entstammt bereits dem RegE[4] (und blieb auch in der Beschlussempfehlung des Ausschusses für Familie, Senioren, Frauen und Jugend[5] unverändert); sie stellt klar, dass sich die in der Übergangsvorschrift des Abs. 1 zum FüPoG zitierte Satzzählung auf die Fassung des AktG zum Zeitpunkt des Inkrafttretens des FüPoG bezieht; mit dem Inkrafttreten des FüPoG II ist nämlich das einstige FüPoG **zeitgleich außer Kraft getreten** (siehe Art 27 FüPoG II).

2. Normzweck

3 Über den allgemeinen Zweck einer Übergangsregelung hinaus (siehe oben Einl) hat die Vorschrift erhebliche Auswirkungen für die Umsetzung der vergleichsweise jüngeren materiell-rechtlichen Vorschriften zur Geschlechtergleichbehandlung. Gesellschaften, die entweder börsennotiert sind oder der Mitbestimmung unterliegen, waren nämlich nach § 76 Abs 4 S 1 und 3 AktG sowie § 111 Abs 5 S 1 und 3 AktG jeweils in der am 1. Mai 2015 geltenden Fassung verpflichtet, für den Frauen- (und Männer-)anteil in den beiden Führungsebenen unterhalb des Vorstands, im Vorstand selbst und im Aufsichtsrat **Zielgrößen** sowie Fristen für deren Erreichung festzulegen. Gleichzeitig sind auch Fristen zur Erreichung dieser Zielgrößen festzulegen (jeweils S 3 der aktienrechtlichen Normen in der am 1. Mai 2015 geltenden Fassung) (siehe zu Weiterem unten § 26l). Diese Punkte betrifft jeweils **Abs 1** der Übergangsregelung. Das zweite Instrument zur Förderung der Frauenbeteiligung in den Unternehmen der Privatwirtschaft betrifft die fixe Geschlechterquote von 30 % im Aufsichtsrat von Unternehmen, die börsennotiert und paritätisch mitbestimmt sind. Hierzu enthält **Abs 2** der Übergangsregelung eine Konkretisierung; **Abs 3** der Übergangsregelung übernimmt dessen Wertung für entsprechende börsennotierte Aktiengesellschaften, die aus einer grenzüberschreitenden Verschmelzung hervorgegangen sind.

3. Europäisches Recht

4 Die Übergangsregelung selbst beruht nicht unmittelbar auf europäischem Recht und einem diesbezüglichen Umsetzungsakt. Das Thema der Geschlechtergleichbehandlung wird allerdings schon seit Jahrzehnten durch das Recht der Europäischen Union geregelt und findet seine Ansätze etwa in Artt 2, 3 Abs 3 EUV; Artt 10, 19, 153, 175 AEUV sowie schon in der Richtlinie 2006/54/EG zur Verwirklichung des Grundsatzes der Chancengleichheit

1 Hierzu *Kropff*, AktG, S 538 f.
2 Begr RegE, BT-Drucks 18/3784, S 30.
3 Beschlussempfehlung und Bericht des Ausschusses für Familie, Senioren, Frauen und Jugend, BT-Drucks 18/4227, S 7.
4 Begr RegE FüPoG II, BT-Drucks 19/26689, S 28, 87.
5 Beschlussempfehlung und Bericht des Ausschusses für Familie, Senioren, Frauen und Jugend FüPoG II, BT-Drucks 19/30514, S 8 (elektronische Vorabfassung).

und Gleichbehandlung von Männern und Frauen in Arbeits- und Beschäftigungsfragen vom 5. Juli 2006.[6]

4. Wirtschaftliche Bedeutung

Die Übergangsvorschrift ist zwischenzeitlich aufgrund der Bestellungshöchstdauer von fünf Jahren nach § 84 Abs 1 S 1 AktG und der Notwendigkeit erstmaliger Festlegung zu spätestens September 2015 – in deren Zeitraum die Regelung streitig werden konnte – gegenstandslos geworden.[7] Zur aktuellen Übergangsregelung für den Mindestanteil von – vor allem – Frauen in Führungspositionen siehe unten § 26l. 5

II. Übergangsregelung zur gleichberechtigten Teilhabe an Führungspositionen

1. Festlegung und Fristen (Abs 1)

Zur Beschleunigung der Förderung von Frauen in den Führungspositionen durfte nach der Fassung des RegE die erste Frist zur Kontrolle der Einhaltung festgesetzter Zielgrößen nicht länger als zwei Jahre sein.[8] Die zeitliche Änderung durch die Beschlussempfehlung (oben Rdn 2) schob den Zeitpunkt des Fristanlaufs für die erstmalige Festsetzung der Zielgröße geringfügig hinaus, um den Unternehmen die Umsetzung der neuen Bestimmungen zu erleichtern, und konkretisierte das Fristende mit Blick auf den leicht hinausgeschobenen Zeitpunkt des Fristanlaufs.[9] 6

Nach Abs 1 mussten die Zielvorgaben dementsprechend erstmals zum 30. September 2015[10] festgelegt sein (**S 1**). Bei dieser erstmaligen Fristsetzung durfte die Frist zu deren Umsetzung aber nicht länger als bis zum 30. Juni 2017 dauern (**S 2**). Alle nun folgenden Erreichensfristen für die Organe und die Führungsebenen dürfen fünf Jahre nicht überschreiten (§§ 76 Abs 4 S 4 AktG, 111 Abs 5 S 4 AktG, jeweils in der am 1. Mai 2015 geltenden Fassung; hierzu im Übrigen *Hopt/Roth*[5] § 100 AktG Rdn 781). 7

2. Fixe Geschlechterquote (Abs 2 und 3)

Die fixe Geschlechterquote für die Anteilseignerseite im Aufsichtsrat ist seit dem 1. Januar 2016 zu erfüllen. Seit diesem Zeitpunkt frei werdende Aufsichtsratsposten müssen so nachbesetzt werden, dass die Mindestquote von 30 Prozent für das unterrepräsentierte Geschlecht auf der Anteilseignerbank erreicht wird (**S 1**). Die Bestimmung ist an sich nur 8

---

6 ABl EU Nr L 204 v 26.7.2006, S 23.

7 Zum Hintergrund und den Vorgaben des europäischen Rechts eingehend Begr RegE, BT-Drucks 18/3784, S 49 f.

8 Vgl Begr RegE, BT-Drucks 18/3784, S 119, 123 und 124; kritisch zur verkürzten Frist Stellungnahme des DAV-Handelsrechtsausschusses NZG 2014, 1214, 1226: je kürzer die Frist sei, desto zurückhaltender würden die Unternehmen bei Festsetzung einer höheren als der im Zeitpunkt der erstmaligen Festsetzung ohnehin schon erreichten Quote sein.

9 Beschlussempfehlung und Bericht des Ausschusses für Familie, Senioren, Frauen und Jugend, BT-Drucks 18/4227, S 25.

10 Siehe hierzu *Seibert* NZG 2016, 16, 20 („Die von den Abgeordneten gewünschte Fristverlängerung für die erstmalige Setzung der Zielvorgabe […]"); dazu *Hirte* Kapitalgesellschaftsrecht[9] Rdn 3.43; *ders* NJW 2015, 1219; *Zollner* in der Plenardebatte anlässlich der 2. und 3. Lesung des Gesetzes, Deutscher Bundestag, Plen-Prot 18/92, S 8755 (D).

iVm Art 24 (Inkrafttreten) des hier umgesetzten Gesetzes[11] verständlich. **Abs 1** wurde nämlich bereits durch den am Tag nach der Verkündung des Gesetzes in Kraft getretenen Art 4 eingeführt, während Art 5 Nrn 2 und 3 mit mitbestimmungsrechtlichen Bezug zu § 96 AktG **erst am 1. Januar 2016 in Kraft** getreten ist.

9 Reicht die Anzahl der nachzubesetzenden Posten nicht aus, um die Mindestquote zu erreichen, sind die Posten allein durch Vertreter des unterrepräsentierten Geschlechts zu besetzen, damit der Anteil sukzessive gesteigert wird (**S 2**).[12] Dementsprechend kann nun aber der Fall eintreten, dass über Jahre hinweg nur Personen eines Geschlechts in den Aufsichtsrat sukzessive bis zum Erreichen der Geschlechterquote von 30 % gewählt werden dürfen. Angesichts der in vielen betroffenen Gesellschaften mit männlich dominierten Aufsichtsräten würde diese Regelung womöglich nicht selten dazu führen, dass zwischen dem 1. Januar 2016 und dem Auslaufen der regulären Amtsperiode des Aufsichtsrats nur noch Frauen in den Aufsichtsrat gewählt und entsandt werden können. Der Umstand, dass eine besser geeignete Person des unterrepräsentierten Geschlechts vorgeschlagen wird oder zur Verfügung steht, reicht für eine Reduktion der Vorschrift aber nicht aus, da **Abs 2 S 2** gerade keine diesbezügliche Ausnahme vorsieht.[13] Die damit einhergehende Einbuße von geschlechtsunabhängigen Anforderungskriterien hat der **Gesetzgeber** aber im Interesse der sukzessiven Erhöhung des Anteils der Aufsichtsratssitze, die auf das unterrepräsentierte Geschlecht entfallen, so hingenommen. Diese rechtspolitische Wertentscheidung so wie auch der zwingende Wortlaut der **lex lata** sind daher verbindlich[14] und im Übrigen nur **de lege ferenda** änderbar (siehe im Übrigen oben *Hopt/Roth*[5] § 96 AktG Rdn 126 f).

10 Im Interesse der Rechtssicherheit können bestehende Mandate jedoch bis zu ihrem regulären Ende laufen (**S 3**), und zwar unabhängig davon, mit welchem Geschlecht sie besetzt sind.[15] Entsprechendes gilt für die in § 96 Abs 3 AktG genannten Gesellschaften (**Abs 3**).

---

[11] Gesetz für die gleichberechtigte Teilhabe von Frauen und Männern an Führungspositionen in der Privatwirtschaft und im öffentlichen Dienst vom 24. April 2015 (BGBl I, S 642).

[12] Vgl Begr RegE, BT-Drucks 18/3784, S 124; darstellend auch *Seibt* ZIP 2015, 1193, 1203; sehr kritisch Stellungnahme des DAV-Handelsrechtsausschusses NZG 2014, 1214, 1226.

[13] Kritisch hierzu K Schmidt/Lutter/*Drygala*[4] § 96 Rdn 62; KK/*Noack*[3] § 25 EGAktG Rdn 10.

[14] IE so auch *Oetker* ZHR 179 (2015), 707, 746.

[15] Vgl Begr RegE, BT-Drucks 18/3784, S 124; *Seibt* ZIP 2015, 1193, 1203.

§ 26
Kommanditgesellschaften auf Aktien

Die Vorschriften dieses Abschnitts gelten sinngemäß für Kommanditgesellschaften auf Aktien.

Übersicht

I. Grundlagen

1. Gesetzesgeschichte

Die Vorschrift ist in ihrer heutigen Form bereits durch das AktG 1965 eingeführt. Seit ihrem Inkrafttreten wurde die Norm nicht mehr geändert. 1

Die Vorschrift ist im Gesetzgebungsverfahren zum AktG 1965 von § 23 des RegE[1] zum heutigen § 26 verschoben worden, blieb inhaltlich aber gleich und wurde auch aufgrund des Ausschussberichts nicht verändert. 2

2. Europäisches Recht

Die Übergangsregelung weist keinen europarechtlichen Bezug auf. 3

3. Wirtschaftliche Bedeutung

Die Übertragungsregelung auf die KGaA weist heute parallel und insoweit eine praktische Bedeutung auf, wie die jeweilige sinngemäß herangezogene Vorschrift eine solche enthält. Das dürfte insbesondere auch die Rechtsform der (börsennotierten) Kapitalgesellschaft & Co KGaA betreffen. 4

II. Anwendung auf Kommanditgesellschaften auf Aktien

Nach § 26 sollen die Übergangsvorschriften des Ersten Abschnitts auch für Kommanditgesellschaften auf Aktien sinngemäß gelten (ferner insbesondere zur Geltung auch für die Geschlechterquote iVm § 25 EGAktG oben *Sethe*[5] § 278 Rdn 138a und § 287 Rdn 20a).[2] Die Übergangsregelung wiederholt für die Vorschriften des Ersten Abschnitts damit an sich nur die Regelung des § 278 Abs 3 AktG, nach der auf die KGaA die Vorschriften für die Aktiengesellschaft anwendbar sind. § 278 Abs 3 AktG enthielt seinerseits zwar einen Vor- 5

[1] Begr RegE, BT-Drucks IV/171, S 303.
[2] Begr RegE bei *Kropff*, AktG, S 539.

behalt dahingehend, dass sich nicht aus „den folgenden Vorschriften“ (§§ 279 ff AktG) etwas anderes ergeben dürfe; diese Ausnahmen oder Vorbehalte sind aber in den Vorschriften des Ersten Abschnittes im EGAktG, auf die § 26 Bezug nimmt, nicht angesprochen, sodass sie in § 26 auch nicht aufzunehmen waren.

§ 26a
Ergänzung fortgeführter Firmen

[1]Führt eine Aktiengesellschaft gemäß § 22 Abs. 1 des Einführungsgesetzes zum Handelsgesetzbuch ihre Firma fort, ohne daß diese die Bezeichnung „Aktiengesellschaft“ enthält, so muß die Gesellschaft bis zum 16. Juni 1980 diese Bezeichnung in ihre Firma aufnehmen. [2]Findet bis zu diesem Tag eine Hauptversammlung nicht statt und soll die Firma nur um die Bezeichnung „Aktiengesellschaft“ ergänzt werden, so ist der Aufsichtsrat zu dieser Änderung befugt.

Übersicht

Schrifttum

Walter Bayer/Thomas Hoffmann „Actiengesellschaften“ und § 4 AktG, AG 2008, S R276-R277; *Jan Lieder/Thomas Hoffmann* Die bunte Welt der KGaA, AG 2016, S 704–71; *Johannes Wertenbruch* Die Bezeichnung „und Partner“ außerhalb der Partnerschaft, ZIP 1996, S 1776–1778.

I. Grundlagen

1. Gesetzesgeschichte

Die am 1. Juli 1979 in Kraft getretene Norm wurde durch Art 2 lit b) des Gesetzes **1** zur Durchführung der Zweiten Richtlinie des Rates der Europäischen Gemeinschaften zur Koordinierung des Gesellschaftsrechts (Kapitalrichtlinie-Gesetz) vom 13. Dezember 1978 (BGBl I, S 1959) eingefügt. Seit ihrem Inkrafttreten wurde die Norm nicht mehr geändert.

Die ursprünglich vom RegE[1] vorgeschlagene Nummerierung der neuen Vorschrift des **2** EGAktG ging dabei von der Annahme aus, dass vor der hier behandelten Änderung des Aktienrechts noch die GmbH-Novelle (BT-Drucks 8/1347) verabschiedet werden würde, durch deren Art 6 § 7 ein neuer § 26a in das EGAktG eingeführt werden sollte. Nachdem dies nicht geschah, musste die Nummerierung der neuen Vorschriften im EGAktG geändert werden.[2] Erst aufgrund der Beschlussempfehlung des Rechtsausschusses wurde zudem auch noch S 2 eingefügt.

---

1 Begr RegE Kapitalrichtlinie-Gesetz, BT-Drucks 8/1678, S 8.

2 Beschlussempfehlung und Bericht des Rechtsausschusses zum Kapitalrichtlinie-Gesetz, BT-Drucks 8/2251, S 18.

2. Europäisches Recht

3 Hintergrund der Übergangsregelungen in §§ 26a bis 26c ist die Zweite Richtlinie des Rates der Europäischen Gemeinschaften zur Koordinierung des Gesellschaftsrechts vom 13. Dezember 1976 ([Kapitalrichtlinie] 77/91/EWG, ABl EG 1977 Nr L 26, S 1 ff (heute im Wesentlichen Art 43 ff GesRRL). Mit dem Ziel einer Verbesserung des Schutzes der Gesellschafter und der Gläubiger von Aktiengesellschaften in den Mitgliedstaaten der (damals noch) „Europäischen Gemeinschaft" wurden durch die Kapitalrichtlinie die nationalen Rechtsvorschriften der Mitgliedstaaten über die Gründung der Aktiengesellschaft sowie über die Erhaltung und die Änderung ihres Grundkapitals harmonisiert, um die Schutzbestimmungen für Gläubiger und Dritte in den Mitgliedstaaten gleichwertig zu gestalten. Die ursprüngliche Richtlinie ist am 16. Dezember 1976 mit Datum der Zustellung in Kraft getreten und war bis zum 17. Dezember 1978 umzusetzen (Art 43 Abs 1), räumte aber für das Inkrafttreten der nationalen Durchführungsbestimmungen eine weitere Frist von 18 Monaten ein (Art 43 Abs 2), sodass die zeitliche nationale Umsetzung (siehe oben Rdn 1) auch in übergangsrechtlicher Hinsicht gelang.

4 Zur Umsetzung dieser Richtlinie in innerstaatliches deutsches Recht wurde neben dem AktG auch das EGAktG mit den vorgenannten Normen geändert.[3]

3. Wirtschaftliche Bedeutung

5 Die praktische Bedeutung dieser Kompetenzerleichterung für eine Satzungsänderung (vgl § 23 Abs 3 Nr 1 AktG [„muß bestimmen [...] die Firma"]) hat sich durch Zeitablauf bereits erledigt. Obsolet geworden ist auch der Streit darüber, ob die Verpflichtung zur Ergänzung der Firma analog § 26a für die KGaA anzuwenden ist, da heute keine einzige Alt-KGaA ohne Rechtsformzusatz mehr zu existieren scheint (hierzu ferner oben *Sethe*[5] § 279 Rdn 14).[4]

II. Übergangsregelung zur fortgeführten Firma

1. Ergänzung zur fortgeführten Firma (S 1)

6 Nach Art 2 Abs 1, Anhang 1 GesRRL (früher Art 1 Abs 1 UA 1, Anhang 1 der Zweiten Richtlinie und davor Art 1 Abs 1 S 2 Zweite Richtlinie) mussten sämtliche Aktiengesellschaften in den Mitgliedstaaten die Bezeichnung „Aktiengesellschaft" oder die entsprechende Bezeichnung in den anderen Landessprachen aufnehmen oder sie ihr hinzufügen. Diese Regelung hatte große Bedeutung besonders für das Vereinigte Königreich, da dort ein solcher Firmenzusatz überhaupt nicht vorgeschrieben war.[5]

7 In der Bundesrepublik Deutschland waren durch diese Regelung betroffen diejenigen alten Gesellschaften, die nach § 22 Abs 1 des EGHGB ihre alte Firma ohne den Zusatz „Aktiengesellschaft" hatten forführen dürfen.[6] Für die Ergänzung der Firma war als Stichtag der 16. Juni 1980 vorgesehen. Damit wurde die noch in Art 43 Abs 2 S 2 der ursprünglichen Zweiten Richtlinie zugelassene Übergangsfrist voll ausgeschöpft.

---

[3] Begr RegE Kapitalrichtlinie-Gesetz, BT-Drucks 8/1678, S 1.

[4] Mit Rechtstatsachen *Lieder/Hoffmann* AG 2016, 704, 708.

[5] Begr RegE Kapitalrichtlinie-Gesetz, BT-Drucks 8/1678, S 20.

[6] Vgl auch schon *Bayer/Hoffmann* AG 2008, R276; *Wertenbruch* ZIP 1996, 1776, 1777.

2. Aufsichtsratsbefugnis (S 2)

Bei der Ergänzung fortgeführter alter Firmen konnte es vorkommen, dass eine Gesellschaft vom Inkrafttreten des Kapitalrichtlinie-Gesetzes bis zu dem Stichtag am 16. Juni 1980 keine Hauptversammlung abhielt. Wollte diese Gesellschaft sich darauf beschränken, den Zusatz „Aktiengesellschaft" hinzuzufügen, war es gerechtfertigt, ihr die erheblichen Kosten einer besonderen Hauptversammlung zu ersparen. Deshalb sollte – wie auf Empfehlung des Rechtsausschusses im Gesetzgebungsverfahren ergänzt[7] – in diesen seltenen Fällen der Aufsichtsrat befugt sein, die Änderung der Firma zu beschließen, zumal er dabei nur einem gesetzlichen Befehl nachkam. Dagegen erschien eine weitergehende Ermächtigung des Aufsichtsrats nicht möglich, weil damit die Zuständigkeit der Hauptversammlung zu Firmen- und Satzungsänderungen zu stark durchbrochen würde und weil firmen- und wettbewerbsrechtliche Fragen hätten auftauchen können. 8

---

[7] Beschlussempfehlung und Bericht des Rechtsausschusses zum Kapitalrichtlinie-Gesetz, BT-Drucks 8/2251, S 18.

§ 26b
Änderung der Satzung

Eine Änderung der Satzung, die nach § 23 des Aktiengesetzes wegen der vom 1. Juli 1979 an geltenden Fassung erforderlich wird, ist bis zum 16. Juni 1980 zur Eintragung in das Handelsregister anzumelden.

Übersicht

I. Grundlagen

1. Gesetzesgeschichte

1 Die am 1. Juli 1979 in Kraft getretene Norm wurde durch Art 2 lit b des Gesetzes zur Durchführung der Zweiten Richtlinie des Rates der Europäischen Gemeinschaften zur Koordinierung des Gesellschaftsrechts (Kapitalrichtlinie-Gesetz) vom 13. Dezember 1978 (BGBl I, S 1959) eingefügt. Im Gesetzgebungsverfahren wurde lediglich aus den schon bei § 26a erläuterten Gründen (vgl zur **Normentwicklung** daher oben § 26a Rdn 2) die Nummerierung angepasst. Seit ihrem Inkrafttreten wurde die Norm nicht mehr geändert.

2. Europäisches Recht

2 Siehe hierzu die Ausführungen oben unter § 26a Rdn 3 f.

3. Wirtschaftliche Bedeutung

3 Der Übergangsregelung wird wohl keine praktische Bedeutung mehr zukommen. Nur für äußerst selten vorkommende und weiterhin betroffene Fälle, in denen die Satzungsänderung versäumt wurde, könnte das Registergericht nach § 14 HGB iVm § 388 FamFG unter Androhung von **Zwangsgeld** die Anmeldung erzwingen.

II. Übergangsregelung zur Änderung der Satzung gem § 23 AktG

4 Nach Art 1 Nr 1 des Kapitalrichtlinie-Gesetzes mussten auch bereits bestehende Gesellschaften ihre Satzungen ändern. Insbesondere betraf dies die neu angefügten Abs 5 und 6 (Inhaber- und Namensaktien; Zahl der Vorstandsmitglieder) des § 23 AktG.[1] Für die Übergangszeit der Regelung des § 26b wurde wiederum unter Ausnutzung der Übergangsfrist

[1] Begr RegE Kapitalrichtlinie-Gesetz, BT-Drucks 8/1678, S 11.

des Art 43 Abs 2 S 2 der ursprünglichen Kapitalrichtlinie 77/91/EWG vom 13. Dezember 1976 als Stichtag der 16. Juni 1980 festgelegt.[2]

Eine Kompetenzerleichterung wie § 26a S 2 enthält § 26b für die Satzungsänderung nicht. 5

Für die schon vor dem Kapitalrichtlinie-Gesetz im Zuge des AktG 1965 vorgenommenen Anpassungen des § 23 Abs 3 AktG siehe oben § 8 Rdn 5. Für diese gilt der erst später verabschiedete § 26b (bereits begrifflich) nicht. 6

---

2 Begr RegE Kapitalrichtlinie-Gesetz, BT-Drucks 8/1678, S 20.

§ 26c
Übergangsfristen

[1]Die Vorschriften des Aktiengesetzes über Sacheinlagen und Sachübernahmen sowie über deren Prüfung in der vom 1. Juli 1979 an geltenden Fassung gelten nur für Gründungen und Kapitalerhöhungen, die nach dem 16. Juni 1980 zur Eintragung in das Handelsregister angemeldet werden. [2]Die Fristen, die in § 71 Abs. 3 Satz 2 und § 71c des Aktiengesetzes in der vom 1. Juli 1979 an geltenden Fassung vorgesehen sind, beginnen nicht vor dem 16. Juni 1980. [3]Die nach § 150a des Aktiengesetzes vorgeschriebene Rücklage für eigene Aktien braucht nicht vor dem 16. Juni 1980 gebildet zu werden.

Übersicht

I. Grundlagen

1. Gesetzesgeschichte

1 Die am 1. Juli 1979 in Kraft getretene Norm wurde durch Art 2 lit b) des Gesetzes zur Durchführung der Zweiten Richtlinie des Rates der Europäischen Gemeinschaften zur Koordinierung des Gesellschaftsrechts (Kapitalrichtlinie-Gesetz) vom 13. Dezember 1978 (BGBl I, S 1959) eingefügt. Im **Gesetzgebungsverfahren** wurde lediglich aus den schon bei § 26a erläuterten Gründen (vgl zur **Normentwicklung** daher oben § 26a Rdn 2) die Nummerierung angepasst. Seit ihrem Inkrafttreten wurde die Norm nicht mehr geändert.

2. Europäisches Recht

2 Siehe hierzu die Ausführungen oben unter § 26a Rdn 3 f.

3. Wirtschaftliche Bedeutung

3 Die praktische Bedeutung der Vorschrift zum reinen Übergangsrecht hat sich inzwischen erledigt. Für S 3 gilt dies umso mehr, als dass § 150a AktG (aF) sogar schon aufgehoben worden ist (Art 2 Nr 22 BiRiLiG) und die heute entsprechenden Regelungen in § 272 Abs 1a und 4 HGB (unten Rdn 5) fast dreißig Jahre[1] nach dem Übergangszeitpunkt erlassenworden sind.

---

[1] Vgl Art 1 Nr 23 lit b) und lit) c des Gesetzes zur Modernisierung des Bilanzrechts (Bilanzrechtsmodernisierungsgesetz – BilMoG) vom 25.5.2009 (BGBl I, S 1102, 1105 f).

II. Übergangsrecht für bestimmte Neuregelungen des Kapitalrichtlinie-Gesetzes

Ohne Übergangsregelung hätte angenommen werden können, dass die neuen Vorschriften über **Sacheinlagen und Sachübernahmen** sowie über deren Prüfung bei damals bereits eingeleiteten **Gründungen und Kapitalerhöhungen** auch dann gelten sollten, wenn die Leistung der Sacheinlage oder des Gegenstandes der Sachübernahme schon vor dem Inkrafttreten des Kapitalrichtlinie-Gesetzes versprochen worden war. Um in derartige bestehende Verträge nicht einzugreifen, sollten nur zukünftige Gründungsvorgänge und Kapitalerhöhungen erfasst werden (**S 1**).[2] 4

Auch für Fristen, innerhalb derer **eigene Aktien** nach § 71 Abs 3 S 2 AktG an Belegschaftsmitglieder ausgegeben oder innerhalb deren sie nach § 71c AktG veräußert werden müssen, wurde von den Fristen der Richtlinie für eine Übergangsregelung voll Gebrauch gemacht (**S 2**). Die neue Rücklage für eigene Aktien (§ 150a AktG aF; heute § 272 Abs 1a und 4 HGB) musste erst gebildet werden, wenn der Stichtag der Richtlinie für das Inkrafttreten der materiellen Änderungen des Aktiengesetzes verstrichen ist (**S 3**). 5

Für diese Vorgänge war – wiederum unter Ausnutzung der Übergangsfrist in Art 43 Abs 2 S 2 der ursprünglichen Richtlinie – als Stichtag der 16. Juni 1980 vorgesehen. 6

---

2 Vgl Begr RegE Kapitalrichtlinie-Gesetz, BT-Drucks 8/1678, S 20.

§ 26d
Übergangsregelung für Verschmelzungen

Die Vorschriften des Aktiengesetzes über Verschmelzungen und Vermögensübertragungen in der vom 1. Januar 1983 an geltenden Fassung sind nicht auf Vorgänge anzuwenden, zu deren Vorbereitung bereits vor diesem Tag der Verschmelzungs- oder Übertragungsvertrag beurkundet oder eine Haupt-, Gesellschafter- oder Gewerkenversammlung oder eine oberste Vertretung einberufen worden ist.

Übersicht

I. Grundlagen

1. Gesetzesgeschichte

1 Die am 1. Januar 1983 in Kraft getretene Norm wurde durch Art 2 des Gesetzes zur Durchführung der Dritten Richtlinie des Rates der Europäischen Gemeinschaften zur Koordinierung des Gesellschaftsrechts (Verschmelzungsrichtlinie-Gesetz) vom 25. Oktober 1982 (BGBl I, S 1425) eingefügt. Seit ihrem Inkrafttreten wurde die Norm nicht mehr geändert.

2 Die Übergangsregelung geht auf den RegE[1] zum Verschmelzungsrichtlinie-Gesetz zurück. Die Beschlussempfehlung des Rechtsausschusses[2] sah als Tag des Inkrafttretens noch den „1. Oktober 1982" vor und empfahl dementsprechend dieses Datum auch in § 26d; dies wurde in der 2. und 3. Lesung des Gesetzes[3] noch auf den „1. Januar 1983" hinausgeschoben, was zu einer weiter verspäteten Umsetzung führte.

2. Europäisches Recht

3 Die Übergangsregelung beruht hinsichtlich der in Bezug genommenen Umwandlungsvorgänge auf der Umsetzung europäischen Rechts zur Dritten Richtlinie 78/855/EWG vom 9. Oktober 1978 (heute im Wesentlichen Art 87 ff GesRRL).[4] Die Richtlinie ist am 12. Oktober 1978 mit Datum der Zustellung in Kraft getreten und war bis zum 13. Oktober 1981 umzusetzen (Art 32 Abs 1; siehe oben aber zur nationalen Umsetzung Rdn 1). Weitere Übergangsfristen enthielt die Richtlinie nicht; jedoch brauchten die neuen nationalen Vorschriften **nicht auf Verschmelzungen** oder diesen **gleichgestellte Vorgänge** angewandt zu werden, für deren Vorbereitung oder Durchführung eine für sie erforderliche Rechtshandlung bereits vor dem Inkrafttreten des Gesetzes vorgenommen worden war (Art 32 Abs 4).

---

[1] Begr RegE Verschmelzungsrichtlinie-Gesetz, BT-Drucks 9/1056, S 9.

[2] Beschlussempfehlung und Bericht des Rechtsausschusses zum Verschmelzungsrichtlinie-Gesetz, BT-Drucks 9/1785, S 17.

[3] Aufgrund Änderungsantrags der Abgeordneten *Däubler-Gmelin* und *Bohl*, BT-Drucks 9/1977, S 1 (Nr 1).

[4] ABl EG 1978 Nr L 295 v 20.10.1978, S 36.

Damit wurden Eingriffe in bereits eingeleitete Konzentrationsvorgänge vermieden. Die Unternehmen, die eine Verschmelzung planten, hatten Gelegenheit, sich auf den neuen Rechtszustand einzurichten.[5]

3. Wirtschaftliche Bedeutung

Die Übergangsvorschrift hatte aufgrund Zeitablaufs schon lange keine praktische Bedeutung mehr. Zudem wurden die ebenfalls vom Verschmelzungsrichtlinien-Gesetz geänderten §§ 339 ff AktG aF und §§ 359 ff AktG aF mit dem Inkrafttreten des UmwG am 1. Januar 1995 (BGBl I, S 3210; 1995 I, S 428) aufgehoben. An ihre Stelle getreten sind §§ 2 ff, 174 ff UmwG. Für die im Zeitpunkt dieser Rechtsänderung noch laufenden Umwandlungsvorgänge enthält § 318 Abs. 1 UmwG eine eigenständige neue Übergangsregelung.[6]. 4

II. Übergangsregelungen für alte Verschmelzungen nach Aktienrecht

Die hiesige Übergangsregelung wurde durch Art 32 Abs 4 der ursprünglichen Richtlinie ermöglicht. Sie sollte verhindern, dass durch den Erlass des Gesetzes in bereits laufende Verschmelzungsvorgänge eingegriffen würde.[7] 5

Als Anknüpfungspunkt sind die **Beurkundung** des Verschmelzungs- oder Übertragungsvertrages und die **Einberufung** einer der gesetzlich erforderlichen Hauptversammlungen oder der ihnen bei den anderen beteiligten Rechtsformen entsprechenden Versammlungen gewählt worden, um auch hier die Möglichkeit offenzuhalten, den Vertrag sowohl vor als auch nach den Hauptversammlungen abschließen zu können. 6

Die gewählte Regelung ist zwar enger als die der Richtlinie, die als Merkmal nur eine „Handlung oder Formalität" erwähnt. Im Interesse der Rechtssicherheit auch für die betroffenen Unternehmen war es jedoch geboten, an leicht feststellbare bestimmte Vorgänge anzuknüpfen. 7

---

[5] Vgl Begr RegE Verschmelzungsrichtlinie-Gesetz, BT-Drucks 9/1056, S 12.

[6] Hierzu KK-UmwG/*Simon* § 318 Rdn 1 ff.

[7] Vgl Begr RegE Verschmelzungsrichtlinie-Gesetz, BT-Drucks 9/1056, S 24.

§ 26e
Übergangsregelung zum Gesetz zur Anpassung von Verjährungsvorschriften an das Gesetz zur Modernisierung des Schuldrechts

[1]§ 327 Abs. 4 des Aktiengesetzes in der ab dem 15. Dezember 2004 geltenden Fassung ist auf vor diesem Datum entstandene Verbindlichkeiten anzuwenden, wenn

1. die Eintragung des Endes der Eingliederung in das Handelsregister nach § 10 des Handelsgesetzbuchs nach diesem Datum bekannt gemacht worden ist und

2. die Verbindlichkeiten nicht später als vier Jahre nach dem Tag, an dem die Eintragung des Endes der Eingliederung in das Handelsregister nach § 10 des Handelsgesetzbuchs bekannt gemacht worden ist, fällig werden.

[2]Auf später fällig werdende Verbindlichkeiten im Sinne des Satzes 1 ist das bisher geltende Recht mit der Maßgabe anwendbar, dass die Verjährungsfrist ein Jahr beträgt.

Übersicht

Schrifttum

Heinz-Peter Mansel/Christine Budzikiewicz Verjährungsanpassungsgesetz: Neue Verjährungsfristen, insbesondere für die Anwaltshaftung und im Gesellschaftsrecht, NJW 2005, S 321–329; *Magnus Wagner* Neues Verjährungsrecht in der zivilrechtlichen Beratungspraxis. Überblick über die wichtigsten Neuregelungen des Verjährungsanpassungsgesetzes im Wirtschaftsrecht, ZIP 2005, S 558–564.

I. Grundlagen

1. Gesetzesgeschichte

1 Die am 15. Dezember 2004 in Kraft getretene Norm wurde durch Art 12 des Gesetzes zur Anpassung von Verjährungsvorschriften an das Gesetz zur Modernisierung des Schuldrechts vom 9. Dezember 2004 (BGBl I, S 3214) eingefügt.

2 Die Norm hat eine Änderung durch Art 12 Abs 10 Nr 12 des Gesetzes über elektronische Handelsregister und Genossenschaftsregister sowie das Unternehmensregister (EHUG) vom 10. November 2006 (BGBl I, S 2553) erfahren. In S 1 Nr 1 und 2 wurden jeweils die Wörter „als bekanntgemacht gilt“ durch die Wörter „bekanntgemacht worden ist“ ersetzt. Es handelte sich um Folgeänderungen zu der unter Art 1 Nr 2 vorgesehenen Neufassung des § 10 HGB.[1] Die Norm wurde seitdem nicht mehr geändert.

---

[1] Vgl Begr RegE EHUG, BT-Drucks 16/960, S 71 und zu § 10 HGB S 44.

Eingefügt würde die Übergangsregelung auf der Grundlage des RegE[2], nachdem sie im RefE[3] des BMJ vom 5. März 2004 noch gefehlt hatte. In der Beschlussempfehlung des Rechtsausschusses[4] blieb die Übergangsregelung unverändert. 3

2. Europäisches Recht

Die Übergangsregelung weist keinen europarechtlichen Bezug auf. 4

3. Wirtschaftliche Bedeutung

Die Übergangsregelung kann in seltenen Fällen hinsichtlich der unter der alten Rechtslage entstandenen Probleme einer Endloshaftung (unten Rdn 9) noch heute in Streit stehen. 5

II. Übergangsregelung zur Nachhaftung bei Eingliederung

Für die durch das Gesetz zur Anpassung von Verjährungsvorschriften an das Gesetz zur Modernisierung des Schuldrechts vorgenommenen Änderungen gilt grundsätzlich die neu geschaffene zentrale Überleitungsvorschrift des Art 229 § 11 EGBGB, die Art 229 § 6 EGBGB für entsprechend anwendbar erklärt, soweit nicht etwas anderes bestimmt ist. Mit § 327 Abs 4 AktG sollte die Verjährungsfrist durch eine **Ausschlussfrist** ersetzt werden. Diese gesetzliche Änderung ist jedoch von Art 229 § 6 EGBGB, auch von dessen Abs 5, nicht erfasst, so dass eine entsprechende Anwendung dieser Vorschrift nicht in Betracht kam. Vielmehr bedurfte es insoweit einer besonderen Überleitungsvorschrift.[5] Diese war, da allein das Aktiengesetz betroffen war, in das EGAktG aufzunehmen. Der Überleitungsbedaf entsprach insoweit der Situation bei Inkrafttreten des Nachhaftungsbegrenzungsgesetzes vom 18. März 1994 (BGBl I, S 560). § 26e folgt daher dem Vorbild von Art 35 des EGHGB (Übergangsvorschrift zu § 160 HGB).[6] 6

Ist die Verbindlichkeit also vor dem 15. Dezember 2004 entstanden und die Eintragung des Endes der Eingliederung in das Handelsregister aber erst nach dem Stichtag bekannt gemacht geworden (**Nr 1**) und wird die Verbindlichkeit nicht später als vier Jahre nach der Bekanntmachung fällig (**Nr 2**), so soll nach S 1 die Ausschlussfrist des § 327 Abs 4 AktG Anwendung finden.[7] 7

Für später fällig werdende Verbindlichkeiten iSv S 1 verbleibt es aber bei der Anwendung des bisherigen Rechts, also unter Umständen einer sehr langen Nachhaftung, dann aber nur mit einjähriger Verjährung. Forderungen, die später fällig wurden, wären dem Gläubiger sonst abgeschnitten worden, wenn auch für sie die neue Enthaftungsregelung gelten würde.[8] **Satz 2** diente daher gerade der Gleichstellung der Geltendmachungsfrist von Alt-Verbindlichkeiten, die **später als vier Jahre** nach der Umwandlung fällig wurden; im 8

---

2 Begr RegE EHUG, BT-Drucks 16/960, S 32.

3 RefE EHUG v 6.4.2005.

4 Beschlussempfehlung und Bericht des Rechtsausschusses EHUG, BT-Drucks 16/2781, S 73.

5 Hierzu auch *Wagner* ZIP 2005, 558, 562; vgl auch *Mansel/Budzikiewicz* NJW 2005, 321, 324 Fn 31 die die „eigene intertemporale Kollisionsnorm" hervorheben.

6 Vgl Begr RegE, BT-Drucks 15/3653, S 23 f.

7 Vgl auch *Wagner* ZIP 2005, 558, 562.

8 Vgl Begr RegE Nachhaftungsbegrenzungsgesetz, BT-Drucks 12/1868, S 10 zu § 35 EGHGB („Zu Artikel 32 des Einführungsgesetzes").

Interesse einer möglichst baldigen Rechtsvereinheitlichung (so die Beschlussempfehlung des Rechtsausschusses) sollten diese Ansprüche generell nur noch innerhalb eines Jahres nach Fälligkeit geltend gemacht werden können.

9 Bei **Dauerschuldverhältnissen** der früheren eingegliederten Gesellschaft stellt sich auch **weiterhin das Problem** der „**Endloshaftung**" der Hauptgesellschaft, da der Beginn der Verjährung auch fortan grundsätzlich von der Fälligkeit der jeweiligen Forderung abhängt. Die Verjährungsfrist beginnt nämlich immer erst mit der Fälligkeit des jeweiligen Anspruchs zu laufen, und Ansprüche aus einem Dauerschuldverhältnis würden somit immer wieder neu fällig werden. Da das Regelungsregime des § 327 Abs 4 AktG aber an dasjenige des § 160 HGB angelehnt ist,[9] spricht auch im Rahmen des Übergangsrechts vieles für eine entsprechende Anwendung des § 160 HGB.[10]

---

[9] Vgl Begr RegE, BT-Drucks 15/3653, S 23.

[10] Vgl auch KK/*Noack*[3] Rdn 4.

§ 26f
Übergangsregelungen zum Kleinstkapitalgesellschaften-Bilanzrechtsänderungsgesetz

[1]Die in §§ 152, 158 und 160 des Aktiengesetzes in der Fassung des Kleinstkapitalgesellschaften-Bilanzrechtsänderungsgesetzes vom 20. Dezember 2012 (BGBl. I S. 2751) sind erstmals auf Jahres- und Konzernabschlüsse anzuwenden, die sich auf einen nach dem 30. Dezember 2012 liegenden Abschlussstichtag beziehen. [2]Auf Jahres- und Konzernabschlüsse, die sich auf einen vor dem 31. Dezember 2012 liegenden Abschlussstichtag beziehen, bleiben die §§ 152, 158 und 160 des Aktiengesetzes vom 6. September 1965 (BGBl. I S. 1089) in der bis zum 27. Dezember 2012 geltenden Fassung anwendbar.

Übersicht

I. Grundlagen

1. Gesetzesgeschichte

Die am 28. Dezember 2012 in Kraft getretene Norm wurde durch Art 4 des Gesetzes zur Umsetzung der Richtlinie 2012/6/EU des Europäischen Parlaments und des Rates vom 14. März 2012 zur Änderung der Richtlinie 78/660/EWG des Rates über den Jahresabschluss von Gesellschaften bestimmter Rechtsformen hinsichtlich Kleinstbetrieben (Kleinstkapitalgesellschaften-Bilanzrechtsänderungsgesetz [MicroBilG] vom 20. Dezember 2012; BGBl I, S. 2751) eingefügt. Die Norm wurde seitdem nicht mehr geändert. 1

Die Übergangsregelung des § 26f entstammt dem RegE[1] zum MicroBilG und blieb auch in der Beschlussempfehlung des Rechtsausschusses[2] unverändert. 2

2. Europäisches Recht

Die Übergangsregelung beruht hinsichtlich der in Bezug genommenen Normen auf der Umsetzung europäischen Rechts zu der Richtlinie 2012/6/EU vom 14. März 2012.[3] Die Richtlinie ist am 10. April 2012 in Kraft getreten (Art 4), überließ es den Mitgliedstaaten aber zeitlich, wann Erleichterungen für Kleinstbetriebe in nationales Recht übernommen würden (Art 2 Abs 1), und gab den Mitgliedstaaten lediglich vor, dass der Kommission der Wortlaut der wichtigsten innerstaatlichen Rechtsvorschriften mitgeteilt werde, die sie auf dem unter diese Richtlinie fallenden Gebiet erlassen hatten (Art 2 Abs 2). 3

---

1 Begr RegE MicroBilG, BT-Drucks 17/11292, S 9.

2 Beschlussempfehlung und Bericht des Rechtsausschusses MicroBilG, BT-Drucks 17/11702, S 3 ff.

3 ABl EU Nr L 81 v 21.3.2012, S 3.

3. Wirtschaftliche Bedeutung

4 Die Bedeutung der Übergangsregelung dürfte sich angesichts der damals schnellen Anwendbarkeit der bilanziellen Neuregelungen zum Geschäftsjahr 2012 heute erübrigt haben.

II. Umsetzung MicroBilG für Kleinstaktiengesellschaften

5 Die Änderungen des Aktiengesetzes setzten die Richtlinie 2012/6/EU des Europäischen Parlaments und des Rates zur Änderung der Richtlinie 78/660/EWG des Rates über den Jahresabschluss von Gesellschaften bestimmter Rechtsformen hinsichtlich Kleinstbetrieben vom 14. März 2012[4] speziell für Aktiengesellschaften und Kommanditgesellschaften auf Aktien um.[5] Sonderreglungen waren erforderlich, da das Aktiengesetz zusätzliche Vorgaben für die Darstellung der Bilanz, der Gewinn- und Verlustrechnung und des Anhangs macht. Soweit Kleinstaktiengesellschaften (§ 267a Abs 1 HGB) von den handelsrechtlich eingeräumten Erleichterungen Gebrauch machen, sollten sie auch von den zusätzlichen Vorgaben des Aktienrechts befreit werden. Wird beispielweise die Darstellung der Bilanz nicht auf die Buchstabenposten verkürzt, so bleiben die aktienrechtlichen Vorgaben zum Bilanzinhalt bestehen, andernfalls entfallen sie. Auch die zusätzlichen Anhangangaben nach § 160 AktG sind nur entbehrlich, wenn das Unternehmen von der Möglichkeit Gebrauch macht, auf die Erweiterung des Jahresabschlusses um einen Anhang zu verzichten, und die notwendigen Angaben unter der Bilanz darstellt. Von der zusätzlichen Aufschlüsselung der Gewinn- und Verlustrechnung nach § 158 Abs 1 und 2 AktG kann nur abgesehen werden, wenn die Gewinn- und Verlustrechnung nach § 275 Abs 5 HGB dargestellt wird.

6 Die Umsetzung der Micro-Richtlinie erfolgte **stichtagsbezogen.**[6] Wie im Bilanzrecht üblich, wird dabei in der Übergangsregelung auf einen **Abschlussstichtag** abgestellt, der nach dem Inkrafttreten des MicroBilG bzw der umgesetzten Micro-Richtlinie liegt. Da nach Einschätzung des Gesetzgebers die meisten Unternehmen in Deutschland zum Ende des Kalenderjahres bilanzieren, wurde auch der **31. Dezember 2012** als maßgeblicher Stichtag definiert.[7] Dem Umstand, dass einzelne Unternehmen zu einem abweichenden Stichtag bilanzieren, trägt die Übergangsregelung dadurch Rechnung, dass es sich um den frühesten Umstellungstermin handelt. Beginnt das Geschäftsjahr später, erfolgt dementsprechend auch die Umstellung zu einem späteren Zeitpunkt. Der Grund für die Rückwirkung auf Geschäftsjahre, die nach dem 30. Dezember 2012 enden, liegt darin, dass die Micro-Richtlinie im April 2012 und damit während dieser Geschäftsjahre in Kraft getreten ist.

7 Die Bezugnahme auf einen **Abschlussstichtag** und nicht auf den Beginn eines Geschäftsjahres erfolgte mit Blick auf verkürzte Berichtsperioden und unterjährige Abschlussstichtage vor dem Hintergrund der Vorbereitungsmaßnahmen, die für eine Umstellung auf die Hinterlegungsoption beim Betreiber des Bundesanzeigers und beim damaligen BMJ not-

---

[4] ABl EU Nr L 81 v 21.3.2012, S 3 ff.

[5] Vgl zum Folgenden bereits Begr RegE MicroBilG (und zwar auch zur Änderung des Aktiengesetzes), BT-Drucks 17/11292, S 19.

[6] Vgl zum Folgenden bereits Begr RegE MicroBilG, BT-Drucks 17/11292, S 19 zu Art 2 Nr 5 (Art. 70 Abs 1 EGHGB-E).

[7] Betroffene Unternehmen konnten damit möglichst schnell auf die in § 26f genannten Neuregelungen (heute genauer: §§ 152 Abs 4 S 1, 158 Abs 3, 160 Abs 3 [nun ausgedehnt auch auf kleine Kapitalgesellschaften iSd § 267 Abs 1 HGB] AktG) zurückgreifen.

wendig waren[8] (siehe im Übrigen in der 5. Aufl oben *Mock*[5] § 152 AktG Rdn 11, § 158 AktG Rdn 17 und § 160 AktG Rdn 18).

---

[8] Vgl zum Folgenden bereits Begr RegE MicroBilG, BT-Drucks 17/11292, S 19 zu Art 2 Nr 5 (Art. 70 Abs 1 EGHGB-E).

§ 26g
Übergangsregelung zum Bilanzrichtlinie-Umsetzungsgesetz

[1]Die §§ 58, 152, 160, 209, 240, 256 und 261 des Aktiengesetzes in der Fassung des Bilanzrichtlinie-Umsetzungsgesetzes vom 17. Juli 2015 (BGBl. I S. 1245) sind erstmals auf Jahres- und Konzernabschlüsse anzuwenden, die sich auf ein nach dem 31. Dezember 2015 beginnendes Geschäftsjahr beziehen. [2]Auf Jahres- und Konzernabschlüsse, die sich auf ein vor dem 1. Januar 2016 beginnendes Geschäftsjahr beziehen, bleiben die §§ 58, 152, 160, 209, 240, 256 und 261 des Aktiengesetzes in der bis zum 22. Juli 2015 geltenden Fassung anwendbar.

Übersicht

Schrifttum

Matthias Höreth It's Payment Date – Praxistipps zur Dividende 2017, AG 2017, S R31-R32; *Carsten Kruchen* Kurze Replik: Wann gilt § 58 Abs. 4 Satz 2 AktG n.F.? (§ 58 Abs. 4 Satz 2 AktG), AG 2017, S R32-R33.

I. Grundlagen

1. Gesetzesgeschichte

1 Die am 23. Juli 2015 in Kraft getretene Norm wurde durch Art 5 des Gesetzes zur Umsetzung der Richtlinie 2013/34/EU des Europäischen Parlaments und des Rates vom 26. Juni 2013 über den Jahresabschluss, den konsolidierten Abschluss und damit verbundene Berichte von Unternehmen bestimmter Rechtsformen und zur Änderung der Richtlinie 2006/43/EG des Europäischen Parlaments und des Rates und zur Aufhebung der Richtlinien 78/660/EWG und 83/349/EWG des Rates (Bilanzrichtlinie-Umsetzungsgesetz – BilRUG) vom 17. Juli 2015 (BGBl I, S 1245) eingefügt. Die Norm wurde seitdem nicht mehr geändert.

2 Zur Vermeidung von Doppelbelegungen durch parallele Gesetzgebungsvorhaben wurde der Paragraf im Laufe des Gesetzgebungsverfahrens zunächst noch dynamisch bezeichnet (ohne Buchstabenzusatz); dies wurde dann erst im Stadium der Gesetzesverkündung präzisiert.

3 Zudem wurden auf Empfehlung des Rechtsausschusses[1] im Anschluss an eine entsprechende Änderungsbitte des Bundesrates[2] die ursprünglich vorgeschlagenen S 3 und 4 gestrichen (vgl sogleich unter Rdn 7). Dabei handelte sich um Folgeänderungen, die sich aus der Streichung der wahlweisen rückwirkenden Anwendungsmöglichkeit der Regelungen zur Neugliederung von Bilanz und Gewinn- und Verlustrechnung ergaben.

---

[1] Begr Beschlussempfehlung und Bericht des Rechtsausschusses BilRUG, BT-Drucks 18/5256, S 57, 87.

[2] Empfehlungen der Ausschüsse zum BilRUG, BR-Drucks 23/1/15, S 3.

2. Europäisches Recht

Die Übergangsregelung beruht hinsichtlich der in Bezug genommenen Normen auf der Umsetzung europäischen Rechts zu der Richtlinie 2013/34/EU vom 26. Juni 2013).[3] Die Richtlinie ist am 19. Juli 2013 in Kraft getreten (Art 54) und war bis zum 20. Juli 2015 umzusetzen (Art 53 Abs 1), ein Termin, der mit dem BilRUG auch in übergangsrechtlicher Hinsicht lediglich um drei Tage überschritten wurde (oben Rdn 1). 4

3. Wirtschaftliche Bedeutung

Die Übergangsregelung zur Anwendbarkeit der damals neuen bilanziellen Vorschriften dürfte heute überholt sein. 5

II. Übergangsregelung zur Bilanzrichtlinie-Umsetzung

Die Ergänzung des Einführungsgesetzes um einen neuen Paragrafen erfolgte spiegelbildlich zur neuen Übergangsvorschrift des **§ 75 EGHGB**, um die neuen Vorgaben erst für nach dem 31. Dezember 2015 beginnende Geschäftsjahre vorzuschreiben, eine vorzeitige Anwendung aber zuzulassen.[4] 6

Die aufgelisteten Vorschriften idF des BilRUG sind erstmalig auf Jahres- und Konzernabschlüsse anzuwenden, die nach dem 31. Dezember 2015 beginnen. Eine vorzeitige Anwendung dieser Vorschriften auf ein früheres Geschäftsjahr ist dagegen **nicht zulässig**. Das noch im RegE enthaltene Unternehmenswahlrecht zur Anwendung des neuen Rechts auf ein früheres Geschäftsjahr wurde nicht in die endgültige Gesetzesfassung übernommen. So entsprach es auch dem Anliegen des Bundesrates, das Unternehmenswahlrecht zur vorgezogenen Anwendung aller neuen Vorschriften im EGHGB und EGAktG zu streichen; damit sollten insbesondere die mittelbaren Auswirkungen der Änderung des Handelsbilanzrechts auf die Taxonomie für die elektronische Bilanzübermittlung im Steuerrecht verringert und der Umstellung mehr Zeit gegegeben werden.[5] 7

Für den in Bezug genommenen § 58 AktG ergab sich mit dem Inkrafttreten der Aktienrechtsnovelle 2016 vom 22. Dezember 2015 (BGBl I, S 2565) (hierzu unten § 26h) ein Anwendungsproblem des § 26g hinsichtlich der Fälligkeitsregelung für den Zahlungsanspruch auf die Dividende; der neueren Stichtagsregelung aus Art 10 Abs 1 der Aktienrechtsnovelle 2016 mit Inkrafttreten am 1.1.2017 war hier der Vorzug zu gewähren, sodass die Dividende seit diesem Datum erst am dritten auf den Gewinnverwendungsbeschluss folgenden Geschäftstag fällig wurde.[6] 8

Die Übergangsregelung betrifft bzw betraf aufgrund der nunmehr zeitlichen Spanne in den Übergangsfällen folgende Vorschriften: 9

- § 58 AktG: Verwendung des Jahresüberschusses;
- § 152 AktG: rechtsformspezifische Ergänzung für die Gliederungsvorschriften für die Bilanz (siehe ferner oben *Mock*[5] § 152 AktG Rdn 11);

---

[3] ABl EU Nr L 182 v 29.6.2013, S 19.

[4] Vgl Begr RegE BilRUG, BT-Drucks 18/4050, S 90.

[5] Siehe insgesamt Begr Beschlussempfehlung und Bericht des Rechtsausschusses zum BilRUG, BT-Drucks 18/5256, S 87.

[6] So auch *Kruchen* AG 2017, R32, R33; aA zuvor *Höreth* AG 2017, R31.

- § 160 AktG: rechtsformspezifische Ergänzung der handelsrechtlichen Vorschriften zum Anhang (siehe ferner oben *Mock*[5] § 160 AktG Rdn 18);
- § 209 AktG: Anforderungen an zugrunde gelegte Bilanz (§ 207 Abs 3 AktG);
- § 240 AktG: Ausweis der Kapitalherabsetzung in GuV und Anhang;
- § 256 AktG: Nichtigkeit des festgestellten Jahresabschlusses und
- § 261 AktG: Entscheidung über den Ertrag auf Grund höherer Bewertung (Folgen der Feststellung einer Unterbewertung).

§ 26h
Übergangsvorschrift zur Aktienrechtsnovelle 2016

(1) [1]§ 10 Absatz 1 des Aktiengesetzes in der seit dem 31. Dezember 2015 geltenden Fassung ist nicht auf Gesellschaften anzuwenden, deren Satzung vor dem 31. Dezember 2015 durch notarielle Beurkundung festgestellt wurde und deren Aktien auf den Inhaber lauten. [2]Für diese Gesellschaften ist § 10 Absatz 1 des Aktiengesetzes in der am 30. Dezember 2015 geltenden Fassung weiter anzuwenden.

(2) Sieht die Satzung einer Gesellschaft einen Umwandlungsanspruch gemäß § 24 des Aktiengesetzes in der bis zum 30. Dezember 2015 geltenden Fassung vor, so bleibt diese Satzungsbestimmung wirksam.

(3) [1]Bezeichnet die Satzung gemäß § 25 Satz 2 des Aktiengesetzes in der bis zum 30. Dezember 2015 geltenden Fassung neben dem Bundesanzeiger andere Informationsmedien als Gesellschaftsblätter, so bleibt diese Satzungsbestimmung auch ab dem 31. Dezember 2015 wirksam. [2]Für einen Fristbeginn oder das sonstige Eintreten von Rechtsfolgen ist ab dem 1. Februar 2016 ausschließlich die Bekanntmachung im Bundesanzeiger maßgeblich.

(4) [1]§ 122 des Aktiengesetzes in der Fassung der Aktienrechtsnovelle 2016 vom 22. Dezember 2015 (BGBl. I S. 2565) ist erstmals auf Einberufungs- und Ergänzungsverlangen anzuwenden, die der Gesellschaft am 1. Juni 2016 zugehen. [2]Auf Ergänzungsverlangen, die der Gesellschaft vor dem 1. Juni 2016 zugehen, ist § 122 in der bis zum 30. Dezember 2015 geltenden Fassung weiter anzuwenden.

Übersicht

Schrifttum

Michael Beurskens/Ulrich Noack Geldwäsche und Gesellschaftsrecht, in: Festschrift für Siegfried Elsing, 2015, S 745–770; *Dorothee Einsele* Inhaberaktien vs. Namensaktien: Publizität und Legitimation der Aktionäre, JZ 2019, S 121–130; *Markus Ebner/Julia Kraft* Der „gläserne" Aktionär: Ein taugliches Mittel zur Geldwäschebekämpfung?, ZWH 2017, S 153–160; *Jens Koch* Nichtigkeit oder Anfechtbarkeit?, ZHR 182 (2018), S 378–413; *Christian Koehler* Der wirtschaftlich Berechtigte im Sinne des Transparenzregisters, ZIP 2020, S 1399–1406; *Sebastian Mock* Aktiengesellschaften mit Inhaberaktien nach neuem Recht – Gründung, Umstellung und Kapitalerhöhung –, AG 2016, S 261–270; *Jean Mohamed* Die Legitimationszession im Aktienrecht. Eine Untersuchung zu den Legitimations- und Strukturfragen der anonymen Repräsentanz, 2018; *ders* Aktien und Aktienrepräsentanz im Zuge des Transparenzregisters (?), ZIP 2017, S 2133–2142; *Ulrich Noack* Identifikation der Aktionäre, neue Rolle der Intermediäre – zur Umsetzung der Aktionärsrechte-Richtlinie II, NZG 2017, S 561–570; *Stefan Reuter* Neues vom Transparenzregister. Umsetzung der EU-Änderungsrichtlinie (Richtlinie (EU) 2018/843) zum 1.1.2020 und aktuelle FAQ des Bundesverwaltungsamsts vom 3.1.2020, NZG 2020, S 178–185.

I. Grundlagen

1. Gesetzesgeschichte

1 Die am 31. Dezember 2015 in Kraft getretene Norm wurde durch Art 2 des Gesetzes zur Änderung des Aktiengesetzes (Aktienrechtsnovelle 2016) vom 22. Dezember 2015 (BGBl I, S 2565) eingefügt. Die Norm wurde seitdem nicht mehr geändert.

2 Im Gesetzgebungsverfahren wurden auf Vorschlag des Ausschusses für Recht und Verbraucherschutz redaktionelle Folgeänderungen gegenüber dem RegE[1] in den Absätzen 1 bis 4 vorgenommen.[2] So wurde der mehrfach zitierte Kurztitel von Aktienrechtsnovelle 2014 in Aktienrechtsnovelle 2016 geändert; es handelte sich dabei um eine Anpassung der Jahreszahl in der Kurzbezeichnung des Gesetzes an das Jahr, in dem das Gesetz in Kraft getreten ist (2016). Zudem wurden die Abs 5 und 6 des RegE gestrichen. Der Regelungsbedarf war wegen der Streichung der in Bezug genommenen Regelungen entfallen. Die als Abs 5 vorgeschlagene Übergangsvorschrift hatte sicherstellen sollen, dass den Gesellschaften für die Umstellung ihrer Hauptversammlungspraxis im Hinblick auf die neuen Anforderungen zum damals noch vorgesehenen einheitlichen Nachweisstichtag für Inhaber- und Namensaktien börsennotierter Gesellschaften eine angemessene Frist verbliebe. Die als Abs 6 vorgeschlagene zeitliche Übergangsvorschrift nahm Bezug auf § 249 Abs 2 S 3 AktG-RegE, der die relative Befristung von Nichtigkeitsklagen vorgesehen hatte. Da aber auf die Fortführung punktueller Änderungen des **Beschlussmängelrechts** verzichtet worden ist und stattdessen eine geschlossene Überprüfung oder Reform des Beschlussmängelrechts vorzuziehen sei,[3] entfiel auch hierfür der Regelungsbedarf eines Abs 6 im EGAktG.

2. Europäisches Recht

3 Die Übergangsregelung weist keinen europarechtlichen Bezug auf.

3. Wirtschaftliche Bedeutung

4 Die Übergangsregelung weist heute noch vielfach praktische Bedeutung auf. Allen voran dürfte der Bestandsschutz von alten Inhaberaktiengesellschaften nach **Abs 1** und der von **Abs 2** in Bezug genommenen Umwandlungsregelungen stehen, während **Abs 3** den ohnehin eher seltenen Fall zur Regelung anderer Bekanntmachungsmedien aufgreift. Einzig die Bedeutung von **Abs 4** zu den Einberufungs- und Ergänzungsverlangen dürfte sich zeitlich erledigt haben.

---

1 Vgl Begr RegE Aktienrechtsnovelle 2016, BT-Drucks 18/4349, S 10, 33 f.

2 Vgl Beschlussempfehlung und Bericht des Ausschusses für Recht und Verbraucherschutz zur Aktienrechtsnovelle 2016, BT-Drucks 18/6681, S 13.

3 Vgl zu § 249 Abs 2 Satz 3 AktG-RegE Beschlussempfehlung und Bericht des Ausschusses für Recht und Verbraucherschutz zur Aktienrechtsnovelle 2016, BT-Drucks 18/6681, S 12. Vgl aber auch allgemein Beschlussempfehlung und Bericht des Ausschusses für Recht und Verbraucherschutz zum CSR-Richtlinie-Umsetzungsgesetz und zu BT-Drucks 18/10030, BT-Drucks 18/11450, S 47 zu der vom Deutschen Bundestag erbetenen „grundlegenden Überprüfung des Beschlussmängelrechts" iRd Diskussion um die Anfechtung von Entlastungsbeschlüssen bei der nichtfinanziellen Berichterstattung; hierzu dann später *Koch* Gutachten F zum 72 DJT, 2018; *ders* ZHR 182 (2018), 378 ff.

II. Übergangsregelung zur Aktienrechtsnovelle 2016

1. Wahl zwischen Inhaber- und Namensaktien (Abs 1)

Zur Neuregelung der Zulässigkeit von Inhaberaktien (§ 10 Abs 1 AktG) wurde mit **Abs 1** eine Übergangsregelung eingeführt.[4] Danach sind Gesellschaften, die Inhaberaktien ausgegeben haben und deren Gründung vor dem Tag des Inkrafttretens der Gesetzesänderung vereinbart worden ist, von der Neuregelung nicht betroffen. Maßgeblich ist die Feststellung der Satzung durch **notarielle Beurkundung** (§ 23 Abs 1 S 1 AktG: „Muss"-Vorschrift). Erfolgte diese spätestens vor dem Tag des Inkrafttretens des Gesetzes am 31. Dezember 2015, gilt für die Gesellschaft die **frühere gesetzliche Regelung** weiter. In diesem Fall kann die Gesellschaft Inhaberaktien auch dann ausgeben oder bereits ausgestellte Inhaberaktien auch dann behalten, wenn sie weder börsennotiert ist noch die Voraussetzungen des § 10 Abs 1 S 2 Nr 2 AktG vorliegen. **Abs 1 S 2** der Übergangsregelung ordnet für diese Gesellschaften ausdrücklich die **Fortgeltung** der bis zum Inkrafttreten der Aktienrechtsnovelle geltenden Rechtslage an.[5] 5

Die nach Erkenntnissen des Bundeskriminalamtes gefasste Annahme, dass nichtbörsennotierte Aktiengesellschaften mit Inhaberaktien für kriminelle Handlungen im Bereich der **Geldwäsche** besonders anfällig seien, zumal die Ermittlungstätigkeit deutlich schwieriger wird, wenn man nicht weiß, wer die Aktionäre der Gesellschaft sind,[6] hätte zudem den wohl viel weiteren Schritt zugelassen, **alle Altgesellschaften** mit Inkrafttreten der Aktienrechtsnovelle 2016 entsprechend zu regulieren[7]. Andererseits wäre der praktische Bedeutungsgehalt für die immer noch ganz zahlreichen Aktiengesellschaften mit Inhaberaktien beträchtlich gewesen, und die verfassungsrechtliche Seite einer solch weitreichenden Erstreckung (Bestandsschutz, Eigentums- oder Vereinigungsfreiheit) nicht unerheblich (sieher ferner oben zur tatsächlichen Reichweite der Übergangsregelung [Kapitalmaßnahmen, Delisting, Aufhebung der Verwahrung der Sammelurkunde und Aufhebung des Ausschlusses des Anspruchs auf Einzelverbriefung jeweils bei einer vor dem 31. Dezember 2015 gegründeten Aktiengesellschaft mit Inhaberaktien] *Mock*[5] § 10 AktG Rdn 31 ff). 6

2. Umwandlung von Aktien (Abs 2)

§ 24 AktG aF ließ Satzungsregelungen zu, wonach auf Verlangen eines Aktionärs seine Inhaberaktie in eine Namensaktie oder seine Namensaktie in eine Inhaberaktie umzuwan- 7

4 Vgl zum Folgenden Begr RegE Aktienrechtsnovelle 2016, BT-Drucks 18/4349, S 33.

5 Hierzu auch bereits *Mock* AG 2016, 261, 270.

6 Begr RegE Aktienrechtsnovelle 2016, BT-Drucks 18/4349, S 16. Die Transparenzfrage der Aktionariats wird durch die Umsetzung der Vierten EU-Geldwäscherichtlinie v 23.6.2017 (BGBl I, S 1822) – hierzu etwa *Mohamed* Die Legitimationszession, S 227 ff, *ders* ZIP 2017, 2133 ff), für das Aktienrecht unlängst auch *Ebner/Kraft* ZWH 2017, 153 ff; *Eisele* JZ 2019, 121, 129 –, nun auch durch das Gesetz zur Umsetzung der Änderungsrichtlinie zur Vierten EU-Geldwäscherichtlinie vom 12. Dezember 2019 (BGBl I, S 2602) – hierzu etwa *Koehler* ZIP 2020, 1399 ff; *Reuter* NZG 2020, 178 ff; vgl zur Aktionärsstruktur auch Herzog-GwG/*Figura*[4] § 11 Rdn 20 – und insbesondere infolge des durch die reformierte Aktionärsrechte-Richtlinie (ABl EU Nr L 132 v 20.12.2017, S 1 ff) erlassenen Gesetzes zur Umsetzung der zweiten Aktionärsrechterichtlinie (ARUG II) vom 12. Dezember 2019 (BGBl I, S 2637) in Zukunft von erheblicher Bedeutung sein, vgl zur Aktionärsrechte-Richtlinie etwa *Noack* NZG 2017, 561 ff. und zur übergangsrechtlichen Umsetzung unten § 26j mwN.

7 Siehe hierzu schon *Beurskens/Noack* in: FS Elsing, 2015, S 745, 759 f; *Ebner/Kraft* ZWH 2017, 153, 160; *Mock* AG 2016, 261, 268.

deln war. Diese Regelung wurde ersatzlos aufgehoben. Seit Inkrafttreten der Neuregelung können solche **satzungsmäßigen Umwandlungsansprüche** also nicht mehr begründet werden. **Abs 2** der Übergangsregelung stellt jedoch klar, dass entsprechende Umwandlungsansprüche in selten vorkommenden Altfällen wirksam bleiben. Sie können unbefristet beibehalten werden. Eine Satzungsanpassung ist nicht erforderlich.[8]

8 Bezieht sich hingegen der Umwandlungsanspruch eines Aktionärs innerhalb seiner Altgesellschaft auf eine Umwandlung seiner Namens- in Inhaberaktien, stellt Abs 1 einen **Bestandsschutz** insofern sicher, als dass die Neuregelung des § 10 Abs 1 AktG nicht gegenüber denjenigen Altgesellschaften geltend gemacht werden kann, deren Satzung vor dem 31. Dezember 2015 durch notarielle Beurkundung festgestellt wurde (zur Feststellung der Satzung durch notarielle Beurkundung oben Rdn 5). Dieser Gleichlauf von Satzungsfeststellung und notarieller Beurkundung für die Übergangsregelung wird aufgrund von § 23 Abs 1 S 1 AktG (Feststellung der Satzung *durch* notarielle Beurkundung) bei den meisten Altgesellschaften auch zwingend vorliegen.

3. Bekanntmachungen der Gesellschaft (Abs 3)

9 **Abs 3** enthält eine Übergangsvorschrift zur Neuregelung der Gesellschaftsbekanntmachungen in den „Gesellschaftsblättern" (wegen der Streichung von § 25 S 2 AktG aF).[9]

10 S 1 regelt, dass bei Inkrafttreten der Gesetzesänderung bestehende Satzungsregelungen im Sinne des § 25 S 2 AktG auch nach dessen Streichung wirksam bleiben. Maßgeblich ist die Satzung in der Fassung, wie sie sich aus den am Tag vor dem Inkrafttreten des Gesetzes in das Handelsregister eingetragenen Beschlüssen ergab. Eine Anpassung der Satzung an die neue Rechtslage ist nicht erforderlich. Eine Gesellschaft mit einer entsprechenden Satzungsregelung muss Pflichtbekanntmachungen also **auch künftig** in den in der Satzung vorgesehenen Medien veröffentlichen. An die Veröffentlichung werden allerdings nach Ablauf einer kurzen Übergangsfrist keine Rechtsfolgen mehr geknüpft.

11 Durch die Festsetzung der Übergangsfrist in **S 2** wird sichergestellt, dass bei Inkrafttreten der Gesetzesänderung nicht Aktionären die Einhaltung von Fristen erschwert wird (etwa Nebenintervention, § 246 Abs 4 S 2 AktG), die mit der bislang herrschenden Meinung im Schrifttum[10] davon ausgegangen waren, es komme auf die letzte Veröffentlichung in einem Gesellschaftsblatt an (dazu auch oben *Butzke*[5] § 123 AktG Rdn 10).

12 Gleichwohl sollte man sich technisch nicht von dem Begriff „Gesellschaftsblätter"[11] täuschen lassen; ist im Aktiengesetz davon die Rede, dass etwas in den „Gesellschaftsblättern" bekannt zu machen ist, dann ist dies im **elektronischen Bundesanzeiger** (Pflichtgesellschaftsblatt) durchzuführen. Die Verwendung des Plurals („Gesellschaftsblätter") sowie der Begriff selbst erklären sich aus der Geschichte der Bekanntmachungsformen (dazu auch oben *Röhricht/Schall*[5] § 25 AktG Rdn 1.

---

8 So insgesamt auch schon Begr RegE Aktienrechtsnovelle 2016, BT-Drucks 18/4349, S 33.

9 Vgl schon Begr RegE Aktienrechtsnovelle 2016, BT-Drucks 18/4349, S 33 zu den folgenden beiden Absätzen.

10 Vgl zum Streitstand und den negativen Folgen für die Unternehmenspraxis schon Begr RegE Aktienrechtsnovelle 2016, BT-Drucks 18/4349, S 18 f.

11 Vgl die zahlreichen Verweise für Bekanntmachungen in den „Gesellschaftsblättern": Im AktG §§ 20 Abs 6, 63 Abs 1 S 2, 64 Abs 2 und 3, 73 Abs 2 S 3, 97 1 S 1, 121 Abs 4 S 1, 149 Abs 1, 183a Abs 2 S 1, 186 Abs 2, 205 Abs 5 S 3, 214 Abs 1 S 2 und Abs 2 S 2, 221 Abs 2 S 3, 226 Abs 2 S 3, 246 Abs 4 S 1, 248a, 259 Abs 5, 260 Abs 3 S 3, 267 S 2; in anderen Gesetzen ua §§ 25 Abs 1 S 1, 46 Abs 1 S 1 SEAG, §§ 62 Abs 3 S 2, 231 S 2, 267 Abs 2 S 1, 268 Abs 2 S 2 und 3 UmwG, § 39b Abs 2 und 4 S 2 WpÜG.

Von der Möglichkeit, weitere Gesellschaftsblätter mittels Satzungsregelung vorzusehen, wird in der Praxis kaum noch Gebrauch gemacht. Auch weiterhin bleibt es Aktiengesellschaften zwar unbenommen, Informationen zu den Bekanntmachungen neben dem Bundesanzeiger auch in weiteren Publikationsorganen zu veröffentlichen. Mit der Veröffentlichung in diesen Medien sind aber keine Rechtswirkungen mehr verbunden, da sie nicht mehr durch Satzungsregelung zu weiteren Gesellschaftsblättern bestimmt werden können.[12] 13

4. Einberufungsverlangen der Minderheit (Abs 4)

Abs 4 enthält eine Übergangsvorschrift zur Änderung von § 122 AktG. Im Hinblick auf die Änderung der Vorbesitzzeit von drei Monaten (so noch § 122 Abs 1 S 3 AktG aF iVm § 142 Abs 2 S 2 AktG) auf **90 Tage** sollte dadurch sichergestellt werden, dass alle Minderheitenverlangen nur entweder nach alter oder nach neuer Rechtslage zu beurteilen waren.[13] Für Verlangen auf Ergänzung der Tagesordnung sollte zudem verhindert werden, dass Angaben zu den Rechten der Aktionäre nach § 122 Abs 2 AktG, die börsennotierter Gesellschaften gemäß § 121 Abs 3 S 3 Nr 3 AktG in der Einberufung ihrer Hauptversammlung gemacht hatten, durch das Inkrafttreten der Aktienrechtsnovelle unrichtig wurden.[14] 14

Sämtliche Neuregelungen des § 122 Abs 1 S 3 und 4, Abs 3 S 5 AktG fanden erstmals auf Einberufungs- und Ergänzungsverlangen Anwendung, welche der Gesellschaft seit dem 1. Juni 2016 zugegangen waren. 15

Für die bis zum 31. Mai 2016 gestellten Anträge blieb die Regelung des § 121 Abs 1 S 3 AktG aF anwendbar, dh der Verweis für die Vorbesitzzeit auf die entsprechende Anwendung des § 142 Abs 2 S 2 AktG (siehe im Übrigen oben *Butzke*[5] § 122 AktG Rdn 14). 15

---

[12] So insgesamt auch schon Begr RegE Aktienrechtsnovelle 2016, BT-Drucks 18/4349, S 19. Materiell wird dies zu bedeuten haben, dass eine entsprechend neue Satzungsbestimmung unter § 23 Abs 5 S 2 AktG fällt (abschließend nämlich § 25 AktG).

[13] Begr RegE Aktienrechtsnovelle 2016, BT-Drucks 18/4349, S 34.

[14] Begr RegE Aktienrechtsnovelle 2016, BT-Drucks 18/4349, S 34.

§ 26i
Übergangsregelung zum CSR-Richtlinie-Umsetzungsgesetz

[1]Die §§ 111, 170, 171, 176, 237 und 283 des Aktiengesetzes in der Fassung des CSR-Richtlinie-Umsetzungsgesetzes vom 11. April 2017 (BGBl. I S. 802) sind erstmals auf Lage- und Konzernlageberichte anzuwenden, die sich auf ein nach dem 31. Dezember 2016 beginnendes Geschäftsjahr beziehen. [2]Auf Lage- und Konzernlageberichte, die sich auf vor dem 1. Januar 2017 beginnende Geschäftsjahre beziehen, bleiben die in Satz 1 bezeichneten Vorschriften in der bis zum 18. April 2017 geltenden Fassung anwendbar.

Übersicht

I. Grundlagen

1. Gesetzesgeschichte

1 Die am 19. April 2017 in Kraft getretene Norm wurde durch Art 9 des Gesetzes zur Stärkung der nichtfinanziellen Berichterstattung der Unternehmen in ihren Lage- und Konzernlageberichten (CSR-Richtlinie-Umsetzungsgesetz) vom 11. April 2017 (BGBl I, S 802) eingefügt. Die Norm wurde seitdem nicht mehr geändert.

2 Im Gesetzgebungsverfahren wurden auf Vorschlag des Ausschusses für Recht und Verbraucherschutz redaktionelle Folgeänderungen gegenüber dem RegE[1] vorgenommen. So wurde in der Übergangsvorschrift § 111 AktG ergänzt, und es erfolgte eine Folgeänderung zu der Verschiebung des Inkrafttretens in einem neuen Art 12.[2]

2. Europäisches Recht

3 Die Übergangsregelung beruht hinsichtlich der in Bezug genommenen Normen auf der Umsetzung europäischen Rechts zu der Richtlinie 2014/95/EU vom 22. Oktober 2014.[3] Die Richtlinie ist am 5. Dezember 2014 in Kraft getreten (Art 5) und war bis zum 6. Dezember 2016 umzusetzen (Art 4 Abs 1), ein Termin, der allerdings mit dem CSR-Richtlinie-Umsetzungsgesetz (oben Rdn 1) auch in übergangsrechtlicher Hinsicht um über drei Monate überschritten werden musste. Grund dafür war der vergleichsweise spät vorgelegte RegE,[4]

---

[1] Begr RegE CSR-Richtlinie-Umsetzungsgesetz, BT-Drucks 18/9982, S 22.

[2] Beschlussempfehlung und Bericht des Ausschusses für Recht und Verbraucherschutz zum CSR-Richtlinie-Umsetzungsgesetz, BT-Drucks 18/11450, S 35, 47.

[3] ABl EU Nr L 330 v 15.11.2014, S 1; ABl EU 2014 Nr L 369 v 24.12.2014, S 79.

[4] Siehe hierzu Beschlussempfehlung und Bericht des Ausschusses für Recht und Verbraucherschutz zum CSR-Richtlinie-Umsetzungsgesetz, BT-Drucks 18/11450, S 42 („Die Fraktion [der CDU/CSU] bedauerte, dass eine fristgemäße Umsetzung nicht möglich gewesen sei, da die Bundesregierung den Gesetzentwurf erst spät vorgelegthabe. Daher müsse das zu verabschie-

weshalb das Gesetz als Teil einer Kompromisslösung sachlich-rechtlich rückwirkend zu Beginn der damaligen Geschäftsjahre, die nach dem 31. Dezember 2016 begannen, in Kraft gesetzt wurde.[5] Auch die Sachnormen zur Rechnungslegung (§§ 289a bis 289e HGB) galten entsprechend nach Art 80 S 1 EGHGB rückwirkend schon für Geschäftsjahre, die nach dem 31. Dezember 2016 begannen.

3. Wirtschaftliche Bedeutung

Die Übergangsregelung zur Anwendbarkeit der CSR-Vorschriften dürfte angesichts der nunmehrigen zeitlichen Spanne seit der Verkündung nur noch mögliche (selten) anhängige Rechtsstreitigkeiten betreffen, die sich prüfungsrechtlich und bilanziell auf den Übergangszeitraum beziehen. **4**

II. CSR-Übergangsregelung[6]

Die Änderung der §§ 111, 170, 171, 176, 237 und 283 AktG zur bilanziellen Darstellung der Corporate Social Responsibility von Unternehmen erforderte eine neue Übergangsvorschrift, die § 26i EGAktG bildet. Danach gilt die infolge der Beschlussempfehlung des Ausschusses für Recht und Verbraucherschutz eingefügte Befugnis des Aufsichtsrats, eine „externe inhaltliche Überprüfung der nichtfinanziellen Erklärung" zu beauftragen, erst für Lage- und Konzernberichte, die sich auf ein ab dem Jahre 2017 beginnendes Geschäftsjahr beziehen. Der Verweis in S 2 auf die inhaltlich auf frühere Lage- und Konzernlageberichte anwendbaren Rechtsvorschriften auf den Rechtszustand vor dem „18. April 2017" wird nur verständlich durch Lektüre des Art 12 Abs 2 des CSR-Umsetzungsgesetzes, wonach das Gesetz am Tag nach der Verkündung an eben diesem 18. April 2017 in Kraft getreten ist. **5**

Die Übergangsvorschrift ist spiegelbildich zur Übergangsvorschrift im **EGHGB** (Art 80) formuliert, welche den Anwendungszeitpunkt der zahlreichen neuen bilanziellen Vorschriften des HGB klärt. **6**

Von § 26i betroffen sind bzw waren: **7**

- § 111 Abs 2 S 4 AktG: externe inhaltliche Überprüfung der nichtfinanziellen Erklärung oder des gesonderten nichtfinanziellen Berichts (289b HGB), der nichtfinanziellen Konzernerklärung oder des gesonderten nichtfinanziellen Konzernberichts (§ 315b HGB);
- § 170 Abs 1 S 3 AktG: Vorlage des gesonderten nichtfinanziellen Berichts und des gesonderten nichtfinanziellen Konzernberichts, sofern erstellt;
- § 171 Abs1 S 4 AktG: Überprüfung des gesonderten nichtfinanziellen Berichts und des gesonderten nichtfinanziellen Konzernberichts, sofern erstellt, auch durch den Aufsichtsrat;
- § 176 Abs 1 S 1 AktG: die Nennung der Vorschriften der §§ 289a Abs 1 und 315a Abs 1 HGB im Rahmen des erläuternden Berichts;
- § 237 Abs 3 Nr 2 AktG: für die Kapitalherabsetzung durch Einziehung von Aktien und

---

dende Gesetz rückwirkend in Kraft treten." Die Fraktion der SPD führte aus: „Auch die nicht rechtzeitige Umsetzung sei nicht Verschulden der [SPD-]Fraktion gewesen."

[5] Hierzu *Hirte* in der Plenardebatte anlässlich der 2. und 3. Lesung des Gesetzes, Deutscher Bundestag, Plen-Prot 18/221, S 22259 (A); *ders* NJW 2017, 1213.

[6] Vgl zum Folgenden auch Begr RegE CSR-Richtlinie-Umsetzungsgesetz, BT-Drucks 18/9982, S 65. § 111 AktG wurde, wie oben unter Rdn 2 erwähnt, nachträglich angefügt.

- § 283 Nr 10 AktG: für die persönlich haftenden Gesellschaften einer Kommanditgesellschaft auf Aktien und den Verweis auf die sinngemäße Anwendung der Vorschriften zu dem gesonderten nichtfinanziellen Bericht und gesonderten nichtfinanziellen Konzernbericht.

§ 26j
Übergangsvorschrift zum Gesetz zur Umsetzung der zweiten Aktionärsrechterichtlinie

(1) [1]Die erstmalige Beschlussfassung nach § 87a Absatz 1, § 113 Absatz 3 und § 120a Absatz 1 des Aktiengesetzes in der ab dem 1. Januar 2020 geltenden Fassung hat bis zum Ablauf der ersten ordentlichen Hauptversammlung, die auf den 31. Dezember 2020 folgt, zu erfolgen. [2]Die erstmalige Beschlussfassung nach § 87a Absatz 2 Satz 1 des Aktiengesetzes in der ab dem 1. Januar 2020 geltenden Fassung hat bis zum Ablauf von zwei Monaten nach erstmaliger Billigung des Vergütungssystems durch die Hauptversammlung zu erfolgen. [3]Den gegenwärtigen und hinzutretenden Vorstands- oder Aufsichtsratsmitgliedern kann bis zu dem in Satz 2 zuletzt geregelten Zeitpunkt eine Vergütung nach der bestehenden Vergütungspraxis gewährt werden; die vor diesem Zeitpunkt mit ihnen geschlossenen Verträge bleiben unberührt.

(2) [1]§ 162 des Aktiengesetzes in der ab dem 1. Januar 2020 geltenden Fassung ist erstmals für das nach dem 31. Dezember 2020 beginnende Geschäftsjahr anzuwenden. [2]§ 162 Absatz 1 Satz 2 Nummer 2 ist bis zum Ablauf des fünften Geschäftsjahres, gerechnet ab dem Geschäftsjahr nach Satz 1, mit der Maßgabe anzuwenden, dass nicht die durchschnittliche Vergütung der letzten fünf Geschäftsjahre in die vergleichende Betrachtung einbezogen wird, sondern lediglich die durchschnittliche Vergütung über den Zeitraum seit dem Geschäftsjahr nach Satz 1. [3]Die erstmalige Beschlussfassung nach § 120a Absatz 4 des Aktiengesetzes in der ab dem 1. Januar 2020 geltenden Fassung hat bis zum Ablauf der ersten ordentlichen Hauptversammlung, gerechnet ab Beginn des zweiten Geschäftsjahres, das auf den 31. Dezember 2020 folgt, zu erfolgen.

(3) § 124 des Aktiengesetzes in der ab dem 1. Januar 2020 geltenden Fassung ist erst ab dem 1. März 2020 und erstmals auf Hauptversammlungen anzuwenden, die nach dem 1. März 2020 einberufen werden.

(4) Die §§ 67, 67a bis 67f, 118, 121, 123, 125, 128, 129, 186 Absatz 2 Satz 1, § 214 Absatz 1 Satz 2, § 243 Absatz 3, § 246a Absatz 2 Nummer 2 und § 405 Absatz 2a Nummer 1 bis 5 und 7 des Aktiengesetzes in der ab dem 1. Januar 2020 geltenden Fassung sind erst ab dem 3. September 2020 anzuwenden und sind erstmals auf Hauptversammlungen anzuwenden, die nach dem 3. September 2020 einberufen werden.

(5) [1]Die Verordnung über den Ersatz von Aufwendungen der Kreditinstitute vom 17. Juni 2003 (BGBl. I S. 885), die durch Artikel 15 des Gesetzes vom 30. Juli 2009 (BGBl. I S. 2479) geändert worden ist, ist in der bis einschließlich 2. September 2020 geltenden Fassung bis zum Inkrafttreten einer Verordnung auf Grundlage der Ermächtigung in § 67f Absatz 3 des Aktiengesetzes, jedoch längstens bis einschließlich 3. September 2025 weiterhin sinngemäß anzuwenden. [2]Die Verordnung über den Ersatz von Aufwendungen der Kreditinstitute ist wie folgt sinngemäß anzuwenden:

1. auf Mitteilungen nach § 67 Absatz 4 Satz 1 bis 5 des Aktiengesetzes und bei börsennotierten Gesellschaften nach § 67d des Aktiengesetzes ist § 3 der Verordnung über den Ersatz von Aufwendungen der Kreditinstitute sinngemäß anzuwenden, und
2. auf Mitteilungen nach den §§ 67a bis 67c, auch in Verbindung mit § 125 Absatz 1, 2 und 5 des Aktiengesetzes ist § 1 der Verordnung über den Ersatz von Aufwendungen der Kreditinstitute sinngemäß anzuwenden.

Übersicht

Schrifttum

Christian Arnold/Julia Herzberg/Ricarda Zeh Das Vergütungssystem börsennotierter Gesellschaften nach § 87a AktG, AG 2020, S 313–322; *Böcking/Bundle* Die Umsetzung der zweiten Aktionärsrechterichtlinie (ARUG II). Implikationen der neuen Vergütungsregelungen für die Corporate Governance in Deutschland, Konzern 2020, S 15–23; *Björn Bork* Die Regelungen zu „know-your-shareholder" im Regierungsentwurf des ARUG II, NZG 2019, S 738–743; *Patrick Cichy/Arne Krawinkel* „Know Your Shareholder" nach ARUG II – Inpflichtnahme der Intermediäre bei der Aktionärsidentifizierung und Informationsübermittlung, DB 2020, S 602-608; *Tim Florstedt* Die wesentlichen Änderungen des ARUG II nach den Empfehlungen des Rechtsausschusses. Weitere sozial- und ökopolitische Indienstnahme der AG, Höchstgrenzen für Vorstandsgehälter und Effektuierung des Aktionärsschutzes bei related party transactions, ZIP 2020, S 1–9; *Heribert Hirte* Die Entwicklung des Unternehmens- und Gesellschaftsrecht im Jahr 2019, NJW 2020, S 2767–2774; *ders/Thomas Heidel* (Hrsg) Das neue Aktienrecht nach ARUG II und Corona-Gesetzgebung, 2020; *Ulrich Noack* Neue Regularien für die Hauptversammlung durch das ARUG II und den Corporate Governance Kodex 2020, DB 2019, S 2785–2791; *Gerald Spindler* Die Neuregelung der Vorstands- und Aufsichtsratsvergütung im ARUG II, AG 2020, S 61–74; *Michael Stöber* Neuerungen im Aktienrecht durch das ARUG II, DStR 2020, S 391–398; *Andre P H Wandt/Christina Vossen* Die Übergangsbestimmungen für das Vergütungssystem des Vorstands, AG 2020, S 705–712; *Dirk Zetzsche* Aktionärsidentifikation, Aktionärslegitimation und das Hauptversammlungsverfahren nach ARUG II, AG 2020, S 1–17.

I. Grundlagen

1. Gesetzesgeschichte

1 Die am 1. Januar 2020 in Kraft getretene Norm wurde durch Art 2 des Gesetzes zur Umsetzung der zweiten Aktionärsrechterichtlinie (ARUG II) vom 12. Dezember 2019 (BGBl I, S 2637) eingefügt. Die Norm wurde seitdem nicht mehr geändert.

2 Im Gesetzgebungsverfahren[1] wurden auf Vorschlag des Ausschusses für Recht und Verbraucherschutz redaktionelle Folgeänderungen gegenüber dem RegE[2] vorgenommen. So erfolgten in Abs 1 und 2 Folgeänderungen zu den Anwendungszeitpunkten der Hauptnormen betreffend die Beschlussfassungen (§§ 87a Abs 1, 113 Abs 3, 120a Abs 1 und 4 AktG) einerseits und den Vergütungsbericht (§ 162 AktG) andererseits.[3]

1 Hierzu auch schon *Hirte* NJW 2020, 2767, 2768; ausführliche Darstellung bei Hirte/Heidel/*Hirte* S 39 ff; vgl auch *dens* in der Plenardebatte anlässlich der 2. und 3. Lesung des Gesetzes, Deutscher Bundestag, Plen-Prot 19/127, 15898 (D).

2 Vgl RegE ARUG II, BT-Drucks 156/19, S 21 f.

3 Beschlussempfehlung und Bericht des Ausschusses für Recht und Verbraucherschutz ARUG II, BT-Drucks 19/15153, S 36 f.

2. Normzweck

Über den allgemeinen Zweck einer Übergangsregelung hinaus (siehe oben Einl) wurde die Übergangsregelung zur Einführung des Vergütungssystems nach den Vorgaben der zweiten Aktionärsrechte-Richtlinie und der dahingehend national umgesetzten Neuregelungen für die Aktionärsinformation und -identifikation geschaffen, um einen möglichst reibungslosen Übergang zu ermöglichen. 3

3. Europäisches Recht

Die Übergangsregelung beruht hinsichtlich der in Bezug genommenen Normen auf der Umsetzung europäischen Rechts zu der Richtlinie (EU) 2017/828 vom 17. Mai 2017).[4] Die Richtlinie ist am 9. Juni 2017 in Kraft getreten (Art 3) und war bis zum 10. Juni 2019 umzusetzen (Art 2 Abs 1), ein Termin, der allerdings mit ARUG II (oben Rdn 1) auch in übergangsrechtlicher Hinsicht um mehrere Monate überschritten wurde. 4

4. Wirtschaftliche Bedeutung

Der Übergangsvorschrift kommt in allen ihren Absätzen seit dem Jahr 2020 Bedeutung[5] zu. 5

Die Regelung kann sich in den Fällen des **Abs 2** und **Abs 5** sogar ausdrücklich bis in das Jahr 2025 auswirken. Für Rechtsstreitigkeiten, die sich auf die ggfls unrichtige oder unzureichende Anwendung der neuen und komplexen Regelungen zur Aktionärsidentifizierung sowie der hierzu notwendigen Anpassung der IT-Systeme und Verfahrensabläufe beziehen, könnte **Abs 4** noch eine Zeit lang als einer der normativen Ansatzpunkte herhalten. Ähnliches gilt für Streitfälle betreffend die Übergangsregelungen zum Vergütungssystem (**Abs 1**), hier ua für die Frage der zeitlichen Anwendbarkeit bei verweigerter erster Billigung (unten Rdn 10) und der Bekanntmachung (**Abs 3**). Hinsichtlich der zeitlichen Anwendbarkeit für Abs 1 und § 87a AktG dürfte sich ein größerer Teil der Praxis schon vorzeitig – dh vor dem finalen Umsetzungszeitpunkt – bemüht haben, ein neues Vergütungssystem für Vorstandsmitglieder zu schaffen.[6] 6

II. Übergangsregelung zum ARUG II[7]

1. Vergütungssystem (Abs 1)

Nach **S 1** hat die erstmalige **Beschlussfassung** über das **Vergütungssystem** im Aufsichtsrat nach § 87a Abs 1 AktG sowie die erste Beschlussfassung der Hauptversammlung über das vorgelegte Vergütungssystem nach § 120a Abs 1 AktG und über die Aufsichtsratsvergütung nach § 113 Abs 3 AktG bis zum Ablauf der ersten ordentlichen Hauptversammlung, 7

---

4 ABl EU Nr L 132 v 20.5.2017, S 1.

5 Hirte/Heidel/*Terbrack* § 26j Rdn 1 betont sogar, dass die Vorschrift erstmals in der Hauptversammlungssaison 2021 relevant würde.

6 Siehe hierzu K Schmidt/Lutter/*Seibt*[4] § 87a AktG Rdn 32 mit Beispielen in Fn 93.

7 Vgl hierzu und zum Folgenden Begr RegE ARUG II, BT-Drucks 19/9739, S 117 f und Beschlussempfehlung und Bericht des Ausschusses für Recht und Verbraucherschutz zum ARUG II, BT-Drucks 19/15153, S 57 f.

die auf den 31. Dezember 2020 stattfindet, zu erfolgen. § 87 Abs 4 AktG dürfte wegen der ausdrücklichen Verweisung auf § 87a AktG ebenfalls von diesem Zeitrahmen umfasst sein.[8] Durch die Festlegung auf den 31. Dezember 2020 muss eine solche Beschlussfassung somit erstmalig ab 1. Januar 2021 erfolgen. Den betroffenen Unternehmen verbleibt nach Inkrafttreten des Gesetzes folglich ausreichend Zeit, um sich auf die geänderten Vorschriften einzustellen. Eine **freiwillige frühere Einhaltung** der neuen Regelungen bleibt möglich[9] und ist nach Beschlussempfehlung und Bericht des Ausschusses für Recht und Verbraucherschutz auch „wünschenswert"[10]. Die Übergangsregelung verhindert den Zwang zu einer sofortigen Beschlussfassung, die, wenn sie nicht sogar hinsichtlich der Abhaltung einer Hauptversammlung binnen kurzer Frist unerfüllbar wäre, zumindest zu erheblichen Belastungen der betroffenen Gesellschaften führen würde. Ferner wird dadurch sichergestellt, dass den Gesellschaften im Hinblick auf die umfangreichen neuen Regelungen durch das ARUG II eine Einarbeitungszeit zur Verfügung steht, insbesondere zur Vorbereitung der Hauptversammlung. Der (Mindest-)Vier-Jahres-Zeitraum des § 120a Abs 1 S 1 AktG sowie des § 113 Abs 3 AktG berechnet sich sodann jeweils ab dieser erstmaligen Beschlussfassung. Aufgrund des Wortlauts der Übergangsvorschrift („hat bis [...] zu erfolgen") ist eine frühere Beschlussfassung hier ebenfalls zulässig. Die Anknüpfung an die ordentliche Hauptversammlung in Satz 1 stellt eine Parallele zu § 120a Abs 3 AktG her, wodurch verhindert wird, dass eine eventuelle **außerordentliche Hauptversammlung** zusätzlich zu ihrem eigentlichen Einberufungsgrund die neuen Vergütungsbeschlüsse zu fassen hätte; zulässig wäre dies aber.

8 **S 2** trifft eine ähnliche Regelung für § 87a Abs 2 S 1 AktG (betreffend die Verzahnung der Kompetenz des Aufsichtsrats für die Festsetzung des Vergütungssystems mit dem entsprechenden Votum der Hauptversammlung), der eine weitere Frist bis zum Ablauf von zwei Monaten nach Billigung des ersten Vergütungssystems durch die Hauptversammlung im Beschluss nach § 120a Abs 1 S 1 AktG einräumt. Eine Änderung der in Satz 2 vorgesehenen Fristen war im Gesetzgebungsverfahren nicht mehr erforderlich, da sich diese Frist nach der **erstmaligen** Billigung eines Vergütungssystems durch die Hauptversammlung berechnet. Die Regelung verhindert, dass Aufsichtsräte gezwungen sind, das erste, der Hauptversammlung vorgelegte Vergütungssystem nach § 87a AktG bei dessen Nichtbilligung durch die Hauptversammlung zwingend für die Vergütungsfestsetzung nach § 87a Abs 2 S 1 AktG heranzuziehen. Um diesem Ziel noch deutlicher Ausdruck zu verleihen, wurde der Wortlaut in S 2 sprachlich geschärft, indem nun von der „erstmalige[n]"[11] Billigung die Rede ist. Gleichzeitig stellt die Formulierung „hat bis [...] zu erfolgen" jedoch wiederum klar, dass auch ein solches Vorgehen des Aufsichtsrats, sollte es aufgrund der Besonderheiten des Einzelfalls sinnvoll erscheinen, trotzdem zulässig wäre.

9 Die Fristsetzung des S 2 wird flankiert durch die Regelung des **S 3**, dass bis zum Ablauf der Frist des S 2 eine Vergütung nach der **bestehenden Vergütungspraxis** gewährt werden kann.[12] Bis zur erstmaligen Vergütungsfestsetzung auf Basis eines Vergütungssystems nach § 87a Abs 1 AktG kann sowohl den aktuellen als auch solchen Vorstands- oder Aufsichtsratsmitgliedern, die in diesem Übergangszeitraum (dh bis zum Ablauf von zwei Monaten) zum jeweiligen Gremium hinzutreten, eine Vergütung nach der bestehenden Vergütungspraxis gewährt werden. S 3 Hs 2 stellt zudem klar, dass die im Übergangszeitraum laufenden

---

8 So auch *Florstedt* ZIP 2020, 1, 3 Fn 37.

9 So auch *Böcking/Bundle* Der Konzern 2020, 15, 17; *Wandt/Vossen* AG 2020, 705, 706.

10 Siehe Beschlussempfehlung und Bericht des Ausschusses für Recht und Verbraucherschutz zum ARUG II, BT-Drucks 19/15153, S 57.

11 Nach Beschlussempfehlung und Bericht des Ausschusses für Recht und Verbraucherschutz ARUG II, BT-Drucks 19/15153, S 57.

12 Vgl auch *Arnold/Herzberg/Zeh* AG 2020, 313, 320; *Spindler* AG 2020, 61, 69 Fn 115.

oder begründeten Verträge unberührt bleiben;[13] hierzu mag noch klargestellt[14] werden, dass die Regelung nur Verträge mit Vorstandsmitgliedern betrifft, da mit Aufsichtsratsmitgliedern keine Anstellungs oder sonstigen Vertragsverhältnisse bestehen (ausführlich zum rein korporationsrechtlichen Rechtsverhältnis oben *Hopt/Roth*[5] § 101 AktG Rdn 111).

In **Diskussion** geraten ist die übergangsrechtliche Bezugnahme auf die „Billigung" des **ersten Vergütungssystems**, da die Bindungswirkung nach § 87a Abs 2 S 1 gerade ohne Rücksicht auf das nur empfehlende Votum der Hauptversammlung eintritt. Wenn die Hauptversammlung das allererste (!) ihr vorgelegte Vergütungssystem **nicht gebilligt** hat, kann sich nämlich die Frage stellen, woran sich der Aufsichtsrat bis zu der erneuten Beschlussfassung der Hauptversammlung (vgl § 120a Abs 3 AktG) bei dem Vergütungssystem halten kann oder vielmehr muss. Vertreten wird hierzu, dass der Aufsichtsrat in einem solchen, dh ablehnenden Billigungsbeschluss der Hauptversammlung allein das vorgelegte Vergütungssystem bis spätestens zu der nächsten ordentlichen Hauptversammlung anwenden muss, da im Übrigen (noch) kein weiteres und den Anforderungen des neuen § 87a AktG entsprechendes System vorliegt.[15] Mangels Alternative für ein abgelehntes Vergütungssystem – bei erstmaliger Anwendung – dürfte auch ein Teil der Begründung des RegE zu § 87a AktG für eine solche Auslegung sprechen,[16] was aber in Widerspruch[17] zu der gesamten hier bereits dargelegten Begründung aus dem RegE zu § 26j Abs 1 S 3 steht (oben Rdn 7 f). Aus § 26j Abs 1 S 2 iVm S 3 erschließt sich nämlich explizit die Wertung, dass das zeitliche Festhalten an der noch im Übergangszeitraum befindlichen Vergütungspraxis, in Grenzen, durchaus dem Sujet eines Vertrauensmaßstabs[18] und der Vertragstreue unterfallen kann. Schließlich ist auch die Gesetzeshistorie und damit der dokumentierte Wille des Gesetzgebers zur Übergangsregelung zu beachten, weshalb sich eine **thematische Herabstufung** dieser intertemporalen Norm[19] **kaum anbietet** (insbesondere mangels eigener Hinweise in der Sachnorm)[20].[21] Die Wortlautergänzung und Verschärfung um eine „erstmalige" Billigung (oben Rdn 8) muss – da Gesetz geworden, und zwar unter eigener Entscheidungsprärogative auch für Übergangsvorschriften[22] – eine eigene Bedeutungskraft innehaben (siehe zur praktischen Bedeutung schon oben Rdn 5 f). Maßgeblich dürfte in dem Übergangszeitraum daher nur **10**

---

13 Hierzu *Wandt/Vossen* AG 2020, 705, 706 f.

14 So auch schon Beschlussempfehlung und Bericht des Ausschusses für Recht und Verbraucherschutz zum ARUG II, BT-Drucks 19/15153, S 58.

15 Mit einer solchen Wertung *Ihrig/Schäfer* Rechte und Pflichten des Vorstands, Rdn 194d; Hirte/Heidel/*Lochner/Beneke* § 87a AktG Rdn 26; *Spindler* AG 2020, 61, 69; *Stöber* DStR 2020, 391, 395.

16 Begr RegE ARUG II, BT-Drucks 19/9739, S 75: „Zunächst wird jedoch das in der ersten Hauptversammlung nach Inkrafttreten des § 87a Abs 2 S 1 AktG-E vorgelegte Vergütungssystem unabhängig vom Votum der Hauptversammlung Grundlage der Vorstandsvergütung sein, da es das einzige sein dürfte, das der Hauptversammlung vorgelegt wurde und das den Anforderungen des § 87a Abs 2 S 1 AktG-E entspricht."

17 Siehe Begr RegE ARUG II, BT-Drucks 19/9739, S 117 f.

18 Siehe auch schon *Hirte* in der Plenardebatte anlässlich der 2. und 3. Lesung des Gesetzes, Deutscher Bundestag, Plen-Prot 19/127, 15899 (C) („Hat das Auswirkungen auf Altverträge? Das hat es nicht. Die Verträge, die jetzt bestehen, bleiben bestehen; insoweit gilt Vertrauensschutz. Bei neuen Verträgen, die ab Inkrafttreten des Gesetzes geschlossen werden, muss man natürlich auf die Punkte, die wir jetzt beschließen, achten und potenzielle Kündigungs- oder ähnliche Klauseln verabreden."

19 So wohl aber Grigoleit/*Grigoleit/Kochendörfer*[2] § 87a AktG Rdn 125, die es für „fernliegend" halten, der intertemporalen Norm eine derart „einschneidende materiellrechtliche Weichenstellung zu entnehmen".

20 Auch bereits Grigoleit/*Grigoleit/Kochendörfer*[2] § 87a AktG Rdn 124; *Wandt/Vossen* AG 2020, 705, 709.

21 Hierzu *Wandt/Vossen* AG 2020, 705, 707 ff.

22 Vgl bereits BVerfG 19.4.1977 – 1 BvL 17/75, E 44, 283 Tz 16.

eine etwa positive Beschlussfassung der Hauptversammlung sein, während bis zu dieser erstmaligen Billigung eine Verpflichtung zur Festsetzung des neuen Vergütungssystems für Altverträge[23] nicht bestehen dürfte.

2. Vergütungsbericht (Abs 2)

11 Abs 2 **S 1** regelt den Zeitpunkt der Anwendung der Vorschriften über den **Vergütungsbericht**. Der gesamte Absatz vollzieht die Festlegung des Stichtages des Abs 1 auf den 31. Dezember 2020 für die Berichtspflichten des § 162 AktG nach (siehe dessen Kommentierung in Anhang 2).[24] Wenn die erstmalige Beschlussfassung nach § 87a Abs 1, § 113 Abs 3 und § 120a Abs 1 AktG am 1. Januar 2021 erfolgen kann, kann auch ein für § 162 AktG relevanter Berichtsinhalt erst ab 1. Januar 2021 entstehen. Dies vermeidet eine Rückwirkung der Berichtspflichten auf ein Geschäftsjahr, das bereits vor Inkrafttreten des Gesetzes begonnen hätte und gibt den betroffenen Gesellschaften Zeit, sich auf die neuen Vorschriften vorzubereiten und die erforderlichen Daten zusammenzustellen.

12 S 2 regelt eine Erleichterung hinsichtlich der Darstellung der durchschnittlichen Vergütung auf **Vollzeitäquivalenzbasis** der Arbeitnehmer und ändert dabei die Vorgaben der Hauptnorm ab. Die Berücksichtigung des vollständigen Fünfjahreszeitraums bereits ab dem Zeitpunkt des Inkrafttretens des Gesetzes und auch ab der erstmaligen Anwendung des § 162 AktG würde die börsennotierten Gesellschaften zwingen, Daten aus der Vergangenheit beizubringen, die sie gegebenenfalls in Unkenntnis dessen, dass eine solche gesetzliche Regelung erlassen werden würde, nicht erhoben haben. Um eine solche Rückanknüpfung zu vermeiden, sieht S 2 einen fünfjährigen Übergangszeitraum – dh praktisch bis einschließlich **2025** – vor, sodass von Seiten der Gesellschaften nur Daten beizubringen sind, die sich auf einen Zeitraum nach Inkrafttreten des Gesetzes beziehen. Einer weiteren Regelung, bis wann der Bericht nach § 162 AktG zu erstellen ist, bedurfte es nicht, da nach der Anordnung des § 162 Abs 1 S 1 AktG dieser jährlich für das letzte Geschäftsjahr zu erstellen ist. Das bedeutet zum einen, dass die Erstellung für das in Abs 2 S 1 bezeichnete Geschäftsjahr in dem Geschäftsjahr zu erfolgen hat, das auf das Geschäftsjahr des Abs 2 S 1 folgt, und zum anderen, dass eine jede Erstellung innerhalb dieses Jahreszeitraums die Vorschrift erfüllt.

13 Faktisch begrenzt wird der vorgenannte Zeitraum durch die Regelung der **S 3**, die wiederum sicherstellt, dass den Unternehmen ein **Übergangs- und Vorbereitungszeitraum** zukommt, bevor der **Hauptversammlungsbeschluss** erforderlich ist. Aufgrund des Wortlauts der Vorschrift („hat bis [...] zu erfolgen") ist eine frühere Beschlussfassung, ggf auch auf einer außerordentlichen Hauptversammlung,[25] zulässig; dies setzt logisch bedingt jedoch voraus, dass bereits für das Geschäftsjahr 2020 ein Vergütungsbericht nach den Vorgaben des § 162 AktG erstellt worden ist.

---

[23] So dann ggfs auch zur Zukunftsverlagerung für die erste Anwendung des neuen Systems (bei weiteren Ablehnungen) *Böcking/Bundle* Konzern 2020, 16, 17; *Wandt* AG 2020, 705, 709.

[24] Zum Übergangsrecht auch BeckOGK/*Bayer/Scholz* § 162 AktG Rdn 175; K Schmidt/Lutter/*Seibt*[4] § 162 Rdn 31; MünchKomm/*Spindler*[5] § 162 AktG Rdn 99; Henssler/Strohn-GesR/*E Vetter*[5] § 162 AktG Rdn 17.

[25] Vgl auch BeckOGK/*Hoffmann* § 120a AktG Rdn 51.

3. Bekanntmachungen (Abs 3)

Abs 3 enthält eine **Übergangsregelung für die neuen Bekanntmachungsvorschriften** in § 124 Abs 2 S 3 und 4, Abs 3 S 1 AktG. Der Übergang war mit mindestens zwei[26] Monaten nach Inkrafttreten dieses Gesetzes am 1. Januar 2020 so kurz gefasst, dass die neuen Bekanntmachungsvorschriften bereits für die ersten Hauptversammlungen galten, die erstmalig die neuen Regelungen zur Vergütung des Vorstands und des Aufsichtsrats anzuwenden haben. 14

4. Aktionärsinformation und Aktionärsidentifizierung (Abs 4)

Abs 4 enthält eine **Übergangsregelung** für die Vorschriften betreffend die **Aktionärsinformation und Aktionärsidentifizierung.** Diese Vorschriften sind eng mit der zweiten Aktionärsrechterichtlinie-Durchführungsverordnung (EU) 2018/1212 vom 3. September 2018[27] verknüpft. Diese gilt jedoch gemäß Art 11 Abs 2 der zweiten Aktionärsrechterichtlinie-Durchführungsverordnung erst seit dem 3. September 2020. Um Widersprüche in der Übergangszeit zu vermeiden, wird daher der gemäß Art 2 Abs 1 UA 2 der Richtlinie eingeräumte Spielraum ausgenutzt und eine Geltung der Neuregelungen zur Aktionärsinformation und Aktionärsidentifikation erst ab Geltung der zweiten Aktionärsrechterichtlinie-Durchführungsverordnung seit dem 3. September 2020 angeordnet. Im Grundsatz gelten die in Abs 4 genannten Regelungen daher erst seit dem 3. September 2020. Um zu vermeiden, dass auf ein und dieselbe Hauptversammlung verschiedene Vorschriften Anwendung finden, insbesondere hinsichtlicher Einberufung, gelten die Neuregelungen in Bezug auf Hauptversammlungen jedoch erst für solche, die nach dem 3. September 2020 einberufen werden.[28] 15

Intermediären und Aktiengesellschaften blieb praktisch somit die dringend notwendige Zeit, um Anpassungen an die wichtigen Neuerungen zum elektronischen Übermittlungssystem vorzunehmen.[29] 16

5. Ersatz von Aufwendungen der Kreditinstitute (Abs 5)

Abs 5 regelt die **sinngemäße Anwendung der Verordnung über den Ersatz von Aufwendungen der Kreditinstitute (KredAufwErsVO)** für den Zeitraum ab deren Aufhebung und in der Fassung vor deren Aufhebung gemäß Art 7 des ARUG II, dh ab dem 3. September 2020, bis zum Inkrafttreten einer neuen Kostenverordnung auf Grundlage von **§ 67f Abs 3 AktG,** jedoch längstens bis einschließlich 3. September 2025. 17

Die übergangsweise Fortgeltung der Verordnung entspricht den vielfach geäußerten Wünschen der Praxis.[30] Allerdings kann nur eine sinngemäße Anwendung der Regelungen 18

---

26 Begr RegE ARUG II, BT-Drucks 19/9739, S 118 spricht noch von „einem Monat nach Inkrafttreten", obwohl schon der dazu in Bezug genommene § 26j Abs 3 AktG-RegE das „Datum des ersten Tages des zweiten auf das Inkrafttreten nach Artikel 16 Satz 1 dieses Gesetzes folgenden Kalendermonats" vorgibt.

27 ABl EU Nr L 223 v 4.9.2018, S 1.

28 Feststellend auch etwa *Cichy/Krawinkel* DB 2020, 602.

29 Hierzu auch bereits *B Bork* NZG 2019, 738, 743; *Noack* DB 2019, 2785, 2791; *Zetzsche* AG 2020, 1, 2.

30 Ebenfalls praktisch begrüßend Hirte/Heidel/*Terbrack* § 26j Rdn 5, der jedoch allein schon aufgrund der verspäteten Umsetzung insoweit eine europarechtswidrige Regelung annimmt (zweifelhaft).

der KredAufwErsVO aus dem Jahr 2003 erfolgen, da aufgrund der Neuregelungen in §§ 67, 67a bis 67d und in den §§ 125, 128 AktG eine direkte Anwendung nicht mehr in Betracht kommt. Im Grundsatz sollte es der Praxis überlassen bleiben, den Aufwendungsersatz und die entsprechenden Beträge festzulegen. Die in der Verordnung enthaltenen Regelungen zu den Beträgen für den Aufwendungsersatz sollen daher in sinngemäßer Anwendung lediglich **Anhaltspunkte** und **Orientierung** geben. Entsprechend der bisherigen Struktur der KredAufwErsVO können allerdings nicht alle Kostenaspekte der Neuregelungen zur Aktionärsinformation und Aktionärsidentifikation abgedeckt werden. Sinngemäß lassen sich daher die Regelungen aus § 1 KredAufwErsVO auf die Neuregelungen zur Aktionärsinformation in den §§ 67a bis 67c, 125 Abs 1, 2 und 5 AktG anwenden und die Regelungen aus § 3 KredAufwErsVO auf die Regelungen zur Aktionärsidentifikation in den § 67 Abs 4, 67d AktG. Die übrigen nicht ausdrücklich genannten Regelungen der KredAufwErsVO, namentlich die §§ 2, 4 KredAufwErsVO, können ebenfalls sinngemäß angewendet werden.

19 Der Bundesrat hatte in seiner Stellungnahme angeregt,[31] von der Ermächtigung zum Erlass der Verordnung nach § 67f Abs 3 AktG so schnell wie möglich Gebrauch zu machen und dabei weitestgehend pauschale Ansätze zur Bemessung des Aufwendungsersatzes vorzusehen, um zügig für Rechtssicherheit zu sorgen. Da es sich iRd Übergangsregelung jedoch nur um Anhaltspunkte und eine Orientung zur sinngemäßen Anwendung handelt,[32] dürften **anderweitige Aufwendungsersatzbeträge** unter Einigung zwischen der Gesellschaft und den beteiligten Intermediären bis dahin **zulässig**[33] sein.

---

[31] Vgl hierzu Stellungnahme des Bundesrates, BR-Drucks 156/19 (B), S 3.

[32] So ausdrücklich Begr RegE ARUG II, BT-Drucks 19/9739, S 119.

[33] So auch Grigoleit/*Rachlitz*[2] § 67f Rdn 19.

§ 26k
Übergangsvorschrift zum Finanzmarktintegritätsstärkungsgesetz

(1) [1]Die §§ 404a, 405 und 407a des Aktiengesetzes in der ab dem 1. Juli 2021 geltenden Fassung sind erstmals auf alle gesetzlich vorgeschriebenen Abschlussprüfungen für das nach dem 31. Dezember 2021 beginnende Geschäftsjahr anzuwenden. [2]Die in Satz 1 bezeichneten Vorschriften in der bis einschließlich 30. Juni 2021 geltenden Fassung sind letztmals anzuwenden auf alle gesetzlich vorgeschriebenen Abschlussprüfungen für das vor dem 1. Januar 2022 beginnende Geschäftsjahr.

(2) § 107 Absatz 4 Satz 1, 2, 4 bis 6, § 209 Absatz 5 und § 407 Absatz 1 des Aktiengesetzes in der ab dem 1. Juli 2021 geltenden Fassung sind erstmals ab dem 1. Januar 2022 anzuwenden.

(3) § 256 des Aktiengesetzes in der ab dem 1. Juli 2021 geltenden Fassung ist erstmals auf Jahresabschlüsse für das nach dem 31. Dezember 2021 beginnende Geschäftsjahr anzuwenden.

(4) § 143 Absatz 2, § 209 Absatz 4 und § 258 Absatz 4 des Aktiengesetzes in der ab dem 1. Juli 2021 geltenden Fassung sind erstmals auf Sonderprüfer, die für das nach dem 31. Dezember 2021 beginnende Geschäftsjahr bestellt, oder Prüfer, die für das nach dem 31. Dezember 2021 beginnende Geschäftsjahr gewählt werden, anzuwenden.

(5) § 293d in der ab dem 1. Juli 2021 geltenden Fassung ist erstmals auf die Prüfung von Unternehmensverträgen anzuwenden, die nach dem 31. Dezember 2021 geschlossen wurden. § 293d in der bis einschließlich 30. Juni 2021 geltenden Fassung ist letztmals auf die Prüfung von Unternehmensverträgen anzuwenden, die vor dem 1. Januar 2022 geschlossen wurden.

Übersicht

Schrifttum

Michael Bormann/Jonas Böttger Die Abschlussprüfung im Blick des FISG-RegE – Bilanzbetrug adé? NZG 2021, S 330–334; *Joachim Hennrichs* Finanzmarktintegritätsstärkungsgesetz (FISG) – die „richtigen Antworten auf Wirecard"? DB 2021, S 268–279; *Heribert Hirte* Was uns der Fall Wirecard lehrt, Handelsblatt v 30.9.2020, Nr 189, S 48; *Klaus J Hopt/Christoph Kumpan* Governance in börsennotierten und anderen bedeutenden Aktiengesellschaften, AG 2021, S 129–140; *Andreas Kerkemeyer* Die Reform des deutschen Abschlussprüfungs-, Bilanzkontroll- und Finanzaufsichtsrechts durch das Gesetz zur Stärkung der Finanzmarktintegrität (FISG), JZ 2021, S 813–820; *Kaspar Krolop* Ergänzungen und Änderungen bei den Bausteinen einer Governance der Abschlussprüfung in der finalen Fassung des FISG, NZG 2021, S 853–859; *Peter O Mülbert* Wirecard 4.0, ZHR 185 (2021), S 2–15; *Eberhard Scheffler* Stärkung der Integrität der Rechnungslegung, AG 2020, S R332-R333; *Matthias Schüppen* Der Regierungsentwurf des Gesetzes zur Stärkung der Finanzmarktintegrität (FISG) – Hart, bissig, unausgegoren. Abschlussprüfung und Bilanzkontrolle stehen im Fokus des Wirecard-Gesetzes, das noch Wünsche offenlässt, DStR 2021, S 246–254; *Eberhard Vetter* Das neue Auskunftsrecht des Prüfungsausschusses nach § 107 Abs 4 AktG. Steigerung der Verantwortung der Mitglieder des Prüfungsausschusses, AG 2021, S 584–588.

I. Grundlagen

1. Gesetzesgeschichte

1 Die am 1. Juli 2021 in Kraft getretene Norm wurde durch Art 16 des Gesetzes zur Stärkung der Finanzmarktintegrität (Finanzmarktintegritätsstärkungsgesetz – FISG)[1] vom 3. Juni 2021 (BGBl I, S. 1534) eingefügt. Die Norm wurde seitdem nicht mehr geändert.

2 Die Übergangsregelung des § 26k entstammt dem RegE[2] zum FISG. Erst aufgrund der Beschlussempfehlung des Finanzausschusses[3] erfolgten leichte Folgeänderungen in Abs 2 betreffend die Einfügung der neuen S 2 und S 5 in § 107 Abs 4 AktG (Verschiebungen in § 26 von S 3 und S 4 idF RegE auf nunmehr S 2, S 4 bis 6).

2. Normzweck

3 Über den allgemeinen Zweck einer Übergangsregelung hinaus (siehe oben Einl)[4] liegt der Übergangsregelung übergreifend insbesondere mit Inbezugnahme auf die sachlichrechtlichen Vorschriften die Aufarbeitung des **Wirecard-Bilanzskandals** zugrunde,[5] mithin ein Regelungsvorhaben des FISG, welches (zweckbedingt) auf eine weitreichende Bilanzkontrolle von kapitalmarktorientierten Unternehmen von öffentlichem Interesse zielt.

3. Europäisches Recht

4 Die Übergangsregelung weist keinen europarechtlichen Bezug auf.

4. Wirtschaftliche Bedeutung

5 Der Übergangsvorschrift kommt in allen ihren Absätzen seit dem Jahr 2021 bzw den in den Absätzen genannten Zeiträumen – etwa zu dem „nach dem 31. Dezember 2021 beginnende[n] Geschäftsjahr“ – enorme Bedeutung zu. Bei den Übergangsregelungen zu den **Straftaten- und Ordnungswidrigkeitentatbeständen bzw der Beugemaßnahme** (§ 407

---

[1] Der Bundesrat hat in seiner Sitzung am 28.5.2021 beschlossen, dem vom Deutschen Bundestag am 20.5.2021 verabschiedeten Gesetz gem Art 108 Abs 5 GG zuzustimmen, vgl Beschluss des Bundesrates, BR-Drucks 425/21.

[2] Begr RegE FISG, BT-Drucks 19/26966, S 44.

[3] Beschlussempfehlung und Bericht des Finanzausschusses FISG, BT-Drucks 19/29879, S 108, 178 (elektronische Vorabfassung).

[4] Aus Begr RegE FISG, BT-Drucks 19/26966, S 118 geht für den Gehalt der Übergangsregelung lediglich hervor, dass die Regelung „angemessene Übergangsfristen vor[sieht], damit sich die jeweils Betroffenen auf die neue Rechtslage einstellen können.“

[5] Siehe nur Begr RegE FISG, BT-Drucks 19/26966, S 55 („[j]üngste Vorkommnisse“); vgl auch die mehrfache Nennung von Wirecard in Beschlussempfehlung und Bericht des Finanzausschusses FISG, BT-Drucks 19/29879 (elektronische Vorabfassung); zum Hintergrund und weiterem Regelungsbedarf bereits *Hirte* Handelsblatt v 30.9.2020, Nr 189, S 48; *Luczak/ders* Pressemitteilung der CDU/CSU-Fraktion im Deutschen Bundestag vom 20.5.2021, Stärkung des Finanzmarktes Deutschland (abrufbar unter https://www.cducsu.de/presse/pressemitteilungen/staerkung-des-finanzmarktes-deutschland); vgl auch *Hennrichs* DB 2021, 268; *Kerkemeyer* JZ 2021, 813; *Mülbert* ZHR 185 (2021), 2, 4 f; *Schüppen* DStR 2021, 246.

AktG) liegt die hohe Bedeutung eigens für Organmitglieder oder Mitglieder des Prüfungsausschusses auf der Hand, doch folgt nach dem Übergangszeitraum auch etwa – „ab dem 1. Januar 2022" – die wichtige, **verpflichtende Einführung des Prüfungsausschusses** und des neu gestalteten **Auskunftsrechts** (Abs 2); auch bei einem nach guter Corporate Governance schon zuvor errichteten Prüfungsausschuss (siehe auch oben *Hopt/Roth*[5] § 107 AktG Rdn 498 ff) dürfte der Blick auf die Änderung des § 107 Abs 4 AktG während der Übergangszeit also erforderlich sein.

II. Übergangsregelung zum FISG

1. Straf- und ordungswidrigkeitenrechtliche Tatbestände (Abs 1)

Nach **Abs 1 S 2** gelten die in der seit dem 1. Juli 2021 geltenden Fassung von § 404a AktG (Verletzung der Pflichten bei Abschlussprüfungen), § 405 AktG (Ordnungswidrigkeiten) und § 407a AktG (Mitteilungen an die Abschlussprüferaufsichtsstelle) geregelten Straf- und Ordnungswidrigkeitentatbestände erstmals für alle gesetzlich vorgeschriebenen Abschlussprüfungen (vgl § 316 HGB) für das nach dem 31. Dezember 2021 beginnende Geschäftsjahr. Was die geänderten Normen des AktG angeht, wird etwa in § 404a AktG durch die Übernahme der **Legaldefinition**[6] aus § 316a S 2 HGB zu Unternehmen von öffentlichem Interesse die Lesbarkeit verbessert.[7] Für § 405 AktG wurden insbesondere Anpassungen umgesetzt, die sich daraus ergaben, dass Aktiengesellschaften, die Unternehmen von öffentlichem Interesse sind, künftig verpflichtend einen Prüfungsausschuss einrichten müssen, und dass die Kompetenz für die Wahl des Abschlussprüfers künftig auch bei Versicherungsgesellschaften bei der Hauptversammlung liegt.[8] In § 407 AktG erfolgte lediglich eine Folgeänderung zur Änderung des § 405 AktG (die Angabe „bis 3d" in § 407 Abs 1 AktG wurde durch die Angabe „und 3c" ersetzt).[9] 6

Die in Abs 1 S 1 genannten Vorschriften in der bis einschließlich 30. Juni 2021 geltenden Fassung sind nach **Abs 1 S 2** letztmals anzuwenden auf alle gesetzlich vorgeschriebenen Abschlussprüfungen (vgl § 316 HGB) für das vor dem 1. Januar 2022 beginnende Geschäftsjahr. S 2 berücksichtigt somit hinsichtlich der Geltung der alten Fassungen logisch folgerichtig die zeitliche Anwendung der neuen Fassungen (siehe S 1). 7

2. Prüfungsausschuss und Abschlussprüfer (Abs 2)

Abs 2 betrifft mit der (zeitlichen) Inbezugnahme auf die Vorschrift zum Prüfungsausschuss eines der Herzstücke der Corporate-Governance-Gesichtspunkte. Nach Abs 2 sind die Regelungen der §§ 107 Abs 4 S 1, 2, 4 bis 6; 209 Abs 5 und 407 Abs 1 AktG in der seit dem 1. Juli 2021 geltenden Fassung erstmals ab dem 1. Januar 2022 anzuwenden. Mit der Neufassung des § 107 Abs 4 AktG wird die Einrichtung eines **Prüfungsausschusses** des Aufsichtsrats für Unternehmen von öffentlichem Interesse aufgrund seiner hohen Bedeutung im Hinblick auf den Rechnungslegungsprozess und die Abschlussprüfung **verpflichtend geregelt**. Zudem enthält S 4 auf Empfehlung des Finanzausschusses[10] das Recht eines jeden Mitglieds des Prüfungsausschusses, unmittelbar Auskünfte von den Leitern der Zentralbrei- 8

---

6 Hierzu aus dem Schrifttum etwa *Schüppen* DStR 2021, 246, 248.

7 Vgl Begr RegE FISG, BT-Drucks 19/26966, S 118.

8 Vgl Begr RegE FISG, BT-Drucks 19/26966, S 118.

9 Vgl Begr RegE FISG, BT-Drucks 19/26966, S 118.

10 Vgl Beschlussempfehlung und Bericht des Finanzausschusses FISG, BT-Drucks 19/29879, S 178 (elektronische Vorabfassung).

che in der Gesellschaft zu verlangen; die Einholung der Auskunft hat aus Praktikabilitätsgründen durch den Ausschussvorsitzenden zu erfolgen.[11] Die Übergangsregelung wirkt für die Einführung und Gestaltung des Prüfungsausschusses nach der neuen Fassung des § 107 Abs 4 AktG strikt ab dem 1. Januar 2022, ohne dass es auf irgendwelche vorherigen (ggfs andersartigen und längerfristig angedachten) Bestellungsakte ankäme. Die Einrichtung eines Prüfungsausschusses dürfte ohnehin bereits aus Sicht einer guten Corporate Governance durch **Empfehlung D.3 DCGK**[12] nahegelegt sein, also auch vor dem 1. Januar 2022.

9 Mit Bezugnahme auf die neue Fassung des § 209 AktG wird auch die Folgeänderung zur Aufhebung von § 319a HGB (besondere Ausschlussgründe bei Unternehmen von öffentlichem Interesse)[13] adressiert. Dass von den nationalen Spielräumen betreffend die Abweichungen von der *Blacklist* des Art 5 der Abschlussprüfer-Verordnung vom 16. April 2014[14] – zB die Erbringung von Steuerberatungsleistungen und Bewertungsleistungen durch den Abschlussprüfer[15] – nicht mehr Gebrauch gemacht wird,[16] ist übergangsrechtlich somit ebenfalls ab dem 1. Janaur 2022 zu beachten (siehe für § 319a HGB [aF] auch Art 86 Abs 1 EGHGB[17]). Die Übergangsregelung zu § 407 AktG nimmt mittelbar die **Zwangsgeldregelung** in Bezug, bei welcher durch Ergänzung sichergestellt werden sollte, dass die Aufsichtsratsmitglieder der neuen Pflicht zur Einrichtung eines Prüfungsausschusses tatsächlich nachkommen.[18]

3. Nichtigkeit des Jahresabschlusses (Abs 3)

10 Abs 3 regelt, dass die Vorschrift zur Nichtigkeit des festgestellten Jahresabschlusses aus § 256 AktG in der ab dem 1. Juli 2021 geltenden Fassung erstmals auf Jahresabschlüsse für das nach dem 31. Dezember 2021 beginnende Geschäftsjahr anzuwenden ist. Materiellrechtlich handelt es sich bei der Verweisung auf § 256 Abs 1 Nr 3 AktG lediglich um eine Folgeänderung zur Aufhebung des § 319a HGB (siehe zuvor Rdn 9).

---

11 Vgl auch hierzu Beschlussempfehlung und Bericht des Finanzausschusses FISG, BT-Drucks 19/29879, S 108 (elektronische Vorabfassung), zudem mit dem Hinweis, dass der Vorsitzende auch aus eigener Initiative Auskünfte einholen kann, ohne dass ein anderes Ausschussmitglied von seinem Recht Gebrauch machen will.

12 Hierzu schon etwa *Hopt/Leyens* ZGR 2019, 929, 968 ff; Kremer et al/*Kremer*[8] DCGK D 3 Rdn 1 ff; *Roth* AG 2020, 278, 286 f.

13 Zur Aufhebung im Zuge des FISG etwa *Bormann/Böttger* NZG 2021, 330, 333; *Hennrichs* DB 2021, 268, 270 f; *Scheffler* AG 2020, R332.

14 ABl EU Nr L 158 v 27.5.2014, S 77.

15 Zur **internen Rotation** von Wirtschaftsprüfern, die gesetzliche Abschlussprüfungen bei Unternehmen von öffentlichem Interesse durchführen, siehe nun auch § 43 Abs 6 S 2 WPO (Auswechslung des verantwortlichen Prüfungspartners spätestens **fünf Jahre**, dh nicht mehr wie zuvor sieben Jahre, nach seiner Bestellung) und insbesondere zu einer Übergangsregelung zwecks in der Praxis berichteter Probleme zu der sehr kurzfristigen Neuregelung, das Gesetz zur Modernisierung des notariellen Berufsrechts und zur Änderung weiterer Vorschriften v 25. Juni 2021, BGBl I, S 2154; hierzu wurde die **Übergangsregelung des § 135 WPO**, die durch Art 21 Nr 19 des FISG eingeführt worden war, um den ebenfalls bereits durch das FISG eingeführten – aber noch nicht in § 135 WPO berücksichtigten – § 43 Abs 6 S 2 WPO (Art 21 Nr 2 lit c)) ergänzt (siehe hierzu die Maßgabe Nr 11 d) der Beschlussempfehlung und des Berichts des Ausschusses für Recht und Verbraucherschutz zu dem Gesetzentwurf der Bundesregierung eines Gesetzes zur Modernisierung des notariellen Berufsrechts und zur Änderung weiterer Vorschriften, BT-Drucks 19/30503, S 26 [elektronische Vorabfassung]); vgl auch *Krolop* NZG 2021, 853, 855.

16 Vgl Begr RegE FISG, BT-Drucks 19/26966, S 102; vgl auch *Schüppen* DStR 2021, 246, 249.

17 Vgl Begr RegE FISG, BT-Drucks 19/26966, S 111.

18 Vgl Begr RegE FISG, BT-Drucks 19/26966, S 118.

4. Sonderprüfer und Sonderbilanz (Abs 4)

Abs 4 bestimmt, dass gewisse Regelungen im Zusammenhang mit der Sonderprüfung, **11**
namentlich §§ 143 Abs 2, 209 Abs 4 und 258 Abs 4 AktG in der seit dem 1. Juli 2021 geltenden Fassung erstmals auf Sonderprüfer, die für das nach dem 31. Dezember 2021 beginnende Geschäftsjahr bestellt, oder Prüfer, die für das nach dem 31. Dezember 2021 beginnende Geschäftsjahr gewählt werden, anzuwenden sind. Die Übergangsvorschrift nimmt dabei Bezug auf die Folgeänderungen zur Aufhebung des § 319a HGB (siehe oben Rdn 9) in den einzelnen materiell-rechtlichen Vorschriften. In § 143 AktG (Auswahl des Sonderprüfers) und § 209 AktG (zugrunde gelegte Bilanz) sind im Übrigen Verweise auf Art 5 der Abschlussprüfer-Verordnung (siehe oben Rdn 9) eingefügt, damit durch die Anwendung des **Verbots der Erbringung von bestimmten Nichtprüfungsleistungen** bei Unternehmen von öffentlichem Interesse (§ 316a S 2 HGB) die **Unabhängigkeit** auch des Sonderprüfers gestärkt wird bzw der Prüfer einer Sonderbilanz, der nicht zugleich Abschlussprüfer der Gesellschaft ist, ebenso wie dieser dem Verbot der Erbringung von Nichtprüfungsleistungen unterliegt.[19]

5. Konzernrechtliche Vertragsprüfer (Abs 5)

Abs 5 regelt, dass die konzernrechtliche Vorschrift zur Auswahl, der Stellung und der **12**
Verantwortlichkeit der Vertragsprüfer nach § 293d AktG in der ab dem 1. Juli 2021 geltenden Fassung erstmals auf die Prüfung von **Unternehmensverträgen** anzuwenden ist, die nach dem 31. Dezember 2021 geschlossen wurden; die Vorschrift des § 293d AktG in der bis einschließlich 30. Juni 2021 geltenden Fassung ist hingegen letztmals auf die Prüfung von Unternehmensverträgen anzuwenden, die vor dem 1. Januar 2022 geschlossen wurden. In § 293d Abs 1 S 1 AktG kam es zu einer Folgeänderung, genauer Streichung eines Verweises, zwecks Aufhebung von § 319a HGB (siehe oben Rdn 9), während in § 293d Abs S 2 AktG eine umfangreiche Regelung mit Verweis auf Art 5 der Abschlussprüfer-Verordnung erfolgt ist,[20] wonach ua auch solche Leistungen vom Verbot der Nichtprüfungsleistungen erfasst werden sollen, die **zeitlich vor dem Abschluss des Unternehmensvertrages** erbracht wurden, aber eine zeitliche Nähe zur Prüfung aufweisen können.

6. Internes Kontrollsystem und Risikomanagementsystem

Gemäß § 91 Abs 3 AktG hat der Vorstand einer börsennotierten Gesellschaft ein im **13**
Hinblick auf den Umfang der Geschäftstätigkeit und die Risikolage des Unternehmens angemessenes und wirksames internes Kontrollsystem und Risikomanagementsystem einzurichten. Diese **gesetzliche (materielle) Pflicht** ist erst durch das FISG eingeführt worden (Art 15 Nr 1). Zuvor gab es keine explizite Pflicht zur Einrichtung eines umfassenden Risikomanagementsystems. § 91 Abs 3 AktG statuiert nun ausdrücklich eine allgemeine Pflicht zur Einrichtung beider Systeme.[21] Zugleich betonen die **Gesetzesmaterialien**, dass eine **solche Pflicht für kapitalmarktorientierte Gesellschaften schon zuvor** aus dem geltenden Recht der allgemeinen Organisationsverantwortung des Vorstands hergeleitet wurde.[22] Für das Übergangsrecht musste nach dieser (stillschweigenden) Entscheidung des Gesetzgebers daher keine Übergangsbestimmung in § 26k aufgenommen werden. Anders gewendet, liegt nach dieser rechtspolitischen Einschätzung bereits kein zu regelnder Übergangssachverhalt vor.

---

[19] Vgl Begr RegE FISG, BT-Drucks 19/26966, S 116 f.

[20] Hierzu ausführlich Begr RegE FISG, BT-Drucks 19/26966, S 117 f.

[21] Vgl Begr RegE FISG, BT-Drucks 19/26966, S 114 f; *Hopt/Kumpan* AG 2021, 129, 131.

[22] Begr RegE FISG, BT-Drucks 19/26966, S 115.

§ 261

Übergangsvorschrift zum Gesetz zur Ergänzung und Änderung der Regelungen für die gleichberechtigte Teilhabe von Frauen an Führungspositionen in der Privatwirtschaft und im öffentlichen Dienst

(1) Das Beteiligungsgebot für den Vorstand nach § 76 Absatz 3a Satz 1 des Aktiengesetzes in der vom 12. August 2021 an geltenden Fassung ist ab dem 1. August 2022 bei der Bestellung einzelner oder mehrerer Vorstandsmitglieder einzuhalten. Bestehende Mandate können bis zu ihrem vorgesehenen Ende wahrgenommen werden. Gleiches gilt im Fall des § 393a Absatz 2 Nummer 1 des Aktiengesetzes.

(2) § 76 Absatz 4 und § 111 Absatz 5 des Aktiengesetzes in der vom 12. August 2021 an geltenden Fassung finden erstmals auf die Festlegung von Zielgrößen ab dem 12. August 2021 Anwendung.

(3) Der jeweilige Mindestanteil von Frauen und Männern im Aufsichtsrat nach § 393a Absatz 2 Nummer 2 des Aktiengesetzes ist bei erforderlich werdenden Besetzungen einzelner oder mehrerer Sitze ab dem 1. April 2022 zu beachten. Reicht die Anzahl der zu besetzenden Sitze nicht aus, um den Mindestanteil zu erreichen, sind diese Sitze mit Personen des unterrepräsentierten Geschlechts zu besetzen, um dessen Anteil sukzessive zu steigern. Bestehende Mandate können bis zu ihrem vorgesehenen Ende wahrgenommen werden.

Übersicht

Schrifttum

Gabriele Apfelbacher/Peter Hemeling/Michael Hoffmann-Becking/Thomas Kremer/Gerd Krieger/Marc Löbbe/Georg Maier-Reimer Zur Initiative #stayonboard für einen Anspruch auf Ruhenlassen des Vorstandsmandats bei längerer Verhinderung, NZG 2020, S 1281–1283; *Wolfgang Groß* Geschlechter- und Frauenquote für Vorstand und Aufsichtsrat nach dem FüPoG II. Ab wann anzuwenden und ab wann berichtspflichtig? AG 2021, S 693–696; *Friedrich Merath* Auswirkung des geplanten FüPoG II auf Aktiengesellschaften, GWR 2021, S 69–72; *Philipp Scholz* Elternzeit und Mutterschutz für Vorstandsmitglieder? Die Gesetzesinitiative #stayonboard im Spiegel des geltenden Rechts, AG 2021, S 9–15; *Christoph H Seibt* Temporärer Widerruf von Vorstandsbestellungen (§ 84 Abs. 3 AktG), AG 2021, S 733–743; *ders* Frauen in Leitungsorganen und Führungspositionen – RegE zum Zweiten Führungspositionen-Gesetz, DB 2021, S 438–447; *ders/Alexander Klausmann* Einvernehmliche Dienstbefreiung von Vorstandsmitgliedern, AG 2021, S 169–178; *Gerald Spindler* Die Einführung der Geschlechterquote auf Vorstandsebene – das FüPoG II, WM 2021, S 817–826.

I. Grundlagen

1. Gesetzesgeschichte

Die am 12. August 2021 in Kraft getretene Norm wurde durch Art 8 des Gesetzes zur Ergänzung und Änderung der Regelungen für die gleichberechtigte Teilhabe von Frauen an Führungspositionen in der Privatwirtschaft und im öffentlichen Dienst (FüPoG II) vom 7. August 2021 (BGBl I, S 3311) eingefügt. Die Norm wurde seitdem nicht mehr geändert. 1

Die Übergangsregelung des § 26l entstammt dem RegE[1] zum FüPoG II. In Abs 1 S 1 erfolgte aufgrund der Beschlussempfehlung des Ausschusses für Familie, Senioren, Frauen und Jugend[2] eine zeitliche Anpassung, indem die Übergangsfrist für die Geltung des Mindestbeteiligungsgebots nach § 76 Abs 3a AktG bei der Bestellung von Vorstandsmitgliedern **von acht Monate** (so noch nach RegE) **auf zwölf Monate** verlängert wurde. Die jetzt vorgesehene längere Übergangsfrist hängt eng mit der von der CDU/CSU-Bundestagsfraktion zunächst erhobenen Forderung nach der Ermöglichung von Wiederbestellungen von Vorstandsmitgliedern in betroffenen Unternehmen der Privatwirtschaft zusammen (unten Rdn 7). Rechtspolitisches Ziel war es dabei, dass die Unternehmen besonders qualifizierte und erfahrene männliche Vorstandsmitglieder auch nach dem FüPoG II im Vorstand halten können sollten. Dabei ist es allerdings nicht gelungen, Wiederbestellungen in Unternehmen der Privatwirtschaft von dem Beteiligungsgebot auszunehmen. Gerade auch um die Folgen dieser Entscheidung abzumildern, wurde die Übergangsfrist auf 12 Monate verlängert. In dieser Zeit haben betroffene Unternehmen die Möglichkeit, zum einen weibliche Vorstandsmitglieder auszuwählen und zum anderen die Mandate von besonders wichtigen Vorstandsmitgliedern vorzeitig zu verlängern. Daneben besteht zudem die Möglichkeit, das Vorstandsgremium zu vergrößern und neue Mandate mit weiblichen Mandatsträgern zu besetzen, sodass bestehende Mandate mit männlichen Amtsträgern auch dann verlängert werden können. Von dieser Möglichkeit hat beispielsweise jüngst die HeidelbergCement AG bereits vorab Gebrauch gemacht. 2

2. Normzweck

Über den allgemeinen Zweck einer Übergangsregelung hinaus (siehe oben Einl) hat die Vorschrift erhebliche Auswirkungen für die Umsetzung der vergleichsweise jüngeren materiell-rechtlichen Vorschriften zur Geschlechtergleichbehandlung (siehe auch bereits oben § 25). Für börsennotierte Gesellschaften, die gleichzeitig paritätisch nach dem MitbestG, dem MontanMitbestG oder dem MitbestErgG mitbestimmt sind, gilt nach § 76 Abs 3a AktG infolge des FüPoG II, dass deren Vorstandsorgan mit **mindestens einer Frau und mindestens einem Mann** (dh beide Geschlechter, siehe auch Art 3 Abs 2 GG)[3] besetzt sein muss, wenn der Vorstand **mehr als drei Mitglieder** hat.[4] Durch die strikte Anknüpfung an die paritätische Mitbestimmung soll sichergestellt werden, dass Unternehmen betroffen sind, die einer besonderen **Sozialbindung** unterliegen und die aufgrund der Größe der 3

---

1 Begr RegE FüPoG II, BT-Drucks 19/26689, S 28, 87.

2 Beschlussempfehlung und Bericht des Ausschusses für Familie, Senioren, Frauen und Jugend FüPoG II, BT-Drucks 19/30514, S 7, 23.

3 Hierzu bereits Begr RegE FüPoG II, BT-Drucks 19/26689, S 47; vgl auch *Spindler* WM 2021, 817, 819 („verfassungsrechtliche Bedenken damit jedenfalls im Hinblick auf Art 3 Abs 2 GG ausgeräumt").

4 Hierzu näher Begr RegE FüPoG II, BT-Drucks 19/26689, S 82 f; *Merath* GWR 2021, 69, 71; *Seibt* DB 2021, 438, 440; *Spindler* WM 2021, 817, 819 f.

Belegschaft eine hohe **gesellschaftliche Identifikationskraft** haben.[5] Gleichzeitig ist mit FüPoG II in § 76 Abs 4 AktG eine Verschärfung der Vorgaben für die Begründung der Zielgrößen sowie die damit verbundene Publizität eingeführt worden; so ist die Verwendung der Zielgröße „Null" bzw „Null Prozent" zulässig, sie ist allerdings verbunden mit wesentlich verschärften Anforderungen an die Begründung für eine solche Zielgröße (dh in Prozentangaben festgelegt, die umgerechnet der auf die Größe der jeweiligen Führungsebene vollen Personenzahlen entsprechen müssen)[6]. Schließlich spezifiziert § 111 Abs 5 AktG die Anforderungen an den Aufsichtsrat, wenn dieser als Zielgröße für den Aufsichtsrat oder den Vorstand „Null" wählt (und legt ua fest, dass die Gesamtzahl der weiblichen Führungskräfte im jeweiligen Gesamtgremium festgelegt wird).[7] Diese Fragen sind jeweils in **Abs 1** und **Abs 2** der Übergangsregelung angesprochen.

4 Ferner unterliegen auch **Unternehmen mit Mehrheitsbeteiligung des Bundes** einer besonderen Vorbildfunktion (vgl zudem die Öffnungsklausel betreffend Unternehmen in mehrheitlicher **Landesbeteiligung**)[8]. Bei einer Aktiengesellschaft, an der der Bund (bzw das Land) mehrheitlich beteiligt ist, gilt nach § 393a AktG idF des FüPoG II eine Mindestbeteiligung von Frauen und Männern in einem aus mehr als zwei Mitgliedern bestehenden Vorstand sowie eine Einbeziehung in die fixe Mindestquote im Aufsichtsrat, ohne dass die Aktiengesellschaft börsennotiert und paritätisch mitbestimmt sein muss.[9] Durch eine repräsentative Teilhabe von Frauen in solchen Unternehmen (im Zwischenbereich auch zum öffentlichen Recht!) werden zugleich **allgemeine Maßstäbe für die Privatwirtschaft** gesetzt. Hierzu enthalten jeweils **Abs 2** und **Abs 3** übergangsrechtliche Bestimmungen.

3. Europäisches Recht

5 Die Übergangsregelung selbst beruht nicht unmittelbar auf europäischem Recht und einem diesbezüglichen Umsetzungsakt (siehe im Übrigen aber oben zu § 25 Rdn 4).

4. Wirtschaftliche Bedeutung

6 Der Übergangsvorschrift kommt in allen ihren Absätzen eine erhebliche Bedeutung zu. Aufgrund der in **Abs 1** in Bezug genommenen Mandatslaufzeit kann sich das Thema der erstmaligen Erfüllung des Mindestbeteiligungsgebots im Vorstand etwa bis in das Jahr 2027 auswirken. Zu der Geschlechterquote im Aufsichtsrat von Unternehmen mit Mehrheitsbeteiligung des Bundes kommt **Abs 3** aufgrund ggfls bestehender Mandate ebenfalls eine hohe praktische Bedeutung bis in das Jahr 2027 zu; zudem weist **Abs 3 S 2** eine **im Kern materiell-rechtliche Regelung** zur ggfls notwendigen Nachbesetzung auf, die praktisch bedeutsam bei der Anwendung von § 393a Abs 2 Nr 2 AktG mitberücksichtigt werden muss.

---

5 Vgl Begr RegE FüPoG II, BT-Drucks 19/26689, S 83.

6 Zur Darstellung der Zielgrößen in Prozentangaben insbesondere Beschlussempfehlung und Bericht des Ausschusses für Familie, Senioren, Frauen und Jugend FüPoG II, BT-Drucks 19/30514, S 19 f.

7 Hierzu näher Begr RegE FüPoG II, BT-Drucks 19/26689, S 82 f; *Merath* GWR 2021, 69, 71; *Seibt* DB 2021, 438, 440; *Spindler* WM 2021, 817, 819 f.

8 Zur Einfügung von § 393a Abs 3 AktG Beschlussempfehlung und Bericht des Ausschusses für Familie, Senioren, Frauen und Jugend FüPoG II, BT-Drucks 19/30514, S 6, 22 f.

9 Näher hierzu Begr RegE FüPoG II, BT-Drucks 19/26689, S 86.

II. Übergangsregelung zur gleichberechtigten Teilhabe an Führungspositionen nach FüPoG II

1. Mindestbeteiligungsgebot (Abs 1)

Das Mindestbeteiligungsgebot nach § 76 Abs 3a AktG gilt über **S 1** für Bestellungen von Vorstandsmitgliedern, die nach Ablauf der Übergangsfrist ab Beginn des zwölften auf das Inkrafttreten des FüPoG II folgenden Kalendermonats erfolgen, dh ab dem 1. August 2022. Bestehende Mandate können im Sinne des **Bestandsschutzes**[10] bis zu ihrem vorgesehenen Ende (vgl zur Bestellungshöchstdauer von fünf Jahren, § 84 Abs 1 AktG) wahrgenommen werden. Im Gesetzgebungsverfahren war intensiv erörtert worden, ob Wiederbestellungen derselben Person nicht auch dem Bestandsschutz, **insbesondere mit Blick auf Art 12 GG**, unterliegen müssten. Dem wurde letztlich (nur) durch die Verlängerung der Übergangsfrist für die Geltung des Mindestbeteiligungsgebots von acht Monate auf zwölf Monate Rechnung getragen (oben Rdn 2). 7

Die gleichen Bestandsschutzüberlegungen gelten über **S 2** für Gesellschaften mit Mehrheitsbeteiligung des Bundes[11] (die Bestimmung darüber, welche Unternehmen davon erfasst sind, orientiert sich insbesondere am **Public Corporate Governance Kodex des Bundes**)[12], soweit § 76 Abs 3a AktG gemäß § 393a Abs 2 Nr 1 AktG anwendbar ist. Für Unternehmen mit **mehrheitlicher Beteiligung eines Landes** gilt über § 393a Abs 3 AktG – dh genauer, sofern die Länder durch **landesgetzliche Option** davon Gebrauch machen – die Bestimmung zu der Übergangsregelung entsprechend, ohne dass es einer ausdrücklichen Aufnahme von § 393a Abs 3 AktG in S 2 bedurft hätte. Denn die anzukúpfende Norm für die Mindestbeteiligung bleibt auch dann weiterhin die Regelung des § 393a Abs 2 Nr 1 AktG, allerdings iVm den landesrechtlichen Regelungen. Nehmen Länder die Öffnungsklausel wahr, gilt daher auch für diese in Bezug genommenen Unternehmen die neue Mindestbeteiligung nach dem FüPoG II im zeitlichen Rahmen der Übergangsregelung aus § 26l. 8

2. Begründungspflicht für Festlegung von Zielgrößen (Abs 2)

Die Pflicht, neben dem **Frauenanteil** auch die angestrebte **Gesamtzahl der Frauen** anzugeben (näher §§ 76 Abs 4, 111 Abs 5 AktG), greift erstmalig für Festlegungen, die nach dem Inkrafttreten des Gesetzes am 12. August 2021 getroffen wurden. Gleiches gilt für die erweiterte **Begründungspflicht** bei der **Festlegung der Zielgröße Null;**[13] in der Praxis ist eine in Prozentangaben vorzunehmende Festlegung bereits üblich. 9

3. Geschlechterquote im Aufsichtsrat von Unternehmen mit Mehrheitsbeteiligung des Staates (Abs 3)

Die **fixe Geschlechterquote im Aufsichtsrat** nach § 393a Abs 2 Nr 2 AktG ist, sofern sich eine entsprechende Verpflichtung für die Gesellschaft nicht bereits unmittelbar aus **§ 96** 10

---

[10] So auch *Spindler* WM 2021, 817, 820.

[11] Eine Legaldefinition der erfassten Aktiengesellschaften enthält nun § 393a Abs 1 AktG, hierzu näher Begr RegE FüPoG II, BT-Drucks 19/26689, S 86.

[12] Eine Version der Grundsätze guter Unternehmens- und aktiver Beteiligungsführung im Bereich des Bundes ist abrufbar auf der Homepage des BMF; aus dem Schrifttum im Überblick etwa *Lindenlauf* NZG 2021, 149 ff; *Ramge/Kerst* GWR 2020, 391 ff.

[13] Vgl auch Begr RegE FüPoG II, BT-Drucks 19/26689, S 87.

Abs 2, 3 AktG ergibt, erstmals bei Besetzungen ab Beginn des achten auf das Inkrafttreten des FüPoG II folgenden Kalendermonats, also ab dem 1. April 2022, zu beachten. Dass im gesetzberischen Prozess (nur) in Abs 1 eine Änderung auf zwöf Monate erfolgt ist (siehe oben Rdn 2), ist **kein redaktionelles Versehen im Hinblick auf Abs 3**. Abs 3 ist also entsprechend seinem klaren Wortlaut in zeitlich-übergangsrechtlicher Perspektive auszulegen. Erfasst werden auch **hier Nachbesetzungen** eines bestehenden Postens. Ab diesem Zeitpunkt freiwerdende Aufsichtsratsposten müssen so nachbesetzt werden, dass die **Mindestquote von 30 Prozent** erreicht wird. Reicht die Anzahl der zu besetzenden Posten nicht aus, um die Mindestquote zu erreichen, sind die Posten mit Personen des unterrepräsentierten Geschlechts zu besetzen, damit der Anteil sukzessive gesteigert wird (**materiell-rechtliche Wirkung** der Übergangsnorm). Im Interesse des Bestandsschutzes können bestehende Mandate bis zu ihrem regulären Ende auslaufen, dh ausgehend von der Höchstfrist aus § 102 Abs 1 AktG bis spätestens zum Jahr 2027. Zu der entspechenden Anwendung auf Aktiengesellschaften mit **mehrheitlicher Beteiligung der Länder**, ohne dass es einer ausdrücklichen Inbezugnahme von § 393a Abs 3 AktG in dem übergangsrechtlichen Abs 3 bedarf, siehe oben Rdn 8.

4. Stayonboard und die zeitliche Wirkung des § 84 Abs 3 AktG

11 § 26l enthält **keine ausdrückliche Regelung** zu einem Übergangszeitraum für die durch das FüPoG II eingeführte Bestimmung des § 84 Abs 3 AktG. Die materielle-rechtliche Vorschrift regelt das **Recht** eines Vorstandsmitglieds auf Widerruf seiner Bestellung und die Möglichkeit des Aufsichtsrats zum Widerruf und der Wiederbestellung in den dort genannten, besonderen Lebenssachverhalten (dh nicht nur als vertragliche Möglichkeit).[14] Das Thema lief rechtspolitisch in einer öffentlichen Debatte der Initiative **#stayonboard**: Das Ziel dieser Initiative aus Wirtschaft und Wissenschaft war es, durch eine Ergänzung des Aktiengesetzes zu erreichen, dass Vorstandsmitglieder nicht wie bisher ihr Amt niederlegen müssen, wenn sie wegen der Geburt eines Kindes, wegen längerer Krankheit oder wegen eines Pflegefalls in der Familie vorübergehend ihr Amt nicht wahrnehmen können und sie die damit verbundenen Haftungsrisiken vermeiden möchten[15].[16] Eine Aufnahme des § 84 Abs 3 AktG in die übergangsrechtliche Bestimmung des § 26l bedurfte es nicht, da das **Recht direkt mit Inkrafttreten des FüPoG II seit dem 12. August 2021 entstanden ist** und es keinerlei sachliche Gründe gegeben hätte, eine zeitliche Staffellung vorzunehmen, etwa dergestalt, dass bereits jetzt mandatierte Vorstandsmitglieder über einige Jahre hinweg von diesem gesetzlichen Recht „auf Auszeit" ausgenommen wären. Deshalb können – nach den

---

[14] Siehe hierzu umfangreich Beschlussempfehlung und Bericht des Ausschusses für Familie, Senioren, Frauen und Jugend FüPoG II, BT-Drucks 19/30514, S 20 ff.

[15] Vgl online https://stayonboard.org, „dort insbesondere das Eckpunktepapier der Initiative, abrufbar unter https://stayonboard.org/wp-content/uploads/2020/10/202010_eckpunktepapier_stayonboard_final_de.pdf (Stand: 14.6.2021) sowie die Darstellung etwa von *Scholz* AG 2021, 9 ff; insb zur (einvernehmlichen) Dienstbefreiung *Seibt/Klausmann* AG 2021, 169 ff; zur Entwicklung *Seibt* AG 2021, 733 f; in der parlamentarischen Beratung *Hirte* in der Plenardebatte anlässlich der 1. Lesung des Entwurfs der AfD-Fraktion eines Gesetzes zur Änderung des Aktiengesetzes, Deutscher Bundestag, Plen-Prot 19/177, S 22339 (B) f; insgesamt kritisch zur Initiative *Apfelbacher et al* NZG 2020, 1281 ff.

[16] Zur Begründung der Lösungsmechanismen (Stärkung der Verhandlungsposition; keine Erstreckung auf den Aufsichtsrat; Widerrufs- statt Ruhenslösung) *Hirte* in der Plenardebatte anlässlich der 2. und 3. Lesung des Gesetzes, Deutscher Bundestag, Plen-Prot 19/234, S 30306 (D) f.

insoweit maßgeblichen allgemeinen Grundsätzen des intertemporalen Privatrechts – Rechte nach § 84 Abs 3 AktG nF auch auf Sachverhalte gestützt werden, die vor dem Inkrafttreten der Neuregelung liegen. Dem Grunde nach dürfte es sogar **fraglich** sein, **ob überhaupt** eine derartige **Rückwirkung** besteht, die eine gespaltene zeitliche Auslegung begründen könnte, da nämlich die praktischen Fälle auf fortlaufende Vorstandsmandate gerichtet sind, in denen der Umstand, der zum Widerruf berechtigt, fortwirkt: der relevante übergangsrechtliche Ansatz dürfte nicht darin liegen, dass das Vorstandsmitglied vor Inkrafttreten der Regelung bestellt wurde, sondern in der Begründung der „Auszeit". Ergibt sich dieser Grund nach Inkrafttreten der Norm, so gibt es keine Zweifel an der unmittelbaren Anwendbarkeit. Doch selbst, wenn der Grund vor Inkrafttreten der Norm bereits entstanden ist, wirkt er als Recht fort und genießt direkten Schutz (sofern dieser in Anspruch genommen wird). Eine andere Auffassung, die eine wie auch immer berechnete Übergangsfrist *de lege ferenda* befürworten würde, dürfte demnach kaum haltbar sein.

Eine andere, damit aber verwandte Thematik besteht – hinsichtlich der Mindestbeteiligungsquote – in dem maßgeblichen Zeitraum des Bestellungswiderrufs und der Laufzeit des Mandats.[17] Dabei handelt es sich um eine **Kombination aus übergangs- und materiellrechtlicher Gestaltung**. Bestehende Mandate können bis zu ihrem vorgesehenen Ende wahrgenommen werden, während bei einer Wiederbestellung nach Ablauf der Übergangsfrist das Mindestbeteiligungsgebot zu beachten ist.[18] Sollte für ein bei Inkrafttreten bestehendes Mandat eine „Auszeit" genommen und die Bestellung widerrufen werden, so wird die erneute Bestellung innerhalb des nach § 84 Abs. 3 Satz 2 oder 3 AktG maßgeblichen Zeitraums trotz des vorherigen Widerrufs von der Übergangsregelung erfasst. Die in der Bestellung vor Geltung des Mindestbeteiligungsgebots festgelegte ursprüngliche Laufzeit des Mandats bleibt als das vorgesehene Ende weiter maßgeblich. Es beginnt nach der „Auszeit" also **kein neues Mandat mit der Folge eines früheren Eingreifens des Mindestbeteiligungsgebots**, sondern es bleibt materiell-rechtlich bei der in § 84 Abs. 3 Satz 4 AktG getroffenen Regelung zur Berechnung der Amtszeit.[19] Diese Konstellation stellt sich nur für die **bei Inkrafttreten des Mindestbeteiligungsgebots bereits bestehenden Mandate**. 12

[17] Hierzu auch *Seibt* AG 2021, 733, 738 f.

[18] Vgl hierzu und für das Folgende Beschlussempfehlung und Bericht des Ausschusses für Familie, Senioren, Frauen und Jugend FüPoG II, BT-Drucks 19/30514, S 22.

[19] In diese Richtung bereits Beschlussempfehlung und Bericht des Ausschusses für Familie, Senioren, Frauen und Jugend FüPoG II, BT-Drucks 19/30514, S 22.

§ 26m
Übergangsvorschrift zum Gesetz zur Umsetzung der Digitalisierungsrichtlinie

(1) § 37 Absatz 2 Satz 1, § 76 Absatz 3 Satz 3, § 81 Absatz 3 Satz 1 und § 265 Absatz 2 Satz 2 des Aktiengesetzes in der ab dem 1. August 2022 geltenden Fassung sind erstmals ab dem 1. August 2023 anzuwenden.

(2) [1]§ 233 Absatz 2 Satz 2 und 4 und § 256 Absatz 6 Satz 1 des Aktiengesetzes in der ab dem 1. August 2022 geltenden Fassung sind erstmals auf Jahresabschlüsse für das nach dem 31. Dezember 2021 beginnende Geschäftsjahr anzuwenden. [2]Die in Satz 1 bezeichneten Vorschriften in der bis einschließlich 31. Juli 2022 geltenden Fassung sind letztmals anzuwenden auf Jahresabschlüsse für das vor dem 1. Januar 2022 beginnende Geschäftsjahr.

Übersicht

Schrifttum

Segismundo Álvarez Royo-Villanova Proposal Regarding the Use of Digital Tools and Processes in Company Law: The Practioner's Perspective ECFR 2019, S 149–189; *Ralf Knaier* Die Digitalisierung des deutschen Gesellschaftsrechts durch den Referentenentwurf eines Gesetzes zur Umsetzung der Digitalisierungs-RL im Gesellschaftsrecht und Handelsregisterrecht (RefE-DiRUG), GmbHR 2021, S 169–182; *Christian Linke* Gesetz zur Umsetzung der Digitalisierungsrichtlinie (DiRUG). Analyse des Regierungsentwurfs, NZG 2021, S 309–315; *Jessica Schmidt* DiRUG-RefE: Ein Digitalisierungs-Ruck für das deutsche Gesellschafts- und Registerrecht, ZIP 2021, S 112–123.

I. Grundlagen

1. Gesetzesgeschichte

1 Die am **1. August 2022 in Kraft tretende Norm** wurde durch Art 19 des Gesetzes zur Umsetzung der Digitalisierungsrichtlinie (DiRUG)[1] vom 5. Juli 2021 (BGBl I, S 3338) eingefügt. Die Norm wurde seitdem nicht mehr geändert.

2 Die Übergangsregelung entstammt dem RegE[2] zum DiRUG und blieb auch in der Beschlussempfehlung des Rechtsausschusses[3] unverändert.

---

1 Zu den allgemeinen Hintergründen der DiRUG-Gesetzgebung *Hirte/Schipanski* Pressemitteilung der CDU/CSU-Fraktion im Deutschen Bundestag vom 10.6.2021, Einführung der Online-Gründung von GmbHs (abrufbar unter https://www.cducsu.de/presse/pressemitteilungen/einfuehrung-der-online-gruendung-von-gmbhs).

2 Begr RegE DiRUG, BT-Drucks 19/28177, S 46, 161.

3 Beschlussempfehlung und Bericht des Ausschusses für Recht und Verbraucherschutz DiRUG, BT-Drucks 19/30523, S 84 (elektronische Vorabfassung).

2. Normzweck

Über den allgemeinen Zweck einer Übergangsregelung hinaus (siehe oben Einl) wurde die Übergangsregelung geschaffen, um einen Gleichlauf mit den vom DiRUG und den von der Richtlinie (hierzu unter Rdn 4) geschaffenen Vorgaben für die zeitliche Anwendbarkeit der Disqualifikationstatbestände für Vorstände (Abs 1) und der neuen Registerpublizität *qua* Unternehmensregister in speziellen aktienrechtlichen Fällen (Abs 2) zu ermöglichen. 3

3. Europäisches Recht

Die Übergangsregelung beruht hinsichtlich der in Bezug genommenen Normen auf der Umsetzung europäischen Rechts in Form der Richtlinie (EU) 2019/1151 vom 20. Juni 2019 zur Änderung der Richtlinie (EU) 2017/1132 im Hinblick auf den Einsatz digitaler Werkzeuge und Verfahren im Gesellschaftsrecht (DigRL).[4] Die DigRL ergänzt bzw ändert die bereits bestehenden und in deutsches Recht umgesetzten Vorgaben der Richtlinie (EU) 2017/1132 vom 14. Juni 2017 über bestimmte Aspekte des Gesellschaftsrechts (GesRRL).[5] 4

Die DigRL ist am 31. Juli 2021 in Kraft getreten (Art 4) und ist weitgehend bis zum 1. August 2022 umzusetzen, sofern nicht von der Option einer Verlängerung der Umsetzungsfrist bis zum 1. August 2023 Gebrauch gemacht wurde (Art 2 Abs 1 bis 3). Das DiRUG hält diesen Termin auch in übergangsrechtlicher Hinsicht ein (oben Rdn 1); insbesondere sind die Vorschriften zu disqualifizierten Geschäftsführern bzw Vorständen (Art 13i der geänderten GesRRL) erst zum 1. August 2023 umzusetzen (was § 26m Abs 1 aufgreift, siehe unten Rdn 7). 5

4. Wirtschaftliche Bedeutung

Der Vorschrift wird **mit Inkrafttreten am 1. August 2022** eine **erhebliche praktische Bedeutung** zukommen. Dies gilt insbesondere für die in Abs 1 ausgewiesene Übergangszeit für die Disqualifikationstatbestände bis zum 1. August 2023. 6

II. Übergangsregelung zum DiRUG[6]

1. Disqualifikationstatbestände (Abs 1)

Die Übergangsvorschrift ordnet in Abs 1 an, dass die Regelungen über die erweiterten Bestellungshindernisse für **einschlägige Berufs- und Gewerbeverbote im EU- oder EWR-Ausland**[7] erst ab dem 1. August 2023 Anwendung finden, da gemäß Art 2 Abs 2 DigRL die Bestimmungen zum Informationsaustausch über disqualifizierte Geschäftsführer und Vorstände[8] (Art 13i Abs. 1, 2 der geänderten GesRRL) erst zum 1. August 2023 umzusetzen 7

---

[4] ABl EU Nr L 186 v 11.7.2019, S 80.

[5] ABl EU Nr L 169 v 30.6.2017, S 46.

[6] Vgl hierzu und zum Folgenden Begr RegE DiRUG, BT-Drucks 19/28177, S 161.

[7] Vgl aus materiell-rechtlicher Hinsicht etwa *Álvarez Royo-Villanova* ECFR 2019, 149, 173 f; *Knaier* GmbHR 2021, 169, 178 ff; *Linke* NZG 2021, 309, 315; *J Schmidt* ZIP 2021, 112, 120.

[8] In der englischen Fassung der DigRL heißt es hingegen offener *directors*, was die deutsche Überschrift „Disqualifizierte Geschäftsführer" nur unvollkommen aufgreift. Gemeint sind (neutral) „Geschäftsleiter", weshalb man sich nicht zu einem allein das GmbH-Recht erfassenden System hinleiten lassen sollte.

sind. Zuvor ist ein Informationsaustausch über das Europäische System der Registervernetzung daher nicht sichergestellt, sodass auch die erweiterten Bestellungshindernisse des § 76 Abs 3 AktG noch nicht berücksichtigt werden können. Ohne eine ausreichende Möglichkeit zur Überprüfung der Richtigkeit der Angaben durch die Registergerichte sollte jedoch auch das **materielle Bestellungshindernis** nicht zur Anwendung kommen, selbst wenn der oder die Betroffene von einem solchen Bestellungshindernis Kenntnis haben dürfte. Die in Bezug genommenen Vorschriften der §§ 37 Abs 2 Satz 1, 81 Abs 3 Satz 1 AktG enthalten Verweise auf die Bestellungsverbote eines Vorstandsmitglieds. Die Verbote gelten zudem für die Bestellung eines Abwicklers nach § 265 Abs 2 Satz 1 AktG, weshalb Abs 1 die zeitliche Übergangsregelung auch auf diese Vorschriften erstreckt.

8 Mit Bestellungshindernissen des Vorstands beschäftigt sich ferner § 19 (siehe Kommentierung oben).

2. Modalität der Offenlegung des Jahresabschlusses (Abs 2)

9 Die Übergangsvorschrift in Abs 2 sorgt für einen zeitlichen Gleichlauf zu der durch das DiRUG (Art 2) neu geschaffenen Übergangsregelung in Art 88 Abs 2 EGHGB. Dies betrifft namentlich den Fall, dass Rechnungslegungsunterlagen direkt an das Unternehmensregister zu übermitteln sein werden (und nicht mehr die Veröffentlichung im Bundesanzeiger erfolgt, wie es §§ 233, 256 AktG noch über Verweis auf § 325 Abs 2 HGB vorschreiben). Abs 2 sieht daher angemessene Übergangsfristen für den Wechsel der Offenlegungsmodalitäten von Rechnungslegungsunterlagen (**Unternehmensregister statt Bundesanzeiger**)[9] vor, damit sich die offenlegungspflichtigen Unternehmen auf die neue Rechtslage einstellen können.[10]

10 Die Vorschriften der § 233 Abs 2 Satz 2 und 4 AktG (betreffend Maßnahmen der Kapitalherabsetzung und die Gewinnausschüttung bzw den Gläubigerschutz) und § 256 Abs 6 Satz 1 AktG (betreffend die Nichtigkeit des Jahresabschlusses) in der ab dem 1. August 2022 geltenden Fassung sind nach **Satz 1** erstmals auf Jahresabschlüsse für das nach dem 31. Dezember 2021 beginnende Geschäftsjahr anzuwenden. Die in Satz 1 bezeichneten Vorschriften in der bis einschließlich 31. Juli 2022 geltenden Fassung sind nach **Satz 2** letztmals anzuwenden auf Jahresabschlüsse für das vor dem 1. Januar 2022 beginnende Geschäftsjahr.

---

9 Hierzu aus materiell-rechtlicher Hinsicht aus dem Schrifttum zum DiRUG etwa *Linke* NZG 2021, 309, 314; *J Schmidt* ZIP 2021, 112, 118 f.

10 Vgl hierzu Begr RegE DiRUG, BT-Drucks 19/28177, S 106 (zu Art 88 EGHGB).

Zweiter Abschnitt. Anwendung aktienrechtlicher Vorschriften auf Unternehmen mit anderer Rechtsform

§ 27
Entscheidung über die Zusammensetzung des Aufsichtsrats

§ 96 Absatz 4, §§ 97 bis 99 des Aktiengesetzes gelten sinngemäß für Gesellschaften mit beschränkter Haftung und bergrechtliche Gewerkschaften.

Übersicht

Schrifttum

Philipp Göz Statusverfahren bei Änderungen in der Zusammensetzung des Aufsichtsrats, ZIP 1998, S 1523–1528; *Martin Henssler/Jan Glindemann* Keine Offenlegung des Aufsichtsratsberichts in der mitbestimmungspflichtigen GmbH ohne Aufsichtsrat – Ende einer verfehlten Gesetzesauslegung, ZIP 2014, S 2105–2113; *Jochen Leßmann/Björn Glattfeld* Der Aufsichtsrat beim Formwechsel einer GmbH in eine Aktiengesellschaft, ZIP 2013, S 2390–2397; *Nikolaus Vincent Manthey/Lars Hinrichs/Martin Hörtz* Publizitätspflichten für Phantom-Aufsichtsräte. Ordnungsgeld nach § 335 HGB für die unterlassene Einreichung des Berichts eines nicht bestehenden Aufsichtsrats?, NZG 2013, S 1370–1374.

Rechtsprechung

BVerfG (Beschl v 9.1.2014 – 1 BvR 299/13) ECLI:DE:BVerfG:2014:rk20140109.1bvr029913 = NJW 2014, 1431 = ZIP 2014, 415: Ordnungsgeld gegen pflichtwidrig aufsichtsratslose Kapitalgesellschaft wegen Nichtvorlage des Aufsichtsratsberichts.

BAG (Beschl v 16.4.2008 – 7 ABR 6/07) E 126, 286 = ZIP 2008, 1630: Durchführung eines Statusverfahrens vor Wahl der Arbeitnehmer-Aufsichtsräte bei Streit über die Notwendigkeit eines Aufsichtsrats in der GmbH.

OLG Frankfurt/Main (Beschl v 2.11.2010 – 20 W 362/10) ZIP 2011, 21 (Asklepios): Durchführung eines Statusverfahrens auch bei Freiwerden von der Mitbestimmungspflicht.

I. Grundlagen

1. Gesetzesgeschichte

Die Ursprungsfassung des AktG 1965 wurde durch Art 4 Nr 2 des „Gesetzes für die gleichberechtigte Teilhabe von Frauen und Männern an Führungspositionen in der Privatwirtschaft und im öffentlichen Dienst“ vom 24. April 2015 (BGBl I Nr 17, S 642) mit Wirkung vom 1. Mai 2015 leicht geändert: Als textliche Folgeänderung[1] zu den durch das **1**

[1] Vgl Begr RegE, BT-Drucks 18/3784, S 124.

Gesetz vorgenommenen Änderungen im Aktiengesetz wurde die Angabe „§ 96 Abs. 2“ durch die Angabe „§ 96 Absatz 4“ ersetzt. Dies wurde notwendig, nachdem in Abs 2 und 3 des § 96 AktG die Geschlechterquote im Aufsichtsratssystem neu kodifiziert sowie die Regelung zu Änderungen der gesetzlichen Grundlagen für die Zusammensetzung des Aufsichtsrats in den jetzigen Abs 4 verschoben worden waren. Die Norm wurde seitdem nicht mehr geändert.

2 Die Übergangsregelung entspricht – bis auf die verweisungstechnischen Folgeänderungen, die aufgrund des RegE[2] des Gesetzes zur gleichberechtigten Teilhabe von Frauen und Männern eingefügt wurde und auch durch Beschlussempfehlung des zuständigen Ausschusses unverändert blieb – bereits der Fassung des RegE[3] zum AktG 1965. Einzig die Nummerierung hatte sich damals von § 24 RegE auf § 27 geändert.

2. Europäisches Recht

3 Die Übergangsregelung weist keinen europarechtlichen Bezug auf.

3. Wirtschaftliche Bedeutung

4 Die Norm ist gerade wegen der Geschlechterquote, aber auch sonst mangels Auflistung der von § 27 EGAktG iVm §§ 97 bis 99 AktG erfassten Vorschriften zum Statusverfahren in dem zum Aufsichtsratssystem zentralen **§ 52 GmbHG**, noch aktuell von großer Bedeutung. Für die von § 27 genannten **bergrechtlichen Gewerkschaften** hat die Vorschrift ihre Bedeutung jedoch verloren. Denn die noch bestehenden bergrechtlichen Gewerkschaften wurden nach § 163 Abs 1 S 1 BBergG mit Ablauf des 1. Januar 1986 *qua* Gesetz aufgelöst.

II. Zusammensetzung des Aufsichtsrats

5 Die Vorschriften des Betriebsverfassungsgesetzes, des Mitbestimmungsgesetzes und des Mitbestimmungsergänzungsgesetzes über die Arbeitnehmervertreter im Aufsichtsrat gelten unter den in diesen Gesetzen im einzelnen bestimmten Voraussetzungen auch für den Aufsichtsrat einer Gesellschaft mit beschränkter Haftung oder (früher) bergrechtlichen[4] Gewerkschaft. Bei diesen Gesellschaften konnte ebenso wie bei Aktiengesellschaften im Einzelfall zweifelhaft sein, ob der Aufsichtsrat nach dem Betriebsverfassungsgesetz, dem Mitbestimmungsgesetz, dem Mitbestimmungsergänzungsgesetz oder ohne Aufsichtsratsmitglieder der Arbeitnehmer zu bilden sei. §§ 96 bis 99 AktG sehen zur Klärung derartiger Zweifel für Aktiengesellschaften ein besonderes Verfahren[5] vor, dh auch zur Prüfung für

---

[2] Begr RegE, BT-Drucks 18/3784, S 30.

[3] Begr RegE, BT-Drucks IV/171, S 303.

[4] **Überholt**, da die Rechtsform der bergrechtlichen Gesellschaft nicht mehr besteht; siehe hierzu Kommentierung bei § 28.

[5] Siehe zu dem Verfahren im Kontext der Übergangsregelung auch BVerfG 9.1.2014 – 1 BvR 299/13, ECLI:DE:BVerfG:2014:rk20140109.1bvr029913 = NJW 2014, 1431, 1433 Rdn 28 und hierzu *Henssler/Glindemann* ZIP 2014, 2105 ff; OLG Frankfurt/Main 2.11.2010 – 20 W 362/10, ZIP 2011, 21, 22 f (Asklepios); Michalski/Heidinger/Leible/J Schmidt/*Giedinghagen*[3] § 52 GmbHG Rdn 41 ff; *Göz* ZIP 1998, 1523 ff; *Manthey/Hinrichs/Hörtz* NZG 2013, 1370, 1372 ff.

die erstmalige Bildung[6]. Diese im Interesse der Rechtssicherheit geschaffenen Vorschriften sollten nach § 27 wegen der **Gleichheit der Sach- und Rechtslage** auch für Gesellschaften mit beschränkter Haftung und (früher) bergrechtliche Gewerkschaften sinngemäß gelten[7] (siehe im Übrigen oben *Hopt/Roth*[5] § 97 AktG Rdn 7).

[6] So schon für die entsprechende Anwendung auf die GmbH BAG 16.4.2008 – 7 ABR 6/07 E 126, 286 = ZIP 2008, 1630, 1631; *Leßmann/Glattfeld* ZIP 2013, 2390, 2395.

[7] Vgl die dogmatisch immer noch geltende Begr RegE bei *Kropff*, AktG, S 539.

§ 28

(weggefallen)

§ 28 zu „Gesellschaften mit beschränkter Haftung und bergrechtliche Gewerkschaften in Konzernen“ wurde aufgehoben durch Art 3 § 2 Nr 5 des des Gesetzes zur Einführung des Euro (Euro-Einführungsgesetz – EuroEG] vom 9. Juni 1998 (BGBl I, S 1242) mWv 1. Januar 1999, da bergrechtliche Gewerkschaften nicht mehr bestehen. Denn sie wurden nach § 163 Abs 1 S 1 BBergG mit Ablauf des 1. Januar 1986 *qua* Gesetz aufgelöst (siehe zu der weggefallenen Vorschrift in der 3. Aufl. GroßkommAktG/*Barz*[3] § 28).[1]

[1] Siehe hierzu auch schon *Kropff*, AktG, S 540 ff.

§ 28a
Treuhandanstalt

[1]Die Vorschriften des Aktiengesetzes über herrschende Unternehmen sind auf die Treuhandanstalt nicht anzuwenden. [2]Dies gilt nicht für die Anwendung von Vorschriften über die Vertretung der Arbeitnehmer im Aufsichtsrat eines von der Treuhandanstalt verwalteten Unternehmens.

Übersicht

Schrifttum

Manfred Balz Konzernrecht und Treuhandanstalt. Zur Rolle der Unternehmensbewertung bei der Privatisierung, WPg 1993, S 8–13; *Albert Bleckmann* Zur verfassungsrechtlichen Sanierungspflicht der Treuhandanstalt: die Verantwortung des Bundes für die Wirtschaft in den neuen Bundesländern, Köln 1992; *Jan Busche* Anmerkung zu BVerfG, Beschl. v. 29.12.1994 – 1BvL 52/92, DZWir 1995, 291–293; *Friedrich Engelke* Enthaftung von Treuhand-GmbH, GmbHR 1993, S 28–29; *Oliver Habighorst/Wolfgang Spoerr* Treuhandanstalt und Konzernrecht in der Diskussion, ZGR 1992, S 499–512; *Heribert Hirte* (Hrsg) Der qualifizierte faktische Konzern. RWS-Dokumentation 12, 1992; *ders* (Hrsg), Der qualifizierte faktische Konzern. Fortsetzungsband. RWS-Dokumentation 12, 1993; *Alexander Schall* „Durchgriffshaftung" im Aktienrecht – haften Aktionäre für existenzvernichtende Eingriffe, qualifizierte faktische Konzernierung oder materielle Unterkapitalisierung, in: Festschrift für Eberhard Stilz, 2014, S 537–554; *Gunnar Folke Schuppert* Öffentlich-rechtliche Vorgaben für die Treuhandanstalt bei der Leitung der Treuhandunternehmen, ZGR 1992, S 454–476; *Wolfgang Spoerr* Treuhandanstalt und Treuhandunternehmen zwischen Verfassungs-, Verwaltungs- und Gesellschaftsrecht, Köln 1993; *Wolfram Timm/Torsten Schöne* Die Thesen der Treuhandanstalt zu Haftungsfragen – eine kritische Bestandsaufnahme, ZIP 1992, S 969–979; *Wolfram Timm* Übersehene Risiken bei der Privatisierung und Betriebsveräußerung durch die Treuhandanstalt. Zu einem gesetzgeberischen Irrweg und untauglichen Versuch: zur Tragweite des § 28a EGAktG, in: Festschrift für Johannes Semler, 1993, S 611–630; *Wilhelm Uhlenbruck* Die Treuhandanstalt und die gesellschaftsrechtlichen Haftungsnormen, BB 1992, S 789–791; *Peter Ulmer* Gläubigerschutz bei Treuhandunternehmen, in: Hommelhoff (Hrsg), Treuhandunternehmen im Umbruch. Recht und Rechtswirklichkeit beim Übergang in die Marktwirtschaft, 1991, S 39–60; *Martin Weber* Vormitgliedschaftliche Abhängigkeitsbegründung. Zugleich eine Besprechung des Urteils des OLG Düsseldorf vom 22. Juli 1993, ZIP 1993, 1791, ZIP 1994, S 678–690; *Robert Weimar* Nachprivatisierungsprobleme. Rechte und Haftungsrisiken für die Beteiligten nach Erwerb eines Treuhandunternehmens, 1992; ders Treuhandanstalt und Treuhandunternehmen: qualifizierte faktische Konzernverbindungen?, ZGR 1992, S 477–498; *ders* Haftungsrisiken der Treuhandanstalt als Alleingesellschafterin der Treuhandgesellschaften, DStR

1992, S 718–723; *ders* Rechte von Treuhandunternehmen gegen Stillegung?, DB 1993, S 821–824; *ders* Die Treuhandanstalt zwischen Haftung und Privilegierung. Offene Fragen in § 56e DMBilG, BB 1993, S 1399–1403; *ders/Jochen* Alfes Enthaftung der Treuhandanstalt durch Gesetz?, DB 1992, S 1225–1226; *Henner Wolter* Treuhandanstalt und Treuhandunternehmen als qualifizierter faktischer GmbH-Konzern? Umrisse zu einem Haftungskonzept für Arbeitnehmeransprüche in den neuen Bundesländern, Graue Reihe – Neue Folge 45, Düsseldorf (Hans-Böckler-Stiftung) 1992; ders Qualifizierte faktische GmbH-Konzerne, der Bundesgerichtshof, die Treuhandanstalt, ein SuperGAU und das Zweite Vermögensrechtsänderungsgesetz. Ein Bericht von der Rechtsfront, Wirtschaftsrecht 1993, S 8–14.

Rechtsprechung

Kreisgericht Erfurt (Urt. v. 29.7.1991 – 4 Ca 789/91) ZIP 1991, 1233 (Eiwa GmbH): Konzern- und Durchgriffshaftung gegen die Treuhandanstalt für Sozialplanansprüche gegen beherrschtes Unternehmen.

AG Halle-Saalkreis (Vorlagebeschl v 10.12.1992 – 50 N 21/92) AG 1993, 522 = EWiR § 28a EGAktG 1/93, S 669-670 *(Torsten Schöne)* (Lederdesign Feintäschnerwaren GmbH): Vorlagebeschluss zum Bundesverfassungsgericht zur Verfassungswidrigkeit des Ausschlusses von Eigenkapitalersatz- und Konzernhaftung für die Treuhandanstalt;

BVerfG (Beschl v 29.12.1994 – 1 BvL 52/92) KTS 1995, 255 = ZIP 1995, 393: Unzulässigkeit einer Richtervorlage mangels Entscheidungserheblichkeit der zur Prüfung gestellten § 28a EGAktG und § 56e DMBilG bei der Frage über die nachträgliche Anerkennung der Forderungsanmeldung der Treuhandanstalt und deren Aufnahme in das Vermögensverzeichnis.

I. Grundlagen

1. Gesetzesgeschichte

1 Die am 22. Juli 1992 in Kraft getretene Norm wurde durch Art 11 Nr 5 des Gesetzes zur Änderung des Vermögensgesetzes und anderer Vorschriften (Zweites Vermögensrechtsänderungsgesetz – 2. VermRÄndG) vom 14. Juli 1992 (BGBl I, S 1257) eingefügt. Sie findet eine Parallele in dem die Unanwendbarkeit der früheren §§ 32a, 32b GmbHG[1] (betreffend kapitalersetzende Gesellschafterdarlehen) zu Lasten der Treuhandanstalt statuierenden und durch Art. 11 § 6 des Gesetzes eingefügten § 56e D-Markbilanzgesetz[2]. Die Norm wurde seitdem nicht mehr geändert.

2 Die Norm[3] gelangte erst aufgrund der Beschlussempfehlung des Rechtsausschusses[4] in das EGAktG hinein.[5] Alle vorherigen Gesetzesentwürfe der Fraktionen und Abgeordneten sowie der RegE sahen hierzu noch keine Änderung vor.

---

[1] Durch Art 1 Nr 22, Art 9 Nr 5, 6, 8 und 9 des Gesetzes zur Modernisierung des GmbH-Rechts und zur Bekämpfung von Missbräuchen (MoMiG) vom 23.10.2008 (BGBl I, S 2026) systematisch in das Insolvenzrecht verlagert worden (vgl §§ 39 Abs 1 Nr 5, Abs 4 und 5, 44a, 135, 143 Abs 3 InsO); näher Uhlenbruck/*Hirte*[19] § 135 InsO Rdn 2 ff.

[2] Beschlussempfehlung und Bericht des Rechtsausschusses zum 2. VermRÄndG, BT-Drucks 12/2944, S 35 und S 66. – Zur möglichen Verfassungswidrigkeit der Norm *Hirte* in: Hirte (Hrsg), Der qualifizierte faktische Konzern. Fortsetzungsband, S 1, 33 ff.

[3] Sie als „lex Treuhand" bezeichnend *Weber* ZIP 1994, 678 Fn 3.

[4] Beschlussempfehlung und Bericht des Rechtsausschusses zum 2. VermRÄndG, BT-Drucks 12/2944, S 35 und S 47 f.

[5] Zur Vorgeschichte *Balz* WPg 1993, 8 ff; *Wolter* WR 1993, 8, 12.

2. Europäisches Recht

Die Übergangsregelung weist keinen europarechtlichen Bezug auf. 3

3. Wirtschaftliche Bedeutung

Wegen der heute fast vollständigen Erledigung der Abwicklungsaufgaben der Treuhandanstalt und der ihre Aufgaben fortführenden Bundesanstalt für vereinigungsbedingte Sonderaufgaben (siehe unten Rdn 20) dürfte der Geltungsbereich der Übergangsregelung sehr gering sein und sich erledigt[6] haben. 4

II. Ausschluss der Konzernhaftung der Treuhandanstalt

1. Grundlegendes zum Übergangsrecht und -fall der Treuhandanstalt

Durch Änderung des EGAktG wurde ein Ausschluss der Konzernhaftung zu Lasten der Treuhandanstalt sichergestellt. Es war in der Rechtsprechung[7] und Rechtswissenschaft nämlich umstritten, ob die Treuhandanstalt als herrschendes Unternehmen eines Konzerns anzusehen ist. Diese Frage hatte wegen der Haftungsrisiken, die bei einer Bejahung aufgrund des Konzernrechts für die Treuhandanstalt und damit letztlich für die öffentliche Hand hätte entstehen können, außerordentliche Bedeutung. 5

Mit Blick auf das eine **Haftung für Sozialplanverbindlichkeiten** unter dem Gesichtspunkt der **qualifizierten faktischen Konzernierung**[8] bejahende Urteil des Kreisgerichts Erfurt vom 29. Juli 1991[9] hatte die Treuhandanstalt zuvor die Arbeitnehmer-Organisationen zum Abschluss einer Grundsatzvereinbarung gedrängt, die im Frühjahr 1992 unterzeichnet wurde.[10] Diese Sozialplan-Klausel sah für die Beschäftigten aller Treuhandbetriebe im Falle eines Arbeitsplatzverlustes eine Einmalzahlung von 5.000 DM vor, für die bei Insolvenz des einzelnen Betriebes die Treuhandanstalt haftet. Im Gegenzug nahmen die Gewerkschaften von einer Fortführung der gegen die Treuhandanstalt angestrengten Rechtsstreitigkeiten Abstand.[11] In einer Protokollnotiz zu der Vereinbarung heißt es: 6

> „THA und BSE vertreten übereinstimmend die Auffassung, daß die THA unbeschadet dieser Zusagen keine weitergehende Verbindlichkeit trifft und insbesondere keine unmittelbare Haftung der THA gegenüber Arbeitnehmern auf Bezahlung von Abfindungen besteht.“[12]

---

6 Siehe hierzu deren Beschreibung auf der Homepage des BMF oder beschrieben im RegE BvSAbwG BT-Drucks 15/1181, S 1, 7.

7 Eine Haftung bejahend KrG Erfurt 29.7.1991 – 4 Ca 789/91, ZIP 1991, 1233 (Eiwa GmbH); dazu *Wolter* WR 1993, 8, 12.

8 Zu diesem – inzwischen überholten – Ansatz für eine Haftung der Gesellschafter für die Verbindlichkeiten einer Gesellschaft auf der Grundlage der Annahme einer Verlustausgleichspflicht des herrschenden Unternehmens im Konzern: BGH 16.9.1985 – II ZR 275/84, BGHZ 95, 330 (Autokran) = ZIP 1985, 1263 = EWiR § 13 GmbHG 3/85, 885 *(Hommelhoff)*; BGH 20.2.1989 – II ZR 167/88, BGHZ 107, 7 (Tiefbau) = ZIP 1989, 440 = EWiR § 302 AktG 1/89, 431 *(Fleck)*; BGH 23.9.1991 – II ZR 135/90, BGHZ 115, 187 (Video) = ZIP 1991, 1354 = EWiR § 302 AktG 1/91, 945 *(Altmeppen)*; dazu *Hirte* Kapitalgesellschaftsrecht[8] Rdn 5.176 ff mwN; *ders* in: Hirte (Hrsg), Der qualifizierte faktische Konzern. RWS-Dokumentation 12, 1992, S 1 ff; *Schall* in: FS Stilz, S 537, 539 ff.

9 Eine Haftung bejahend KrG Erfurt 29.7.1991 – 4 Ca 789/91, ZIP 1991, 1233 (Eiwa GmbH); dazu *Wolter* WR 1993, 8, 12.

10 *Wolter* WR 1993, 8, 12.

11 *Bauschke/Schulte* Berliner Zeitung vom 7.6.1993, S 26.

12 Zitiert nach *Wolter* WR 1993, 8, 12.

Damit war für die Gewerkschaften zugleich die Grundlage geschaffen, ihren Mitgliedern für ähnliche Klagen keinen Rechtsschutz mehr zu gewähren.[13]

7 Der Treuhandanstalt waren durch Gesetz Aufgaben zugewiesen, deren Erfüllung sich von der Betätigung eines Unternehmens oder auch eines anderen öffentlich-rechtlichen Rechtsträgers als herrschendes Konzernunternehmen grundlegend unterschieden.[14] Deshalb wurde durch **S 1** gesetzlich klargestellt, dass die Vorschriften des Aktiengesetzes über herrschende Unternehmen auf die Treuhandanstalt **nicht anzuwenden** sind. Die Regelung in **S 2** sollte deutlich machen, dass die in S 1 enthaltene **Klarstellung** die Anwendung des § 5 Abs 3 MitbestG nicht einschränken soll.

8 Das aus der Gesetzesbegründung ersichtliche Bemühen, die Andersartigkeit der Treuhandanstalt im Vergleich zu anderen Unternehmen herauszustellen ("grundlegend unterschiedlich"), provozierte jedoch geradezu, den dort genannten "grundlegenden Unterschied" kritisch zu beleuchten. Denn Unterschiede im tatsächlichen Bereich erlauben abweichende gesetzliche Regelungen; ihr Fehlen verbietet sie demgegenüber. Dies ist eine unmittelbare Folge des allgemeinen Gleichheitssatzes des Art 3 Abs 1 GG, der die Gleichbehandlung gleicher Sachverhalte ge- und die Ungleichbehandlung gleicher Sachverhalte verbietet.[15]

9 Solche Bedenken wurden schon kurz nach Abschluss des Gesetzgebungsverfahrens insbesondere von *Timm/Schöne* und *Weimar/Alfes*[16] geäußert. Sie gewannen dadurch an Aktualität, dass das Amtsgericht Halle an der Saale sie teilte und § 28a EGAktG wegen der von ihm angenommenen Verfassungswidrigkeit nach Art 100 Abs 1 Satz 1 GG dem Bundesverfassungsgericht vorlegte.[17] Der erst deutlich später bekannt gewordene Beschluss schlug in der Tagespresse wie eine Bombe ein. So war in der Berliner Zeitung vom 7.6.1993 von der "Anstalt mit unbeschränkter Haftung"[18] zu lesen. Der politische Sprengstoff des Beschlusses lag darin, dass eine Haftung der Treuhandanstalt unmittelbar zu Lasten des Bundeshaushaltes gegangen wäre, während etwaige Mittel für Arbeitslosengeld und -hilfe entweder von der Bundesanstalt für Arbeit aufzubringen gewesen wären und damit (auch) von den Versicherten oder von der Sozialhilfe.

2. Verbindungen zu materiell-rechtlichen Erwägungen

10 **a) Verstoß gegen den Gleichbehandlungsgrundsatz.** Der zentrale Vorwurf gegen die § 28a EGAktG und § 56e D-Markbilanzgesetz andererseits lautete, dass sie gegen den allgemeinen Gleichbehandlungsgrundsatz des Art. 3 Abs. 1 GG verstießen. Und in der Tat führt die Nichtanwendung der konzernrechtlichen Bestimmungen des Aktiengesetzes[19] auf

---

13 Vgl *Wolter* WR 1993, 8, 12.

14 Zum Folgenden Beschlussempfehlung und Bericht des Rechtsausschusses zum VermRÄndG, BT-Drucks 12/2944, S 66.

15 BVerfG 23.10.1951 – 2 BvG 1/51, E 1, 14, 52; 1, BVerfG 5.4.1952 – 2 BvH 1/52, E 208, 243; BVerfG 15.12.1959, E 10, 234, 246; BVerfG 15.1969 – 1 BvR 723/65, E 25, 101, 105 ff; BVerfG 29.9.1978 – 1 BvL 31/76, E 49, 192, 209; BVerfG 30.5.1990 – 1 BvL 2/83, E 82, 126, 146; zusammenfassend aus handelsrechtlicher Sicht *Hirte* in: Hirte (Hrsg), Der qualifizierte faktische Konzern. Fortsetzungsband, S 1, 17 f; *Neuner* ZHR 157 (1993), 243, 286 mwN.

16 *Timm/Schöne* ZIP 1992, 969, 976; *Weimar/Alfes* DB 1992, 1225; sowie *Habighorst/Spoerr* ZGR 1992, 499, 511; ausführlich *Weimar* Nachprivatisierungsprobleme S 96 ff; anders jedoch *Wolter* WR 1993, 8, 12.

17 AG Halle-Saalkreis 10.12.1992 – 50 N 21/92, ZIP 1993, 961 (Lederdesign Feintäschnerwaren GmbH).

18 *Bauschke/Schulte* Berliner Zeitung vom 7.6.1993, S 26.

die Treuhandanstalt zu verschiedenen Ungleichbehandlungen:

- die Treuhandanstalt wird besser gestellt als normale Gesellschafter;
- die von ihr abhängigen Unternehmen stehen schlechter als die von gewöhnlichen Unternehmen abhängigen Unternehmen;
- und die Gläubiger von Treuhandunternehmen stehen schlechter als die Gläubiger von „normalen" Unternehmen.

Eine Ungleichbehandlung ergebe sich schließlich im Verhältnis der Gläubiger untereinander, da die Treuhandanstalt im Verhältnis zu anderen Gläubigern privilegiert würde.[20]

Zu den vielen seinerzeit angestellten Überlegungen kann hier nur kursorisch Stellung **11** genommen werden.[21]

Entscheidend ist: Eine **Staatshaftung** – und darauf wäre die verfassungrechtliche Dis- **12** kussion hinausgelaufen[22] – für alle gegen ein Unternehmen gerichteten Forderungen ist auch im Konzernrecht nicht angelegt. Die Annahme der Verfassungswidrigkeit der beiden neuen Normen hätte daher im Zusammenspiel mit einer anzunehmenden Haftung der Treuhandanstalt eine unbeschränkte Haftung der Bundesrepublik Deutschland bedeutet und damit weit mehr gewährt, als dem Gläubiger eines „normalen" deutschen Unternehmens zusteht.

Im Übrigen war – was speziell den hier in Rede stehenden § 28a angeht – streitig, ob die **13** Treuhandanstalt ohne die Sondernorm des § 28a überhaupt gehaftet hätte; denn ob sie im Verhältnis zu den Treuhandunternehmen einen qualifizierten faktischen Konzern bildete, war höchst streitig.[23] Die Rolle der Treuhandanstalt als "Liquidatorin" des ehemaligen DDR-Vermögens (nicht nur des unternehmerischen Vermögens)[24] war hier Ansatzpunkt für ein differenzierteres Bild:[25] Richtigerweise hätte die Treuhandanstalt auch ohne § 28a

---

[19] § 28a verweist zwar nur auf „die Vorschriften des Aktiengesetzes über herrschende Unternehmen". Zu Recht weist jedoch das AG Halle-Saalkreis 10.12.1992 – 50 N 21/92, ZIP 1993, 961, 962 (Lederdesign Feintäschnerwaren GmbH) darauf hin, daß damit der gesamte Komplex auch des nicht-kodifizierten GmbH-Konzernrechts gemeint sei (ebenso *Timm/Schöne* ZIP 1992, 969, 972; *Weimar* Nachprivatisierungsprobleme S 100). Denn die konzernrechtlichen Normen, insbesondere die §§ 15 ff AktG, richten sich, obwohl im Aktienrecht niedergelegt, an alle Unternehmen (vgl. bereits in diesem Zusammenhang *Hirte* in: Hirte (Hrsg), Der qualifizierte faktische Konzern. RWS-Dokumentation 12, 1992, S 1).

[20] So AG Halle-Saalkreis 10.12.1992 – 50 N 21/92, ZIP 1993, 961, 963 lSp (Lederdesign Feintäschnerwaren GmbH); *Weimar/Alfes* DB 1992, 1225.

[21] Ausführlicher damals *Hirte* in: Hirte (Hrsg), Der qualifizierte faktische Konzern. Fortsetzungsband, S 1, 16 ff.

[22] Ebenso *Ulmer* in: Hommelhoff (Hrsg), Treuhandunternehmen im Umbruch, S 39, 42; zustimmend *Uhlenbruck* BB 1992, 789.

[23] Bejahend KrG Erfurt 29.7.1991 – 4 Ca 789/91, ZIP 1991, 1233 (Eiwa GmbH); *Emmerich/Sonnenschein* Konzernrecht[4] S 50; *Timm/Schöne* ZIP 1992, 969, 975; *Weimar* ZGR 1992, 477, 490 ff; *Weimar/Alfes* ZIP 1991, 1529; *dies* DB 1992, 1225; verneinend Treuhandanstalt ZIP 1992, 446; *Balz* WPg 1993, 8, 9; *Karsten Schmidt* ZIP 1991, 1325, 1326 Fn 11; *Schuppert* ZGR 1992, 454, 469 ff; *Uhlenbruck* BB 1992, 789, 790; *Ulmer* in: Hommelhoff (Hrsg), Treuhandunternehmen im Umbruch, S 39, 40; differenzierend *Wolter* WR 1993, 8, 12 f.

[24] Ähnlich *Priester*, Gesellschaftsrechtliche Überlegungen in den neuen Bundesländern, in: Bericht über die IdW-Fachtagung vom 16.-18.10.1991 in Berlin, 1992, S 81, 96; *Schuppert* ZGR 1992, 454, 456; *Uhlenbruck* BB 1992, S. 789, 790 (mit dem Hinweis, daß sonst auch ein ein Unternehmen fortführender [damals noch] Konkursverwalter herrschendes Unternehmen sein müsse); kritisch *Timm/Schöne* ZIP 1992, 969, 977; *Weimar* Nachprivatisierungsprobleme S 111 f.

nicht als herrschendes Unternehmen gehaftet.[26] Der Vorwurf der Ungleichbehandlung an die Adresse des Bundesgesetzgebers wurde daher zu Unrecht erhoben; denn die Haftung für Verbindlichkeiten von Treuhandunternehmen wäre ohnehin aufgrund der Sonderstellung der Treuhandanstalt und der – von anderen so bezeichneten – öffentlich-rechtlichen Überlagerung des Gesellschaftsrechts zu verneinen gewesen.

14 Folgt man dem nicht, und wäre eine Haftung der Treuhandanstalt bei Fehlen eines § 28a nicht ausgeschieden, dürften die genannten Gesichtspunkte zumindest Differenzierungskriterien sein, die **dem Gesetzgeber** eine vor dem Hintergrund des Art 3 Abs 1 GG ungleiche Behandlung erlaubten, um insoweit die Haftungsverfassung der Treuhandanstalt zu konkretisieren. Dabei dürfte aus den geschilderten Gründen das (erhebliche) Maß an Ungleichheit in angemessenem Verhältnis zur Ungleichbehandlung stehen, wie die Rechtsprechung des Bundesverfassungsgerichts dies verlangt.[27] Der Vorwurf eines Verstoßes gegen den Gleichbehandlungsgrundsatz wurde daher dann zu Unrecht erhoben.

15 b) **Haftungsbegrenzung auf die einzelnen Unternehmensbereiche.** Sieht man § 28a als eine Konkretisierung der Haftungsstruktur für den Bereich der Treuhandanstalt, dann lag im Übrigen die Frage auf der Hand, ob mit ihr nicht eventuell nur die **Haftung der Konzernspitze**, der Treuhandanstalt selbst, abgeschafft werden sollte – er also letztlich eine **materiell-konzernrechtliche Regelung** ist. Dafür spricht jedenfalls der Wortlaut von Art 11 § 5 des Gesetzes zur Änderung des Vermögensgesetzes und anderer Vorschriften (Zweites Vermögensrechtsänderungsgesetz – 2. VermRÄndG) vom 14. Juli 1992 (BGBl I, S 1257). Eine Konzernhaftung der einzelnen **Zwischen-Holdinggesellschaften** wäre dann – auf der Grundlage der früheren BGH-Rechtsprechung – denkbar gewesen. § 28a wäre dann, bezogen auf den Bereich der ehemaligen DDR, eine Bestätigung der These,[28] dass die Konzernhaftung so weit reicht, wie die Grenzen zwischen den einzelnen Konzernunternehmen keinen sachlichen Grund haben – oder umgekehrt: dass die Konzernhaftung ein Instrument ist, die ordnungsgemäße Aufteilung unternehmerischer Risiken auf verschiedene juristische Personen zu überprüfen.

16 c) **Verstoß gegen das Rückwirkungsverbot.** Der fehlende Verstoß von § 28a gegen den Gleichbehandlungsgrundsatz schließt allerdings Verstöße gegen andere Verfassungsbestimmungen nicht aus. Zu denken war hier zunächst an das Rechtsstaatsprinzip, das sich aus Art 20 GG ergibt. Es umfasst – worauf das AG Halle-Saalkreis zur Treuhandanstalt zu Recht hingewiesen hatte[29] – das Vertrauen des Bürgers darauf, dass seine Rechtsposition nicht nachträglich durch gesetzliche Vorschriften entwertet wird. Dabei ist jedoch zu unterscheiden zwischen der „echten Rückwirkung“, bei der in bereits abgeschlossene Sachverhalte regelnd eingegriffen wird, und der nur „unechten Rückwirkung“, bei der auf einen noch nicht abgeschlossenen Sachverhalt für die Zukunft eingewirkt wird.[30]

---

[25] Vgl. bereits *Hirte* in: Hirte (Hrsg), Der qualifizierte faktische Konzern. RWS-Dokumentation 12, S 1, 11 ff.

[26] Insoweit zutreffend die Beschreibung von § 28a als „Diskussionsbereinigungsgesetz“ durch *Balz* WPg 1993, 8, 9.

[27] BVerfG 30.5.1990 – 1 BvL 2/83, E 82, 126, 146.

[28] Vgl *Ehlke* DB 1986, 523, 524 f; *Hirte* in: Hirte (Hrsg), Der qualifizierte faktische Konzern. RWS-Dokumentation 12, S 1, 10; *Karsten Schmidt* ZHR 155 (1991), 417, 432 ff; *G.H. Roth* ZGR 1993, 170, 175 („sektoraler Durchgriff“); *Wiedemann* ZGR 1986, 656, 658; *Ziegler* WM 1989, 1041, 1078 ff.

[29] AG Halle-Saalkreis 10.12.1992 – 50 N 21/92, ZIP 1993, 961, 963 r.Sp. (Lederdesign Feintäschnerwaren GmbH); zust *Schöne* EWiR § 28a EGAktG 1/93, S 669, 670; ebenso zuvor bereits *Timm/Schöne* ZIP 1992, 969, 976; *Weimar/Alfes* DB 1992, 1225; erwogen auch von *Wolter* WR 1993, 8, 13.

17 Die in den Einzelheiten durchaus intrikaten und für diesen Einzelfall sehr speziellen Abgrenzungsfragen brauchen hier nicht mehr vertieft zu werden[31], jedenfalls aufgrund der zeitlichen Überholung (siehe oben Rdn 4) und der nur schwer möglichen Verallgemeinerung für das Übergangsrecht *per se*.

18 Insgesamt scheint es, dass das AG Halle-Saalkreis mit **einfacher Gesetzesauslegung** der Übergangsvorschrift leichter und unmittelbarer zum Ziel hätte kommen können als mit dem Gang zum Bundesverfassungsgericht. Und es wäre angesichts des wohl geringen Regelungsgehalts der beiden Normen[32] vielleicht auch politisch klüger gewesen, auf eine „Enthaftung der Treuhandanstalt durch Gesetz“[33] zu verzichten, zumal schon nach der Änderung der Rechtsprechung des Bundesgerichtshofs in der TBB-Entscheidung[34] der Verweis auf die Struktur als haftungsbegründendes Element für das damalige Konzept einer Konzernhaftung nicht mehr ausreichte.[35]

19 **d) Einzelfallgesetz und Willkürverbot.** Als letzte verfassungsrechtliche Gesichtspunkte waren durch das AG Halle-Saalkreis noch der Gesichtspunkt des Einzelfallgesetzes (Art 19 Abs 1 Satz 1 GG) und des Verstoßes gegen das Willkürverbot (Art 3 Abs 1 GG) in Betracht gezogen worden. Beides lag fern.[36] Der vor allem auf diese angeblichen Verfassungsverstöße bezogene Vorlagebeschluss[37] blieb allerdings mangels Entscheidungserheblichkeit vor dem Bundesverfassungsgericht erfolglos und wurde vom 1. Senat (3. Kammer)[38] abgewiesen.

20 **e) Änderung der Treuhandanstalt.** Mit Inkrafttreten (1. Januar 1995) des Gesetzes zur abschließenden Erfüllung der verbliebenen Aufgaben der Treuhandanstalt vom 9. August

---

30 BVerfG 23.3.1971 – 2 BvL 17/69, E 30, 392, 402 f; BVerfG 8.2.1977 – 1 BvR 79/70, E 43, 242, 286; BVerfG 22.3.1983 – 2 BvR 475/78, E 63, 343, 356 f; BVerfG 10.4.1984 – 2 BvL 19/82, E 67, 1, 14 f.

31 Vgl schon ausführlich *Hirte* in: Hirte (Hrsg), Der qualifizierte faktische Konzern. Fortsetzungsband, S. 1, 26 ff; teilweise abw *Weimar* Nachprivatisierungsprobleme S 80 ff, 98 ff; sowie *Schöne* EWiR § 28a EGAktG 1/93, S 669, 670.

32 *Timm/Schöne* ZIP 1992, 969, 976; *Timm* in: FS Semler, 1993, S 611, 613 f, und *Schöne* EWiR § 28a EGAktG 1/93, 669, 670, halten etwa § 117 AktG weiter fur anwendbar (dagegen *Balz* WPg 1993, 8, 10). *Wolter* WR 1993, 8, 13 hält Ansprüche nach § 826 BGB weiter für möglich (zustimmend *Balz* WPg 1993, 8, 10). Zur Kritik an der gesetzgeberischen Hektik auch *Karsten Schmidt* JZ 1992, 856, 866.

33 So die Überschrift des Beitrages von *Weimar/Alfes* DB 1992, 1225.

34 BGH 29.3.1993 – II ZR 265/91, BGHZ 122, 123, 130 ff. (TBB) = ZIP 1993, 589, 593 f = NJW 1993, 1200 = EWiR § 302 AktG 2/93, 327 *(Altmeppen)*; dazu *Altmeppen* DB 1994, 1912; *Drygala* GmbHR 1993, 317; *Ebenroth/Wilken* ZIP 1993, 558; *Hommelhoff* ZGR 1994, 395; *Kleindiek* DZWir 1993, 177; *Kowalski* GmbHR 1993, 253; *Krieger* ZGR 1994, 375; *Karsten Schmidt* ZIP 1993, 549; *Westermann* ZIP 1993, 554; dazu ausführlich *Hirte* in: Hirte (Hrsg), Der qualifizierte faktische Konzern. Fortsetzungsband, S 1, 4 ff; *ders* Kapitalgesellschaftsrecht[8] Rdn 5.178.

35 *Schöne* EWiR § 28a EGAktG 1/93, S. 669, 670.

36 Hierzu ausführlich *Hirte* in: Hirte (Hrsg), Der qualifizierte faktische Konzern. Fortsetzungsband, S 1, 33 ff.

37 AG Halle-Saalkreis 10.12.1992 – 50 N 21/92, AG 1993, 522 = EWiR § 28a EGAktG 1/93, S 669 (verfassungsrechtliche Bedenken).

38 BVerfG 29.12.1994 – 1 BvL 52/92, KTS 1995, 255 = ZIP 1995, 393 Tz 15 („[...] nicht nachvollziehbar, inwiefern die vom Gericht im derzeitigen Verfahrensstadium zu treffende Entscheidung von der Gültigkeit der zur Prüfung gestellten §§ 28a EGAktG und 56e DM-BilG abhängt“); zustimmend *Busche* DZWir 1995, 291 (darauf hinweisend, dass es dem AG Haale-Saalkreis möglich gewesen wäre, eine Entscheidung zu treffen, ohne dass es auf die Verfassungsgemäßheit des § 28a angekommen wäre).

1994 (BGBl I, S 2062) endete die Tätigkeit der Treuhandanstalt.[39] Die Treuhandanstalt selbst ist zum 1. Januar 1995 in **Bundesanstalt für vereinigungsbedingte Sonderaufgaben** umbenannt worden (§ 1 der Verordnung über die Umbenennung und die Anpassung von Zuständigkeiten der Treuhandanstalt (Treuhandanstaltumbenennungsverordnung – TreuhUmbenV) vom 20. Dezember 1994, BGBl I 1994, S 3913). § 28a gilt **entsprechend** auch für die Bundesanstalt für vereinigungsbedingte Sonderaufgaben; von der inzwischen überholten Bezeichnung „Treuhandanstalt" sollte man sich also nicht irreführen lassen.

[39] Der Treuhandanstalt wurden insbesondere gem § 23b TreuhG idF 1994 auch keine neuen Aufgaben übertragen.

Dritter Abschnitt. Aufhebung und Änderung von Gesetzen

§ 29

(weggefallen)

§§ 30 bis 32

§§ 30 bis 32 betreffen Änderungen des Dritten D-Markbilanzergänzungsgesetzes (§ 30), des Handelsgesetzbuchs (HGB) (§ 31) und des GmbH-Gesetzes (GmbHG) (§ 32), die **durch Vollzug erledigt** sind. Texte und Gesezesgeschichte sind nachgewiesen bei *Kropff* Aktiengesetz S 542 ff.

§ 33
Gesetz über die Kapitalerhöhung aus Gesellschaftsmitteln und über die Gewinn- und Verlustrechnung

(1) Die Vorschriften des Ersten Abschnitts des Gesetzes über die Kapitalerhöhung aus Gesellschaftsmitteln und über die Gewinn- und Verlustrechnung[1] vom 23. Dezember 1959 (Bundesgesetzbl. I S. 789) sind auf Aktiengesellschaften und Kommanditgesellschaften auf Aktien nicht mehr anzuwenden.

(2) [1]Haben Kreditinstitute auf Grund einer Aufforderung nach § 11 Abs. 1 des Gesetzes über die Kapitalerhöhung aus Gesellschaftsmitteln und die Gewinn- und Verlustrechnung auf in ihre Sammelverwahrung genommene alte Aktien neue Aktien abgeholt und entfallen neue Aktien noch nach Ablauf eines Jahres seit der Bekanntmachung der Aufforderung zur Abholung oder, wenn diese Frist vor dem Inkrafttreten des Aktiengesetzes abgelaufen ist, noch beim Inkrafttreten des Aktiengesetzes auf Teilrechte, die nicht in einer Hand vereinigt sind und deren Berechtigte sich auch nicht zur Ausübung der Rechte zusammengeschlossen haben, so gelten diese neuen Aktien als nicht abgeholt. [2]Sie sind der Gesellschaft nach Ablauf dieser Frist und, wenn die Frist beim Inkrafttreten des Aktiengesetzes bereits abgelaufen ist, unverzüglich zurückzugeben. [3]Hat die Gesellschaft den Verkauf der nicht abgeholten Aktien noch nicht angedroht, so hat sie ihn unverzüglich nach der Rückgabe der Aktien anzudrohen. [4]Für die Androhung gilt § 214 Abs. 2 Satz 2 und 3 des Aktiengesetzes. [5]§ 214 Abs. 3 des Aktiengesetzes gilt sinngemäß; ist die Frist von einem Jahr seit der letzten Bekanntmachung der Androhung beim Inkrafttreten des Aktiengesetzes bereits abgelaufen, so tritt an ihre Stelle eine Frist von drei Monaten seit dem Inkrafttreten des Aktiengesetzes.

(3) § 20 des Gesetzes über die Kapitalerhöhung aus Gesellschaftsmitteln und über die Gewinn- und Verlustrechnung erhält folgende Fassung:

„§ 20

Wer als Geschäftsführer einer Gesellschaft mit beschränkter Haftung die in § 7 Abs. 1 Satz 2 vorgeschriebene Erklärung der Wahrheit zuwider abgibt, wird mit Gefängnis bis zu drei Jahren und mit Geldstrafe oder mit einer dieser Strafen bestraft.[2]

(4) Sind Aktien einer Gesellschaft an einer deutschen Börse zum amtlichen Handel zugelassen, so gilt die Zulassung auch für die neuen Aktien, die bei einer Kapitalerhöhung aus Gesellschaftsmitteln auf sie entfallen.

Übersicht

[1] Der Titel des Gesetzes wurde zunächst mit Wirkung vom 1. Januar 1981 durch Gesetz vom 4. Juli 1980 (BGBl. I, S 836) umbenannt in „Gesetz über die Kapitalerhöhung aus Gesellschaftsmitteln und über die Verschmelzung von Gesellschaften mit beschränkter Haftung". Aufgehoben sodann mit Wirkung vom 1. Januar 1995 durch Gesetz vom 28. Oktober 1994 (BGBl. I, S 3210).

[2] Abs 3 enthält eine reine Änderungsvorschrift.

Schrifttum

Jens Ekkenga Änderungs- und Ergänzungsvorschläge zum Regierungsentwurf eines neuen Wertpapierprospektgesetzes, BB 2005, S 561–564; *Peter O Mülbert/Steffen Steup* Emittentenhaftung für fehlerhafte Kapitalmarktinformation am Beispiel der fehlerhaften Regelpublizität. – das System der Kapitalmarktinformationshaftung nach AnSVG und WpPG mit Ausblick auf die Transparenzrichtlinie –, WM 2005, S 1633–1655; *Rolf Sethe* Kapitalmarktrechtliche Konsequenzen einer Kapitalherabsetzung, ZIP 2010, S 1825–1832; *Diana Stage* Strafbare Marktmanipulation während der Aktienemission im engeren Sinne, 2016; *Stefan Widder/Dirk Kocher* Die Zeichnung junger Aktien und das Insiderhandelsverbot, AG 2009, S 654–659.

I. Grundlagen

1. Gesetzesgeschichte

Die Vorschrift wurde in ihrer heutigen Form durch das AktG 1965 geschaffen. Seit ihrem Inkrafttreten wurde die Norm nicht mehr geändert. 1

Abs 1, 3 und 4 entsprachen § 30 des RegE[3] zum AktG 1965. Abs 2 wurde erst aufgrund des Ausschussberichts vom Bundestag eingefügt und Abs 3 infolge des Ausschussberichts sprachlich angepasst.[4] 2

2. Europäisches Recht

Die Übergangsregelung weist keinen europarechtlichen Bezug auf. 3

3. Wirtschaftliche Bedeutung

Die Übergangsvorschrift ist inzwischen wohl mit Ausnahme des heute noch diskutierten Abs 4 praktisch überholt und hat daher ihre Bedeutung verloren. 4

II. Übergangsregelung zu ausgewählten Kapitalmaßnahmen

1. Teilweise Aufhebung des Kapitalerhöhungsgesetzes (Abs 1)

Die Vorschriften des Ersten Abschnitts des Gesetzes über die Kapitalerhöhung aus Gesellschaftsmitteln und über die Gewinn- und Verlustrechnung (KapErhG) vom 23. Dezember 1959 (BGBl I, S 789) waren mit einigen kleinen Änderungen als §§ 207 bis 220 in 5

[3] Begr RegE, BT-Drucks IV/171, S 304 f.
[4] Vgl Zusammenstellung BT-Drucks IV/171 mit Beschlüssen Rechtsausschuss BT-Drucks IV/3296, S 237 f; schriftlicher Bericht des Rechtsausschusses, BT-Drucks IV/3296, S 61.

das AktG übernommen worden (dazu oben *Hirte*[4] § 207 AktG Rdn 6 f). **Abs 1** schränkte deswegen die entsprechenden Vorschriften des Gesetzes vom 23. Dezember 1959 insofern ein und schloss deren Anwendung aus, sofern sie sich auf die Kapitalerhöhung aus Gesellschaftsmitteln bei Aktiengesellschaften und Kommanditgesellschaften auf Aktien bezogen. Die Vorschriften jenes Gesetzes waren also nur noch auf die Kapitalerhöhung aus Gesellschaftsmitteln bei Gesellschaften mit beschränkter Haftung anzuwenden.[5]

6 Das Gesetz über **steuerrechtliche Maßnahmen** bei Erhöhung des Nennkapitals aus Gesellschaftsmitteln und bei Überlassung von eigenen Aktien an Arbeitnehmer vom 30. Dezember 1959 (BGBl I, S 834) galt nach seinem Wortlaut nur für eine Kapitalerhöhung, die nach den Vorschriften des Gesetzes vom 23. Dezember 1959 durchgeführt wurde, jedoch nicht für eine Kapitalerhöhung aus Gesellschaftsmitteln nach §§ 207 bis 220 des Aktiengesetzes. Eine dem Gesetz vom 30. Dezember 1959 entsprechende steuerrechtliche Regelung sollte einem besonderen Gesetz[6] vorbehalten bleiben.

2. Übergangsvorschrift für Sammeldepots (Abs 2)

7 Der vom Rechtsausschuss und Wirtschaftsausschuss übereinstimmend vorgeschlagene **Abs 2** schaffte die gesetzlichen Voraussetzungen für die **Veräußerung von Aktien**, die Wertpapiersammelbanken bei Kapitalerhöhungen aus Gesellschaftsmitteln auf die gesamten im Sammelbestand liegenden alten Aktien abgeholt hatten, ohne sich die Rückgabe derjenigen neuen Aktien vorzubehalten, die auf binnen eines Jahres nach der Abholung nicht vereinigte Teilrechte entfielen.[7]

3. Strafvorschrift für Geschäftsführer der GmbH (Abs 3)

8 **Abs 3** fasste die **Strafvorschrift** des § 20 des Gesetzes vom 23. Dezember 1959 neu.[8] Er beschränkte sie auf Geschäftsführer einer Gesellschaft mit beschränkter Haftung, da ein entsprechender **Straftatbestand** für Mitglieder des Vorstands oder des Aufsichtsrats von Aktiengesellschaften heute in § 399 Abs 2 AktG enthalten ist. Gleichzeitig wurde die Strafdrohung auf eine Gefängnisstrafe bis zu drei Jahren ermäßigt, da auch § 399 Abs 2 AktG nur eine Gefängnisstrafe (heute: Freiheitsstrafe) bis zu drei Jahren vorsieht und es nicht gerechtfertigt wäre, für Geschäftsführer einer Gesellschaft mit beschränkter Haftung eine höhere Strafdrohung als für Vorstände einer Aktiengesellschaft vorzusehen. Nach § 2 Abs 2 S 2 aF StGB galt die geringere Strafdrohung auch für Taten, die vor Inkrafttreten der Neufassung des § 20 des Gesetzes vom 23. Dezember 1959 begangen worden waren, jedoch erst nach Inkrafttreten der Neufassung abgeurteilt wurden.[9]

---

[5] Vgl Begr RegE bei *Kropff*, AktG, S 546.

[6] Dies wurde dann die Neufassung des Gesetzes über steuerrechtliche Mapnahmen bei Erhöhung des Nennkapitals aus Gesellschaftsmitteln und bei Überlassung von eigenen Aktien an Arbeitnehmer vom 10. Oktober 1967 (BGBl I, S 977).

[7] Vgl Bericht des Rechtsausschusses bei *Kropff*, AktG, S 546 f.

[8] Durch Änderung des Abs 3 war die Strafvorschrift in § 20 des Gesetzes über die Kapitalerhöhung aus Gesellschaftsmitteln rein sprachlich und in der Strafdrohung mit den Beschlussempfehlungen des Rechtsausschusses zu den Strafvorschriften des Aktiengesetzes noch abzustimmen, vgl Beschlussempfehlung und Bericht des Rechtsausschusses bei *Kropff*, AktG, S 547.

[9] Vgl Begr RegE bei *Kropff*, AktG, S 546 f.

4. Börsenzulassung (Abs 4)

Abs 4 übernimmt die (frühere) Vorschrift des § 18 des Gesetzes vom 23. Dezember 1959 über die Börsenzulassung der Aktien, die bei einer **Kapitalerhöhung aus Gesellschaftsmitteln** neu ausgegeben werden, sachlich unverändert auch für die Kapitalerhöhung nach §§ 207 bis 220 AktG.[10] Zweck der Vorschrift war es daher, den Handel mit den „neuen Aktien" an der Börse zu erleichtern; es bedurfte keines besonderen Börsen-Zulassungsverfahrens. **Neue Aktien** dürften – sieht man vom Fall des vorherigen Kapitalschnitts auf Null ab (danach § 69 BörsZulV) – aufgrund des weithin offenen[11] Normwortlauts beim geregelten Fall der Kapitalerhöhung aus Gesellschaftsmitteln kraft Gesetzes börsennotiert werden und daher **keines gesonderten Börsenzulassungsverfahrens** bedürfen (siehe ferner oben *Sethe*[4] Vor § 222 AktG Rdn 54).[12] Allein dass es hierbei zu einer Betragsänderung der Wertpapiere kommt, während der wirtschaftliche Wert der Beteiligung gleich bleibt,[13] steht in einem gewissen Konflikt zum Charakter einer Übergangsregelung (es kommt immerhin nicht zur Kapitalverwässerung der Altaktionäre); in Abs 4 dürfte die Regelung *ex lege* jedoch über einen intertemporalen Zweck (siehe oben Einl) hinausgehen (siehe ferner oben *Hirte*[4] § 207 AktG Rdn 161, allerdings noch ohne den Bezug zur Übergangsregelung). Eine Ausnahme zum Zulassungserfordernis ist auch dem Börsengesetz nicht fremd (vgl § 32 Abs 1 BörsG: „[...] soweit nicht [...] in anderen Gesetzen etwas anderes bestimmt ist."), also eine Möglichkeit, die qua Gesetz nach Abs 4 ermöglicht wird[14] und das unabhängig vom zeitlichen Anwendungsbereich des damaligen KapErhG. Folglich entfällt dann mit der Zulassung *qua* Gesetz jedenfalls für Aktiengesellschaften mit deutschem[15] Gesellschaftsstatut auch die Pflicht zur Veröffentlichung eines Wertpapierprospekts (hierzu Art 1 Abs 5 lit g) ProspektVO).[16] 9

---

10 Vgl Begr RegE bei *Kropff*, AktG, S 547.

11 Nur die Nennung des „amtlichen Handel[s]" müsste börsentechnisch heute als Handel für den „regulierten" Markt verstanden werden.

12 Vgl auch Marsch-Barner/Schäfer/*Busch* in: Hdb börsennot AG[4] Rdn 45.48; *Ekkenga* BB 2005, 561, 564 („Gratisaktien [...] sind nach § 33 Abs. 4 EGAktG bereits kraft Gesetzes zugelassen"); *Groß* in: Kapitalmarktrecht[7] Art 1 ProspektVO Rdn 56; *Mülbert/Steup* WM 2005, 1633, 1641 („[...] nach § 33 Abs. 4 EGAktG schon ipso iure börsenzugelassen"); Heidel/*Straßner/Grosjean*[5] § 4 WpPG Rdn 15 („gem. § 33 Abs. 4 EGAktG kraft Gesetzes zum Börsenhandel zugelassen"); *Sethe* ZIP 2010, 1825, 1828; siehe auch ausdrücklich auf der Homepage der Börse Frankfurt unter „Berichtigungsaktie" („[...] ohne Zulassungsverfahren zum Börsenhandel zugelassen"); nur als umstritten bezeichnend *Widder/Kocher* AG 2009, 654, 656 Fn 18.

13 Dies hebt Schwark/Zimmer/*Heidelbach*[5] § 32 BörsG Rdn 92 hervor, um die Zulassung der neuen Aktien als erforderlich einzustufen, allerdings ohne Auseinandersetzung mit der hiesigen Übergangsregelung (siehe dazu *ders* aaO Rdn 16).

14 Vgl Ebenroth/Boujong/Joost/Strohn/*Groß*[4] § 32 BörsG Rdn 11; Heidel/*Straßner/Grosjean*[5] § 4 WpPG Rdn 15; Schwark/Zimmer/*Heidelbach*[5] § 32 BörsG Rdn 16; Baumbach/Hopt-HGB/*Kumpan*[40] § 32 BörsG Rdn 2; *Stage* Strafbare Marktmanipulation § 6 Rdn 90.

15 Für eine Anwendbarkeit auch auf ausländische Emittenten Ebenroth/Boujong/Joost/Strohn/*Groß*[4] Art 1 ProspektVO Rdn 56 (der allerdings in Fn 100 darüber berichtet, dass die **Verwaltungspraxis** der Geschäftsführung der Frankfurter Wertpapierbörse diese Ausnahme aus § 33 Abs 4 nicht bei ausländischen Gesellschaften anwendet); Heidel/*Straßner/Grosjean*[5] § 4 WpPG Rdn 15; **aA** wohl *Mülbert/Steup* WM 2005, 1633, 1641.

16 So auch *Groß* in: Kapitalmarktrecht[7] Art 1 ProspektVO Rdn 56; Ebenroth/Boujong/Joost/Strohn/*ders*[4] Art 1 ProspektVO Rdn 56 („Bei deutschen [...] Gesellschaften gilt § 33 Abs. 4 EGAktG"); *Schlitt* in: Assmann/Schlitt/von Kopp-Colomb (Hrsg), WpPG/VermAnlG[3] § 4 WpPG Rdn 49 („da die Zulassung der neuen Aktien im Falle einer Kapitalerhöhung aus Gesellschaftsmitteln gemäß § 33 Abs. 4 EGAktG kraft Gesetzes erfolgt").

§§ 34 bis 44

§§ 34 bis 44 betreffen Änderungen des Gesetzes über Kapitalanlagegesellschaften (KAGG), des Hypothekenbankgesetzes (HBG), des Kreditwesengesetzes (KWG), verschiedener versicherungsrechtlicher Vorschriften, des VW-Gesetzes, des (früheren) Umwandlungsgesetzes (UmwG), des Mitbestimmungsgesetzes (MitbestG), des Gerichtsverfassungsgesetzes (GVG), des Arbeitsgerichtsgesetzes (ArbGG), des Reichsgesetzes über die Angelegenheiten der freiwilligen Gerichtsbarkeit (RFGG) und des Rechtspflegergesetzes (RPflG), die durch **Vollzug erledigt** sind. Texte und Gesetzesgeschichte sind nachgewiesen bei *Kropff* Aktiengesetz S 547 ff.

Vierter Abschnitt. Schlußvorschriften

§ 45
Geltung in Berlin

Dieses Gesetz gilt nach Maßgabe des § 13 Abs. 1 des Dritten Überleitungsgesetzes vom 4. Januar 1952 (Bundesgesetzbl. I S. 1) auch im Land Berlin.

Die Vorschrift enthält die bis zur Wiedervereinigung Deutschlands übliche Berlin-Klausel. Sie wurde seit ihrem Inkrafttreten nicht mehr geändert. Die Schlußvorschrift ist im Gesetzgebungsverfahren zum AktG 1965 von § 39 des RegE[1] zum heutigen § 45 verschoben worden, blieb inhaltlich aber gleich und wurde auch aufgrund des Ausschussberichts[2] nicht verändert. **1**

Die Übernahme des EGAktG wie auch des AktG selbst in das Land Berlin erfolgte durch Berliner Gesetz vom 14.10.1965 (GVBl S 1473). Nach § 13 Abs 1 des Dritten Überleitungsgesetzes wurde Bundesrecht, das nach dem Inkrafttreten des Dritten Überleitungsgesetzes verkündet worden war und dessen Geltung für das Land Berlin ausdrücklich bestimmt war (dh wie in § 45 EGAktG oder § 409 AktG), im Land Berlin binnen eines Monats nach Maßgabe des § 87 Abs 2 des Gesetzes des Abgeordnetenhauses in Kraft gesetzt. **2**

Aufgrund der Aufhebung des Dritten Überleitungsgesetzes durch Gesetz zur Überleitung von Bundesrecht nach Berlin (West) (Sechstes Überleitungsgesetz) vom 25. September 1990 (BGBl I, S 2106) im Zusammenhang mit der Wiedervereinigung – und somit weitgehender Gleichstellung von Berlin (West) mit dem übrigen Bundesgebiet[3] – ist die Berlin-Klausel zum 3. Oktober 1990 jedoch gegenstandslos geworden. **3**

---

1 Begr RegE, BT-Drucks IV/171, S 308.

2 Vgl Zusammenstellung BT-Drucks IV/171 mit Beschlüssen Rechtsausschuss BT-Drucks IV/3296, S 259.

3 Vgl Begr RegE, BT-Drucks 11/7824, S 1, 6 (unter Hinweis auf den Fortfall oder die Suspendierung der alliierten Vorbehaltsrechte in Bezug auf Berlin).

§ 46
Inkrafttreten

Dieses Gesetz tritt am 1. Januar 1966 in Kraft.

1 Die Vorschrift regelt das Inkrafttreten des Gesetzes. Die Schlussvorschrift ist im Gesetzgebungsverfahren zum AktG 1965 von § 40 des RegE[1] zum heutigen § 46 verschoben worden, blieb inhaltlich aber gleich und erhielt aufgrund des Ausschussberichts[2] nur die Streichung eines zweiten Semikolonsatzteiles, wonach die Vorschrift zum damals neuen Umwandlungsgesetzes vorzeitig hätte eintreten können. Sie wurde seit ihrem Inkrafttreten nicht mehr geändert.

2 Das Einführungsgesetz ist zum selben Zeitpunkt wie das Aktiengesetz in Kraft getreten, damit die Beteiligten Gelegenheit hatten, sich auf die Neuregelung einzustellen. Das EGAktG selbst ist aber schon am 6.9.1965 ausgefertigt und im BGBl 1965 unter der Nr 48 vom 11.9.1965 (BGBl I 1965, S 1185) verkündet worden. Die Zeit zwischen Verkündung und Inkrafttreten war daher relativ kurz bemessen. Dennoch empfahl auch der Rechtsausschuss[3], das EGAktG ebenso wie das AktG am 1.1.1966 in Kraft treten zu lassen. In Anbetracht der langen vorausgegangenen Kodifizierungsgeschichte trafen jedoch weder das EGAktG noch das AktG die Beteiligten unvorbereitet.

---

1 Begr RegE; BT-Drucks IV/171, S 308.

2 Vgl Zusammenstellung BT-Drucks IV/171 mit Beschlüssen Rechtsausschuss BT-Drucks IV/3296, S 259; schriftlicher Bericht des Rechtsausschusses, BT-Drucks IV/3296, S 68.

3 Schriftlicher Bericht des Rechtsausschusses, BT-Drucks IV/3296, S 68.

Anhang

Art. 103m Einführungsgesetz zur Insolvenzordnung (EGInsO) Überleitungsvorschrift zum Sanierungs- und Insolvenzrechtsfortentwicklungsgesetz

[1]Auf Insolvenzverfahren, die vor dem 1. Januar 2021 beantragt worden sind, sind die bis dahin geltenden Vorschriften weiter anzuwenden. [2]§ 15b der Insolvenzordnung in der Fassung des Sanierungs- und Insolvenzrechtsfortentwicklungsgesetzes vom 22. Dezember 2020 (BGBl. I S. 3256) ist erstmals auf Zahlungen anzuwenden, die nach dem 31. Dezember 2020 vorgenommen worden sind. [3]Auf Zahlungen, die vor dem 1. Januar 2021 vorgenommen worden sind, sind die bis zum 31. Dezember 2020 geltenden gesetzlichen Vorschriften weiterhin anzuwenden.

Übersicht

Schrifttum

Holger Altmeppen Wie lange noch gilt das alte Kapitalersatzrecht? Untragbare Verwirrung um das Übergangsrecht, ZIP 2011, S 641–649; *Andreas J. Baumert* § 15b InsO – offene Praxisfragen beim korrigierenden Eingriff des Gesetzgebers in die Rechtsprechung des II. Senats, NZG 2021, S 443–449; *Georg Bitter* Geschäftsleiterhaftung in der Insolvenz – Alles neu durch SanInsFoG und StaRUG?, ZIP 2021, S 321–336; *Reinhard Bork/Konstantin Knobloch* Gilt § 15b InsO für Altfälle?, ZRI 2021, S 240–242; *Ulrich Haas* Eigenkapitalersatzrecht und Übergangsrecht, DStR 2009, S 976–979; *Franziska Hackenberg/Daniel Beck* Geschäftsführerhaftung in Altfällen – Anwendungsbereich des § 64 GmbHG bzw. § 15b InsO, ZInsO 2021, S 413–417; *Sven Hentschel/Janina Ruster* Fortgeltung des § 64 GmbHG fur Altfalle nach Inkrafttreten des SanInsFoG, ZInsO 2021, S 637–643; *Heribert Hirte* Die Neuregelung des Rechts der (früher: kapitalersetzenden) Gesellschafterdarlehen durch das „Gesetz zur Modernisierung des GmbH-Rechts und zur Bekämpfung von Missbräuchen" (MoMiG), WM 2008, S 1429–1435; *Heribert Hirte* Die Entwicklung des Unternehmens- und Gesellschaftsrechts in Deutschland im Jahre 2009, NJW 2010, S 2177–2183; *Heribert Hirte/Béla Knof/Sebastian Mock* Ein Abschied auf Raten? – Zum zeitlichen Anwendungsbereich des alten und neuen Rechts der Gesellschafterdarlehen, NZG 2009, S 48–50; *Heribert Hirte/Béla Knof* Das „neue" Sanierungsprivileg nach § 39 Abs. 4 Satz 2 InsO, WM 2009, S 1961–1971; *Heribert Hirte/Maximilian Windorf* Von der europäischen Restrukturierungsrichtlinie zum Gesetz zur weiteren Verkürzung des Restschuldbefreiungsverfahrens – eine rechtspolitische *Tour d'Horizon*, in: Festschrift für Stefan Smid, S 543–560 (im Erscheinen); *Johannes Holzer* Insolvenzrechtliche Überleitungsvorschriften des MoMiG in der Praxis, ZIP 2009, S 206–208; *Volker Römermann* Eigenkapitalersatz: Neue Anfechungsmöglichkeiten für Insolvenzverwalter, InsVZ 2010, S 43–50; *Jens M Schmittmann* Braucht es ein SanInsFoG-Reparaturgesetz?, BB 2021, S I; *Christopher Seagon* Coronabedingtes Sonderinsolvenzrecht als Brücke zum StaRUG?, NZI-Beilage 2021, S 12–14;

Christoph Thole Die Geschäftsleiterhaftung im StaRUG und nach § 15b InsO n. F., BB 2021, S 1347–1354.

Rechtsprechung

BGH (Urt v 21.1.2009 – II ZR 260/07) Z 179, 249 = ZIP 2009, 615 = NJW 2009, 1277 = NZG 2009, 422 = NZI 2009, 336 = ZInsO 2009, 674 = DStR 2009, 699 = EWiR § 30 GmbHG aF 1/09, 303 *(Habighorst)* (Gut Buschow): Anwendung des Eigenkapitalersatzrechts auf Altfälle vor MoMiG; Rückzahlungspflicht des bürgenden Gesellschafters bei Vorhandensein einer Mehrzahl von Kreditsicherheiten.

BGH (Urt v 20.4.2021 – II ZR 387/18) NZI 2021, 637 = ZInsO 2021, 1277: Anwendbarkeit des Verzichts- und Vergleichsverbots auf Vereinbarungen über die Geschäftsführerhaftung für Zahlungen nach Zahlungsunfähigkeit bei Zustimmung des vorläufigen Insolvenzverwalters; Anwendbarkeit auf Insolvenzverfahren, die vor dem 1.11.2008 eröffnet worden sind, nach Art 103d Satz 1 EGInsO.

I. Grundlagen

1. Gesetzesgeschichte

1 Die am 1. Januar 2021 in Kraft getretene Übergangsregelung des Art 103m EGInsO wurde in der ursprünglichen Gestalt ihres heutigen Satzes 1 durch Art 8 Nr 2 des Gesetzes zur Fortentwicklung des Sanierungs- und Insolvenzrechts (Sanierungs- und Insolvenzrechtsfortentwicklungsgesetz – SanInsFoG) vom 22. Dezember 2020 (BGBl I, S 3256) eingefügt. Parallel zu ihr wurde § 15b InsO durch Art 5 Nr 9 des SanInsFoG eingefügt. Dieser lautet:

§ 15b
Zahlungen bei Zahlungsunfähigkeit und Überschuldung; Verjährung

(1) [1]Die nach § 15a Absatz 1 Satz 1 antragspflichtigen Mitglieder des Vertretungsorgans und Abwickler einer juristischen Person dürfen nach dem Eintritt der Zahlungsunfähigkeit oder der Überschuldung der juristischen Person keine Zahlungen mehr für diese vornehmen. [2]Dies gilt nicht für Zahlungen, die mit der Sorgfalt eines ordentlichen und gewissenhaften Geschäftsleiters vereinbar sind.

(2) [1]Zahlungen, die im ordnungsgemäßen Geschäftsgang erfolgen, insbesondere solche Zahlungen, die der Aufrechterhaltung des Geschäftsbetriebs dienen, gelten vorbehaltlich des Absatzes 3 als mit der Sorgfalt eines ordentlichen und gewissenhaften Geschäftsleiters vereinbar. [2]Im Rahmen des für eine rechtzeitige Antragstellung maßgeblichen Zeitraums nach § 15a Absatz 1 Satz 1 und 2 gilt dies nur, solange die Antragspflichtigen Maßnahmen zur nachhaltigen Beseitigung der Insolvenzreife oder zur Vorbereitung eines Insolvenzantrags mit der Sorgfalt eines ordentlichen und gewissenhaften Geschäftsleiters betreiben. [3]Zahlungen, die im Zeitraum zwischen der Stellung des Antrags und der Eröffnung des Verfahrens geleistet werden, gelten auch dann als mit der Sorgfalt eines ordentlichen und gewissenhaften Geschäftsleiters vereinbar, wenn diese mit Zustimmung eines vorläufigen Insolvenzverwalters vorgenommen wurden.

[...]

2 Zugleich wurde § 64 GmbHG aufgehoben (durch Art 16 Nr 2 SanInsFoG).[1] Die für das Aktienrecht zuvor parallele Vorschrift des § 92 Abs 2 AktG (sogleich unter Rdn 3) lautete:

[1] Gleichzeitig aufgehoben wurden auch die weiteren Parallelregelungen in § 99 GenG (durch Art 17 Nr 2 SanInsFoG) und § 130a HGB (durch Art 14 Nr 1 SanInsFoG).

§ 92
Vorstandspflichten bei Verlust, Überschuldung oder Zahlungsunfähigkeit

[...]

(2) [1]Nachdem die Zahlungsunfähigkeit der Gesellschaft eingetreten ist oder sich ihre Überschuldung ergeben hat, darf der Vorstand keine Zahlungen leisten. [2]Dies gilt nicht von Zahlungen, die auch nach diesem Zeitpunkt mit der Sorgfalt eines ordentlichen und gewissenhaften Geschäftsleiters vereinbar sind. [3]Die gleiche Verpflichtung trifft den Vorstand für Zahlungen an Aktionäre, soweit diese zur Zahlungsunfähigkeit der Gesellschaft führen mussten, es sei denn, dies war auch bei Beachtung der in § 93 Abs. 1 Satz 1 bezeichneten Sorgfalt nicht erkennbar.

Die Vorschrift wurde duch Art 15 Nr 1 des SanInsFoG zum 31. Dezember 2020 aufgehoben, ohne dass dafür zunächst eine eigenständige Übergangsregelung vorgesehen worden wäre. Die **Aufhebung des § 92 Abs 2 AktG** entstammt dem RegE[2] zum SanInsFoG und blieb auch in der Beschlussempfehlung des Ausschusses für Recht und Verbraucherschutz[3] unverändert, ebenso wie die Übergangsregelung des Art 103m EGInsO in ihrer ursprünglichen Fassung des heutigen Satzes 1 schon dem RegE[4] zum SanInsFoG entstammt und auch in der Beschlussempfehlung des Rechtsausschusses[5] unverändert blieb. Die sich in Bezug auf das Aktienrecht aus der Einfügung von § 15b InsO und der Aufhebung von § 92 Abs. 2 AktG ergebenden Fragen waren daher zunächst letztlich im Rahmen der Auslegung des einzigen insoweit vorhandenen gesetzlichen Anhaltspunkts, nämlich von Art 103m aF (= heutiger Satz 1) EGInsO, zu lösen. 3

Mit Blick auf die damit verbundenen Unsicherheiten **ergänzte der Gesetzgeber** – zurückgehend auf die Beschlussempfehlung des Ausschusses für Recht und Verbraucherschutz[6] – durch Art 36 des MoPeG[7] die Norm um die **jetzigen Sätze 2 und 3**. Sie traten nach Art 137 Satz 2 Nr 2 MoPeG am Tag nach der Verkündung, also am 18. August 2021, in Kraft. Die hier – im Rahmen des EGAktG – wegen ihrer unmittelbaren Auswirkungen auf das Aktiengesetz mitkommentierte Übergangsregelung des Art 103m EGInsO wurde seit der Ergänzung um die Sätze 2 und 3 nicht mehr geändert. 4

Durch das SanInsFoG wurden auch verschiedene Normen des **Gesetzes zur vorübergehenden Aussetzung der Insolvenzantragspflicht** und zur Begrenzung der Organhaftung bei einer durch die COVID-19-Pandemie bedingten Insolvenz (COVID-19-Insolvenzaussetzungsgesetz – COVInsAG) neu gefasst. Diese Normen **modifizieren – befristet – die Voraussetzungen für das Eingreifen des (heutigen) § 15b InsO** (unten Rdn 6). Sie wurden danach noch mehrfach geändert, insbesondere bezüglich des inhaltlichen und zeitlichen Geltungsbereichs, freilich ohne Relevanz für den hiesigen Zusammenhang. Die entsprechenden Normen lauten: 5

---

2 Begr RegE SanInsFoG, BT-Drucks 19/24181, S 80 (Art 15 Nr 1).

3 Beschlussempfehlung des Ausschusses für Recht und Verbraucherschutz SanInsFoG, BT-Drucks 19/25303, S 134.

4 Begr RegE SanInsFoG, BT-Drucks 19/24181, S 71 (Art 8 Nr 2).

5 Beschlussempfehlung des Ausschusses für Recht und Verbraucherschutz SanInsFoG, BT-Drucks 19/25303, S 115.

6 Beschlussempfehlung des Ausschusses für Recht und Verbraucherschutz MoPeG, BT-Drucks 19/30942, S 63 (elektronische Vorabfassung).

7 Gesetz zur Modernisierung des Personengesellschaftsrechts (Personengesellschaftsrechtsmodernisierungsgesetz – MoPeG) v 10.8.2021, BGBl I, S 3436.

§ 1
Aussetzung der Insolvenzantragspflicht

(1) [1]Die Pflicht zur Stellung eines Insolvenzantrags nach § 15a der Insolvenzordnung und nach § 42 Absatz 2 des Bürgerlichen Gesetzbuchs ist bis zum 30. September 2020 ausgesetzt. [2]Dies gilt nicht, wenn die Insolvenzreife nicht auf den Folgen der Ausbreitung des SARS-CoV-2-Virus (COVID-19-Pandemie) beruht oder wenn keine Aussichten darauf bestehen, eine bestehende Zahlungsunfähigkeit zu beseitigen. [3]War der Schuldner am 31. Dezember 2019 nicht zahlungsunfähig, wird vermutet, dass die Insolvenzreife auf den Auswirkungen der COVID-19-Pandemie beruht und Aussichten darauf bestehen, eine bestehende Zahlungsunfähigkeit zu beseitigen. [4]Ist der Schuldner eine natürliche Person, so ist § 290 Absatz 1 Nummer 4 der Insolvenzordnung mit der Maßgabe anzuwenden, dass auf die Verzögerung der Eröffnung des Insolvenzverfahrens im Zeitraum zwischen dem 1. März 2020 und dem 30. September 2020 keine Versagung der Restschuldbefreiung gestützt werden kann. [5]Die Sätze 2 und 3 gelten entsprechend.
[...]

§ 2
Folgen der Aussetzung

(1) Soweit nach § 1 Absatz 1 die Pflicht zur Stellung eines Insolvenzantrags ausgesetzt ist,
1. gelten Zahlungen, die im ordnungsgemäßen Geschäftsgang erfolgen, insbesondere solche Zahlungen, die der Aufrechterhaltung oder Wiederaufnahme des Geschäftsbetriebes oder der Umsetzung eines Sanierungskonzepts dienen, als mit der Sorgfalt eines ordentlichen und gewissenhaften Geschäftsleiters im Sinne des § 64 Satz 2 des Gesetzes betreffend die Gesellschaften mit beschränkter Haftung, des § 92 Absatz 2 Satz 2 des Aktiengesetzes, des § 130a Absatz 1 Satz 2, auch in Verbindung mit § 177a Satz 1, des Handelsgesetzbuchs und des § 99 Satz 2 des Genossenschaftsgesetzes vereinbar;
[...]
(5) Ist die Pflicht zur Stellung eines Insolvenzantrags nach § 1 Absatz 3 ausgesetzt, gelten die Absätze 1 bis 3 entsprechend, jedoch Absatz 1 Nummer 1 nur mit der Maßgabe, dass an die Stelle der darin genannten Vorschriften § 15b Absatz 1 bis 3 der Insolvenzordnung tritt.

6 Die hier angezeigten heutigen Fassungen der Normen des COVInsAG weisen unterschiedliche Gesetzgebungsgeschichten auf. Die am 1. Oktober 2020 in Kraft getretene heutige Fassung des § 1 Abs 1 COVInsAG wurde durch Art 1 Nr 1 lit a) des Gesetzes zur Änderung des COVID-19-Insolvenzaussetzungsgesetzes vom 25. September 2020 (BGBl I, S 2016) geschaffen. Sie ersetzte die Ursprungsfassung aus Art 1 vom Gesetz zur Abmilderung der Folgen der COVID-19-Pandemie im Zivil-, Insolvenz- und Strafverfahrensrecht vom 27. März 2020 (BGBl I, S 569), lediglich indem der Wortlaut des damaligen § 1 COVInsAG zu § 1 Abs 1 COVInsAG wurde. Auch die heutige Fassung des § 2 Abs 1 Nr 1 COVInsAG entstammt – in Art 1 Nr 2 lit a) – dem Gesetz vom 25. September 2020 (BGBl I, S 2016). Sie ersetzte ebenfalls die Ursprungsfassung aus Art 1 des Gesetzes vom 27. März 2020 (BGBl I, S 569), lediglich indem der Verweis auf § 1 unter Einfügung von „Absatz 1" erweitert wurde. Die am 1. Januar 2021 in Kraft getretene Norm des § 2 Abs 5 COVInsAG wurde durch Art 1 Nr 2 lit c) des Gesetzes zur Verlängerung der Aussetzung der Insolvenzantragspflicht und des Anfechtungsschutzes für pandemiebedingte Stundungen sowie zur Verlängerung der Steuererklärungsfrist in beratenen Fällen und der zinsfreien Karenzzeit für den Veranlagungszeitraum 2019 vom 15. Februar 2021 (BGBl I, S 237) eingefügt. Die Regelungen des Art 103m EGInsO wurden seitdem nicht mehr geändert.

Im **Gesetzgebungsverfahren** wurden auf Vorschlag des Ausschusses für Recht und Verbraucherschutz redaktionelle Folgeänderungen an § 15b InsO gegenüber dem RegE[8] vorgenommen. So erfolgten in Abs 1 und 7 leichte Änderungen im Wortlaut (in Abs 1 statt „in [...] genannten“, „nach [...] antragspflichtigen“) – mit einer bedeutsamen einschränkenden Folge für den Anwendungsbereich – bzw in der Syntax (in Abs 7 die Streichung eines Anführungszeichens).[9] 7

Die heutige Fassung des § 1 Abs 1 COVInsAG entstammt dem RegE[10] zum COVID-19-Insolvenzaussetzungsgesetzes vom 25. September 2020 und blieb auch in der Beschlussempfehlung des Ausschusses für Recht und Verbraucherschutz[11] unverändert. Auch die heutige Fassung des § 2 Abs 1 Nr 1 COVInsAG entstammt bereits dem RegE[12] zum COVID-19-Insolvenzaussetzungsgesetz vom 25. September 2020. § 2 Abs 5 COVInsAG wurde schließlich erst aufgrund der Beschlussempfehlung des Finanzausschusses[13] eingefügt. 8

2. Normzweck

Die Regelung im (heutigen) **Satz 1** des Art 103m EGInsO bezweckt, dass „wie auch bei weiteren vorgesehenen Änderungen der Insolvenzordnung [...] auf Verfahren, deren Eröffnung vor Inkrafttreten dieses Gesetzes beantragt wurde, weiterhin das alte Recht anwendbar sein“[14] soll. Mit den durch Art 36 MoPeG angefügten **Sätzen 2 und 3** wird zum einen (in Satz 2) klargestellt, dass § 15b InsO idF des SanInsFoG nicht auf Zahlungen anzuwenden ist, die vor dem 1. Januar 2021 vorgenommen worden sind.[15] Zudem wird (in Satz 3) klargestellt, dass durch die Zusammenführung der § 64 GmbHG, §§ 130a und 177a HGB, § 92 Abs 2 AktG und § 99 GenG durch das SanInsFoG im neuen § 15b InsO nicht etwa die Ersatzpflicht für vor dem 1. Januar 2021 geleistete Zahlungen weggefallen ist, sondern diese weiterhin besteht und sich nach den bisherigen Vorschriften richtet.[16] 9

3. Europäisches Recht

Die Regelung des § 15b InsO und die parallele Streichung von § 92 Abs 2 AktG beruhen mittelbar, dh zumindest als gesetzesmaterieller Ansatzpunkt,[17] so wie die Übergangsregelung des Art 103m EGInsO hinsichtlich der in Bezug genommenen Normen auf der Umset- 10

[8] Begr RegE SanInsFoG, BT-Drucks 19/24181, S 58.

[9] Beschlussempfehlung des Ausschusses für Recht und Verbraucherschutz SanInsFoG, BT-Drucks 19/25303, S 90f; Bericht des Ausschusses für Recht und Verbraucherschutz SanInsFoG BT-Drucks 19/31105, S 11.

[10] Begr RegE zur Änderung des COVID-19-Insolvenzaussetzungsgesetzes, BT-Drucks 19/22178, S 3 (Art 1 Nr 1 lit a)).

[11] Beschlussempfehlung und Bericht des Ausschusses für Recht und Verbraucherschutz zur Änderung des COVID-19-Insolvenzaussetzungsgesetzes, BT-Drucks 19/22593.

[12] Begr RegE zur Änderung des COVID-19-Insolvenzaussetzungsgesetzes, BT-Drucks 19/22178, S 3 (Art 1 Nr 2 lit a)).

[13] Beschlussempfehlung und Bericht des Finanzausschusses zu dem Gesetzentwurf der Fraktionen der CDU/CSU und SPD – Drucksache 19/25795 –, BT-Drucks 19/26245, S 5, 18.

[14] Begr RegE SanInsFoG, BT-Drucks. 19/24181, S. 215.

[15] Bericht des Ausschusses für Recht und Verbraucherschutz MoPeG, BT-Drucks 19/31105, S 7.

[16] Bericht des Ausschusses für Recht und Verbraucherschutz MoPeG, BT-Drucks 19/31105, S 7.

[17] Vgl Begr RegE SanInsFoG, BT-Drucks 19/24181, S 96 (unter „Rechts- und Verwaltungsvereinfachung“: „dient der Vereinheitlichung der Regelungssystematik und leichteren Auffindbarkeit“).

zung europäischen Rechts zu der Richtlinie 2019/1023/EU vom 20. Juni 2019.[18] Die Richtlinie ist am 16. Juli 2019 in Kraft getreten (Art 35) und war, bis auf wenige sogar noch längere Umsetzungsfristen, bis zum 17. Juli 2021 umzusetzen (Art 34 Abs 1), ein Termin, der mit dem SanInsFoG auch in übergangsrechtlicher Hinsicht eingehalten wurde (oben Rdn).

4. Wirtschaftliche Bedeutung

11 Den Vorschriften wird heute auch aus übergangsrechtlicher Betrachtung eine enorme praktische Bedeutung zukommen.

II. Ausgangslage auf der Grundlage der ursprünglichen Übergangsregelung (heutiger Satz 1)

1. Allgemeines

12 Für die ursprünglich nur den jetzigen Satz 1 umfassende Übergangsregelung stellte sich zunächst die Frage, ob der Verweis auf „Insolvenzverfahren" nicht bereits die hier diskutierten gesellschaftsrechtlichen Normen, im hiesigen Kontext also § 92 Abs 2 AktG aF, umfasste. Die **Gesetzesmaterialien zum heutigen Satz 1** verweisen insoweit nur darauf, dass „wie auch bei weiteren vorgesehenen Änderungen der Insolvenzordnung [...] auf Verfahren, deren Eröffnung vor Inkrafttreten dieses Gesetzes beantragt wurde, weiterhin das alte Recht anwendbar sein"[19] sollte. Für eine Erstreckung dieses Gedankens auch auf § 92 Abs 2 AktG aF könnte man anführen, dass Normen wie § 92 Abs 2 AktG aF, obwohl im Gesellschaftsrecht verortet, faktisch Insolvenzrecht darstellten, da sie in der Praxis nur vom Insolvenzverwalter durchgesetzt würden. Die Haftungsregelungen zum Zahlungsverbot setzen indes mit Eintritt der Insolvenzreife[20] an, stellen also auf einen materiellen, **nicht auf den genuin verfahrensrechtlichen[21] Zeitpunkt** ab. Auch setzt die Durchsetzung von Ansprüchen nach dem neuen § 15b InsO – anders als etwa die Insolvenzanfechtung – weder eine Eröffnung des Insolvenzverfahrens voraus, noch können die Ansprüche nur durch einen Insolvenzverwalter verwirklicht werden. Dass andererseits § 15b InsO nach den Gesetzesmaterialien insolvenzrechtlich gedeutet werden soll,[22] bedeutet gerade nicht, dass er auch verfahrensrechtlich ist – die Diskussion lautete seit jeher nur, ob es eher *corporate*[23] oder eher *insolvency law* sei. Eine verfahrensrechtliche **Qualifikation** der alten wie der neuen Norm

---

[18] ABl EU Nr L 172 v 26.6.2019, S 18.

[19] Begr RegE SanInsFoG, BT-Drucks. 19/24181, S 215.

[20] Vgl nur BGH 16.3.2009 – II ZR 280/07, ZInsO 2009, 876 = ZIP 2009, 860; so auch Begr RegE SanInsFoG, BT-Drucks 19/24181, S 193; vgl näher (insb zu einer auch noch späteren Wirkung) Scholz/*Bitter*12 § 64 GmbHG Rdn 45; Baumbach/Hueck/*Haas*22 § 64 GmbHG Rdn 24 f jeweils mwN.

[21] Auf diesen rein verfahrensrechtlichen Bezug hinweisend auch *Bitter* ZIP 2021, 321, 332; *Luxem* in: Gosch/Schwedhelm/Spiegelberger, GmbH-Beratung, 63. Lieferung 07.2021, Haftung des Geschäftsführers 5 e).

[22] So Begr RegE SanInsFoG, BT-Drucks 19/24181, S 193f.

[23] Das Thema rund um *creditor-regarding obligations* wird in englischsprachigen Werken eher zum *corporate* bzw. *company law* gerechnet, siehe etwa *Davies* Introduction to Company Law, 2020, 7. Kapitel S 224ff; *Hannigan* Company Law, 5th ed 2018, 10-2, 10-41ff; im Überblick zum common law etwa *Mohamed* KTS 2020, 295 ff; *van Zwieten* 38 Oxford Journal of Legal Studies 385 ff (2018); näher

stellte damit ein bislang so nicht geteiltes Normverständnis dar. Auch aus § 2 Abs 1 Nr 1, Abs 3 iVm § 1 COVInsAG ergab sich insoweit nichts anderes, da das COVInsAG im Kern verfahrensrechtlich anknüpft („Stellung eines Insolvenzantrags"), die Normen zudem nur einen sehr speziellen Fall der COVID-19-Pandemie betreffen und daher keine intertemporale Allgemeingeltung vor oder mit Art 103m Satz 1 EGInsO aufweisen können.

Die Erstreckung des Satzes 1 auch auf die Verlagerung von § 92 Abs 2 AktG aF und seiner Parallelnormen in § 15b InsO scheint also nicht zwingend, zumal es gerade nicht im Ergebnis darum ging, ob die eine oder die andere Anknüpfung zu dem Ergebnis führen würde, dass Leitungsorgane der Haftung hätten entgehen können:[24] „ein" Haftungstatbestand bleibt bzw blieb bei Zahlungen gegen das Zahlungsverbot allemal. Als Vergleichsmaßstab taugt auch Art 103 EGInsO zum Übergang und der Ablösung der Konkurs-, Vergleichs- und Gesamtvollstreckungsordnung durch die InsO nur bedingt, da wir dabei von einer Neukodifizierung eines gesamten Rechtsgebiets sprechen – dies ist hier nicht der Fall – und sich die Begründung des Regierungsentwurfs[25] selbst damals umfassend zu dem Umfang der nicht mehr anwendbaren Vorschriften auf Altverfahren aussprach (was dann trotzdem zur Diskussion[26] stand). Befürworter einer intertemporalen Anknüpfung in diesem Fall – dh hier der Frage, ob § 15b InsO auch für Altfälle gilt oder § 64 GmbHG aF, § 92 Abs. 2 AktG aF fortgelten – werden das wohl trotzdem als entsprechende „Lücke" bezeichnen wollen, die man durch Analogie schließen müsste (siehe zur Bedeutung des intertemporalen Rechts und der *lex temporis actus* oben Einl). Abgesehen davon, dass Vorwirkungen des positivistischen Insolvenzrechts schon zum Zeitpunkt des Inkrafttretens der Insolvenzordnung erörtert wurden und daher nichts ganz Neues sind,[27] dürfte eine Lückenfüllung für einen zeitlichen Übergangsvorgang eben nur aufgrund einer Auslegung möglich sein, welche eine Sofortanknüpfung der neuen Norm *vis-à-vis* einer wie auch immer gearteten und gesetzgeberisch zu erreichenden Übergangsregelung zwingend als unzulässig ansehen müsste. Aus dem Gesamtkontext erschiene das *en gros* überzogen. **13**

Die Lage ist im Übrigen auch **anders als** bei der seinerzeitigen (vollständigen) Verlagerung der Regelungen über die (früher: kapitalersetzenden) **Gesellschafterdarlehen in das Insolvenzrecht.** Dort befasste sich einst der Bundesgerichtshof[28] (unlängst auch bestätigt)[29] für den Fall der Rückgewähr von Gesellschafterdarlehen bei fehlender spezifischer **14**

zur Strukturierung *Mohamed* Gläubigerinteresse in der Gesellschaft?, KTS 2022 (im Erscheinen).

[24] Vgl zumindest auch *Hackenberg/Beck* ZInsO 2021, 413, 414 zu diesem Punk: („[e]s liegt fern anzunehmen, der Gesetzgeber habe für „Altfälle" eine Lücke normieren wollen").

[25] Vgl Begr RegE, BT-Drucks 13/3803, S 116 f („weder die neue Insolvenzordnung, noch die diese ergänzenden Änderungen anderer Gesetze, etwa des Rechtspflegergesetzes oder der Kostengesetze [...], sind auf ein solches Verfahren anwendbar. Soweit die Übergangsvorschriften der Kostengesetze [...] zur Anwendung neuen Kostenrechts in bereits anhängigen Verfahren führen, werden sie durch den vorliegenden Artikel verdrängt.").

[26] Siehe *Hermann* DZWIR 1999, 277 f (bei gleichzeitig anhängigen Eröffnungsanträgen); *Vallender/Rey* NZI 1999, 1ff.

[27] Siehe *Pape* NJW 1997, 2777 („Der lange Schatten der Insolvenzordnung – Vorwirkungen eines Gesetzes").

[28] Siehe BGH 26.1.2009 – II ZR 260/07, BGHZ 179, 249 = ZIP 2009, 615 = ZinsO 2009, 674 (*Gut Buschow*). **abw** zuvor *Hirte/Knof/Mock* NZG 2009, 48, 49f; auch bereits zuvor *Hirte* WM 2008, 1429, 1435; zur Diskussion *Altmeppen* NJW 2008, 3601; *ders* ZIP 2011, 641ff; *Haas* DStR 2009, 976, 979; Baumbach/Hueck/*Fastrich*[21] Anh § 30-GmbHG Rdn 5ff; 30 f (mwN); *Holzer* ZIP 2009, 206, 207; *Römermann* InsVZ 2010, 43 f; K Schmidt/*K Schmidt*[19] § 135 InsO Rdn 5.

[29] Vgl BGH 12.12.2019 – IX ZR 328/18, ZIP 2020, 280 = ZInsO 2020, 324 („Gemäß Art 103d Satz 1 EGInsO sind auf Insolvenzver-

Übergangsregelung (§ 30 Abs. 1 Satz 3 GmbHG, Art. 103d EGInsO) mit der Wirkung für Altfälle, in denen das Insolvenzverfahren bereits vor Inkrafttreten des betroffenen MoMiG[30] eröffnet war, und zog dafür das intertemporale Recht unter teilweiser Fortgeltung des alten Rechts heran. Denn dabei ging es gerade darum, die gesellschaftsrechtliche Verortung zu beenden und sie (endgültig) durch eine rein insolvenz*verfahrens*rechtliche zu ersetzen.

15 Festzuhalten ist damit, dass es **mit dem heutigen Satz 1 allein keine ausdrückliche gesetzliche Übergangsvorschrift gab.** Feststehende universelle Übergangsideen, die bei Fehlen rechtspositivistischer Vorgaben unmittelbar ergänzend eingreifen, können in einem solchen Fall weniger überzeugen. Denn so oder so bestimmt der Gesetzgeber[31] mit der Festlegung des temporären Anwendungsbereichs des Gesetzes, welches Sachrecht anzuwenden oder außer Kraft zu treten ist. Dies läuft von der Normanwendung her auf das geltende Recht (*lex praesens)*[32] hinaus. Ergeben sich aus der Entstehungsgeschichte und der Systematik keine Anhaltspunkte für eine ausdehnende oder einschränkende Regelung des temporären Anwendungsbereichs, so muss mithin angenommen werden, dass das Fehlen von besonderen Übergangsregelungen nicht schwer wiegt und eine Sofortanknüpfung für den jeweiligen Teilbereich gewollt ist. Dass in Folge der §§ 300, 310 ZPO im Zivilprozess nach wohl nahezu unbestrittener Auffassung[33] stets dasjenige Recht anzuwenden ist, das im Zeitpunkt der Entscheidung gilt und demnach selbst Gesetzesänderungen zu berücksichtigen sind (ggfls nach Gewährung rechtlichen Gehörs und Wiedereröffnung der mündlichen Verhandlung), die in die Zeit zwischen der letzten mündlichen Verhandlung und der Urteilsverkündung fallen, kann man für diese Frage doppeldeutig sehen: einerseits sagt es vielleicht noch nichts darüber aus, wie die Richterin und der Richter intertemporal zu verfahren haben, da das neue Rechts faktisch nicht für den alten Sachverhaltsvorgang gelten konnte, andererseits ist es aber ein klares Zeichen (!) dafür, dass im Zweifel eben die *lex praesens* gelten soll, also mit[34] oder ohne positive Übergangsregelung. Das entsprach auch der **Auffassung der Berichterstatter der Koalitionsfraktionen,**[35] im Übrigen auch bei einer parallelen ähnlichen Fragestellung.[36]

---

fahren, die vor dem 1. November 2008 eröffnet worden sind, die bis dahin geltenden gesetzlichen Vorschriften weiter anzuwenden. Nach der Rechtsprechung des Bundesgerichtshofs gehören dazu auch die Rechtsprechungsregeln über den Eigenkapitalersatz").

30 Gesetz zur Modernisierung des GmbH-Rechts und zur Bekämpfung von Missbräuchen v 23.10.2008, BGBl I, S 2026.

31 Und zwar mit der klassischen Auslegungsvermutung des Handelns in den verfassungsmäßigen Grenzen, vgl nur BVerfG 7.5.1953 – 1 BvL 104/52, BVerfGE 2, 266; BVerfG 11.6.1958 – 1 BvL 149/52, BVerfGE 8, 28; BVerwG 14.1.1959 – V C 617.56, BVerwGE 8, 98; BVerwG 29.11.2018 – 5 C 10/17, BVerwGE 164, 23 = NVwZ-RR 2019, 420, 424.

32 Siehe auch *Heß* Intertemporales Privatrecht, S 518.

33 Aus der Rechtsprechung nur BGH 21.2.1962 – V ZR 144/60, BGHZ 36, 348; siehe einhellig auch BeckOK/*Elzer* § 300 ZPO Rdn 12; Zöller/*Festkorn*[33] § 300 ZPO Rdn 3; Baumbach/Lauterbach/Hartmann/Anders/Gehle/*Hunke*[79] § 300 ZPO Rdn 7 („Es muss nach dem geltenden Recht entscheiden, nicht nach einem aufgehobenen Recht"); Stein/Jonas/*Leipold*[22] § 300 ZPO Rdn 28 (der allerdings auf das Verfahrensrecht eingeht); Saenger/*Saenger*[8] § 300 ZPO Rdn 7 sowie jetzt *Hirte*/*Windorf* in: FS Smid, S 543, 558f.

34 Dann stellt sich das Problem nicht, da ja eine Übergangsregelung die konkrete Anknüpfung vorgibt, sei es vergangenes, gegenwärtiges oder zukünftiges Recht.

35 *Brunner* in der Plenardebatte anlässlich der 2. und 3. Lesung des Gesetzes zur Verlängerung der Aussetzung der Insolvenzantragspflicht und des Anfechtungsschutzes für pandemiebedingte Stundungen sowie zur Verlängerung der Steuererklärungsfrist in beratenen Fällen und der zinsfreien Karenzzeit für den Veranlagungszeit-

16 Eine andere Linie, die Art. 170 EGBGB analog anwenden will, kraft dessen für „ein Schuldverhältnis, das vor dem Inkrafttreten des Bürgerlichen Gesetzbuchs entstanden ist, [...] die bisherigen Gesetze maßgebend“ bleiben, ist zwar vor längerer Zeit in der Rechtsprechung[37] aufgestellt worden (hierauf beziehen sich auch die Stimmen zu § 15b InsO),[38] doch verkürzt eine solche Prämisse den eigentliche Clou, nämlich[39] ob sich aus einer konkreten Regelung, nach deren Sinn und Zweck, der Systematik oder aus den allgemeinen Grundsätzen über die zeitliche Geltung – so es sie denn gibt – eine sofortige Anknüpfung auch für die früher begründeten Rechtsverhältnisse und -ansprüche beanspruchen lässt. Im Übrigen würde natürlich – folgt man der Argumentation des Bundesgerichtshofs – die Bedeutung von Art 170 EGBGB universell. Aber genau das dürfte für den konkreten Streitentscheid eine *petitio principii* sein, sah doch der historische Gesetzgeber der Norm selbst eine Notwendigkeit zur Regelung des zeitlichen Geltungsbereichs.

17 Über allen diesen Überlegungen schwebt freilich die **verfassungsrechtliche Rückwirkungsproblematik:**[40] Bekanntlich sind Eingriffe durch etwaige echte Rückwirkung nur in engen Ausnahmefällen, namentlich überwiegende, zwingende Gründe des Gemeinwohls, zulässig.[41] Die spezifischen verfassungsrechtlichen Gesichtspunkte des Übergangsrechts

---

raum 2019, Deutscher Bundestag, Plen-Prot 19/206, S 25974 (B), 25974 (D): „Ein paar Worte zum Ende meiner kurzen Redezeit. Eine Frage, die immer wieder aufkommt: Zu welchem Zeitpunkt soll dieses heute beratene Gesetz gelten, bei dem es richtig ist, die steuerrechtlichen, die insolvenzrechtlichen und die anfechtungsrechtlichen Bereiche anzuhängen? Natürlich rückwirkend für das gesamte letzte Jahr; denn das war das Jahr, das die Unternehmerinnen und Unternehmer getroffen hat. Dieses Jahr soll Bemessungsgrundlage sein.“ *Hirte* in der Plenardebatte anlässlich der 2. und 3. Lesung desselben Gesetzes, Deutscher Bundestag, Plen-Prot 19/206, S 25975 (A), 25975 (D): „In diesem Zusammenhang – Kollege Brunner hat es schon angesprochen – kam immer die Frage auf: Heißt das denn, dass die Verschiebung von § 64 GmbH-Gesetz in § 15b der Insolvenzordnung auch die alten Sachverhalte betrifft, die im letzten Jahr galten? Natürlich betrifft sie diese Sachverhalte. Das Gleiche gilt bei § 313 BGB, wo wir, was den Wegfall der Geschäftsgrundlage angeht, auch eine Neuregelung zum 1. Januar vorgenommen haben. Denn das ist ja der Sinn der Sache: dass die Sachverhalte, wenn sie jetzt von den Gerichten beurteilt werden, nach der neuen Rechtslage beurteilt werden. Dafür sitzen wir hier zusammen. Das brauchen wir nicht klarzustellen, weil es selbstverständlich war.“

36 Zu Art 14 Abs 2 des Gesetzes zur weiteren Verkürzung des Restschuldbefreiungsverfahrens und zur Anpassung pandemiebedingter Vorschriften im Gesellschafts-, Genossenschafts-, Vereins- und Stiftungsrecht sowie im Miet- und Pachtrecht vom 22.12.2020 (BGBl I, S 3328) betreffend die Klarstellung von § 313 BGB im Hinblick auf Gewerbemieten in der Pandemie Art 240 EGBGB § 7 *Hirte/Windorf* in: FS Smid, S 543, 558f.

37 BGH 18.10.1965 – II ZR 36/64, BGHZ 44, 192 = NJW 1966, 155, 156, aufbauend auf BGH 26.2.1953 – III ZR 214/50, BGHZ 9, 101 = JZ 1953, 381 = NJW 1953, 941. Diese Leitlinie wird heute noch übernommen, siehe nur BGH 12.12.2019 – IX ZR 328/18, ZIP 2020, 280 = ZInsO 2020, 324.

38 Vgl nur *Bork/Knobloch* NZI 2021, 240, 241; *Hackenberg/Beck* ZInsO 2021, 413, 415; *Hentschel/Ruster* ZInsO 2021, 637, 639 (jeweils auch mwN).

39 Diese Prüfung wird selbst vom BGH 26.2.1953 – III ZR 214/50, BGHZ 9, 101 = JZ 1953, 381 = NJW 1953, 941 zu Beginn vorgenommen.

40 Zu der Rückwirkung (iE streng) *Baumert* NZG 2021, 443, 445; *Bork/Knobloch* NZI 2021, 240, 241f; *Hackenberg/Beck* ZInsO 2021, 413, 417 (allerdings vorsichtiger, da § 15b InsO teilweise auch keine verschärfte Haftung mit sich bringe (Abs 4), sodass dahingehend eine Rückwirkung „auf den ersten Blick zulässsig sein [könnte]“); *Hentschel/Ruster* ZInsO 2021, 637, 640 f (jeweils auch mwN).

41 Ausführlicher Überblick bei Maunz/Dürig/*Grzeszick*[92] Art 20 GG Rdn 80 ff mwN zum BVerfG; vgl nur BVerfG 12.11.2015 – 1 BvR 2961/14, 1 BvR 3051/14, NVwZ 2016, 300.

sind so zu einem beträchtlichen Teil mit dem Problemkreis der Rückwirkungen identisch und wurden ua einst prominent von *Bodo Pieroth* in seiner Habilitationsschrift[42] studiert. Fragen der Rückwirkung als eigenständiges Problem haben sich in der Rechtsprechung des Bundesverfassungsgerichts bisher aber in nur **sehr geringem Umfang für Privatrechtsnormen** gestellt.[43]

2. Modellierung an und mit § 15b InsO, Art. 103m (Satz 1) EGInsO

18 Nach den vorstehenden Einsichten dürfte eine erste übergangsrechtliche Modellierung an und mit dem haftungsbewehrten Zahlungsverbot aus § 15b InsO nach SanInsFoG einfacher sein und weniger mit Vorurteilen behaftet, die auf das schlichte Rückwirkungsverbot rekurrieren oder auf einen Leerlauf aufgrund aufgehobener Normen verweisen (zu der erfolgten Klarstellung des Gesetzgebers hier unter Rdn 24 ff). Jedenfalls sollte das **rechtsdogmatische Gewand nicht überhöht werden**, sondern die Möglichkeit einer gesetzgeberischen Sofortanknüpfung und die Ansatzpunkte herangezogen sein, die sich dafür ergeben (oder nicht). Es gehört vielleicht auch zu den *signs of the times*, „wo" der offene – dh nicht politische-interne oder redaktionelle – Diskussionsort für interessierte Leser fußte: auf Twitter.[44]

19 **a) Das Besondere: § 64 GmbHG aF, § 92 Abs 2, 3 AktG aF und § 15b InsO nF:** Die Vorgängerregelungen[45] – wiederum nur in Konnex mit § 15a InsO verständlich – sahen zum Schutz der Gesellschaftsgläubiger und des Rechtsverkehrs besondere Pflichten und ein Zahlungsverbot in finanziellen Krisensituationen vor (hierzu ferner oben *Habersack/Foerster*[5] § 92 AktG Rdn 3),[46] die vom Wesensgehalt her aber nicht ersatzlos gestrichen wurden. Vielmehr wurden sie „zu einer allgemeinen und rechtsformneutralen Vorschrift zusammengefasst und durch die Integration in die InsO rechtssystematisch mit den Regelungen zur Insolvenzantragspflicht zusammengeführt. Mit Letzteren stehen sie in einem engen entstehungsgeschichtlichen Zusammenhang, der bis zum Inkrafttreten des Gesetzes zur Modernisierung des GmbH-Rechts und zur Bekämpfung von Missbräuchen vom 23.10.2008 (MoMiG) auch durch einen engen systematischen Zusammenhang zum Ausdruck kam."[47]

20 Dies dürfte schon den Sonderfall bei der Auslegung und Anknüpfung auch auf intertemporaler Ebene begründen. Wenn zudem die normative „Zusammenfassung und Integration der Zahlungsverbote von dem Gedanken getragen [ist], dass es sich um insolvenzrechtliche Regelungen handelt",[48] so zeigt dies, dass es sich eben nicht um eine grundlegende Ände-

---

[42] *Pieroth* Rückwirkung und Übergangsrecht, 1981.

[43] Vgl auch hierzu *Pieroth* Rückwirkung und Übergangsrecht, 1981, S 192 ff unter der Überschrift „Die fehlende Relevanz der Rückwirkungsdogmatik".

[44] Verwiesen werden kann hierzu auf die reichhaltige Diskussion mit vielfältiger Beteiligung bei den Twitter Accounts etwa von *Tom Braegelmann* (@klotzkette) (Beiträge sind teilweise gelöscht worden), *Matthias Hofmann* (@DrMHofmann), *Martin Horstkotte* (@MartinHorstkot1) und *Heribert Hirte* (@HHirte); wie Tweets auch als juristisches Meinungsmedium wirken können, beispielhaft bei *Hirte*, in: FS Kayser, 2020, S 351, 357f; zur Kommunikationsform Twitter als Governance-Instrument etwa *Langenbucher/Sharaf* ZHR 185 (2021), 414, 416, 420, 451f.

[45] Hierzu zählten auch § 99 GenG aF und § 130a HGB aF.

[46] Hierzu nur statt vieler Uhlenbruck/*Hirte*[15] § 15a InsO Rdn 1f; MünchKomm/*H.-F. Müller*[3] § 64 GmbHG Rdn 1.

[47] Begr RegE SanInsFoG, BT-Drucks 19/24181, S 193.

[48] Begr RegE SanInsFoG, BT-Drucks 19/24181, S 193, auch mit Verweisen zu einer internationalinsolvenzrechtlichen Natur.

rung wie bei Fristenregelungen, bilanziellen Vorgaben oder der Ausübung und Vertretung von Rechten handelt, sondern um die Neuverortung einer haftungsrechtlichen Tatbestandsgruppe. Dass die acht Absätze des § 15b InsO nun nicht identisch mit den kürzeren Vorgängerregelungen im GmbHG und AktG sind, tut dahin grundsätzlich keinen Abbruch, mag im Detaillauf gleichwohl aber etwas für die von nun an anzustellende Vergleichsphase der Normgebilde in künftigen Einzelabhandlungen[49] und -kommentierungen sein. Allein die **steuerlichen Verpflichtungen** nach §§ 34, 69 AO durch § 15b Abs 8 InsO dürften wohl nicht neben den genuin gesellschafts- und insolvenzrechtlichen Verpflichtungen nach alter Gesetzeslage gestanden haben.

b) Die Normstruktur an sich. Ferner kann und muss man sich sicherlich auch Gedanken über einen Strukturvergleich machen. Die Gesetzesmaterialien zum SanInsFoG zeigen hierzu die Parallelen mit den Vorgängerregelungen auf, zugleich aber auch Unterschiede (oder besser: Erweiterungen teilweise normativer Art, aber mittelbar auch zu Gunsten der Geschäftsleiter aufgrund neuer Privilegierungsregel). Für die Haftungsgrundlage und die Zahlungsverbote an sich formuliert schon der Regierungsentwurf den schonenden Fortgang: 21

> „[Es] sind im Ausgangspunkt und vorbehaltlich der speziellen Regelungen in Absatz 2 keine Änderungen gegenüber dem geltenden Recht verbunden."[50]

Wer nun auf die dabei angesprochenen Änderungen zur Privilegierung von Zahlungen in Absatz 2 hindeutet (nach denen eine Haftung nicht nicht mehr eintreten soll, wenn die Zahlung im ordnungsgemäßen Geschäftsgang erfolgt ist, insbesondere weil sie der Aufrechterhaltung des Geschäftsbetriebs dient [§ 15b Abs 2 Satz 1 InsO]), der verweist intertemporal eigentlich nur auf eine Korrektur der bisherigen Rechtsprechung,[51] ergo auf einen ohnehin grundgesetzlich nicht geschützten Vertrauensansatz der Rechtsprechungsänderung[52] (jedenfalls so noch weniger *versus* Änderungen via Gesetz). In der neuen Rechtsfolgenregelung aus Absatz 4 wiederum finden sich beide denkbaren Szenarien wieder: teils werden bereits bestehende oder herrschende Ansätze übernommen und kodifiziert, teils schadenersatzrechtliche Ansätze zum Haftungsumfang korrigiert und die Erstattungspflicht auf den Schaden begrenzt (§ 15b Abs 4 Satz 2 InsO). Die regulatorischen Änderungen werden hier und da auch ausdrücklich zustimmend gewürdigt.[53] Im Übrigen soll auch mit der Zahlungsverbotsregelung für beteiligte Personen nach Absatz 5 „insoweit keine Änderung der bestehenden Rechtslage intendiert"[54] sein. 22

---

[49] Siehe jetzt schon zu Aufarbeitungen der neuen Norm *Bitter* GmbHR 2021, R16, R17f; *ders* GmbHR 2020, 1157ff; *Brinkmann* ZIP 2020, 2361, 2365ff; *Gehrlein* BB 2021, 66, 79f.

[50] Begr RegE SanInsFoG, BT-Drucks. 19/24181, S 194.

[51] Hierzu eingehend mit Erläuterungen und Verweisen Begr RegE SanInsFoG, BT-Drucks 19/24181, S 194f.

[52] Siehe nur BVerfG 18.10.2012 – 1 BvR 2366/11, ZIP 2012, 2437; BVerwG 8.6.2015 – 9 B 84.14; *Brocker* NJW 2013, 2996, 3000 (nur Willkürkontrolle und Zulassung einfach-materiellen Rechts); dem dürfte auch nicht BVerfG 17.12.2013 – 1 BvL 5/08, BVerfGE 135, 1 Rn 55 entgegenstehen, da es dabei nur darum ging, dass der Gesetzgeber die (steuerrechtliche!) Auslegung der Rechtsprechung korrigiert hatte, nicht aber um den Vertrauensschutz auf die Rechtsprechung selbst.

[53] Vgl nur *Bitter* GmbHR 2020, 1157 („längst überfällige Korrekturen der BGH-Rechtsprechung"); *Brinkmann* ZIP 2020, 2361, 2367 („das Anliegen der Ersatzpflicht wieder klar konturiert"); vgl auch im Anschluss an BGH 27.10.2020 – II ZR 355/18, BGHZ 227, 221 = NZG 2021, 66 = NZI 2021, 45 = ZInsO 2021, 90 = ZIP 2020, 2453 jüngst *Altmeppen* ZIP 2021, 1 („der moderne Gesetzgeber in diesem Jahr die richtige Dogmatik bestätigt").

[54] Begr RegE SanInsFoG, BT-Drucks 19/24181, S 196.

23 Bei den hier dann noch aufgezeigten Unterschieden würde die Durchbrechung einer Anknüpfung an die *lex praesens* aber weder regulatorisch noch aus zwingenden (Vertrauens-)Auslegungsgründen im intertemporalen Privatrecht geboten erscheinen.[55] Dafür hätte auch die rechtspositivistische und ebenso demokratische Vorgabe der Anwendung geltenden Rechts selbst in Übergangsfällen[56] gesprochen. Von klassisch wohlerworbenen Rechten, dem Erwerb ebensolcher Rechte oder von Rechtssätzen, die nur Tatsachenwirkungen bestimmen (zB Fristen), also insgesamt Bereichen, die eine rückwirkende Kraft des neuen Rechts überhaupt ausschließen könnten, konnte in der exemplarischen, aber auch sehr speziellen Konstellationen des § 15b InsO kaum die Rede sein. Freilich stellt sich die Frage, ob nicht die Rechtsprechung selbst ihre Vorgaben zu den Zahlungsverboten in Altfällen der neuen Rechtslage hätte anpassen können und sollen, um zu einer einheitlichen Anwendung des (neuen) Rechts zu gelangen.[57] Diese Möglichkeit ist jetzt allerdings durch die ausdrückliche gesetzliche Regelung (unten Rdn 24 ff) versperrt.

III. Klarstellung durch Ergänzung der Sätze 2 und 3

24 Mit den durch Art 36 MoPeG angefügten Sätzen 2 und 3 wird – wie bereits erläutert (oben Rdn) – zum einen (in Satz 2) klargestellt, dass § 15b InsO idF des SanInsFoG nicht auf Zahlungen anzuwenden ist, die vor dem 1. Januar 2021 vorgenommen worden sind. Zudem wird (in Satz 3) klargestellt, dass durch die Zusammenführung der § 64 GmbHG, §§ 130a und 177a HGB, § 92 Abs 2 AktG und § 99 GenG durch das SanInsFoG im neuen § 15b InsO nicht etwa die Ersatzpflicht für vor dem 1. Januar 2021 geleistete Zahlungen weggefallen ist, sondern diese weiterhin besteht und sich nach den bisherigen Vorschriften richtet.

25 Mit diesen ergänzenden Regelungen wird vor allen Dingen **Rechtssicherheit** geschaffen (siehe auch zuvor Rdn 23). Das gilt zum einen aufgrund von **Satz 2** hinsichtlich der **jetzt eindeutig nicht mehr möglichen Anwendung des neuen § 15b InsO auf Zahlungen, die vor dem 1. Januar 2021 geleistet wurden**. Maßgeblich waren insoweit vor allem verfassungsrechtliche Bedenken mit Blick auf die in einem anderen Ansatz möglicherweise liegende Rückwirkung (dass diese Bedenken – wenn überhaupt – nur zu einem geringen Teil für den privatrechtlichen Komplex berechtigt waren [siehe oben Rdn 12 ff], steht auf einem anderen Blatt). Dass damit die schon zuvor „herrschende Meinung" in diesem Punkt festgeschrieben wurde,[58] trifft zwar zu; es war den Berichterstattern der Koalitionsfraktionen aber durchaus bewusst, dass diese Meinung auch deshalb „herrschte", weil hinter ihr

---

[55] Tendenziell allerdings anders und für eine Anwendung der Altnormen jedoch BGH 20.4.2021 – II ZR 387/18, NZI 2021, 637; ZInsO 2021, 1277 Rdn 31 ff, wo zu der Anwendbarkeit von § 64 GmbHG aF auf Zahlungsvorgänge vor dem 1.1.2021 geurteilt wurde.

[56] Siehe zur Auslegung vor Gericht schon Quellen in Fn. 33.

[57] Vgl auch schon mit der Forderung *Bitter* ZIP 2021, 321, 332 („[w]ünschenswert wäre es freilich, wenn der BGH […] auch für Altfälle ändern würde, um zu einer einheitlichen Anwendung des alten und neuen Rechts zu gelangen").

[58] Diese Meinung hatte sich nahezu ohne Gegenkritik verfestigt (was bei einem solch' komplexen Streitthema bemerkenswert sein dürfte), vgl *Baumert* NZG 2021, 443, 445, 449; *Bitter* ZIP 2021, 321, 332; *Bork/Knobloch* NZI 2021, 240, 241 f; *Hentschel/Ruster* ZInsO 2021, 637, 642 f; *Thole* BB 2021, 1347, 1352; etwas zurückhaltender, iE aber ähnlich, *Hackenberg/Beck* ZInsO 2021, 413, 417; wohl auch *Seagon* NZI-Beilage 2021, 12, 14 („auch wenn diese [Anwendbarkeit des Art 103m EGInsO] dem Grunde nach wohl unstreitig ist).

wirtschaftliche Interessen stehen. Denn sie wollte – verständlicherweise – vermeiden, dass Ansprüche gegen Geschäftsleiter nachträglich entfallen (wobei dies kaum jemals einer Rechtsprüfung hätte standhalten können) oder ihrer Höhe nach beschränkt würden. So gesehen, begründet die jetzige Regelung einen *windfall profit* als Folge der erst für die Zukunft korrigierten Rechtsprechungsänderungen (zu diesen oben Rdn 22).

Zum Zweiten wird aber auch in **Satz 3** klargestellt, dass für die vor dem 1. Januar 2021 geleisteten Zahlungen nunmehr weiterhin die bisherigen (aufgehobenen) Bestimmungen gelten. So wie nämlich einerseits von den Gläubigern der aufgehobenen Bestimmungen, insbesondere den Insolvenzverwaltern, die rückwirkende Verschlechterung ihrer Gläubigerposition durch die Neuregelung geltend gemacht worden war, wurde andererseits von den Schuldnern teilweise – noch weitergehend – das vollständige Entfallen der entsprechenden Erstattungspflichten nach den aufgehobenen Normen geltend gemacht. **26**

Da die Klarstellungen erst mW v 18. August 2021 erfogt sind (siehe oben Rdn 4), könnte sich nunmehr – quasi **spiegelbildlich – die Frage stellen**, welche Auswirkungen diese Regelung auf die in der Zeit vom 1. Januar 2021 bis zum Datum des Inkrafttretens der Regelung am 18. August 2021 erworbenen Rechtspositionen hat. Das gilt insbesondere dann, wenn es sich – entgegen der Formulierung in der Gesetzesbegründung – nicht wirklich um eine Klarstellung handeln sollte, sondern um eine **Regelung mit materiellem Gehalt**. Insoweit wird man allerdings – ebenfalls spiegelbildlich – argumentieren können, dass eine etwaige materielle Rückwirkung der „Klarstellung" aus denselben Gründen (oben Rdn 23) verfassungsrechtlich nicht bedenklich ist, wie es auch eine umgekehrte Entscheidung des Gesetzgebers nicht gewesen wäre. Tendenziell dürfte aus Gründen der Rechtssicherheit umgekehrt aber auch nicht wenig dafürsprechen, dass diese „Zwischenphase" ebenfalls die Altnormen und Altfälle abdecken[59] soll. **27**

---

[59] Der Bericht des Ausschusses für Recht und Verbraucherschutz SanInsFoG BT-Drucks 19/31105, S 7 ist offen formuliert („diese [Ersatzpflicht] weiterhin besteht und sich nach den bisherigen Vorschriften richtet").

Hinweis

Die folgende Kommentierung § 162 (S. 1 bis 57) wird hinter die Kommentierung des § 161 und vor § 311 für den Band 9 eingebunden.

Der Verlag

§ 162
Vergütungsbericht

(1) [1]Vorstand und Aufsichtsrat der börsennotierten Gesellschaft erstellen jährlich einen klaren und verständlichen Bericht über die im letzten Geschäftsjahr jedem einzelnen gegenwärtigen oder früheren Mitglied des Vorstands und des Aufsichtsrats von der Gesellschaft und von Unternehmen desselben Konzerns (§ 290 des Handelsgesetzbuchs) gewährte und geschuldete Vergütung. [2]Der Vergütungsbericht hat unter Namensnennung der in Satz 1 genannten Personen die folgenden Angaben zu enthalten, soweit sie inhaltlich tatsächlich vorliegen:

1. alle festen und variablen Vergütungsbestandteile, deren jeweiliger relativer Anteil sowie eine Erläuterung, wie sie dem maßgeblichen Vergütungssystem entsprechen, wie die Vergütung die langfristige Entwicklung der Gesellschaft fördert und wie die Leistungskriterien angewendet wurden;
2. eine vergleichende Darstellung der jährlichen Veränderung der Vergütung, der Ertragsentwicklung der Gesellschaft sowie der über die letzten fünf Geschäftsjahre betrachteten durchschnittlichen Vergütung von Arbeitnehmern auf Vollzeitäquivalenzbasis, einschließlich einer Erläuterung, welcher Kreis von Arbeitnehmern einbezogen wurde;
3. die Anzahl der gewährten oder zugesagten Aktien und Aktienoptionen und die wichtigsten Bedingungen für die Ausübung der Rechte, einschließlich Ausübungspreis, Ausübungsdatum und etwaiger Änderungen dieser Bedingungen;
4. Angaben dazu, ob und wie von der Möglichkeit Gebrauch gemacht wurde, variable Vergütungsbestandteile zurückzufordern;
5. Angaben zu etwaigen Abweichungen vom Vergütungssystem des Vorstands, einschließlich einer Erläuterung der Notwendigkeit der Abweichungen, und der Angabe der konkreten Bestandteile des Vergütungssystems, von denen abgewichen wurde;
6. eine Erläuterung, wie der Beschluss der Hauptversammlung nach § 120a Absatz 4 oder die Erörterung nach § 120a Absatz 5 berücksichtigt wurde;
7. eine Erläuterung, wie die festgelegte Maximalvergütung der Vorstandsmitglieder eingehalten wurde.

(2) Hinsichtlich der Vergütung jedes einzelnen Mitglieds des Vorstands hat der Vergütungsbericht ferner Angaben zu solchen Leistungen zu enthalten, die

1. einem Vorstandsmitglied von einem Dritten im Hinblick auf seine Tätigkeit als Vorstandsmitglied zugesagt oder im Geschäftsjahr gewährt worden sind,
2. einem Vorstandsmitglied für den Fall der vorzeitigen Beendigung seiner Tätigkeit zugesagt worden sind, einschließlich während des letzten Geschäftsjahres vereinbarter Änderungen dieser Zusagen,
3. einem Vorstandsmitglied für den Fall der regulären Beendigung seiner Tätigkeit zugesagt worden sind, mit ihrem Barwert und dem von der Gesellschaft während des letzten Geschäftsjahrs hierfür aufgewandten oder zurückgestellten Betrag, einschließlich während des letzten Geschäftsjahres vereinbarter Änderungen dieser Zusagen,
4. einem früheren Vorstandsmitglied, das seine Tätigkeit im Laufe des letzten Geschäftsjahres beendet hat, in diesem Zusammenhang zugesagt und im Laufe des letzten Geschäftsjahres gewährt worden sind.

(3) [1]Der Vergütungsbericht ist durch den Abschlussprüfer zu prüfen. [2]Er hat zu prüfen, ob die Angaben nach den Absätzen 1 und 2 gemacht wurden. [3]Er hat einen Vermerk über die Prüfung des Vergütungsberichts zu erstellen. [4]Dieser ist dem Vergütungsbericht beizufügen. [5]§ 323 des Handelsgesetzbuchs gilt entsprechend.

(4) [1]Der Vergütungsbericht und der Vermerk nach Absatz 3 Satz 3 sind nach dem Beschluss gemäß § 120a Absatz 4 Satz 1 oder nach der Vorlage gemäß § 120a Absatz 5 von der Gesellschaft zehn Jahre lang auf ihrer Internetseite kostenfrei öffentlich zugänglich zu machen.

(5) [1]Der Vergütungsbericht darf keine Daten enthalten, die sich auf die Familiensituation einzelner Mitglieder des Vorstands oder des Aufsichtsrats beziehen. [2]Personenbezogene Angaben zu früheren Mitgliedern des Vorstands oder des Aufsichtsrats sind in allen Vergütungsberichten, die nach Ablauf von zehn Jahren nach Ablauf des Geschäftsjahres, in dem das jeweilige Mitglied seine Tätigkeit beendet hat, zu erstellen sind, zu unterlassen. [3]Im Übrigen sind personenbezogene Daten nach Ablauf der Frist des Absatzes 4 aus Vergütungsberichten zu entfernen, die über die Internetseite zugänglich sind.

(6) [1]In den Vergütungsbericht brauchen keine Angaben aufgenommen zu werden, die nach vernünftiger kaufmännischer Beurteilung geeignet sind, der Gesellschaft einen nicht unerheblichen Nachteil zuzufügen. [2]Macht die Gesellschaft von der Möglichkeit nach Satz 1 Gebrauch und entfallen die Gründe für die Nichtaufnahme der Angaben nach der Veröffentlichung des Vergütungsberichts, sind die Angaben in den darauf folgenden Vergütungsbericht aufzunehmen.

Übersicht

Schrifttum

Heribert Anzinger Vorstands- und Aufsichtsratsvergütung: Kompetenzverteilung und Offenlegung nach der zweiten Aktionärsrechterichtlinie, ZGR 2019, 39–96; *Christian Armbrüster* Kapitalgesellschaftsrechtliche Zuständigkeit für die Entscheidung über D&O-Versicherungsschutz, Festschrift Karsten Schmidt, 2019, S 23–36; *ders* Interessenkonflikte in der D&O-Versicherung, NJW 2016, 897–901; *Arbeitskreis „Corporate Governance Reporting“ der Schmalenbach-Gesellschaft für Betriebswirtschaft e.V.* DB 2019, 317–322; *Christian Arnold/Julia Herzberg/Ricarda Zeh* Das Vergütungssystem börsennotierter Gesellschaften nach § 87a AktG, AG 2020, 313–322; *Gregor Bachmann/Philipp Pauschinger* Die Neuregelung der Vorstands- und Aufsichtsratsvergütung durch das ARUG II, ZIP 2019, 1–10; *Richard Backhaus* Die Auswirkungen der Neuregelungen zur Vorstandsvergütung im ARUG II auf die börsennotierte Kommanditgesellschaft auf Aktien (KGaA), AG 2020, 462–468; *Walter Bayer* Die Vergütung von Vorstands- und Aufsichtsratsmitgliedern börsennotierter Gesellschaften nach dem RefE für das ARUG II, DB 2018, 3034–3042; *Walter Bayer/Jessica Schmidt* BB-Gesetzgebungs- und Rechtsprechungsreport zum Europäischen Unternehmensrecht 2018/19 – Teil II, BB 2019, 2178–2192; *Theodor Baums* Zur Offenlegung von Vorstandsvergütungen, ZHR 169 (2005), 299–309; *Lucian Bebchuk/Jesse Fried* Pay without Performance, 2006; Beck Online-Großkommentar AktG, BeckOGK AktG, Stand 01.02.2021; *Hans-Joachim Böcking/Laura Bundle* Erhöhte Transparenz für Aktionäre durch den RefE zu ARUG II?, Der Konzern 2018, 496–504; *dies* Die Umsetzung der zweiten Aktionärsrechterichtlinie (ARUG II), Der Konzern 2020, 15–23; *Peter Böckli* Zum neuen Schweizer Vergütungsrecht – Entlöhnung der Unternehmensspitze zwischen Lohndirigismus, Populismus und Aktienrecht, Festschrift für Klaus Hopt, 2011, S 3003–3026; *Hartwin Bungert/Lucina Berger* Say on Pay und Related Party Transactions: Der REfE des Gesetzes zur ‚Umsetzung der zweiten aktionärsrechterichtlinie (Teil 1), DB 2018, 2801–2807; *Hartwin Bungert/Till Wansleben* Umsetzung der überarbeiteten Aktionärsrechterichtlinie in das deutsche Recht: Say on Pay und Related Party Transaction, DB 2017, 1190–1200; *Iris H-Y Chiu* Learning from the UK in the Proposed Shareholders' Rights Directive 2014? European CorporateGovnernace Regulation from a UK Perspective, ZVerglRWiss 114 (2015), 121–156; *Hans Diekmann* „Say-on-Pay“ – Wesentliche Änderungen bei der Vergütung von Vorständen und Aufsichtsräten aufgrund der Aktionärsrechterichtlinie, WM 2018, 796–800; *ders* Say-on-Pay-Umsetzung ins deutsche Recht nach dem ARUG II Referentenentwurf, BB 2018, 3010–3013; *Jan Dörrwächter*

Zwischen Anspruch und Wirklichkeit: Die Vergütung des Vorstands nach dem Entwurf des geänderten DCGK, DB 2018, 2977–2981; *Jan Dörrwächter/Michael Wolff* Sorgfaltspflichten des Aufsichtsrats bei der Vereinbarung von Clawback-Klauseln, AG 2020, 233–240; *Walter Doralt* Organhaftung und D & O Versicherung – Jüngere Entwicklungen und aktuelle Gestaltungsfragen, ZGR 2019, 996–1049; *Meinrad Dreher/Stefan Thomas* Die D&O Versicherung nach der VVG-Novelle 2008, ZGR 2009, 31–73; *Burkhard Fassbach/Carsten Wettich* Die D&O-Versicherung in der Hauptversammlung, GWR 2016, 199–201; *Holger Fleischer* Das Gesetz zur Angemessenheit der Vorstandsvergütung (VorstAG), NZG 2009, 801–806; *Holger Fleischer/Dorothea Bedkowski*, „Say on Pay" im deutschen Aktienrecht: das neue Vergütungsvotum der Hauptversammlung nach § 120 Abs4 AktG, AG 2009, 677–686; *Tim Florstedt* Die neuen Aktionärsvoten zur Organvergütung – zur Umsetzung von Artikel 9 b der geänderten Aktionärsrechterichtlinie nach dem Regierungsentwurf eines ARUG II, ZGR 2019, 630–663; *Hans-Joachim Fonk* Zur Vertragsgestaltung bei Vorstandsdoppelmandaten, NZG 2010, 368–374; *Peter Forstmoser* Schweizer Aktienrecht 2020. Abschluss einer umfassenden Reform des Aktienrechts in der Schweiz BOARD 2020, 156–160; *Sebastian Goslar* Organvergütung nach ARUG II und dem neuen DCGK, DB 2020, 937–942; *Mathias Habersack* Die Einbeziehung des Tochtervorstands in das Aktienoptionsprogramm der Muttergesellschaft, Festschrift für Thomas Raiser, 2005, S 111–128; , *ders* Vorstands- und Aufsichtsratsvergütung – Grundsatz- und Anwendungsfragen im Lichte der Aktionärsrechterichtlinie, NZG 2018, 127–134; *ders* Aufsichtsratsvergütung nach ARUG II, Festschrift für Klaus Hopt, 2020, S. 333–350; *Andreas Hecker/Norbert Bröcker* Die CSR-Berichtspflicht in der Hauptversammlungssaison 2018, AG 2017, 761–770; *Cordula Heldt* Say on Pay" und „Related Party Transactions" im Referentenentwurf des ARUG II aus gesellschaftsrechtspolitischer Sicht, AG 2018, 905–929; *Peter Hemeling* Neuere Entwicklungen in der D & O-Versicherung, Festschrift für Michael Hoffmann-Becking, 2013, S. 491–510; *Joachim Hennrichs/Moritz Pöschke*, Die Pflicht des Aufsichtsrats zur Prüfung des „CSR-Berichts", NZG 2017, 121–127; *Martin Henssler*, D&O-Versicherung in Deutschland, RWS-Forum 20, Gesellschaftsrecht, 2001, S. 131–158; *Hansjörg Heppe/Jörgen Tielmann* Die Neuerungen des Dodd-Frank Wall Street Reform and Consumer Protection Act, WM 2011. 1883–1893; *Sebastian Herrler* Das Vergütungsvotum der Hauptversammlung, ZHR 184 (2020), 408–456; *Katharina Hesse* Die Veröffentlichungpflicht für Vorstandsvergütung, 2013; *Heribert Hirte* Frauenquote oder Frauenförderung?, Der Konzern 2013, 367–384; *ders* Das ARUG II im parlamentarischen Prozess, in: Hirte/Heidel, Das neue Aktienrecht, 2020, S. 39–53; *Heribert Hirte/Thomas Heidel* (Hrsg), Das neue Aktienrecht nach ARUG II und Corona-Gesetzgebung, 2020; *Heribert Hirte/Matthias Schüppen* Begrenzung exzessiver Managervergütungen durch Steuerrecht?, Gedächtnisschrift für Arndt Schmehl, 2019, S. 419–434; *Benedikt Hoegen* Reform der Vorstandsvergütung, 2018; *Michael Hoffmann-Becking* Drittanstellung von Vorstandsmitgliedern der AG, Unternehmen, Kapitalmarkt, Finanzierung, Festschrift für Reinhard Marsch-Barner, 2018, S 253–259; *Peter Hommelhoff* Vorstandsbezüge und gesteigertes Organverhalten, Festschrift für Klaus Hopt, 2020, S. 467–480; *Jan Hupka*, Das Vergütungsvotum der Hauptversammlung, 2012; *ders* „Say on Pay" vor US-amerikanischen Gerichten, RIW 2012, 758–763; *Tim Johannsen-Roth/Arne Kießling* Die unzureichende Beachtung der rechtsformspezifischen Besonderheiten der KGaA in der jüngeren Gesetzgebung und im Corporate Governance Kodex, Unternehmen, Kapitalmarkt, Finanzierung: Festschrift für Reinhard Marsch-Barner, 2018, S. 273–284; *Katrin Kästner* Aktienrechtliche Probleme der D&O-Versicherung, AG 2000, 113–122; Kalss/Frotz/Schörghofer (Hrsg), Handbuch für den Vorstand, 2017; *Bernadette Kell* 2. Aktionärsrechterichtlinie, in: Hirte/Heidel, Das neue Aktienrecht, 2020, S 82–129; *Jürgen van Kann* Das neue Gesetz über die Offenlegung von Vorstandsvergütungen, DStR 2005, 1496–1500; *Gerd Krieger* Interne Voraussetzungen für die Abgabe der Entsprechenserklärung nach § 161 AktG, Festschrift für Peter Ulmer, 2003, S 365–380; *ders* Abführung der Aufsichtsratsvergütung durch Gewerkschaftsmitglieder, Festschrift für Eberhard Vetter, 2019, S. 363–375; *Christoph Kumpan* D&O-Versicherung und aktienrechtliche Zuständigkeit im Spannungsfeld von Interessenkonflikten, in: Festschrift für Klaus Hopt, 2020, S. 631–651; *Peter Kunz* Schweiz: Abzockerregulierung, Audit Committee 2/2014, 26–27; *ders* Swiss Corporate Law – Past, Present, and Future: Reflections on European Influences, ZVglRWiss 114 (2015), 241–266; *Dieter Leuering* Vorstands- und Aufsichtsratsvergütung in der geänderten Aktionärsrechterichtlinie, NZG 2017, 646–651; *Dieter Leuering/Stefan Simon* Offene Fragen zur Offenlegung der Vorstandsvergütung, NZG 2005, 945–950; *Patrick Leyens* Die Mitunterzeichnung der Erklärung zur Unternehmensführung durch den Aufsichtsrat, Festschrift für Eberhard Vetter, 2019, S. 397–418; *Jan Lieder/Philipp Fischer* The Say-on-Pay Movement – Evidence From a Comparative Perspective,

ECFR 2011, 376–421; *Marc Löbbe/Jonas Fischbach* Die Neuregelung des ARUG II zur Vergütung von Vorstand und Aufsichtsrat börsennotierter Aktiengesellschaften, AG 2019, 373–385; *Reinhard Marsch-Barner* Doppelte Überwachung in der AG & Co KGaA, Festschrift für Michael Hoffmann-Becking, 2013, S. 777–792; *Richard Mayer-Uellner* Zur Zulässigkeit finanzieller Leistungen Dritter an die Mitglieder des Vorstands, AG 2011, 193–201; *Hanno Merkt* US-Amerikanisches Gesellschaftsrecht, 3. Aufl. 2015; *Hans-Joachim Mertens* Bedarf der Abschluß einer D&O Versicherung durch die AG der Zustimmung der Hauptversammlung?, AG 2000, 447–451; *Sebastian Mock* Berichterstattung über Corporate Social Responsibility nach dem CSR-Richtlinie-Umsetzungsgesetz, ZIP 2017, 1195–1203; *Marc Moore/Martin Petrin* Corporate Governance: Law, Regulation and Theory, 2017; *Stefan Mutter*, Leitlinien der EU-Kommission zur Vergütungsberichterstattung nach ARUG II, AG 2019, R112; *Sean Needham/Kevin Mack/Stefan Müller* Vorstandsvergütung im Wandel, DB 2019, 1972–1977; *Martin Neuhaus/Georg Gellißen*, Drittvergütungen für Aufsichtsratsmitglieder, NZG 2011, 1361–1365; *Hartmut Oetker* Nachträgliche Eingriffe in die Vergütung von Geschäftsführungsorganen im Lichte des VorstAG, ZHR 174 (2011), 527–556; *Christian Orth/Peter Oser/Katharina Philippsen/Ahmad Sultana* RefE ARUG II: Zum neuen Vergütungsbericht und sonstige Änderungen im HGB, DB 2019, 230–236; *dies* RegE ARUG II: Zum neuen aktienrechtlichen Vergütungsbericht und sonstigen Änderungen im HGB, DB 2019, 1011–1015; *dies* ARUG II: Zum neuen aktienrechtlichen Vergütungsbericht und sonstigen Änderungen im HGB, DB 2019, 2814–2821; *Nikolaos Paschos/Sebastian Goslar* Der Regierungsentwurf des Gesetzes zur Umsetzung der zweiten Aktionärsrechterichtlinie (ARUG II), AG 2019, 365–373; *Karen Pelzer* Das Auskunftsrecht der Aktionäre in der Europäischen Union, 2004; *Dörte Poelzig* Rückforderung der variablen Vorstandsvergütung (Clawback) in börsennotierten Gesellschaften, NZG 2020, 41–50; *Ingo Rahe* Audit ARUG II Konsequenzen der Neuerungen der Vorstandsvergütung für die Rechnungslegung, Committee Quarterly 1/2020, 12–14; *Julia Redenius-Hövermann/Peter Siemens* Zum aktuellen Stand betreffend Clawback-Klauseln, ZIP 2020, 145–153; *Jonathan Rickford* Fundamentals, Developments and Trends in British Company Law – Some Wider Reflections: Second Part: Current British Priorities and Wider Reflection, EFCR 2005, 63–106; *Volker Rieble* Sonderbezahlung von Arbeitnehmervertretern im Aufsichtsrat, AG 2016, 315–325; *Oliver Rieckers* Nachlese zur Hauptversammlungssaison 2020 und Ausblick 2021, DB 2021, 98–110; *Dirk Rimmelspacher/Sandra Roland* Der Vergütungsbericht nach ARUG II, WPg 2020, 201–210; *Markus Roth* Deutscher Corporate Governance Kodex 2020, AG 2020, 278–295; *Eberhard Scheffler* Prüfung des Vergütungsberichts, AG 2021, R 87–89; *Georg Schima* Say on Pay und Related Party Transactions, Der Gesellschafter 2019, 110–120; *ders* Vergütungspolitik und Vergütungsbericht nach dem Aktienrechts-Änderungsgesetz 2019 (Teil II), Aufsichtsrat aktuell, 6/2019, 8–15; *Jessica Schmidt* Die Umsetzung der Aktionärsrechte-Richtlinie 2017: der Referentenentwurf für das ARUG II, NZG 2018, 1201–1220; *Rüdiger Schmidt-Bendun/Wolfram Prusko* Say on Pay in den USA – Dodd-Frank Act kodifiziert Votum über Managervergütung und Golden Parachutes, NZG 2010, 1128–1130; *Ulrich Seibert* Die Koalitionsarbeitsgruppe „Managervergütungen“: Rechtspolitische Überlegungen zur Beschränkung der Vorstandsvergütung (Ende 2007 bis März 2009), Festschrift für Uwe Hüffer, 2010, S 955–972; *ders* ARUG II – Die Stellungnahmen, Festschrift für Eberhard Vetter, 2019, S. 749–762; *Christoph Seibt* Richtlinienvorschlag zur Weiterentwicklung des europäischen Corporate Governance-Rahmens, DB 2014, 1910; *Harald Selzner* Drittvergütungen in der Übernahme, AG 2013, 818–817; *Georg Seyfarth* Vorstandsrecht, 2016; *ders* Clawback-Vereinbarungen in Vorstandsverträgen, Teil II, WM 2019, 569–577; *Gerald Spindler* Prämien und Leistungen an Vorstandsmitglieder bei Unternehmenstransaktionen, Festschrift für Klaus Hopt, 2010, S 1407–1430; *ders* Die Neuregelung der Vorstands- und Aufsichtsratsvergütung im ARUG II, AG 2020, 61–74; *ders* Die Neuregelung der Aufsichtsratsvergütung im Rahmen des Vergütungssystems nach ARUG II, Festschrift für Gerd Krieger, 2020, S. 951–965; *Christoph Teichmann* Die Anwendbarkeit des ARUG II auf die KGaA, Festschrift für Gerd Krieger, 2020, S 993–1007; *Gregor Thüsing/Gerrit Forst* Abführung von Aufsichtsratsvergütung an gewerkschaftliche Bildungseinrichtungen. Zur rechtlichen Bindung durch vertragliche oder mitgliedschaftliche Verpflichtung, Festschrift für Friedrich Graf von Westphalen, 2011, S 693–718; *Gregor Thüsing/Melanie Jänsch* Begrenzung und Kürzung von Vorstandsvergütung, Festschrift für Eberhard Vetter, 2019, S. 803–817; *Christoph van Elst/Anne Lafarre* Shareholder Voice on Executive Pay: A Decade of Dutch Say on Pay, Eur Bus Org Law Rev (2017), 51–83, *Eric van La Beck* AG 2017: the „say on pay“ revolution, Les Echo v. 16.10.2017; *Patrick Velte* Der Vergütungsbericht und die Vergütungsvoten nach dem ARUG II-RefE, DStR 2018, 2445–2449; *ders* Ausweis und Prüfung des neuen Berichts nach § 162 AktG-E, NZG 2019, 335–338;

ders Sustainable Corporate Governance: Intergation von Nachhaltigkeit in das Aktien- und Bilanzrecht (Teil I), DB 2021, 1054–1062; *Dirk Verse* Regulierung der Vorstandsvergütung – mehr Macht für die Aktionäre?, Überlegungen zur geplanten Reform des say on pay, NZG 2013, 921–930; *Eberhard Vetter* Aktienrechtliche Probleme der D&O Versicherung, AG 2000, 453–458; *ders* Aufsichtsratsvergütung und Verträge mit Aufsichtsratsmitgliedern, ZIP 2008, 1–10; *ders* Der kraftlose HV-Beschluss über das Vorstandsvergütungssystem, ZIP 2009, 2136–2143; *ders* CSR-Berichterstattung nach §§ 289b ff. und 315b ff. HGB und die Verantwortung des Aufsichtsrats, Unternehmen, Kapitalmarkt, Finanzierung: Festschrift für Reinhard Marsch-Barner, 2018, S. 559–574; *ders* Zuständigkeit zum Beschluss über das Vorstandsvergütungssystem gem. § 87a AktG, NZG 2020, 1161–1164; *ders* Der Vergütungsbericht nach § 162 AktG als gemeinsames Corporate Governance-Reporting von Vorstand und Aufsichtsrat – Anmerkungen zu einer neuartigen Berichtsform –, Festschrift für Gerd Krieger, 2020, S. 1045–1064.

Rechtsprechung

BAG Urt v 21.5.2015 – 8 AZR 956/13, BAGE 151, 367 = AG 2016, 39 = BB 2015, 2426 = NZA 2015, 1319 = ZIP 2015, 2186: Abführungspflicht eines Gewerkschaftsmitglieds gegenüber Gewerkschaft bezüglich Aufsichtsratstantiemen

BGH Beschl v 14.1.2014 – II ZB 5/12, AG 2014, 402 = BB 2014, 1163 = DB 2014, 704 = NZG 2014, 423 = ZIP 2014, 671 = WM 2014, 618 (Porsche SE).

OLG Stuttgart Beschl v 29.2.2012 – 20 W 5/11, AG 2012, 377= BB 2012, 650 = NZG 2012, 425 = ZIP 2012, 970 (Porsche SE): Auskunftsverweigerung in der Hauptversammlung wegen drohendem nicht unerheblichem Nachteil bei Auskunftserteilung.

BGH Beschl v 5.11.2013 – II ZB 28/12, BGHZ 198, 354 = AG 2014, 87 = BB 2014, 331 = DB 2013, 2917 NZG 2014, 27 = WM 2013, 236 = ZIP 2013, 2454 (Deutsche Bank): Begrenzung des Auskunftsrechts der Aktionäre in der Hauptversammlung.

BGH Urt v 16.3.2009 – II ZR 280/07, AG 2009, 404 = BB 2009, 1207 = DB 2009, 948 = NZG 2009, 550 = WM 2009, 851 = ZIP 2009, 860: Beginn der Geltung des Zahlungsverbots bei der AG, Pflichten des Aufsichtsrats bei Feststellung der Insolvenzreife.

BGH Urt v 3.7.2006 – II ZR 151/04 – IFA, BGHZ 168, 188 = AG 2006, 667 = BB 2006, 1813 = DB 2006, 1834 = NZG 2006, 712 = WM 2006, 1581 = ZIP 2006, 1529: Beratungsvertrag mit Aufsichtsratsmitglied.

BGH Urt v 17.5.1993 – II ZR 89/92, BGHZ 122, 342 = AG 1993, 464 = BB 1993, 1468 = DB 1993, 1609 = NJW 1993, 2307 = WM 1993, 1330 = ZIP 1993, 1079 (Hamburg Mannheimer Versicherung): zwingende Beteiligung der Aufsichtsratsmitglieder der Arbeitnehmer in Aufsichtsratsausschüssen.

BGH Urt v 25.3.1991 – II ZR 188/89 – Deutscher Herold, BGHZ 114, 127 = AG 1991, 312 = BB 1991, 1068 = DB 1991, 1212 = NJW 1991, 1830 = WM 1991, 1075 = ZIP 1991, 653: Beratungsvertrag mit Aufsichtsratsmitglied.

BGH Urt v 9.2.1987 – II ZR 119/86, BGHZ 101, 1, = AG 1987, 344 = BB 1987, 1777= DB 1987, 2033 = WM 1987, 1065 = ZIP 1987, 1239 (Deutsche Bank): Auskunftsverweigerung in der Hauptversammlung wegen drohendem nicht unerheblichem Nachteil bei Auskunftserteilung.

OLG Frankfurt Urt v 18.12.2018 – 4 U 86/18, AG 2019, 561 = BB 2019, 1787 = NZG 2019, 945 = ZIP 2019, 570: Abführung von Aufsichtsratstantiemen eines Gewerkschaftsmitglieds an die Gewerkschaft.

OLG Frankfurt Urt v 7.12.2017 – 3 U 167/14, AG 2018, 948 = NZG 2018, 870 = ZIP 2018, 1290: Abführung von Aufsichtsratstantiemen eines Gewerkschaftsmitglieds an die Gewerkschaft.

OLG Stuttgart Urt v 17.11.2010 – 20 U 2/10, AG 2011, 93 = BB 2010, 2897 = GWR 2010, 600 (Porsche SE): Anfechtung des Entlastungsbeschlusses der Hauptversammlung wegen Verletzung des Auskunftsrechts.

LG Saarbrücken Urt v 14.9.2005 – 71 O 7/04, AG 2006, 89 (Kaufhalle AG): Auskunftsverweigerung in der Hauptversammlung wegen drohendem nicht unerheblichem Nachteil bei Auskunftserteilung.

I. Allgemeines

1. Normzweck

Die Vorschrift, die durch das Gesetz zur Umsetzung der zweiten Aktionärsrechterichtlinie (ARUG II) vom 19.12.2019[1] neu ins AktG eingefügt wurde, setzt die gemeinschaftsrechtlichen Vorgaben von Art 9b Aktionärsrechterichtlinie (Richtlinie (EU) 2017/828 vom 17.5.2017[2] um.[3] Sie richtet sich an die börsennotierte Gesellschaft und dient ausweislich der Erwägungsgründe 31 und 33 Aktionärsrechterichtlinie, die sich der deutsche Gesetzgeber zu Eigen macht, der Information der Aktionäre, der **Verbesserung der Vergütungstransparenz der Organe** der Gesellschaft sowie der verbreiterten und vertieften Rechenschaftspflicht der Mitglieder der Unternehmensleitung[4]. Die Aktionäre sollen ausweislich Erwägungsgrund 29 Aktionärsrechterichtlinie „tatsächlichen Einfluss auf die Vergütungspolitik nehmen können". Damit kommt dem Vergütungsbericht nicht nur eine generelle **Kontrollfunktion gegenüber dem Aufsichtsrat** im Sinne der „Kontrolle der Kontrolleure" zu, sondern mit ihm verknüpft ist auch die Erwartung einer nicht zu unterschätzenden **Steuerungsfunktion** hinsichtlich der Entwicklung der Vorstandsvergütung, die sich allerdings erst noch einstellen muss. Die Erfahrungen aus der Publizität der Organvergütung seit 2005 können allerdings entsprechende Erwartungen – auch mit Blick auf andere Rechtsordnungen – nicht stützen.[5] 1

Während der Gesetzgeber des VorstOG[6] im Jahre 2005 die uneingeschränkte Anerkennung des Informationsinteresses der Öffentlichkeit bezüglich der individuellen Vorstandsvergütung als gesetzliches Regelungsziel noch ausdrücklich abgelehnt hatte, indem den Aktionären durch § 286 Abs 5 HGB aF die Möglichkeit eröffnet wurde, über die Offenlegungspflicht bezogen auf die individuelle Vergütung der Vorstandsmitglieder durch Hauptversammlungsbeschluss nach eigenem Ermessen zu disponieren (*opt-out*),[7] nennt Erwägungsgrund 33 Aktionärsrechterichtlinie als Adressaten des Vergütungsberichts ausdrücklich auch potentielle Anleger sowie „an der Gesellschaft interessierte Akteure", die die Vergütung der Mitglieder der Unternehmensleitung sowie speziell die finanziellen Anreize beurteilen können sollen.[8] Angesichts dieses auf die externen *Stakeholder* bezogenen Regelungsziels kam die Möglichkeit der Beibehaltung der bisherigen *opt-out* – Möglichkeit nicht mehr in Betracht.[9] 2

Die mit der Aktionärsrechtrichtlinie bezweckte Verbesserung der Vergütungstransparenz in der börsennotierten Gesellschaft hinsichtlich der Vorstands- wie auch der Aufsichtsratsmitglieder geht auf die **Kommissionsempfehlung** vom 14. Dezember 2004 (2004/ 3

[1] BGBl I 2019, S 2637.

[2] ABl v 20.5.2017, L 132/1.

[3] Informativ zur Richtlinie *Kell* in: Hirte/Heidel, Das neue Aktienrecht, 2020, S 83 ff.

[4] Begr RegE ARUG II, BT-Drucks. 19/9739, S 109.

[5] *Fleischer* NZG 2009, 801, 806; *Fleischer/Bedkowski* AG 2009, 677, 678; *Hesse* Die Veröffentlichungspflicht für Vorstandsvergütung, 2013, S. 42.

[6] BGBl. I 2005, 2267.

[7] Begr RegE VorstOG BT-Drucks 15/5577, S 5; siehe auch *Baums* ZHR 169 (2005), 299, 300; *Seibert* in FS Hüffer, 2010, S 955, 967.

[8] *Anzinger* ZGR 2019, 39, 84; kritisch BeckOGK/*Bayer/Scholz* AktG § 162 Rdn 4; *Diekmann* WM 2018, 796, 800; weitergehend Grigoleit/*Rachlitz* AktG[2] § 162 Rdn 8: „allgemein-öffentliche Funktion".

[9] Generell zur Vergütungstransparenz als Signal an die Anleger für Vertrauenswürdigkeit zB *Hesse* Die Veröffentlichungspflicht für Vorstandsvergütung, 2013, S. 252 ff.

913/EG) zurück,[10] die die Offenlegung der Vergütungspolitik in ihrem Erwägungsgrund 3 als wichtigen Beitrag für das beständige Anlegervertrauen und eine „solide Corporate Governance“ erklärte. Eine Ergänzung erfolgte durch die Kommissionsempfehlung vom 30. April 2009 (2009/385/EG).[11] Die Bedeutung der Beteiligung der Aktionäre bei der Beurteilung der Managervergütung – ex ante wie auch ex post – wurde schließlich auch im **Aktionsplan der Kommission** „Modernisierung des Gesellschaftsrechts und Verbesserung der Corporate Governance in der Europäischen Union“ vom 12. Dezember 2012 betont.[12]

4 Der Vergütungsbericht verfolgt für die Vorstands- und Aufsichtsratsvergütung einen **einheitlichen Ansatz** und sieht ungeachtet des Umstands, dass das Vergütungssystem des Vorstands in § 87a – im Referentenentwurf noch gemäß der Terminologie der Richtlinie folgend „Vergütungspolitik“ genannt – sowie die Vergütungsfestsetzung für den Aufsichtsrat aus systematischen und rechtstechnischen Gründen an anderer Stelle, nämlich in § 113 Abs 3, geregelt ist, einen einheitlichen Bericht vor. Dadurch wird die gemeinsame Aufgabe von Vorstand und Aufsichtsrat zur Berichtserstellung zum Ausdruck gebracht wird, wie sie § 162 Abs 1 Satz 1 ausdrücklich angeordnet.[13]

5 Das ARUG II fügt sich ein in die langjährigen rechtspolitischen Bestrebungen des Gesetzgebers nach verstärkter Transparenz, Kontrolle und Begrenzung der Vorstandsvergütung durch das VorstOG vom 3.8.2005[14] und VorstAG vom 31.7.2009,[15] auch wenn die Gesetzesbegründung des ARUG II dazu schweigt.[16] Die erst im Laufe des Gesetzgebungsverfahren auf Grund der Beratungen im Ausschuss für Recht und Verbraucherschutz[17] eingeführte **Maximalvergütung des Vorstands** gemäß § 87a Abs 1 Satz 2 Nr 1, die vom Aufsichtsrat zwingend festzulegen ist und die gemäß § 87 Abs 4 von der Hauptversammlung mit verbindlicher Wirkung herabgesetzt werden kann und die keine Grundlage in der Aktionärsrechterichtlinie hat, ist jedoch deutlicher Ausdruck dieser politischen Zielsetzung.[18]

6 Systematisch baut der Vergütungsbericht auf den ebenfalls durch das ARUG II neu eingefügten Regelungen zur Vorstands- und Aufsichtsratsvergütung (§§ 87a, 113 Abs 3) und den erweiterten Rechten der Hauptversammlung der börsennotierten Gesellschaft gemäß § 120a auf. Der Bericht schafft hinsichtlich der individuellen Vergütung der Mitglieder von Vorstand und Aufsichtsrat **ex post Transparenz** und dient der **nachgelagerten Umsetzungskontrolle** des von der Hauptversammlung nach § 120a Abs 1 **gebilligten Vorstandsvergütungssystems**[19] und der nach § 113 Abs 3 **gebilligten Aufsichtsratsvergütung**

---

10 EMPFEHLUNG DER KOMMISSION vom 14. Dezember 2004 zur Einführung einer angemessenen Regelung für die Vergütung von Mitgliedern der Unternehmensleitung börsennotierter Gesellschaften, ABl vom 29.12.2004, L 385/55.

11 EMPFEHLUNG DER KOMMISSION vom 30. April 2009 zur Ergänzung der Empfehlungen 2004/913/EG und 2005/162/EG zur Regelung der Vergütung von Mitgliedern der Unternehmensleitung börsennotierter Gesellschaften, ABl vom 15.5.2009, L 120/28.

12 Europäische Kommission, Aktionsplan: Europäisches Gesellschaftsrecht und Corporate Governance – ein moderner Rechtsrahmen für engagiertere Aktionäre und besser überlebensfähige Unternehmen, COM (2012) 740 final, S. 10.

13 Begr RegE ARUG II, BT-Drucks. 19/9739, S 109.

14 BGBl. I 2005, 2267.

15 BGBl. I 2009, 2509.

16 *Anzinger* ZGR 2019, 39, 49; Hüffer/Koch/*Koch* AktG[15] § 87 Rdn 2 und 3; siehe auch *Habersack* NZG 2018, 127, 133; *Hirte* in: Hirte/Heidel, Das neue Aktienrecht, 2020, S 39 ff sowie Rdn 32.

17 Bericht des Ausschusses für Recht und Verbraucherschutz (6. Ausschuss), BT-Drucks. 19/15153, S 11, 12, 51.

18 Siehe dazu *Hirte/Schüppen* in: GS Schmehl, 2019, S 419, 422 ff; *Hommelhoff* in: FS Hopt, 2020, S 467, 476.

19 Ähnlich bereits Begr. RegE VorstOG, BT-Drucks. 15/5577, S 5.

durch die Aktionäre.[20] Darüber hinaus dient der Vergütungsbericht ausweislich Erwägungsgrund 33 Aktionärsrechterichtlinie der Information der übrigen *Stakeholder* als weiteren Berichtsadressaten und lässt sich insoweit auch als Instrument der Kapitalmarktinformation betrachten.

Angesichts der verschiedenen Gründe, die vom deutschen Gesetzgeber wie auch bereits in der Aktionärsrechterichtlinie für die Offenlegung der individuellen Vergütung der Vorstandsmitglieder genannt werden,[21] ist die Beschränkung des ARUG II auf die börsennotierte Gesellschaft wenig konsequent. Die Offenlegung als Kontrollinstrument der Aktionäre und Geldgeber gegenüber dem Aufsichtsrat wäre auch für die nichtbörsennotierte AG durchaus konsequent gewesen, gegebenenfalls verbunden mit der Möglichkeit zum *opt-out*, wie dies § 286 Abs 5 Satz 1 HGB aF und § 314 Abs 3 Satz 1 HGB aF vorgesehen hatten. Der Gesetzgeber des ARUG II hat diesen Weg jedoch nicht gewählt.[22] **7**

Die Wirkung der Neuregelung im Hinblick auf eine spürbare Begrenzung der Vorstandsvergütung durch die intensivere Einbindung der Aktionäre und der Begründung neuer Mitwirkungsrechte in der Hauptversammlung bleibt abzuwarten. Sie hängt wesentlich nicht nur von der Bereitschaft der institutionellen Aktionäre und der Stimmrechtsberater ab diese Rolle auch ernsthaft und dauerhaft auszufüllen, sondern auch von der konkreten Stoßrichtung ihrer konkreten Einflussnahmen, die mitunter verstärkt von individuellen kurzfristigen Überlegungen bestimmt sind.[23] **8**

2. Regelungsgegenstand

Die Vorschrift steht im systematischen Zusammenhang mit der Organvergütung, die durch das ARUG II verschiedene Änderungen erfahren hat und begründet gesonderte **Publizitätspflichten** bezüglich der Vergütung der Mitglieder von Vorstand und Aufsichtsrat zusätzlich zu den – allerdings reduzierten – handelsrechtlichen Publizitätspflichten. Neben dem zwingenden regelmäßigen *Say-on-pay*-Beschluss der Hauptversammlung nach § 120a Abs 1 Satz 1 über die Billigung des vom Aufsichtsrat zu erstellenden Vorstandsvergütungssystems, dessen inhaltliche Vorgaben in § 87a niedergelegt sind, hat die Hauptversammlung nach § 113 Abs 3 Satz 1 **mindestens alle vier Jahre** über die Aufsichtsratsvergütung zu beschließen. Mit dem Hauptversammlungsbeschluss über das Vergütungssystem korrespondiert der **Beschluss der Hauptversammlung** gemäß § 120a Abs 4 Satz 1 über die **Billigung des Vergütungsberichts**, der nach § 124 Abs 2 Satz 3 vollständig ab dem Tag der Einberufung zugänglich zu machen ist und dessen inhaltliche Vorgaben sich aus § 162 ergeben. Während das Vergütungssystem iSv § 87a und der Hauptversammlungsbeschluss nach § 113 Abs 3 durch die abstrakte Darstellung und die Zukunftsorientierung geprägt sind,[24] stellt der Vergütungsbericht die **konkrete jährliche Rückschau** auf die Vergütung der einzelnen Organmitglieder im abgelaufenen Geschäftsjahr dar. Er soll den **Soll-Ist-Vergleich** zwischen der Organvergütung, die das der Hauptversammlung zur Billigung vorgelegte Vergütungssystem vorsieht und der tatsächlichen individuellen Vergütung der einzelnen Vorstandsmitglieder ermöglichen und damit die Voraussetzungen für eine **Umsetzungskontrolle** des von der Hauptversammlung nach § 120a Abs 1 gebilligten Vergütungssystems **9**

---

20 *Anzinger* ZGR 2019, 39, 84; *Bayer* DB 2018, 3034, 3040; BeckOGK/*Bayer*/*Scholz* AktG § 162 Rdn 3; *Diekmann* BB 2018, 3010, 3012; *Leuering* NZG 2017, 646, 649.

21 Siehe dazu bereits *Baums* ZHR169 (2005), 299 ff.

22 Zur Parallelfrage anlässlich des VorstOG siehe *Baums* ZHR169 (2005), 299, 303.

23 *Florstedt* ZGR 2019, 630, 657; K. Schmidt/Lutter/*Seibt*[5] § 162 Rdn 3.

24 *Florstedt* ZGR 2019, 630, 656; *Spindler* AG 2020, 61 Rdn 52.

durch die Aktionäre schaffen[25]. Der Vergütungsbericht ist deshalb plastisch als das **Spiegelbild des Vergütungssystems** bezeichnet worden.[26]

10 Der Gesetzgeber hat sich im Hinblick auf den von § 162 vorgegebenen Detaillierungsgrad der Berichterstattung über die Vorstandsvergütung im abgelaufenen Geschäftsjahr wie auch aus Gründen der Wahrung der Flexibilität bewusst gegen die Aufnahme von **Mustertabellen**, wie sie im Deutschen Corporate Governance Kodex bis zum Jahre 2019 als Empfehlung enthalten waren, als zwingende Vorgabe für den Vergütungsbericht entschieden[27] (siehe Rdn 19).

3. Entstehungsgeschichte

11 Die Erstellung eines Vergütungsberichts ist für die AG nicht vollkommen neu.[28] Börsennotierte Aktiengesellschaften waren bereits nach §§ 289a Abs 2 Satz 1 HGB aF und § 315a Abs 2 Satz 1 HGB aF zur Darstellung der Grundzüge des Vergütungssystems sowie der einzelnen Komponenten und des Anreizsystems der Vergütung im (Konzern-)Lagebericht verpflichtet[29]. Entsprechende Angabepflichten zur tatsächlichen Vergütung der Mitglieder des Vorstands und Aufsichtsrats jeweils als Gruppe bestehen zudem im Anhang nach § 285 Nr 9 lit a) S 1–4 HGB aF und § 314 Abs 1 Nr 6 lit a) S 1–4 HGB aF. Offenlegungspflichten zu individualisierten Bezügen der namentlich zu benennden Vorstandsmitglieder ergaben sich durch das VorstOG seit 2005 bereits aus § 285 Nr 9 lit a) S 5 HGB aF und § 314 Abs 1 Nr 6 lit a) S 5 HGB aF.[30]

12 Es entsprach seit längerem der Praxis zahlreicher Großunternehmen auf freiwilliger Basis einen Vergütungsbericht als Teil des Lageberichtes zu erstellen, in dem das langfristig angelegte Vergütungssystem und seine Bedeutung für die Gesellschaft erläutert werden.[31]

13 Die Aktionäre börsennotierter Gesellschaften sollen dabei im (Konzern-)Lagebericht auch über die Grundzüge des Vergütungssystems, die einzelnen Komponenten und das Anreizsystem der Vergütung informiert werden.

14 Durch das ARUG II ist die in § 286 Abs 5 und § 314 Abs 3 Nr 1 HGB aF enthaltene Möglichkeit der Aktionäre einer Publikumsgesellschaft ersatzlos entfallen, durch Hauptversammlungsbeschluss mit qualifizierter Mehrheit die Offenlegung der individualisierten Vorstandsbezüge zu verhindern (*opt-out*). Von dieser Möglichkeit hatten börsennotierte Gesellschaften nur sehr vereinzelt Gebrauch gemacht.

15 Neu ist allerdings die durch das ARUG II eingeführte **rückblickende Kontrolle** der tatsächlichen individuellen Vorstandsvergütung durch die **formalisierte Beteiligung der Hauptversammlung.**[32] Der seit dem Jahre 2009 durch das VorstAG[33] in § 120 Abs 4 aF

---

25 *Anzinger* ZGR 2019, 39, 84; *Leuering* NZG 2017, 646, 649; Henssler/Strohn/*E. Vetter* Gesellschaftsrecht[5] § 162 Rdn 2.

26 *Diekmann* BB 2018, 3010, 3012.

27 Bericht des Ausschusses für Recht und Verbraucherschutz (6. Ausschuss), BT-Drucks. 19/15153, S 11, 12, 53.

28 Siehe zB *Leuering/Simon* NZG 2005, 945, 948.

29 Wiedmann/Böcking/Gros/*Böcking/Gros/Koch* Bilanzrecht[4] § 315a Rdn 14 ff; *Mock* in: Hachmeister/Kahle/Mock/Schüppen, Bilanzrecht Kommentar[1] § 289a Rdn 48 ff; zur früheren Unternehmenspraxis siehe zB *Johannsen-Roth/Kießling* in: Johannsen-Roth/Illert/Ghassemi-Tabar, DCGK, 2020, Grds. 25 Rdn 3; *Leuering/Simon* NZG 2005, 945, 948.

30 *Hesse* Die Veröffentlichungspflicht für Vorstandsvergütung, 2013, S 42.

31 *Van Kann* DStR 2005, 1496, 1499.

32 Zu den parlamentarischen Beratungen des ARUG II siehe eingehend *Hirte* in: Hirte/Heidel, Das neue Aktienrecht, 2020, S 39 ff; siehe auch *Seibert* in: FS E. Vetter, 2019, S 749, 758.

33 Gesetz zur Angemessenheit der Vorstandsvergütung (VostAG) vom 31.7.2009, BGBl I 2009, 2509

geregelte und durch das ARUG II entfallene – fakultative – **Beschluss der Hauptversammlung** über die Billigung des Vorstandsvergütungssystems bezog sich auf das jeweils künftig zu beachtende Vergütungssystem. Das AktG sah dabei jedoch keine korrespondierende nachgelagerte Beteiligung der Hauptversammlung hinsichtlich der im abgelaufenen Geschäftsjahr tatsächlich gezahlten oder gewährten Vorstandsvergütung vor.

4. Inkrafttreten

Die **Pflicht zur erstmaligen Erstellung des Vergütungsberichts** besteht gemäß § 26j Abs 2 Satz 1 EGAktG für das nach dem 31.12.2020 beginnende Geschäftsjahr (siehe § 26j EGAktG Rdn 11). Bis zu diesem Zeitpunkt findet die Vergütungsberichterstattung weiterhin als Teil des (Konzern-)Lageberichts nach den Vorgaben des HGB statt. 16

Gemäß § 26j Abs 2 Satz 3 EGAktG hat die **erstmalige Beschlussfassung über die Billigung des Vergütungsberichts** nach § 120a Abs 4 durch die ordentliche Hauptversammlung zu erfolgen, die im zweiten Geschäftsjahr nach dem 31.12.2020 stattfindet[34] (siehe § 26j EGAktG Rdn 11). 17

Den Gesellschaften steht es allerdings ausweislich § 26j Abs 2 Satz 1 EGAktG frei („ist erstmals [...] anzuwenden"][35], den Vergütungsbericht nach Maßgabe von § 162 auch bereits für ein früheres Geschäftsjahr zu erstellen und der Hauptversammlung zur Billigung vorzulegen.[36] Für diesen Berichtszeitraum entfallen dann nach Art 83 Abs 1 Satz 3 EHGB auch die bisherigen entsprechenden handelsrechtlichen Berichtspflichten. Nachdem bereits mehrere börsennotierte Gesellschaften ihrer ordentlichen Hauptversammlung im Jahre 2020 auf freiwilliger Basis ein Vorstandsvergütungssystem gemäß § 120a Abs 1 zur Billigung vorgelegt haben, ist zu erwarten, dass im Folgejahr der ordentlichen Hauptversammlung auch ein Vergütungsbericht nach Maßgabe von § 162 vorgelegt werden wird[37] (siehe § 26j EGAktG Rdn 13). 18

5. Deutscher Corporate Governance Kodex

Der nach einer grundlegenden Reform Anfang 2020 veröffentlichte Deutsche Corporate Governance Kodex[38] enthält keine Empfehlungen zum Vergütungsbericht, sondern beschränkt sich auf knappe Aussagen in den Grundsätzen 8, 23 Abs 2 und 25 und sieht im Unterschied zur vorherigen Kodex-Fassung auch **keine Mustertabellen** mehr vor.[39] Dies wird mit den weitergehenden Berichtsanforderungen von § 162 begründet.[40] Demgegenüber enthielt Ziff 4.2.5 DCGK aF[41] inhaltliche Empfehlungen zur Art und Form der Dar- 19

---

34 Hüffer/Koch/*Koch* AktG[15] § 162 Rdn 1; Grigoleit/*Rachlitz* AktG[2] § 162 Rdn 4.

35 Begr RegE ARUG II, BT-Drucks. 19/9739, S 117.

36 K. Schmidt/Lutter/*Seibt*[5] § 162 Rdn 31; zur Parallelsituation beim Vergütungssystem siehe *Wandt*/*Vossen* AG 2020, 705, 706.

37 *Rieckers* DB 2021, 98, 109; zur früheren Praxis vor Geltung des ARUG II siehe *Diekmann* WM 2018, 796, 798.

38 Fassung vom 16.12.2019; siehe dazu zB *M. Roth* AG 2020, 278 ff.

39 *Johannsen-Roth*/*Kießling* in Johannsen-Roth/Illert/Ghassemi-Tabar, DCGK, 2020, Grds. 25 Rdn 7; Kremer/Bachmann/Lutter/v. Werder/*Bachmann* Deutscher Corporate Governance Kodex[8], Grds. 25 Rdn 3; *M. Roth* AG 2020, 278 Rdn 92; kritisch *Dörrwächter* DB 2018, 2977, 2981.

40 Begründung Deutscher Corporate Governance Kodex 2019, S 17 III. zu Grundsatz 25.

41 Fassung vom 7.2.2017.

stellung. Die dort vorgesehenen Mustertabellen sind infolge der Anfang 2020 erfolgten Neufassung des Deutschen Corporate Governance Kodex für den Vergütungsbericht iSv § 162 nicht maßgeblich.[42] Sie können aber weiter genutzt werden[43]. Der DCGK enthält allerdings hinsichtlich des Vorstandsvergütungssystems mehrere Empfehlungen G.1–G.18, die sich zwangsläufig auch auf den Inhalt des Vergütungsberichts auswirken. Zur künftigen gemeinschaftsweiten Standardisierung der Vergütungsberichterstattung mittels *Guidelines* der EU-Kommission siehe Rdn 21.

20 Der Kodex enthält in den Empfehlungen G.1 bis G.18 eine Vielzahl von **Einzelempfehlungen zur Vorstands- und Aufsichtsratsvergütung** sowohl in materieller wie auch in verfahrensmäßiger Hinsicht.[44] Hieraus ergeben sich indirekt auch Auswirkungen auf die Berichterstattung im Vergütungsbericht.

6. Weitere europäische Entwicklung zur Berichterstattung

21 Die Aktionärsrechterichtlinie misst der weiteren **Harmonisierung der Vergütungsberichterstattung** in den Mitgliedstaaten hohe Bedeutung zu. Gemäß Art 9b Abs 6 Aktionärsrechterichtlinie ist vorgesehen, dass die EU-Kommission **Leitlinien zur Präzisierung einer standardisierten Darstellung** der im Vergütungsbericht erforderlichen Informationen erlässt. Inzwischen liegen bereits Entwürfe der Leitlinien in überarbeiteter Form[45] vor.[46] Die Präambel dieser Leitlinien (*Guidelines*) stellt jedoch klar, dass es sich um **unverbindliche Leitlinien** zu Inhalt und Darstellung der erforderlichen Vergütungsinformationen handelt. Mit den Leitlinien ist nicht die Absicht verbunden hierdurch rechtliche Verpflichtungen zu begründen, sondern den börsennotierten Gesellschaften eine Hilfestellung zur klaren, verständlichen, umfassenden, konsistenten und vergleichbaren Vergütungsinformationen anzubieten.[47]

22 Es bleibt abzuwarten, ob die Leitlinien, die verschiedene Tabellen enthalten, mangels *Comply-or–explain*-Vorgabe zu einer EU-weiten vergleichbaren Vergütungsberichterstattung beitragen können.[48] Die weitere Harmonisierung der Berichterstattung wird deshalb wesentlich von der Akzeptanz der *Guidelines* durch institutionelle Investoren und Stimmrechtsberater (*Proxy-advisor*) abhängen.

---

42 Siehe auch den Vergleich bei *Needham/Mack/Müller* DB 2019, 1972, 1974.

43 Kremer/Bachmann/Lutter/v. Werder/*Bachmann* Deutscher Corporate Governance Kodex[8], Grds. 25 Rdn 22; zu den Erwartungen der Stimmrechtsberater siehe auch *Rieckers* DB 2021, 98, 105.

44 Siehe nur *Hopt/Leyens* ZGR 2019, 929, 974 ff.

45 Guidelines on the standardised presentation of the remuneration report under Directive 2007/36/EC, as amended by Directive (EU) 2017/828, as regards the encouragement of long-term shareholder engagement, DG JUST/A.3 vom 12.07.2019.

46 *Böcking/Bundle* Der Konzern 2020, 15, 21; *Mutter* AG 2019 R112; Grigoleit/*Rachlitz* AktG[2] § 162 Rz. 12, siehe aus österreichischer Sicht zB *Schima* Aufsichtsrat aktuell, 6/2019, 8, 10 ff.

47 *Böcking/Bundle* Der Konzern 2020, 15, 21; *Lochner/Beneke* in: Hirte/Heidel, Das neue Aktienrecht, 2020, § 162 Rdn 8; früher bereits *Leuering* NZG 2017, 646, 649.

48 Kritisch *Böcking/Bundle* Der Konzern 2020, 15, 23; *Lochner/Beneke* in: Hirte/Heidel, Das neue Aktienrecht, 2020, § 162 Rdn 8; *Schima* Der Gesellschafter 2019, 110, 116 aus österreichischer Sicht.

II. Erfasste Gesellschaften

1. Börsennotierte Gesellschaften

§ 162 richtet sich ebenso wie die Pflicht zur Erstellung eines Vergütungssystems gemäß § 87a ausschließlich an börsennotierte Gesellschaften im Sinne von § 3 Abs 2, deren Aktien im Inland oder Ausland notiert sind. Für die nichtbörsennotierte Gesellschaft verbleibt es bei der Berichterstattung über die im abgelaufenen Geschäftsjahr erfolgte Vorstandsvergütung nach § 285 Nr 9 HGB und § 314 Abs 1 Nr 6 HGB. § 162 erfasst neben der **AG** auch die **SE** mit Satzungssitz in Deutschland unabhängig vom Leitungssystem.[49] 23

Für die Anwendung von § 162 muss das Kriterium der **Börsennotierung** zu **zwei Zeitpunkten** erfüllt sein, nämlich sowohl am Bilanzstichtag des vorangegangenen Geschäftsjahres (Berichtsperiode) als auch zum Zeitpunkt der jeweiligen Beschlüsse von Vorstand und Aufsichtsrat über den einheitlichen Vergütungsbericht[50]. Nicht ausreichend und auch nicht überzeugend ist, allein auf den Tag der Aufstellung des Jahresabschlusses und Konzernabschlusses abzustellen, denn die Bilanzaufstellung nimmt nur den Vorstand in den Blick und würde die insoweit gleichgewichtige (Mit-)-Verantwortung des Aufsichtsrats für den Vergütungsbericht gemäß § 162 Abs 1 Satz 1 außer Betracht lassen.[51] 24

Der Vergütungsbericht ist stets von der börsennotierten Gesellschaft selbst zu erstatten. Seine Erstellung kann nicht von einer Obergesellschaft, in deren Konzern die Gesellschaft integriert ist, übernommen werden. Eine Befreiung von der Berichtspflicht nach § 162 Abs 1 Satz 1 für Konzernunternehmen sieht das Gesetz nicht vor.[52] 25

2. KGaA

Die börsennotierte KGaA unterliegt auf Grund ihrer Börsennotierung unmittelbar dem Anwendungsbereich von Art 1 Abs 1 Satz 1 Aktionärsrechterichtlinie[53]. Der Vergütungsbericht iSv Art 9b Abs 1 Aktionärsrechterichtlinie bezieht sich auf die Vergütung der Mitglieder der Unternehmensleitung iSv Art 2 Abs lit i) Aktionärsrechterichtlinie, also auf die Mitglieder des Verwaltungs-, Leitungs- oder Aufsichtsorgans. Da die KGaA **keinen Vorstand** hat, sondern ausweislich § 278 Abs 2 über einen persönlich haftenden Gesellschafter verfügt, in dessen Händen die Geschäftsführung und Vertretung der Gesellschaft liegen, gehen insoweit bei reiner Wortlautinterpretation sowohl Art 9b Abs 1 Aktionärsrechterichtlinie als auch § 162 ins Leere. 26

Die KGaA hat gemäß § 278 Abs 3 iVm § 95 zwingend einen Aufsichtsrat zu bilden. Damit ergibt sich sowohl nach den Regelungen der Aktionärsrechterichtlinie als auch aus dem generellen Verweis in § 278 Abs 3, dass für die börsennotierte KGaA gemäß § 162 hinsichtlich der **Mitglieder des Aufsichtsrats** zwingend ein Vergütungsbericht zu erstellen ist.[54] 27

---

49 BeckOGK/*Bayer/Scholz* AktG § 162 Rdn 15; K. Schmidt/Lutter/*Seibt*[5] § 162 Rdn 6.

50 K. Schmidt/Lutter/*Seibt*[5] § 162 Rdn 6; zum Fall des Formwechsels siehe BeckOGK/*Bayer/Scholz* AktG § 162 Rdn 42.

51 **AA** *Orth/Oser/Philippsen/Sultana* DB 2019, 2814, 2815.

52 Begr RegE ARUG II, BT-Drucks. 19/9739, S 110.

53 BeckOGK/*Bayer/Scholz* AktG, § 162 Rdn 178.1; *Teichmann* in: FS Krieger, 2020, S 993, 1004.

54 *Backhaus* AG 2020, 462 Rdn 21; BeckOGK/*Bayer/Scholz* AktG § 162 Rdn 179; *Teichmann* in: FS Krieger, 2020, S 993, 1005.

28 Zur Erfassung der **persönlich haftenden Gesellschafter** im Vergütungsbericht nach § 162 lässt sich den Gesetzesmaterialien nichts entnehmen. Die Gesetzesbegründung schweigt und im parlamentarischen Verfahren des ARUG II ist die KGaA zwar im Zusammenhang mit den Geschäften mit nahestehenden Personen gemäß § 111a ff aber nicht im Hinblick auf die Anwendbarkeit von § 162 thematisiert worden.[55] In der Praxis der börsennotierten KGaA wird der persönlich haftende Gesellschafter typischerweise durch eine Kapitalgesellschaft gestellt (sog. **Atypische KGaA**).[56] Die Vergütung der Mitglieder der Geschäftsleitung der Komplementärgesellschaft wird mangels Personalkompetenz nicht vom Aufsichtsrat der KGaA festgelegt, sondern von dem zuständigen Bestellungsorgan der Kapitalgesellschaft, das nicht der Kontrolle der Hauptversammlung der KGaA unterliegt. Typischerweise beziehen sich die Leistungsziele und sonstigen Parameter der variablen Vergütung der Geschäftsleitungsmitglieder auf das Geschäft der KGaA. Die Tätigkeitsvergütung der Geschäftsleitung der Komplementärgesellschaft wird ihr regelmäßig von der KGaA im Wege der Aufwandsentschädigung erstattet,[57] soweit nicht die einzelnen Geschäftsleitungsmitglieder der Komplementärgesellschaft ihre Vergütung im Wege der Drittanstellung unmittelbar von der KGaA erhalten.[58] Die börsennotierte KGaA trägt letztlich die Kosten der Geschäftsleitung der Komplementärgesellschaft, was die Personalkosten einschließt, sodass die Interessen der Aktionäre der KGaA betroffen sind.

29 In der Parallelfrage zur Offenlegung der Vergütung der Komplementäre nach der bisherigen Rechtslage gemäß § 285 Nr 9 lit a) Satz 5 HGB aF ist verbreitet die Publizitätspflicht bejaht worden.[59] Vor dem Hintergrund dieser praktischen Erfahrung ist ungeachtet des unergiebigen Wortlauts von § 162 sowie des Fehlens eines Vorstands als Organ der KGaA aus dem durch § 162 und die Erwägungsgründe 28 und 31 sowie Art 9b Abs 1 Aktionärsrechterichtlinie resultierenden Transparenzgebot die **Pflicht zur Erstellung eines Vergütungsberichts** nach § 162 auch hinsichtlich der Mitglieder des Geschäftsführungsorgans der **Komplementärgesellschaft** zu bejahen.[60] Die bloße Offenlegung der der Komplementärgesellschaft insgesamt erstatteten Aufwendungen ist damit nicht vereinbar. Denn nur bei individualisierter Offenlegung der Vergütung der einzelnen Geschäftsleitungsmitglieder der Komplementärgesellschaft können die Aktionäre der börsennotierten KGaA ihre Kontrollfunktion hinsichtlich der Vergütung ernsthaft wahrnehmen.[61]

---

55 Bericht des Ausschusses für Recht und Verbraucherschutz (6. Ausschuss), BT-Drucks. 19/15153, S 53.

56 BeckOGK/*Bachmann* AktG, Stand 1.2.2021, § 278 Rdn 42; *Backhaus* AG 2020, 462 Rdn 6; *Johannsen-Roth/Kießling*, in: FS Marsch-Barner, 2018, S 273, 274.

57 MünchHdbAG/*Herfs*[5] § 79 Rdn 32; MünchKomm AktG/*Perlitt*[5] § 278 Rdn 58: Beispiele: Hella GmbH & Co KGaA, Henkel KGaA, Fresenius Medical Care AG & KGaA.

58 MünchHdbAG/*Herfs*[5] § 79 Rdn 32; *Hoffmann-Becking* in: FS Marsch-Barner, 2018, S 253, 254; ablehnend aber zB *Marsch-Barner* in: FS Hoffmann-Becking, 2013, S. 777, 789; KK AktG/*Mertens/Cahn*[3] § 84 Rdn 56, § 278 Rdn 102.

59 MünchKomm AktG/*Perlitt*[5] § 286 Rdn 96; K. Schmidt/Lutter/*Karsten Schmidt*[4], § 286 Rdn 14; Grigoleit/*Servatius* AktG[1], § 286 Rdn 8; **aA** *Leuering/Simon* NZG 2005, 945, 946.

60 Henssler/Strohn/*A. Arnold* Gesellschaftsrecht[5] § 288 Rdn 5; *Backhaus* AG 2020, 462 Rdn 27; BeckOGK/*Bayer/Scholz* AktG, § 162 Rdn 180; MünchHdbAG/*Herfs*[5] § § 79 Rdn 31; *Orth/Oser/Philippsen/Sultana* DB 2019, 2814, 2817; ebenso wohl K. Schmidt/Lutter/*Seibt*[5], § 162 Rdn 6.

61 Im Ergebnis ebenso *Orth/Oser/Philippsen/Sultana* DB 2019, 2814, 2817 unter Verweis auf § 264 Abs 2 HGB analog.

3. Nicht börsennotierte AG

30 Die nichtbörsennotierte AG ist nach dem klaren Gesetzeswortlaut nicht Adressat von § 162. Vorstand und Aufsichtsrat trifft **keine Pflicht** zur Erstellung und Vorlage eines Vergütungsberichts, sondern es bestehen allein die handelsrechtlichen Transparenzpflichten, die der Vorstand im Rahmen der Aufstellung des Jahresabschlusses und Konzernabschlusses zu beachten hat. Die ursprünglich diskutierte Erstreckung der Berichtspflicht nach § 162 auf die nichtbörsennotierte AG ist im Gesetzgebungsverfahren nicht weiterverfolgt worden[62] (siehe oben Rdn 7). Für Gesellschaften, die nach einem Rückzug von der Börse (*Delisting*) nicht mehr Adressat von § 162 sind, kann allerdings durchaus noch ein Interesse an der Fortführung der bisherigen Vergütungstransparenz gegeben sein.

31 Vorstand und Aufsichtsrat der **nichtbörsennotierten Gesellschaft** steht es allerdings frei unter Beachtung der allgemeinen datenschutzrechtlichen Erfordernisse einen Vergütungsbericht für die Aktionäre als reines Informationsinstrument entsprechend den inhaltlichen Vorgaben von § 162 zu erstellen und der Hauptversammlung vorzulegen.[63] Erforderlich ist dazu die **freiwillige Einwilligung der betroffenen Organmitglieder** gemäß Art 6 Abs 1 lit a) DS-GVO. Bei Aufnahme einer entsprechenden Regelung in den Vorstandsanstellungsvertrag ist den Anforderungen nach Art 7 Abs 2 und 4 DS-GVO Rechnung zu tragen.

32 Durch eine entsprechende **Satzungsregelung** kann die Erstellung eines Vergütungsberichts auch als ausdrückliche Pflichtaufgabe von Vorstand und Aufsichtsrat geregelt werden, wobei in diesem Fall die besonderen datenschutzrechtlichen Erfordernisse gleichwohl zu beachten sind. Wird über die bloße Information der Hauptversammlung hinaus auch die Beschlussfassung über die Billigung des Vergütungsberichts iSv § 120a Abs 1 angestrebt, bedarf es dazu jedoch gemäß § 119 Abs 1 zwingend einer satzungsmäßigen Ermächtigungsgrundlage[64].

33 Der (freiwillige) Vergütungsbericht kann seine Aufgabe als nachgelagertes Kontrollinstrument ernsthaft nur erfüllen, wenn der Aufsichtsrat zuvor auch ein Vergütungssystem iSv § 87a erstellt und dieses der Hauptversammlung zur Billigung nach § 120a vorgelegt hat.[65] Dazu bedarf es allerdings gemäß § 119 Abs 1 zwingend einer entsprechenden Satzungsregelung; andernfalls ist ein entsprechender Hauptversammlungsbeschluss unzulässig und nach § 241 Nr 3 nichtig. Rechtliche Bindungswirkung vermag die Beschlussfassung der Hauptversammlung in diesem Fall jedoch nicht zu begründen.[66]

34 Die **handelsrechtlichen Offenlegungspflichten** gemäß § 285 Nr 9 HGB und § 314 Abs 1 Nr 6 HGB hinsichtlich der Vergütung der Organmitglieder, die auch von der nicht börsennotierten AG zu erfüllen sind, bleiben auch bei freiwilliger Erstellung eines Vergütungsberichts im Format von § 162 bestehen.[67]

---

62 *Florstedt* ZGR 2019, 630, 643.

63 Grigoleit/*Rachlitz* AktG[2] § 162 Rdn 27; MünchKomm AktG/*Spindler*[5] § 162 Rdn 10.

64 Siehe generell auch *Herrler* ZHR 184 (2020), 408, 452; zu § 120 Abs 4 aF bereits *Mülbert* GK AktG[5], § 120 Rdn 160; *E. Vetter* ZIP 2009, 2136, 2140.

65 Siehe auch MünchKomm AktG/*Spindler*[5] § 162 Rdn 10.

66 Ebenso *Herrler* ZHR 184 (2020), 408, 453; Hüffer/Koch/*Koch* AktG[15] § 120a Rdn 1.

67 Grigoleit/*Rachlitz* AktG[2] § 162 Rdn 27.

III. Adressat der Berichtspflicht

1. Doppelzuständigkeit von Vorstand und Aufsichtsrat

35 In Umsetzung von Art 9b Abs 5 Unterabschnitt 2 Aktionärsrechterichtlinie begründet § 162 Abs 1 Satz 1 nach dem klaren Gesetzeswortlaut hinsichtlich der gesellschaftsinternen Zuständigkeit eine **Doppelkompetenz von Vorstand und Aufsichtsrat.** Die Erstellung des Vergütungsberichts ist eine **gemeinsame Aufgabe** (*collective responsibility*), während die handelsrechtliche Vergütungsberichterstattung im Lagebericht und im Anhang nach § 289a Abs 2 HGB und § 285 Nr 9 HGB allein in der Verantwortung des Vorstands lag. Dies ist ein aktienrechtliches *Novum*, das nicht durch Art 9b Aktionärsrechterichtlinie vorgegeben ist[68]. Ähnlich wie die Feststellung des Jahresabschlusses gemäß § 172, die der Sache nach und auch gemäß der aktienrechtlichen Kompetenzordnung als gemeinsame Verantwortung von Vorstand und Aufsichtsrat[69] in einem gestuften Verfahren zu erledigen ist, wäre auch die Erstellung des Vergütungsberichts im Wege der Aufstellung durch den (erstverantwortlichen) Vorstand und der nachgelagerten Billigung des Berichts durch den Aufsichtsrat mit dem Wortlaut der Richtlinie vereinbar. Mit dem Verweis der Gesetzesbegründung[70] auf die Entsprechenserklärung gemäß § 161 kann die Regelung zum Vergütungsbericht in § 162 Abs 1 S 1 nicht überzeugend begründet werden.[71] Vergütungsbericht und Entsprechenserklärung lassen sich zwar beide als Bestandteile des *Corporate Governance Reportings* bezeichnen,[72] bei näherer Betrachtung weisen diese Informationsinstrumente jedoch deutliche Unterschiede auf.[73] Die Entsprechenserklärung bezieht sich auf das eigene Verhalten der beiden Organe Vorstand und Aufsichtsrat und ihrer Mitglieder, während der Vergütungsbericht die Erfüllung der Informationspflicht der Gesellschaft konkretisiert[74] (siehe Rdn 70).

36 Vorstand und Aufsichtsrat haben nach § 162 Abs 1 Satz 1 einen **einheitlichen Bericht** zu erstellen, der zur Vorlage an die Hauptversammlung (§ 120a Abs 4 und Abs 5) bestimmt ist. Eine getrennte und unterschiedliche Berichterstattung beider Organe, wie dies bei der Entsprechenserklärung rechtlich zulässig ist,[75] ist ausgeschlossen.[76] Die gemeinsame Zuständigkeit und originäre (Mit-)Verantwortung von Vorstand und Aufsichtsrat führt zwangsläufig zu einer **gegenseitigen Kontrolle der beiden Organe** über den Bericht hinsichtlich Rechtmäßigkeit (wahr und vollständig) und Zweckmäßigkeit sowie Klarheit und Ver-

---

68 BeckOGK/*Bayer/Scholz* AktG § 162 Rdn 16; MünchKomm AktG/*Spindler*[5] § 162 Rdn 10; *E. Vetter* in: FS Krieger, 2020, S 1045, 1052.

69 Siehe nur *ADS* Rechnungslegung und Prüfung der Unternehmen[6] § 172 Rdn 10; MünchKomm AktG/*Hennrichs/Pöschke*[4] § 172 Rdn 3; *E. Vetter* GK AktG[5] § 172 Rdn 14.

70 Begr RegE ARUG II, BT-Drucks. 19/9739, S 109.

71 *E. Vetter* in: FS Krieger, 2020, S 1045, 1052; kritisch auch *Velte* DStR 2018, 2445, 2448.

72 Siehe dazu zB *Leyens* GK AktG[5] § 161 Rdn 23b; ferner *Leyens* in: FS E. Vetter, 2019, S 397, 404 ff.

73 Ebenso *Bachmann/Pauschinger* ZIP 2019, 1, 7; BeckOGK/*Bayer/Scholz* AktG § 162 Rdn 17; *Bungert/Berger* DB 2018, 2801, 2806; **aA** *Arbeitskreis „Corporate Governance Reporting" der Schmalenbach-Gesellschaft für Betriebswirtschaft e.V.* DB 2019, 317, 318 ff; *Velte* NZG 2019, 335, 336; *Velte* DStR 2018, 2445, 2446; grundsätzliche Überlegungen bei *Leyens* FS in: E. Vetter, 2019, S 397, 402 ff.

74 Ähnlich BeckOGK/*Bayer/Scholz* AktG § 162 Rdn 17.

75 Hüffer/Koch/*Koch* AktG[15] § 161 Rdn 11; Henssler/Strohn/*E. Vetter* Gesellschaftsrecht[5] § 162 Rdn 7; **aA** *Leyens* GK AktG[5] § 161 Rdn 297; siehe auch Grigoleit/*Grigoleit/Zellner* AktG[2] § 161 Rdn 15.

76 Hüffer/Koch/*Koch* AktG[15] § 162 Rdn 2; Grigoleit/*Rachlitz* AktG[2] § 162 Rdn 23; K. Schmidt/Lutter/*Seibt*[5] § 162 Fn 4; MünchKomm AktG/*Spindler*[5] § 162 Rdn 13.

ständlichkeit[77]. Die praktische Hauptlast der Berichtsvorbereitung liegt jedoch zweifelsfrei beim Vorstand, da er allein den direkten Zugriff auf die relevanten Unternehmensdaten hat, der dem Aufsichtsrat nicht zusteht[78]. Unabhängig davon ist, allerdings jedes Vorstands- und Aufsichtsratsmitglied auf Grund seiner organschaftlichen Treuepflicht verpflichtet zu prüfen, ob die Angaben im Bericht über seine eigene Person und die Vergütung zutreffen und vollständig sind.[79] Im Ergebnis unterliegen beide Organe hinsichtlich des Inhalts des Vergütungsberichts einem – gegebenenfalls zeitraubenden – **Einigungszwang,**[80] dem im Zusammenhang mit der zeitlichen Planung der Aufstellung, Prüfung und Billigung des Jahresabschlusses und Konzernabschlusses ausreichend Rechnung zu tragen ist.[81]

2. Separate Beschlüsse der Organe

Ungeachtet der von § 162 Abs 1 Satz 1 angeordneten Doppelzuständigkeit von Vorstand und Aufsichtsrat für die Erstellung des Vergütungsberichts als gemeinsamem Publizitätsinstrument hat der Gesetzgeber **kein einheitliches Beschlussorgan** bestehend aus den Mitgliedern von Vorstand und Aufsichtsrat als Gesamtgremium vorgesehen.[82] Über die Endfassung des Vergütungsberichts haben deshalb beide Organe jeweils ausdrücklich **eigene Beschlüsse** gemäß § 77 Abs 1, § 108 und § 29 MitbestG sowie den gegebenenfalls zu beachtenden Geschäftsordnungen zu fassen.[83] Das schließt – auch aus zeitlichen Gründen – die Beschlussfassung beider Organe in einer **gemeinsamen Sitzung** nicht aus.[84] Insoweit kann auf Erfahrungen zB aus der Beschlussfassung nach § 27 Abs 1 S 1 WpÜG über die Stellungnahme von Vorstand und Aufsichtsrat gegenüber einem öffentlichen Angebot zurückgegriffen werden.[85] 37

3. Delegation an einen Aufsichtsratsausschuss

§ 162 wird in der Aufzählung von § 107 Abs 3 Satz 4 über die Vorgänge, die zwingend dem Aufsichtsratsplenum zur Erledigung zugewiesen sind, nicht genannt. Im Unterschied zur Erstellung des Vorstandsvergütungssystems nach § 87a AktG[86] ist hinsichtlich des Vergütungsberichts auch kein ungeschriebenes Delegationsverbot ersichtlich, sodass der Aufsichtsrat die Erstellung des Vergütungsberichts **mangels ausdrücklichem Delegationsverbot** an einen **Aufsichtsratsausschuss** zur abschließenden Erledigung delegieren kann.[87] Für die 38

---

77 Begr RegE ARUG II, BT-Drucks. 19/9739, S 109.

78 Siehe auch *Richardt* in: Semler/v. Schenck/Wilsing, Arbeitshandbuch für Aufsichtsratsmitglieder[5] § 10 Rdn 267; K. Schmidt/Lutter/*Seibt*[5] § 162 Fn 5; gleiche Wertung zum österreichischem Recht bei *Schima* Aufsichtsrat aktuell, 6/2019, 8, 9.

79 Ebenso *Lochner/Beneke* in: Hirte/Heidel, Das neue Aktienrecht, 2020, § 162 Rdn 4.

80 BeckOGK/*Bayer/Scholz* AktG, § 162 Rdn 21; *E. Vetter* in: FS Krieger, 2020, S 1045, 1061.

81 Zum Fall der Konfliktsituation nach österreichischem Recht siehe zB *Schima* Aufsichtsrat aktuell, 6/2019, 8.

82 Begründung RegE ARUG II, BT-Drucks. 19/9739, S 109.

83 BeckOGK/*Bayer/Scholz* AktG § 162 Rdn 19; Grigoleit/*Rachlitz*, AktG[2] § 162 Rdn 24; K. Schmidt/Lutter/*Seibt*[5] § 162 Fußn. 5; MünchKomm AktG/*Spindler*[5] § 162 Rdn 13; *E. Vetter* in: FS Krieger, 2020, S 1045, 1054.

84 BeckOGK/*Bayer/Scholz* AktG § 162 Rdn 18; MünchKomm AktG/*Spindler*[5] § 162 Rdn 13.

85 Siehe zB *Hirte/Mohamed/Heinrich* in: KK WpÜG[3], § 27 Rdn 20 (im Erscheinen).

86 Siehe dazu zB Grigoleit/*Grigoleit/Kochendörfer* AktG[2], § 87a Rdn 23; *Johannsen-Roth* in: Johannsen-Roth/Illert/Ghassemi-Tabar, DCGK, 2020, Grds 23 Rdn 3; *E. Vetter* NZG 2020, 1161, 1162.

87 *E. Vetter* in: FS Krieger, 2020, S. 1045, 1056; Henssler/Strohn/*E. Vetter* Gesellschaftsrecht[5] § 162 Rdn 7; **aA** BeckOGK/*Bayer/Scholz* AktG

Entsprechenserklärung gemäß § 161 ist ein ungeschriebenes Delegationsverbot auf Grund des besonderen Charakters der Entsprechenserklärung allgemein anerkannt.[88] Für die Beschlussfassung über den Vergütungsbericht trifft dies hingegen nicht zu. Während die Entsprechenserklärung, soweit es die in die Zukunft gerichtete Absichtserklärung anbetrifft, ungeachtet ihres Charakters als widerrufliche Selbstverpflichtung von Vorstand und Aufsichtsrat[89] in nicht unerheblichem Maß gestaltende und steuernde Wirkung für das jeweilige Organ und seine Mitglieder hat,[90] kommt dem Vergütungsbericht gemäß § 162 als Instrument der Rechnungslegung und der nachgelagerten Kontrolle im Wesentlichen eine reine Informationsfunktion zu.[91] Soweit dem Aufsichtsrat beim Beschluss über den Vergütungsbericht mit Blick auf die Festlegung der maßgeblichen Vergleichsgruppe der Arbeitnehmer gemäß § 162 Abs 1 Satz 2 Nr 2 oder bei der Inanspruchnahme der Schutzklausel nach § 162 Abs 6 gegenüber einer zu weitgehenden Offenlegung von vertraulichen Informationen eine gewisse Gestaltungsfunktion zukommt, tritt diese gegenüber der Informationsfunktion deutlich zurück.

39 Für die Unternehmenspraxis besteht die Herausforderung, die Erstellung des Vergütungsberichts in die komplexe Organisation und zeitliche Koordination des Prozesses der Aufstellung von Jahresabschluss und Konzernabschluss, der Lageberichte sowie der nichtfinanziellen Berichterstattung[92] zu integrieren.[93] Hieraus folgt ein durch die Doppelzuständigkeit von Vorstand und Aufsichtsrat bedingtes **anspruchsvolles Zeitmanagement.** Im Hinblick darauf und auf Grund des daraus resultierenden **Abstimmungsbedarfs** zwischen den beiden Organen ist die **Delegation an einen Aufsichtsratsausschuss** zu empfehlen, der nicht nur die inhaltliche Abstimmung über den Vergütungsbericht mit dem Vorstand übernimmt, sondern auch über den abgestimmten Bericht Beschluss fasst, sodass dieser dem Aufsichtsratsplenum rechtzeitig zu seiner **Bilanzsitzung** vorgelegt werden kann.[94] Auf Grund der Sachnähe kommt vorrangig die Delegation an den **Personalausschuss** in Betracht, der sich ohnehin mit der Vergütung der Vorstandsmitglieder auch unter dem Gesichtspunkt der nachhaltigen und langfristigen Unternehmensentwicklung iSv § 87 Abs 1 Satz 2 sowie mit der Erarbeitung des Vorstandsvergütungssystems gemäß § 87a zu befassen hat.[95] Alternativ bietet sich die Einsetzung eines gesonderten **Vergütungsausschusses** durch den Aufsichtsrat an.[96] In jedem Fall ist bei der Ausschussbesetzung das **Diskriminierungsverbot** hinsichtlich der Aufsichtsratsmitglieder der Arbeitnehmer zu beachten.[97]

---

§ 162 Rdn 20; MünchKomm AktG/*Spindler*[5] § 162 Rdn 13; zum österreichischem Recht siehe zB *Schima* Aufsichtsrat aktuell, 6/2019, 8, 9.

[88] MünchKomm AktG/*Habersack*[5] § 107 Rdn 148; KK AktG/*Mertens*/*Cahn*[3] § 107 Rdn 175; Hüffer/Koch/*Koch* AktG[15] § 161 Rdn 13; K. Schmidt/Lutter/*Spindler*[5] § 161 Rdn 26; Marsch-Barner/Schäfer/*E. Vetter* Hdb börsennotierte AG[4] Rdn 28.10.

[89] *Krieger* in: FS Ulmer, 2003, S 365, 376; *Leyens* GK AktG[5], § 161 Rdn 72; *Lutter*/*Krieger*/*Verse* Rechte und Pflichten des Aufsichtsrats[7] Rdn 513.

[90] Hüffer/Koch/*Koch* AktG[15] § 161 Rdn 13; *Krieger* in: FS Ulmer, 2003, S 365, 374; Henssler/Strohn/*E. Vetter* Gesellschaftsrecht[5] § 161 AktG, Rdn 12.

[91] Die Unterschiede zwischen dem Vergütungsbericht und der Entsprechenserklärung werden auch von *Bayer*/*Scholz* eingeräumt, siehe BeckOGK/*Bayer*/*Scholz* AktG § 162 Rdn 20 und 21.

[92] Siehe dazu zB *Hecker*/*Bröcker* AG 2017, 761, 764; *Mock* ZIP 2017, 1195, 1198.

[93] Siehe dazu zB *E. Vetter* GK AktG[5] § 170 Rdn 44 ff.

[94] Siehe auch *Richardt* in: Semler/v. Schenck/Wilsing, Arbeitshandbuch für Aufsichtsratsmitglieder[5] § 10 Rdn 105; *E. Vetter* in: FS Krieger, 2020, S 1045, 1061.

[95] *E. Vetter* in: FS Krieger, 2020, S 1045, 1056; siehe auch *E. Vetter* in: FS Marsch-Barner, 2018, S 559, 573.

[96] *Hopt*/*Leyens* ZGR 2019, 929, 969; *Hopt*/*Roth* GK AktG[5] § 107 Rdn 587.

[97] Siehe dazu BGH v 17.5.1993 – II ZR 89/92, BGHZ 122, 342, 358 (Hamburg Mannheimer

40 Im Hinblick auf den relativ engen Zeitrahmen wird der Aufsichtsrat zur Berichtsvorbereitung im Einzelfall auf die **Unterstützungsleistung externer Berater** zurückgreifen. Die Beauftragung eines gemeinsamen Beraters durch Vorstand und Aufsichtsrat scheidet jedoch aus, da sie der vom Gesetzgebers beabsichtigten gegenseitigen Kontrolle der beiden Organe[98] zuwiderliefe.[99]

4. Unterzeichnung des Vergütungsberichts

41 Der Vergütungsbericht muss der Hauptversammlung gemäß § 120a Abs 4 vorgelegt werden und gemäß § 162 Abs 4 im Internet zugänglich sein; das setzt seine **Verschriftlichung** voraus[100]. Das Gesetz sieht eine Unterzeichnung des Vergütungsberichts durch Vorstand und Aufsichtsrat jedoch nicht vor, auch wenn dies nahegelegen hätte. Gegen die Unterzeichnung bestehen keine Bedenken.[101] Die Situation ist durchaus vergleichbar mit der Entsprechenserklärung gemäß § 161, für die das Gesetz ebenfalls keine Unterzeichnung vorschreibt, die aber in der Unternehmenspraxis verbreitet nicht zuletzt aus Dokumentationsgründen ebenso unterzeichnet wird.[102] Im Regelfall zeichnen sowohl der Vorstand als auch der Aufsichtsratsvorsitzende. Gleiches bietet sich in der Praxis für den Vergütungsbericht an.

IV. Berichtsturnus

42 § 162 Abs1 Satz 1 begnügt sich mit der Aussage, dass der Vergütungsbericht **jährlich** zu erstatten ist, ohne allerdings weitere inhaltliche Vorgaben zu formulieren. Die Berichtspflicht ist grundsätzlich innerhalb des der Berichtsperiode folgenden Geschäftsjahres zu erfüllen.[103] Eine Koppelung der Frist zur Erstellung des Vergütungsberichts mit der Frist zur Aufstellung des Jahresabschluss sieht das Gesetz nicht vor.[104]

43 Inhaltlich besteht eine Verknüpfung zwischen dem erstellten und geprüften Vergütungsbericht nach § 162, über dessen Billigung die Hauptversammlung nach § 120a Abs 4 zu beschließen hat und der Berichterstattung über die Organvergütung im Jahresabschluss bzw. Konzernabschluss gemäß § 285 Nr 9 HGB und § 314 Abs 1 Nr 6 HGB, die der **ordentlichen Hauptversammlung** nach § 175 Abs 2 vorzulegen sind, sodass der Vergütungsbericht im Regelfall der ordentlichen Hauptversammlung zur Billigung vorzulegen ist, die nach § 120 Abs 1 auch über die Entlastung der Mitglieder von Vorstand und Aufsichtsrats beschließt.[105] Damit ist für die Vorlage des Vergütungsberichts *de facto* die **Acht-Monats-Frist** von § 120 Abs 1 Satz 1 und § 175 Abs 1 Satz 2 zu beachten.[106]

Versicherung); Habersack/Henssler/*Habersack* Mitbestimmungsrecht[4] § 25 Rdn 127a; Hüffer/Koch/*Koch* AktG[15] § 107 Rdn 31; Marsch-Barner/Schäfer/*E. Vetter* Hdb börsennotierte AG[4] Rdn 28.18.

98 Siehe nur Begründung RegE ARUG II, BT-Drucks. 19/9739, S 109.

99 Dies verkennt Grigoleit/*Rachlitz* AktG[2] § 162 Rdn 25.

100 Ebenso BeckOGK/*Bayer/Scholz* AktG § 162 Rdn 162.

101 BeckOGK/*Bayer/Scholz* AktG § 162 Rdn 162; *E. Vetter* in: FS Krieger, 2020, S 1045, 1057.

102 Siehe zB BeckOGK/*Bayer/Scholz* AktG § 161 Rdn 103; KK AktG/*Lutter*[3] § 161 Rdn 101; *Krieger* in: FS Ulmer, 2003, S. 365, 376; K. Schmidt/Lutter/*Spindler*[5] § 161 Rdn 45.

103 Siehe K. Schmidt/Lutter/*Seibt*[5] § 162 Fußn 10; MünchKomm AktG/*Spindler*[5] § 162 Rdn 33.

104 *Rahe* Audit Committee Quarterly 1/2020, 12, 14.

105 *Anzinger* ZGR 2019, 39, 92; *Rahe* Audit Committee Quarterly 1/2020, 12, 14; *E. Vetter* in: FS Krieger, 2020, S 1045, 1059.

106 BeckOGK/*Bayer/Scholz* AktG § 162 Rdn 163; Hüffer/Koch/*Koch* AktG[15] § 162 Rdn 4; *Orth/Oser/Philippsen/Sultana* DB 2019, 1011, 1012.

V. Allgemeine Grundsätze der Berichterstattung

1. Klarheit und Verständlichkeit

44 Der Inhalt des Vergütungsberichts richtet sich nach den in § 162 Abs 1 Satz 2 Nr 1 bis 7 und Abs 2 Nr 1 bis 4 **enumerativ genannten Angaben**. Der Vergütungsbericht hat keinen regulierenden sondern **deskriptiven Charakter**,[107] dem entspricht die Vorgabe von Art 9b Abs 1 Satz 1 Aktionärsrechterichtlinie sowie ihre Umsetzung in § 162 Abs 1 Satz 1.[108] Demgemäß muss der Vergütungsbericht **klar und verständlich** sein. Im RefE wurde noch von einem „allgemein verständlichen Bericht“ gesprochen. Die Unternehmenspraxis hat sich an dem besonderen Empfängerhorizont der Berichtsadressaten auszurichten. Entscheidend ist nicht die allgemeine Verständlichkeit für den durchschnittlichen Verbraucher.[109] Maßgeblich ist vielmehr – wie schon beim Vergütungssystem nach § 87a Abs 1 Satz 1 – der durchschnittlich informierte, situationsadäquat aufmerksame und verständige Aktionär[110] oder der sonstige interessierte Akteur.[111] Der Vergütungsbericht muss somit nicht für jedermann, sondern für den **durchschnittlichen Aktionär**, d.h. einem mit der Materie, das heißt mit den Verhältnissen von Aktiengesellschaften in den Grundzügen vertrauten Personenkreis, verständlich sein.[112] Die sachliche Nähe zwischen dem Vergütungssystem
und dem Vergütungsbericht, wie sie nicht zuletzt in § 87a Abs 1 Satz 1 und § 162 Abs 1 Satz 1 zum Ausdruck gebracht wird sowie die Kontrollfunktion des Vergütungsberichts legen es nahe, in beiden Unterlagen – soweit möglich – identische Begriffe und gleiche Formulierungen zu verwenden.

45 Was die in den Bericht aufgenommen Daten anbetrifft, kommt der **methodische Stetigkeit** gegenüber den Vergleichszeiträumen früherer Jahre besonders Gewicht zu. Eventuell notwendige Änderungen in der Berichterstattung sind zu erläutern und zu begründen.[113]

46 Nach Ansicht des Gesetzgebers definiert § 162 AktG-E nur ein inhaltliches Mindestniveau hinsichtlich der Angaben über die Vergütung der Mitglieder von Vorstand und Aufsichtsrat.[114] Den Unternehmen steht es frei, **zusätzliche Angaben** in den Vergütungsbericht aufzunehmen, soweit dadurch nicht die Klarheit und Verständlichkeit der gesetzlich zwingenden Informationen beeinträchtigt wird. Investors Relations-Anforderungen und das Reputationmanagement gewinnen dabei besonderes Gewicht.

47 Als Mittel zur Förderung der Verständlichkeit werden in der Gesetzesbegründung Beispielsrechnungen und Grafiken genannt.[115] Zum besseren Verständnis und zum Vergleich mit den Vorgaben des Vergütungssystems kann sich anbieten die graphische und tabellarische Darstellungsform aus dem Vergütungssystem in den Vergütungsbericht zu übernehmen.[116] Dies gilt zB für die Darstellung von Aktien und Aktienoptionen, bei denen auch die mehrjährige Entwicklung aufgezeigt werden muss. Im Entwurf der von der EU-Kommission

---

[107] *Kell* in: Hirte/Heidel, Das neue Aktienrecht, 2020, 2. Aktionärsrechterichtlinie Rdn 100.

[108] Begr RegE ARUG II, BT-Drucks. 19/9739, S 109.

[109] *Löbbe/Fischbach* AG 2019, 373, 383; *Spindler* AG 2020, 61, 64.

[110] Begr RegE ARUG II, BT-Drucks. 19/9739, S 109; *J. Schmidt* NZG 2018, 1201, 1206.

[111] Erwägungsgrund 33 Satz 3 Aktionärsrechterichtlinie.

[112] Grigoleit/*Rachlitz* AktG[2] § 162 Rdn 17; MünchKomm AktG/*Spindler*[5] § 162 Rdn 8.

[113] Siehe den Entwurf der *Guidelines* S. 7.

[114] Begr RegE ARUG II, BT-Drucks. 19/9739, S 112.

[115] Begr RegE ARUG II, BT-Drucks. 19/9739, S 109.

[116] Siehe *Rahe* Audit Committee Quarterly 1/2020, 12, 13.

erarbeiteten *Guidelines* sind Tabellen vorgesehen (Rdn 21). Der Vergütungsbericht muss allerdings als *stand-alone document* selbst alle nach § 162 erforderlichen Angaben enthalten und darf insoweit nicht auf externe Quellen verweisen.[117] Derartige Verweise kommen jedoch als Ergänzung in Betracht, soweit sie der besseren Verständlichkeit des Vergütungsberichts dienen.[118]

2. Darzustellender Personenkreis

§ 162 Abs 1 Satz 1 verlangt die Darstellung der Vergütung sowohl der **gegenwärtigen als auch der früheren Mitglieder** des **Vorstands und des Aufsichtsrats**, wobei die Vergütung jeweils auf die einzelnen Personen individuell aufzuschlüsseln ist. Sämtliche Personen – auch die ausgeschiedenen Organmitglieder – **sind namentlich anzugeben.**[119] Anzugeben ist auch die **spezielle Funktion** des einzelnen Vorstandsmitglieds (zB CEO, CFO, COO) oder des Aufsichtsratsmitglieds (zB Aufsichtsratsvorsitzender, Ausschussvorsitzender, Ausschussmitglied), da diese Angaben für die Beurteilung der Angemessenheit der Vergütung unverzichtbar sind. 48

Bei **ehemaligen Vorstandsmitgliedern**[120] ist über nachgelagerte Vergütungsleistungen Leistungen – typischerweise Pensionszahlungen – bis zum Ende des Leistungsbezugs, also bis zum Tod des Vorstandsmitglieds, zu berichten.[121] Aus Gründen des Datenschutzes entfallen jedoch gemäß § 162 Abs 5 Satz 2 die personenbezogenen Angaben in den Vergütungsberichten, die **nach Ablauf von zehn Jahren** nach dem Ausscheiden des einzelnen Vorstandsmitglieds aus der Gesellschaft zu erstellen sind[122] (siehe unten Rdn 151). Insoweit ist über diese dann in anonymisierter Form zu berichten. 49

Die Angabe der individuellen Bezüge der **Hinterbliebenen** von Vorstandsmitgliedern ist im Vergütungsbericht nicht vorgesehen. Anzugeben ist lediglich der **Gesamtbetrag** der bezugsberechtigten Personengruppe im (Konzern-)Anhang nach § 285 Nr 9 lit b) HGB und § 314 Abs 1 Nr 6 lit b) HGB[123]. Insoweit ist durch das ARUG II keine Änderung der Berichtspflicht erfolgt. 50

Nach der früheren Rechtslage waren die Bezüge der einzelnen namentlich zu nennenden Vorstandsmitglieder nach § 285 Nr 9a Satz 5–8 HGB aF und § 314 Abs 1 Nr 6a Satz 5–8 HGB aF im (Konzern-)Anhang anzugeben. Eine entsprechende Offenlegung der Drittvergütung der Aufsichtsratsmitglieder war nicht vorgesehen.[124] Für die Hauptversammlung bestand nach § 286 Abs 5 Satz 1 HGB aF und § 314 Abs 3 Satz 1 aF HGB die Möglichkeit zu beschließen, dass die individualisierten Angaben im (Konzern-)Anhang unterbleiben (*opt-out*).[125] Diese Möglichkeit, die in der Unternehmenspraxis nur eine geringe Bedeutung 51

---

117 Siehe den Entwurf der *Guidelines* S. 4.

118 *Rimmelspacher/Roland* WPg 2020, 201; MünchKomm AktG/*Spindler*[5] § 162 Rdn 32.

119 BeckOGK/*Bayer/Scholz* AktG, § 162 Rdn 40; *Löbbe/Fischbach* AG 2019, 373, 383; *Orth/Oser/Philippsen/Sultana* DB 2019, 2814, 2816.

120 § 162 Abs 5 Satz 2 erwähnt auch Aufsichtsratsmitglieder. Ihnen werden aber nach ihrem Ausscheiden allenfalls noch im Folgejahr Vergütungsleistungen zufließen.

121 Ebenso Grigoleit/*Rachlitz* AktG[2] § 162 Rdn 31.

122 Hüffer/Koch/*Koch* AktG[15] § 162 Rdn 11; *Paschos/Goslar* AG 2019, 365, 370.

123 Siehe zB Wiedmann/Böcking/Gros/*Böcking/Gros/Wirth* Bilanzrecht[4] § 285 Rdn 13.

124 *Kiem* in: FS Stilz, 2014, S. 329, 342; *Neuhaus/Gellißen* NZG 2011, 1361, 1365.

125 Zur früheren Regelung siehe zB Wiedmann/Böcking/Gros/*Böcking/Gros/Bundle*, Bilanzrecht[4] § 286 Rdn 10 ff.

hatte,[126] ist durch das ARUG II wegen des in der Aktionärsrechterichtlinie anerkannten Informationsinteresses der Öffentlichkeit und der anderen Stakeholder ersatzlos entfallen[127] (siehe Rdn 14).

3. Vergütung iSv § 162

52 a) **Allgemeines.** Nach der Gesetzesbegründung ist der Begriff Vergütung in § 162 im weiten Sinne zu verstehen.[128] Erfasst sind alle Leistungen der Gesellschaft gemäß § 87 Abs 1 Satz 1 und 4 sowie § 113 Abs 1. Bei **amtierenden Organmitgliedern** werden von der Berichtspflicht mit Blick auf § 285 Nr 9 lit. a Satz 1 HGB nicht nur laufende Bezüge, Gewinnbeteiligungen, Bezugsrechte und sonstige aktienbasierte Vergütungen erfasst, sondern auch nach den tatsächlichen Kosten pauschalierte Aufwandsentschädigungen, Versicherungsentgelte, Provisionen und sonstige Nebenleistungen jeglicher Art (zB Firmenwagen mit privater Nutzungsmöglichkeit, Dienstwohnung, medizinische Leistungen).[129]

53 Im Berichtszeitraum erfolgte **Abschlagszahlungen** auf zugesagte variable Vergütungskomponenten sind ebenfalls in die Darstellung aufzunehmen.[130]

54 Schließt die Gesellschaft eine **Gruppenversicherung** zugunsten der Organmitglieder ab (zB Strafrechtsschutzversicherung), ist die Jahresprämie **anteilig** auf die begünstigten Organmitglieder aufzuteilen. Ob zu den Versicherungsentgelten iSv § 285 Nr 9 lit. a Satz 1 HGB auch die Prämienzahlungen für die gesellschaftsfinanzierte **D&O Versicherung** zählen, die typischerweise als Gruppenversicherung abgeschlossenen wird, ist umstritten. Der BGH hat die Frage offengelassen, ob diese Prämienzahlung als Vergütung zu qualifizieren ist.[131] Eine starke Mindermeinung will die D & O Versicherung ungeachtet ihrer steuerlichen Qualifizierung als Betriebsausgabe primär dem persönlichen Schutzinteresse des einzelnen Organmitglieds zuordnen und deshalb als angabepflichtigen Vergütungsbestandteil qualifizieren.[132] Die überwiegende Zahl der Stimmen im Schrifttum verneint demgegenüber zutreffend den Vergütungscharakter der D&O Versicherung sowohl für die Mitglieder des Vorstands wie auch des Aufsichtsrats,[133] da das Schutzinteresse der Gesellschaft an einem potenten Schuldner im Ernstfall vorrangig ist.[134] Demzufolge unterliegt die Prämienzahlung

---

126 *Lutter/Krieger/Verse* Rechte und Pflichten des Aufsichtsrats[7] Rdn 429.

127 *Orth/Oser/Philippsen/Sultana* DB 2019, 230, 232; MünchKomm AktG/*Spindler*[5] § 162 Rdn 35.

128 Begr RegE ARUG II, BT-Drucks. 19/9739, S 111.

129 *Lochner/Beneke* in: Hirte/Heidel, Das neue Aktienrecht, 2020, § 162 Rdn 6; Grigoleit/*Rachlitz*, AktG[2] § 162 Rdn 29; *Rimmelspacher/Roland* WPg 2020, 201, 202; MünchKomm AktG/*Spindler*[5] § 162 Rdn 24.

130 BeckOGK/*Bayer/Scholz* AktG § 162 Rdn 52; MünchKomm AktG/*Spindler*[5] § 162 Rdn 19.

131 BGH 16.3.2009 – II ZR 280/07, AG 2009, 404 Rdn 23.

132 *Armbrüster* in: FS K. Schmidt, 2019, Bd. I, S. 23, 26 ff; *Armbrüster* NJW 2016, 897, 900; *W. Doralt* ZGR 2019, 996, 1024; *Fassbach/Wettich* GWR 2016, 199, 200; Grigoleit/*Grigoleit/Tomasic* AktG[2], § 93 Rdn 182; *Henssler* RWS-Forum 20, 2001, S. 131, 145; *Kästner* AG 2001, 113, 118.

133 Differenzierend allerdings Grigoleit/*Grigoleit/Tomasic/Kochendörfer* AktG[2] § 113 Rdn 22 einerseits und Grigoleit/*Grigoleit/Tomasic* AktG[2] § 93 Rdn 182 andererseits.

134 *Dreher/Thomas* ZGR 2009, 31, 49 ff, 55; K. Schmidt/Lutter/*Drygala*[5] § 113 Rdn 16; MünchKomm AktG/*Habersack*[5] § 113 Rdn 16; *Hemeling* in: FS Hoffmann-Becking, 2013, S. 491, 493; *Hopt/Roth* GK AktG[5] § 113 Rdn 73; Hüffer/Koch/*Koch* AktG[15] § 113 Rdn 5; *Lutter/Krieger/Verse* Rechte und Pflichten des Aufsichtsrats[7] Rdn 1038; KK AktG/*Mertens/Cahn*[3] § 113 Rdn 16; *E. Vetter* AG 2000, 453, 457.

für die D&O Versicherung nicht der Berichtspflicht gemäß § 162.[135] (Zur D&O Versicherung der Aufsichtsratsmitglieder siehe Rdn 88).

55 Die **Aufwandsentschädigung** eines Vorstands- oder Aufsichtsratsmitglieds zählt nicht zur Vergütung, sodass sie nicht der Berichtspflicht nach § 162 Abs 1 unterliegt (siehe dazu Rdn 81 und Rdn 89). Gleiches gilt hinsichtlich der Aufwendungen für die persönliche Sicherheit des Vorstandsmitglieds[136].

56 Bei **ausgeschiedenen Organmitgliedern** sind gemäß § 285 Nr 9 lit. b) Satz 1 HGB Abfindungen, Übergangsgelder, Ruhegehälter, Hinterbliebenenbezüge und Leistungen verwandter Art anzugeben.[137] Hinsichtlich der Dauer der individualisierten Berichtspflicht ergeben sich insoweit nach § 162 Abs 5 Satz 2 Grenzen (Rdn 151).

57 Für die Darstellung im Vergütungsbericht ist nach dem Wortlaut von § 162 Abs 1 Satz 1 und Satz 2 Nummer 3 und zwischen der gewährten, geschuldeten und zugesagten Vergütung zu unterscheiden.

58 **b) Gewährte Vergütung.** Nach den Präzisierungen im Gesetzgebungsverfahren[138] soll das Merkmal der gewährten Vergütung (*granted*) den **faktischen Zufluss** der Vergütung beim Empfänger im abgelaufenen Geschäftsjahr, das heißt den **tatsächlichen Übergang in seinen Verfügungsbereich** (Zahlungseingang auf sein Konto bzw Einbuchung der Aktien oder Rechte in sein Wertpapierdepot oder Übergang in das Eigentum in sonstiger Weise) erfassen.[139] Damit unterliegen auch Leistungen auf Grund eines nichtigen Vertrages oder auch Leistungen bei völlig fehlender Rechtsgrundlage der Offenlegungspflicht.[140] Auch gewährte Vergütungsteile, die (noch) nicht geschuldet oder (noch) nicht fällig waren, sind anzugeben.[141] Als gewährte Vergütung gelten auch direkte Zahlungen, die die Gesellschaft zugunsten eines Vorstandsmitglieds an eine Lebensversicherung oder an eine Pensions- oder Versorgungskasse leistet.

59 **c) Geschuldete Vergütung.** Als geschuldete Vergütung (*due*) gelten alle rechtlich bestehenden Verbindlichkeiten über Vergütungsbestandteile, die rechtlich fällig sind aber dem Organmitglied im Berichtszeitraum bisher noch nicht zugeflossen sind.[142] Fehlt es am Eintritt einer Bedingung zur Fälligkeit des Anspruchs, entfällt die Angabepflicht.[143]

60 **d) Zugesagte Vergütung.** Als zugesagte Vergütung (*offered*) sind alle rechtlich bestehenden Verbindlichkeiten über Vergütungsbestandteile zu verstehen, die fällig aber noch nicht erfüllt sind oder generell, deren Fälligkeit noch nicht eingetreten ist[144]. Anzugeben sind zB die gewährten oder zugesagten Aktien oder aktienbezogene Leistungen. Soweit Rechte zur

---

135 Ebenso MünchKomm AktG/*Spindler*[5] § 162 Rdn 24; **aA** BeckOGK/*Bayer/Scholz* AktG § 162 Rdn 33.

136 MünchKomm AktG/*Kalss*[5] § 162 Rdn 125 zum öAktG.

137 BeckOGK/*Bayer/Scholz* AktG, § 162 Rdn 32; Grigoleit/*Rachlitz*, AktG[2] § 162 Rdn 31; MünchKomm AktG/*Spindler*[5] § 162 Rdn 24.

138 Bericht des Ausschusses für Recht und Verbraucherschutz (6. Ausschuss), BT-Drucks. 19/15153, S 53.

139 Hüffer/Koch/*Koch* AktG[15] § 162 Rdn 3; *Orth/Oser/Philippsen/Sultana* DB 2019, 1011, 1012; Grigoleit/*Rachlitz* AktG[2] § 162 Rdn 32.

140 Begr RegE ARUG II, BT-Drucks. 19/9739, S 111.

141 BeckOGK/*Bayer/Scholz* AktG § 162 Rdn 44.

142 Begr RegE ARUG II, BT-Drucks. 19/9739, S 111.

143 Kritisch Grigoleit/*Rachlitz*, AktG[2] § 162 Rdn 34.

144 Begr RegE ARUG II, BT-Drucks. 19/9739, S 112; siehe auch Beschlussempfehlung und Bericht des Ausschusses für Recht und Verbraucherschutz, BT- Drucks. 19/15153 S 53.

Rückforderung von variablen Vergütungsbestandteilen (*Claw-Back*-Klauseln) vereinbart wurden und im Berichtsjahr **Rückforderungsrechte tatsächlich ausgeübt** wurden, ist dies im Bericht anzugeben.[145]

61 e) **Deutscher Corporate Governance Kodex.** Im Fall der uneingeschränkten Entsprechenserklärung nach § 161 sind die Empfehlungen des Deutschen Corporate Governance Kodex[146] G. 1 bis G. 18 zu berücksichtigen, die weitergehende Anforderungen an die Vorstands- und Aufsichtsratsvergütung und den Inhalt und den Detaillierungsgrad des Vergütungssystems enthalten, denen im korrespondierenden Vergütungsbericht entsprechend Rechnung zu tragen ist.[147]

4. Konzernweite Vergütung

62 Im Vergütungsbericht ist nach § 162 Abs 1 Satz 1 sowohl die von der Gesellschaft als auch – gesondert[148] – die **von Unternehmen desselben Konzerns** iSv § 290 HGB im letzten Geschäftsjahr an aktive oder frühere Organmitglieder insgesamt gewährte und geschuldete Vergütung anzugeben.[149] Die Regelung hat **präventiven Charakter.** Damit sollen gemäß Erwägungsgrund 35 Aktionärsrechterichtlinie im Wege der Offenlegung der Vergütungsquellen ein vollständiges und verlässliches Bild vermittelt sowie mögliche Interessenkonflikte offengelegt und Umgehungen vermieden werden. Leistungen von konzernexternen Dritten bleiben außer Betracht;[150] sie werden gemäß § 162 Abs 2 Nr 1 erfasst (Rdn 118). Vergütungsleistungen von konzernfremden Dritten fallen nicht unter die Angabepflicht nach § 162 Abs 1, sondern sind im Vergütungsbericht gemäß § 162 Abs 2 Nr 1 offenzulegen (Rdn 118).

63 Mit der ausdrücklichen Bezugnahme auf § 290 HGB wird klargestellt, dass bei der Erfassung der maßgeblichen Vergütung gemäß § 162 Abs 1 Satz 1 der **handelsrechtliche Konzernbegriff** zugrunde zu legen ist. Einzubeziehen sind alle Unternehmen, auf die das **Mutterunternehmen** unmittelbar oder mittelbar beherrschenden Einfluss ausüben kann, ohne dass die Möglichkeit der Widerlegung der Konzernvermutung gemäß § 17 Abs 2 besteht.[151]

64 Die Regelung dient der Umsetzung von Art 9b Abs 1 Unterabschnitt 2 lit c) Aktionärsrechterichtlinie. Während § 290 HGB nur die inländische Muttergesellschaft erfasst, ist § 162 richtlinienkonform auf die Muttergesellschaften im EU-Raum auszudehnen.[152]

65 Der Vorstand der berichtspflichtigen Gesellschaft hat im Rahmen seiner Berichtsverantwortung die von den Konzernunternehmen benötigten Daten zu beschaffen; gegebenenfalls unter Einsatz seines Weisungsrechts.[153] Darüber hinaus trifft auf Grund der organ-

---

145 *Böcking/Bundle* Der Konzern 2020, 15, 23; *Poelzig* NZG 2020, 41, 44.

146 Fassung vom 16.12.2019.

147 Siehe dazu zB Kremer/Bachmann/Lutter/v. Werder/*Bachmann* Deutscher Corporate Governance Kodex[8], G.1 Rdn 3 ff; *Johannsen-Roth/Kießling* in: Johannsen-Roth/Illert/Ghassemi-Tabar, DCGK, 2020, Grds. 25 Rdn 5.

148 Begr RegE ARUG II, BT-Drucks. 19/9739, S 111.

149 BeckOGK/*Bayer/Scholz* AktG § 162 Rdn 36; Hüffer/Koch/*Koch* AktG[15] § 162 Rdn 3; *Lochner/Beneke* in: Hirte/Heidel, Das neue Aktienrecht, 2020, § 162 Rdn 5.

150 Grigoleit/*Rachlitz* AktG[2] § 162 Rdn 28; MünchKomm AktG/*Spindler*[5] § 162 Rdn 27.

151 Ebenso K. Schmidt/Lutter/*Seibt*[5] § 162 Rdn 8.

152 BeckOGK/*Bayer/Scholz* AktG § 162 Rdn 36; Hüffer/Koch/*Koch* AktG[15] § 162 Rdn 3; K. Schmidt/Lutter/*Seibt*[5] § 162 Rdn 8; MünchKomm AktG/*Spindler*[5] § 162 Rdn 25.

153 Ebenso Grigoleit/*Rachlitz* AktG[2] § 162 Rdn 37.

schaftlichen Treuepflicht auch jedes einzelne Vorstands- und Aufsichtsratsmitglied die persönliche Mitwirkungspflicht, um die Vollständigkeit und Aktualität der Angaben im Vergütungsbericht zu seiner Person zu gewährleisten (Rdn 36).

5. Negativmeldungen

66 Negativmeldungen (Fehlanzeige) zu den verschiedenen in § 162 Abs 1 und 2 genannten Katalogangaben des Vergütungsberichts sind gemäß § 162 Abs 1 Satz 2 **nicht erforderlich**, sodass die Angaben im Bericht über bestimmte Vergütungsbestandteile nur vorzunehmen sind, wenn die jeweiligen Vergütungselemente im Berichtszeitraum auch tatsächlich zum Einsatz gekommen sind. Die Regelung betrifft nicht nur die Vergütung der Mitglieder des Vorstands, sondern auch des Aufsichtsrats, deren Vergütung typischerweise weniger komplex ausgestaltet ist.[154] Insgesamt kann die Erleichterung gemäß § 162 Abs 1 Satz 2 dazu beitragen, ein unnötiges Aufblähen der Berichte und damit die Beeinträchtigung der Verständlichkeit der Darstellung zu verhindern.

67 Mit der Vermeidung von Negativmeldungen folgt der Gesetzgeber – ganz im Sinne der Klarheit und Verständlichkeit des Vergütungsberichts – erneut demselben Konzept, das auch für die Informationsanforderungen an das Vergütungssystem gemäß § 87a besteht.[155] Fehlen im Vergütungsbericht Aussagen zu einzelnen Katalogangaben von § 162 Abs 1, weil sie im Berichtszeitraum nicht zur Anwendung kamen, lässt sich zutreffend von „beredtem Schweigen" sprechen.[156]

68 Eine Ausnahme soll nach verbreitetem Verständnis auf Grund des Wortlauts von § 162 Abs 1 Satz 2 Nr 4 („ob und wie") für ***Clawback*-Klauseln** (siehe dazu Rdn 103, 104) gelten; insoweit sei stets eine Negativmeldung erforderlich[157]. Dem ist mit Einschränkung zuzustimmen. Eine Negativmeldung ist insoweit im Vergütungsbericht nur dann stets erforderlich, wenn laut dem bestehenden Vergütungssystem nach § 87a Abs 1 Satz 2 Nr 6, das der Hauptversammlung nach § 120a Abs 1 zur Billigung vorgelegt worden ist, mit den Vorstandsmitgliedern auch *Clawback*-Klauseln vereinbart worden sind. Ist bereits aus dem der Hauptversammlung vorgelegten Vergütungssystem gemäß § 87a ersichtlich, dass mit den Vorstandsmitgliedern keine *Clawback*-Klauseln vereinbart worden sind und es damit an der Rechtsgrundlage für Rückforderungsansprüche fehlt, sind Negativmeldungen entbehrlich.[158]

69 Auch wenn der Wortlaut von § 162 Abs 2 für die Angaben über die Mitglieder des Vorstands im Unterschied zu § 162 Abs 1 keine entsprechende ausdrückliche Erleichterung vorsieht, gilt die Berichtserleichterung hinsichtlich der Entbehrlichkeit von Negativmeldungen für den Vergütungsbericht insgesamt und damit auch für die Ausführungen, die im Bericht zu den Katalogangaben nach § 162 Abs 2 vorzunehmen sind.[159] Gründe für eine unterschiedliche Behandlung der Angaben nach § 162 Abs 1 und Abs 2 sind nicht ersichtlich.

---

154 *Böcking/Bundle* Der Konzern 2020, 15, 19.

155 Begr RegE ARUG II, BT-Drucks. 19/9739, S 109.

156 *Löbbe/Fischbach* AG 2019, 373, 383; K. Schmidt/Lutter/*Seibt*[5] § 162 Rdn 9.

157 *Florstedt* ZGR 2019, 630, 659; Hüffer/Koch/*Koch* AktG[15], § 162 Rdn 7; K. Schmidt/Lutter/*Seibt*[5] § 162 Rdn 15; MünchHdbAG/*Wentrup*[5] § 21 Rdn 160; siehe auch die Kritik von *Redenius-Hövermann/Siemens* ZIP 2020, 145, 149.

158 Ebenso wohl *Redenius-Hövermann/Siemens* ZIP 2020, 145, 149; Präzisierung zu Henssler/Strohn/*E. Vetter* Gesellschaftsrecht[5] § 162 AktG Rdn 5.

159 Grigoleit/*Rachlitz*, AktG[2] § 162 Rdn 20.

VI. Eigenständiges Informationsinstrument

1. Aktienrechtliches Publikationsinstrument

70 Der Vergütungsbericht ist ein von der handelsrechtlichen Rechnungslegung **gesondertes Informationsinstrument**[160], das nur die einzelne Gesellschaft nicht jedoch den Konzern im Blick hat.[161]

71 Der Gesetzgeber des ARUG II hat den Bericht als **„originär aktienrechtliches Publizitätsinstrument“** bewusst bei den anderen aktienrechtlichen Publizitätspflichten und Publizitätsinstrumenten verortet.[162]

72 Während unter der Geltung von § 289a Abs 2 Satz 2 HGB aF bzw § 315a Abs 2 HGB aF der allein vom Vorstand zu erstellende Vergütungsbericht in den Lagebericht bzw Konzernlagebericht aufgenommen werden musste, ist der Vergütungsbericht nach § 162 **nicht Bestandteil des Lageberichts.**[163] Der Gesetzgeber hat die Integration des Vergütungsberichts in den Lagebericht oder die Aufnahme in den Anhang nicht vorgesehen;[164] sie aber auch nicht ausdrücklich untersagt. Die Aufnahme in den Lagebericht ist jedoch **nicht zu empfehlen,** denn dieser steht gemäß § 264 Abs 1 Satz 1 HGB in der alleinigen Zuständigkeit des Vorstands. Der Aufsichtsrat hat den Lagebericht gemäß § 171 Abs 1 Satz 1 AktG allerdings zu prüfen.[165] Demgegenüber ist der Vergütungsbericht gemäß der klaren Anordnung in § 162 Abs 1 Satz 1 zwingend von Vorstand und Aufsichtsrat gemeinsam zu erstellen ist (Rdn 35).

73 Im Fall der Aufnahme in den Lagebericht verliert der Vergütungsbericht keinesfalls seine Qualität als gemeinsames Dokument von Vorstand und Aufsichtsrat, wodurch sich für die Erstellung der jeweiligen Berichte ein erhöhter Organisations- und Koordinationsaufwand ergibt. Die Verpflichtung zur kostenfreien und dauerhaften Zugänglichkeit des Vergütungsberichts nebst des Vermerks des Abschlussprüfers auf der Internetseite der Gesellschaft bleibt in jedem Fall bestehen, sodass der Vergütungsbericht unabhängig von der Veröffentlichung des Lageberichts als separates Dokument gemäß § 162 Abs 4 zugänglich gemacht werden muss.[166]

74 Auf Grund der unterschiedlichen aktienrechtlichen Zuständigkeiten für den Lagebericht und den Vergütungsbericht wie auch wegen der daraus resultierenden Folgefragen bei der Abschlussprüfung[167] ist eine Aufnahme des Vergütungsberichts in den Lagebericht nicht zu empfehlen. Ob institutionelle Investoren und Stimmrechtsberater aus Gründen der Transparenz und Glaubwürdigkeit weitergehende Forderungen stellen und auf die Prüfung des Vergütungsberichts durch den Abschlussprüfer drängen werden, wird die Zukunft zeigen.

---

160 *Florstedt* ZGR 2019, 630, 658; *Rimmelspacher/Roland* WPg 2020, 201; *Velte* DStR 2018, 2445.

161 *Florstedt* ZGR 2019, 630, 658.

162 Begr RegE ARUG II, BT-Drucks. 19/9739, S. 108; *J. Schmidt* NZG 2018, 1201, 1205.

163 *Böcking/Bundle* Der Konzern 2020, 15, 18; *Orth/Oser/Philippsen/Sultana* DB 2019, 2814, 2818; MünchHdbAG/*Wentrup*[5] § 21 Rdn 159.

164 Bericht des Ausschusses für Recht und Verbraucherschutz (6. Ausschuss), BT-Drucks. 19/15153, S 54; *Böcking/Bundle* Der Konzern 2020, 15, 18; MünchHdbAG/*Wentrup*[5] § 21 Rdn 159.

165 *ADS* § 171 Rdn 38; MünchKomm AktG/*Hennrichs/Pöschke*[4] § 171 Rdn 56; *E. Vetter* GK AktG[5] § 171 Rdn 63.

166 Siehe auch Bericht des Ausschusses für Recht und Verbraucherschutz (6. Ausschuss), BT-Drucks. 19/15153, S 54.

167 Siehe zB *Orth/Oser/Philippsen/Sultana* DB 2019, 2814, 2818; *Orth/Oser/Philippsen/Sultana* DB 2019, 1011, 1013.

75 Im Übrigen kann der Bestätigungsvermerk des Abschlussprüfers über die Prüfung von Jahresabschluss und Lagebericht gemäß § 322 HGB auch nicht den Anforderungen an den besonderen Vermerk gemäß § 162 Abs 3 Satz 3 Rechnung tragen.[168]

76 Der Vergütungsbericht ist nicht zur Bekanntmachung beim Betreiber des Bundesanzeigers einzureichen. Allerdings ist in die Erklärung zur Unternehmensführung nach § 289f Abs 2 Nr 1a HGB ein **Hinweis auf die Internetseite der Gesellschaft** aufzunehmen, auf der der Vergütungsbericht des letzten Geschäftsjahres sowie der Vermerk des Abschlussprüfers öffentlich zugänglich gemacht werden[169] (siehe dazu unten Rdn 143).

2. Handelsrechtliche Offenlegungspflichten zur Vergütung von Vorstand und Aufsichtsrat

77 Unabhängig von § 162 sind die Bezüge der Mitglieder des Vorstands wie auch des Aufsichtsrats **als Gesamtbezüge der jeweiligen Gruppe nach** § 285 Nr 9 lit a) und b) HGB im **Anhang** bzw. bei Mutterunternehmen nach § 314 Abs 1 Nr 6 lit a) und b) HGB im **Konzernanhang** anzugeben;[170] Sie unterliegen wie andere Angaben in Anhang der Prüfung durch den Abschlussprüfer.[171] Diese Angaben im Anhang nehmen gemäß § 325 HGB automatisch auch an der **Bekanntmachung im Bundesanzeiger** teil.[172]

78 Die aus der aktienrechtlichen und handelsrechtlichen Berichterstattung resultierenden **Pflichtendoppelung** hat der Gesetzgeber als nicht vermeidbar betrachtet, da der vollständigen Harmonisierung der Berichtspflichten die teilweise unterschiedlichen unionsrechtlichen Vorgaben der Bilanzrechtsrichtlinie sowie der Aktionärsrechterichtlinie entgegenstehen.[173]

VII. Berichtsinhalt

79 Zum Berichtsinhalt nennt § 162 Abs 1 Satz 2 Nr 1 bis 7 detaillierte **enumerativ genannte Angaben**, die im Bericht enthalten sein müssen, wenn die entsprechenden Tatbestände im Berichtsjahr bei der Gesellschaft vorgelegen haben (siehe dazu Rdn 66). Die Angaben sollen dazu dienen, das Vergütungssystem anhand seiner Ergebnisse zu beurteilen.[174]

1. Angaben gemäß § 162 Abs 1 Satz 2

80 **a) Feste und variable Vergütungsbestandteile (Nr 1). aa) Vorstand.** Die Angabepflicht setzt Art 9b Abs 1 Satz 2 lit a) Aktionärsrechterichtlinie um. Anzugeben sind in dem

---

168 Siehe auch *Orth/Oser/Philippsen/Sultana* DB 2019, 2814, 2818.

169 *Bachmann/Pauschinger* ZIP 2019, 1, 9; *Böcking/Bundle* Der Konzern 2020, 15, 18; *Mock* in: Hachmeister/Kahle/Mock/Schüppen, Bilanzrecht Kommenar[2] § 289f Rdn 28a; kritisch *Velte* NZG 2019, 335, 336.

170 Kremer/Bachmann/Lutter/v. Werder/*Bachmann* Deutscher Corporate Governance Kodex[8], Grds. 25 Rdn 8; *Lochner/Beneke* in: Hirte/Heidel, Das neue Aktienrecht, 2020, § 162 Rdn 34; *Orth/Oser/Philippsen/Sultana* DB 2019, 2814, 2817.

171 *Böcking/Bundle* Der Konzern 2018, 496, 503; *Needham/Müller* IRZ 2019, 79, 82; *Scheffler* AG 2021, R 87, 88.

172 Wiedmann/Böcking/Gros/*Böcking/Gros/Rabenhorst*, Bilanzrecht[4] § 325 Rdn 5; *Orth/Oser/Philippsen/Sultana* DB 2019, 2814, 2819.

173 Begr RegE ARUG II, BT-Drucks. 19/9739, S 110; zur Kritik siehe zB *Velte* NZG 2019, 335 ff; *Velte* DStR 2018, 2445, 2447.

174 Siehe auch *Florstedt* ZGR 2019, 630, 657.

Bericht – abgeleitet aus dem bestehenden und der Hauptversammlung vorgelegten Vergütungssystem (§ 87a) – alle tatsächlich gezahlten und gewährten Vergütungskomponenten der einzelnen Organmitglieder **aufgeschlüsselt in variable und fixe Bestandteile.** Anzugeben sind jeweils **konkrete Beträge** sowie ihr jeweiliger **relativer Anteil** an der Gesamtvergütung und nicht in Relation zueinander.[175] Sofern bei variablen Vergütungskomponenten infolge ihrer **mehrjährigen Bemessungsgrundlage** noch keine konkreten Beträge genannt werden können, darf die Gesellschaft die für die Angabe des relativen Anteils notwendige feste Kenngröße für den variablen Anteil durch einen geeignet erscheinenden Bezugspunkt (zB Zielvergütung) frei wählen, muss ihn jedoch angeben.[176]

81 Nicht jeder Geldzufluss beim Vorstandsmitglied ist Vergütung iSv § 162 Abs 1. Die dem einzelnen Vorstandsmitglied nach §§ 670, 675 BGB von der Gesellschaft erstatteten **Auslagen** etwa für Reise- und Übernachtungskosten zählen nicht zur angabepflichtigen Vergütung.[177] Etwas anderes gilt nur dann, wenn die Auslagenerstattung z.B. auf pauschalierter Basis erfolgt und als versteckte Vergütung zu betrachten ist.

82 Die Darstellung der einzelnen Vergütungsbestandteile ist aus dem für das abgelaufene Geschäftsjahr maßgeblichen Vergütungssystem iSv § 87a bzw § 113 Abs 3 Satz 3 abzuleiten, da nur auf diese Weise der Kontrollfunktion des Vergütungsberichts angemessen Rechnung getragen wird. Bezogen auf die einzelnen Komponenten mit besonderer Steuerungsfunktion iSv § 87 Abs 1 Satz 2 ist korrespondierend zu den Festlegungen im Vorstandsvergütungssystem gemäß § 87a Abs 1 Satz 2 Nr 2 auf deren tatsächliche Wirkung auf die **Förderung der langfristigen Entwicklung der Gesellschaft** im Vergleich zur jeweiligen Zielsetzung einzugehen. Dabei ist auch die Wirkung der Steuerungsfunktion der Vorstandsvergütung auf die nicht-finanziellen Schlüsselfaktoren zu erläutern.[178] Darüber hinaus werden mit Blick auf § 87a Abs 1 Satz 2 Nr 4 aussagekräftige Angaben verlangt, wie die finanziellen und nichtfinanziellen Leistungskriterien angewendet wurden.[179] Demgemäß ist die tatsächliche Zielerreichung nebst dem daraus resultierenden Anteil der variablen Vergütung anzugeben.

83 Die durch die **CSR-Berichterstattung** nach § 289b ff und § 315b ff HGB adressierte stärkere Sensibilisierung und Verantwortung der Unternehmen für gesellschaftliche und ökologische Belange, kurz **ESG-Ziele** (Environment, Soziales und Governance),[180] hat Ankerpunkte sowohl im Vorstandsvergütungssystem bei den kurzfristigen und/oder langfristigen Vergütungsbestandteilen als auch korrespondierend im Vergütungsbericht, wie § 87a Abs 1 Satz 2 Nr 4 und § 162 Abs 1 Satz 2 Nr 1 belegen. Dies bedingt nicht nur die zeitliche Koordination der verschiedenen Berichte, sondern auch eine enge inhaltliche Abstimmung mit der CSR-Berichterstattung nach § 289b und § 315b HGB[181], indem im Vergütungsbericht auf die relevanten nichtfinanziellen ESG- Leistungsindikatoren speziell

---

175 Begr RegE ARUG II, BT-Drucks. 19/9739, S 111; zur Berechnung siehe BeckOGK/*Bayer/Scholz* AktG § 162 Rdn 73.

176 *Lochner/Beneke* in: Hirte/Heidel, Das neue Aktienrecht, 2020, § 162 Rdn 10; Grigoleit/*Rachlitz* AktG[2] § 162 Rdn 38; K. Schmidt/Lutter/*Seibt*[5] § 162 Rdn 12.

177 **A.A.** *Lochner/Beneke* in: Hirte/Heidel, Das neue Aktienrecht, 2020, § 162 Rdn 6; Grigoleit/*Rachlitz* AktG[2] § 162 Rdn 29.

178 Ebenso wohl Grigoleit/*Rachlitz*, AktG[2] § 162 Rdn 40; siehe auch *Velte* DB 2021, 1054, 1060.

179 BeckOGK/*Bayer/Scholz* AktG § 162 Rdn 79; *Lochner/Beneke* in: Hirte/Heidel, Das neue Aktienrecht, 2020, § 162 Rdn 12; Grigoleit/*Rachlitz* AktG[2] § 162 Rdn 41; K. Schmidt/Lutter/*Seibt*[5] § 162 Rdn 12.

180 Begründung RegE CSR-Richtlinie-Umsetzungsgesetz, BT-Drucks. 18/9982, S 31 und 47

181 Dazu näher zB *Hecker/Bröcker* AG 2017, 761, 764; *Hennrichs/Pöschke* NZG 2017, 121 ff; *Mock* ZIP 2017, 1195, 1198; zur Verknüpfung siehe *Rieckers* DB 2021, 98, 105; *Velte* DB 2021, 1054, 1060.

einzugehen ist, soweit diese Anknüpfungspunkte für variable Vergütungsbestandteile des Vorstands bilden. Ein bloßer Verweis auf die CSR-Berichterstattung genügt nicht. (siehe dazu Rdn 47).

Sofern bei einzelnen variablen Vergütungsbestandteilen und der Bezugnahme auf konkrete ESG-Angaben vertrauliche strategische Interessen der Gesellschaft berührt sind, ist gegebenenfalls von der **Schutzklausel** gemäß § 162 Abs 6 Gebrauch zu machen[182] (siehe dazu unten Rdn 158). 84

bb) Aufsichtsrat. Für die einzelnen Aufsichtsratsmitglieder ist die **Gesamtvergütung** iSv § 113 Abs 1 anzugeben, die sie jeweils aus ihrer Tätigkeit im Aufsichtsrat sowie der Mitarbeit in Ausschüssen erhalten haben. Vielfach wird zur Erläuterung ein Entsprechensvermerk genügen, der auf die Festsetzung der konkreten Vergütung und die Billigung des Vergütungssystems für den Aufsichtsrat nach § 113 Abs 3 Satz 3 verweist.[183] 85

Werden **Sitzungsgelder** oder ein sonstiger pauschalisierter Betrag unabhängig vom Nachweis konkreter tatsächlicher Kosten allein für die Teilnahme an einer Sitzung gewährt, ist im Zweifel von zusätzlichen Vergütungskomponenten auszugehen,[184] die nicht nur der Regelung von § 113 Abs 1 unterliegen, sondern die auch im Vergütungsbericht für das einzelne Aufsichtsratsmitglied anzugeben sind. 86

Soweit das einzelne Aufsichtsratsmitglied von der Gesellschaft eine sonstige Vergütung zB auf Grund von **Beratungs- oder Vermittlungsleistungen** iSv § 114 bezieht, werden diese Honorare, die das Aufsichtsratsmitglied durch eine Tätigkeit außerhalb seiner organschaftlichen Pflichten erzielt[185], von § 162 Abs 1 nicht erfasst.[186] Der im Jahre 2019 grundlegend geänderte Deutsche Corporate Governance Kodex[187] trifft insoweit – im Unterschied zu Ziff 5.4.6 Abs 3 Deutscher Corporate Governance Kodex a.F.[188] – keine entgegenstehende Aussage. 87

Sind in der von der Gesellschaft als Gruppenversicherung abgeschlossenen **D&O Versicherung** auch die Aufsichtsratsmitglieder eingeschlossenen, liegt insoweit im Regelfall nach zutreffender – wenn auch umstrittener Ansicht – ebenso wie im Parallelfall der D&O Versicherung für den Vorstand (siehe Rdn 54) keine Vergütung der Aufsichtsratsmitglieder iSv § 113 Abs 1 vor.[189] Sie unterliegt demzufolge auch nicht der Berichtspflicht gemäß § 162.[190] 88

Die nach §§ 670, 675 BGB von der Gesellschaft zu erstattenden **Auslagen** für die Wahrnehmung des Mandats (zB Reise- und Übernachtungskosten) zählen nicht zur Vergütung 89

---

182 *Lochner/Beneke* in: Hirte/Heidel, Das neue Aktienrecht, 2020, § 162 Rdn 12.

183 BeckOGK/*Bayer/Scholz* AktG § 162 Rdn 76.

184 MünchKomm AktG/*Habersack*[5] § 113 Rdn 14; *Hopt/Roth* GK AktG[5] § 113 Rdn 44; zu den Angabepflichten bereits *E. Vetter* in: VGR Gesellschaftsrecht in der Diskussion 2014, 2015, S 115, 124.

185 BGH Urt v 3.7.2006 II ZR 151/04 – IFA, BGHZ 168, 188 Rdn 16; BGH Urt v 25.3.1991 – II ZR 188/89 – Deutscher Herold, BGHZ 114, 127, 129; Hüffer/Koch/*Koch* AktG[15], § 114 Rdn 6; *E. Vetter* ZIP 2008, 1, 7.

186 Grigoleit/*Rachlitz* AktG[2] § 162 Rdn 30.

187 Fassung vom 16.12.2019.

188 Siehe dazu zB Kremer/Bachmann/Lutter/v. Werder/*Kremer* Deutscher Corporate Governance Kodex[7], Rdn 1444; *E. Vetter* ZIP 2008, 1, 10.

189 MünchKomm AktG/*Habersack*[5] § 113 Rdn 16; Hüffer/Koch/*Koch* AktG[15] § 113 Rdn 5; *Mertens* AG 2000, 447, 451; *E. Vetter* AG 2000, 453, 456; **aA** *Armbrüster* in: FS K. Schmidt, 2019, Bd. I, S. 23, 26 ff; *W. Doralt* ZGR 2019, 1022; *Kumpan* in FS Hopt, 2020, S 638.

190 Ebenso MünchKomm AktG/*Spindler*[5] § 162 Rdn 24; **aA** BeckOGK/*Bayer/Scholz* AktG § 162 Rdn 33.

der Aufsichtsratsmitglieder iSv § 113 Abs 1.[191] Sie unterliegen somit auch nicht der Berichtspflicht nach § 162 Abs 1.[192] Gleiches gilt für eine angemessene **Aufwandspauschale**, soweit sie sich an den typischerweise anfallenden tatsächlichen Kosten orientiert.[193] Sie bedarf keines Hauptversammlungsbeschlusses nach § 113 Abs 1 AktG und unterliegt auch nicht der Berichtspflicht gemäß § 162 Abs 1.[194]

90 Bei **Aufsichtsratsmitgliedern der Arbeitnehmer**, die einen Großteil ihrer Aufsichtsratsvergütung an die Hans Böckler Stiftung abzuführen haben[195], führt dieser Umstand nicht zu einer Herabsetzung der im Vergütungsbericht anzugebenden individuellen Vergütung. Nach der Rechtsprechung ist die umstrittene und rechtspolitisch problematische Abführungspflicht, ungeachtet des Umstands, dass sie die mit der Aufsichtsratsvergütung verbundene Anreizfunktion konterkariert[196], aktienrechtlich gleichwohl zulässig.[197]

91 **b) Darstellung der jährlichen Veränderung der Vergütung (Nr 2).** Die Angabepflicht geht auf Art 9b Absatz 1 Satz 2 lit b) Aktionärsrechterichtlinie zurück und verlangt eine vergleichende Darstellung im **Langzeitvergleich**. Anzugeben ist nach § 162 Abs 1 Satz 2 Nr 2 die im Berichtszeitraum eingetretene Veränderung der Vergütung des Vorstands im Vergleich zur „Ertragsentwicklung der Gesellschaft" (*Pay-for Performance-Disclosure*) und zur Entwicklung der durchschnittlichen Vergütung der Arbeitnehmer (*Pay-Ratio-Disclosure*) jeweils im **Langzeitvergleich von fünf Jahren**. Erläuterungen in Tabellenform sind hilfreich, Angaben zur prozentualen Veränderung der jeweiligen Parameter im Vergleich zum Vorjahr besonders beim Auseinanderlaufen der Entwicklung sind unumgänglich[198]. Die Angaben liefern in mehrfacher Hinsicht einen wertvollen Erkenntnisgewinn der Vergütungsveränderungen auf der Zeitachse.[199]

92 Der Begriff der **Ertragsentwicklung der Gesellschaft** wird in der Gesetzesbegründung zu § 162 nicht näher erläutert. Art 9b Abs 1 lit b) Aktionärsrechterichtlinie spricht demgegenüber von „Leistung der Gesellschaft" (*performance of the company*). Ob zwischen beiden Begriffen ein unterschiedliches Verständnis zugrunde liegt, kann hier offenbleiben.[200] Be-

---

191 *Grau* in: Semler/v. Schenck/Wilsing, Arbeitshandbuch für Aufsichtsratsmitglieder[5] § 13 Rdn 105; Grigoleit/*Grigoleit/Tomasic/Kochendörfer* AktG[2] § 113 Rdn 29; Hüffer/Koch/*Koch* AktG[15] § 113 Rdn 7; KK AktG/*Mertens/Cahn*[3] § 113 Rdn 12.

192 Ebenso zum österreichischen Recht *Schima* Der Gesellschafter 2019, 110, 116; **a.A.** *Lochner/Beneke* in: Hirte/Heidel, Das neue Aktienrecht, 2020, § 162 Rdn 6; Grigoleit/*Rachlitz* AktG[2] § 162 Rdn 29.

193 Siehe dazu *Grau* in: Semler/v. Schenck/Wilsing, Arbeitshandbuch für Aufsichtsratsmitglieder[5] § 13 Rdn 108; MünchKomm AktG/*Habersack*[5] § 113 Rdn 24; *Hopt/Roth* GK AktG[5] § 113 Rdn 44; Bürgers/Körber/Lieder/*Bürgers/Fischer*[5] § 113 Rdn 14; Marsch-Barner/Schäfer/*E. Vetter* Hdb börsennotierte AG[4] Rdn 29.51.

194 Siehe auch Kremer/Bachmann/Lutter/v. Werder/*Kremer* Deutscher Corporate Governance Kodex[7], Rdn 1428.

195 Siehe *Thüsing* in: FS Graf von Westphalen, 2011, S 693, 695.

196 Siehe dazu *Krieger* in: FS E. Vetter, 2019, S 363, 369.

197 BAG Urt v. 21.5.2015 – 8 AZR 956/13, AG 2016, 39, 41; OLG Frankfurt Urt v. 18.12.2018 – 4 U 86/18, NZG 2019, 945, 946; OLG Frankfurt Urt v. 7.12.2017 – 3U 167/14, AG 2018, 948 Rdn 18; siehe aber auch *Habersack* in: FS Hopt, 2020, S 333, 348; *Krieger* in: FS E. Vetter, 2019, S 363, 369, 371; *Rieble* AG 2016, 315, 316.

198 *Anzinger* ZGR 2019, 39, 85; BeckOGK/*Bayer/Scholz* AktG, § 162 Rdn 93.

199 Zweifel hingegen bei *Bungert/Wansleben* DB 2017, 1190, 1193; ebenso wohl *Seibt* DB 2014, 1910, 1912.

200 So *Bachmann/Pauschinger* ZIP 2019, 1, 7; Zweifel bei Grigoleit/*Rachlitz* AktG[2] § 162 Rdn 46.

zieht man die Begriffe der langfristigen Tragfähigkeit der Gesellschaft" (*long-term sustainability*) aus Art 9a Abs 6 Aktionärsrechterichtlinie zum Vergütungssystem und der „langfristigen Leistung der Gesellschaft" (*long-term performance of the company*) aus Art 9b Abs 1 lit a) Aktionärsrechterichtlinie) zum Vergütungsbericht in die Überlegungen ein, wird deutlich, dass der Begriff **nicht stets und nicht alleine im bilanzrechtlichen Sinne** zu verstehen ist.[201] Die im Entwurf vorliegenden *Guidelines* der Kommission (oben Rdn 21) sprechen ebenfalls für ein weites Verständnis.[202] Auch wenn der Posten Jahresüberschuss/Jahresfehlbetrag gemäß § 275 Abs 2 Nr 17, bzw Abs 3 Nr 16 HGB im Regelfall der maßgebliche Parameter ist, kommen für junge Gesellschaften, die zB nach ihrem IPO mitunter weiterhin (noch) keine positiven Ergebnisse erwirtschaften,[203] andere Parameter kumulativ oder alternativ hinzu. Der Vergleich hat jedenfalls nicht zwingend an einer bestimmten Position der Gewinn- und Verlustrechnung nach § 275 HGB und § 158 AktG anzusetzen.[204] Das Gesetz eröffnet der Gesellschaft vielmehr einen breiten Handlungsspielraum, wie der Unternehmenserfolg, das heißt die Leistung oder der Ertrag zu messen ist.[205] Bei der Wahl der maßgeblichen Kriterien darf auf die individuelle Unternehmenssituation Rücksicht genommen werden. Entscheidend ist, dass die Festlegung auf objektiver Basis an Hand von Kennzahlen und Parametern ermittelt wird, die der Rechnungslegung entnommen werden und die im Vergütungsbericht nachvollziehbar erläutert sind.[206]

Soweit die zu erwartenden *Guidelines* der EU-Kommission (siehe oben Rdn 21) keine klaren Empfehlungen enthalten, wird die Regierungskommission Deutscher Corporate Governance Kodex zu erwägen haben, ob sie zur weiteren Konkretisierung Empfehlungen erarbeitet. Unabhängig davon ist damit zu rechnen, dass auch die Stimmrechtsberater ihre Erwartungen bekanntgeben werden, wie der Begriff Ertragsentwicklung der Gesellschaft zu verstanden werden soll. **93**

Der Vertikalvergleich zwischen Vorstand/Arbeitnehmer stellt ein Novum dar.[207] Die Durchschnittsvergütung der Arbeitnehmer ist auf **Vollzeitäquivalenzbasis** zu ermitteln.[208] Für eine Übergangszeit nach In-Kraft-Treten des ARUG II gelten zur Ermittlung der Durchschnittsvergütung Erleichterungen (siehe § 26j Rdn 12). **94**

Das Gesetz will Transparenz zu der Frage schaffen, ob die Vergütung des Managements deutlich stärker gestiegen (oder auch gesunken) ist als die der Beschäftigten[209]. Die Vorschrift enthält keine Regelung, was unter dem Begriff **Arbeitnehmer** zu verstehen ist. Die Gesetzesbegründung verweist auf den in § 96 verwendeten und § 3 Abs 1 MitbestG und § 5 BetrVG nachgebildeten Arbeitnehmerbegriff, der auch die leitenden Angestellten einschließt.[210] Die englischsprachige Formulierung „*other than directors*" in Art 9b Absatz 1 Satz 2 lit b) Aktionärsrechterichtlinie macht ausreichend deutlich, dass **alle Beschäftigten unterhalb des Vorstands** erfasst sind.[211] Die Mitgliedschaft von Arbeitnehmern im Auf- **95**

---

201 **AA** BeckOGK/*Bayer/Scholz* AktG § 162 Rdn 87.

202 Siehe auch *Mutter* AG 2019 R112; Grigoleit/*Rachlitz* AktG² § 162 Rdn 46.

203 Siehe zB. Rocket Internet SE, Zalando SE, ebenso Tesla, Inc.

204 Ebenso Grigoleit/*Rachlitz* AktG² § 162 Rdn 46; weitergehend *Lochner/Beneke* in: Hirte/Heidel, Das neue Aktienrecht, 2020, § 162 Rdn 13, die über den Gesetzeswortlaut hinaus auch den Börsenwert einbeziehen wollen; **aA** BeckOGK/*Bayer/Scholz* AktG, § 162 Rdn 87.

205 Ebenso K. Schmidt/Lutter/*Seibt*⁵ § 162 Rdn 13.

206 Ebenso zum österreichischem Recht *Schima* Aufsichtsrat aktuell, 6/2019, 8, 12.

207 BeckOGK/*Bayer/Scholz* AktG, § 162 Rdn 82, *J. Schmidt* NZG 2018, 12012, 1206.

208 Siehe dazu MünchKomm AktG/*Spindler*⁵ § 162 Rdn 48.

209 *Lochner/Beneke* in: Hirte/Heidel, Das neue Aktienrecht, 2020, § 162 Rdn 14.

210 Begr RegE ARUG II, BT-Drucks. 19/9739, S. 112.

211 Grigoleit/*Rachlitz* AktG² § 162 Rdn 49.

sichtsrat steht ihrer Einbeziehung als abhängig Beschäftigte nicht entgegen,[212] ihre Aufsichtsratsvergütung bleibt jedoch bei dem Vergleich außer Betracht[213].

96 Was die Bestimmung der **maßgeblichen Vergleichsgruppe der Arbeitnehmer** anbetrifft, enthält die Aktionärsrechterichtlinie keine konkreten inhaltlichen Vorgaben[214]. Demgemäß ist der Gesellschaft Ermessen eingeräumt, wie sie die Gruppe definieren will.[215] Die interne Zuständigkeit für die Festlegung der Vergleichsgruppen für den Vergütungsbericht ergibt sich aus der Verknüpfung mit dem jeweiligen Vergütungssystem. Für das **Vorstandsvergütungssystem** schreibt bereits § 87a Abs 1 Satz 2 Nr 9 die Festlegung einer Vergleichsgruppe vor. Auch wenn sich die Gesetzesbegründung dazu ausschweigt, ist diese Festlegung, sofern keine besonderen Gründe vorliegen, für den Vergütungsbericht zu übernehmen. Aus der zwingenden alleinigen Zuständigkeit des Aufsichtsrats für die Erstellung des Vergütungssystems gemäß § 87a folgt – ungeachtet der gemeinsamen Zuständigkeit für den Vergütungsbericht nach § 162 Abs 1 Satz 1 im Ganzen – die **alleinige Zuständigkeit des Aufsichtsrats** für eventuelle Änderungen der Vergleichsgruppe im Rahmen des Vergütungsberichts.[216] Dies rechtfertigt sich nicht nur aus formeller Sicht, sondern auch deshalb, weil der vom Aufsichtsrat im Rahmen von § 87a Abs 1 Nr 9 definierten Arbeitnehmergruppe im Wege des Vergleichs eine **Steuerungs- oder Orientierungsfunktion** hinsichtlich der Vorstandsvergütung zukommt, die sich in der Kontrollfunktion des Vergütungsberichts fortsetzt.

97 Soweit im Vergütungsbericht hinsichtlich der **Aufsichtsratsvergütung** eine gesonderte Vergleichsgruppe definiert wird, besteht nach der generellen Regelung in § 162 Abs 1 Satz 1 insoweit eine **gemeinsame Zuständigkeit** von Vorstand und Aufsichtsrat.[217]

98 Die Offenheit von § 162 Abs 1 Satz 2 Nr 2 eröffnet ausreichend Spielraum, um auf die individuellen Verhältnisse der jeweiligen Unternehmen Rücksicht zu nehmen und erlaubt sowohl alle Beschäftigte des Konzerns einschließlich ausländischer Konzerngesellschaften einzubeziehen, lässt aber zB auch eine Beschränkung ausschließlich auf die Beschäftigten der Gesellschaft oder die inländischen Beschäftigten aller Konzernunternehmen zu.[218] Bei einer reinen Holding-Gesellschaft wäre die Beschränkung des Vergütungsvergleichs auf ihre Mitarbeiter regelmäßig wenig aussagekräftig, wenn nicht sogar irreführend. Der **separaten Darstellung mehrerer Vergleichsgruppen** im Vergütungsbericht (zB Führungskräfte und Tarifangestellte, inländische und weltweit Beschäftigte) steht nichts entgegen,[219] sie kann im Einzelfall uU sogar zum besseren Verständnis der Entwicklung der Vergütung des Managements beitragen. In jedem Fall ist die Vergleichsgruppe im Vergütungsbericht zu beschreiben.[220] Die Vergleichsgruppe darf nicht jährlich neu festgelegt werden. Die Kontrollfunktion des Vergütungsberichts bedingt die geschäftsjahresübergreifende Vergleichbarkeit der Vergleichsgruppe; sie deshalb im Vergütungsbericht des Folgejahrs grundsätzlich beizubehal-

---

212 Begr RegE ARUG II, BT-Drucks. 19/9739, S. 112.

213 K. Schmidt/Lutter/*Seibt*[5] § 162 Rdn 13; MünchKomm AktG/*Spindler*[5] § 162 Rdn 47.

214 *Anzinger* ZGR 2019, 39, 86.

215 Siehe dazu zB BeckOGK/*Bayer/Scholz* AktG § 162 Rdn 89; *Lochner/Beneke* in: Hirte/Heidel, Das neue Aktienrecht, 2020, § 162 Rdn 14; *Rimmelspacher/Roland* WPg 2020, 201, 204; MünchKomm AktG/*Spindler*[5] § 162 Rdn 47.

216 Siehe auch *Hopt/Leyens* ZGR 2019, 929, 978; MünchKomm AktG/*Spindler*[5] § 162 Rdn 52; **aA** *Lochner/Beneke* in: Hirte/Heidel, Das neue Aktienrecht, 2020, § 162 Rdn 14.

217 Ebenso BeckOGK/*Bayer/Scholz* AktG, § 162 Rdn 23; MünchKomm AktG/*Spindler*[5] § 162 Rdn 52.

218 Begr RegE ARUG II, BT-Drucks. 19/9739, S 112; kritisch *Florstedt* ZGR 2019, 630, 660.

219 MünchKomm AktG/*Spindler*[5] § 162 Rdn 48.

220 *Bachmann/Pauschinger* ZIP 2019, 1, 7; BeckOGK/*Bayer/Scholz* AktG, § 162 Rdn 95; *Rimmelspacher/Roland* WPg 2020, 201, 205.

ten.[221] Abweichungen vom **Stetigkeitsgebot** (zB Änderung der Organisationsstruktur oder signifikante Veränderungen im Beteiligungsbesitz), sind aus Transparenzgründen und zur Gewährleistung der Vergleichbarkeit offenzulegen und einschließlich ihrer Auswirkungen zu erläutern.[222]

Übermäßige Anforderungen an die Darstellung im Sinne einer Begründung verlangt das Gesetz nicht.[223] Die Angabe der jeweiligen prozentualen Veränderung im Berichtsjahr ist in jedem Fall im Sinne einer ordnungsgemäßen Berichterstattung notwendig. Der Erläuterungsbedarf wächst darüber hinaus, je mehr die Entwicklung zwischen der Vergütung des Vorstands und der Leistung der Gesellschaft oder gegenüber der Durchschnittsvergütung im Zeitverlauf auseinandergeht.[224] **99**

Die Aktionärsrechterichtlinie erwartet, dass die Darstellung der Angaben im Bericht so vorgenommen werden, dass ein Vergleich der Entwicklung der verschiedenen Parameter ermöglicht wird.[225] Dazu bieten sich insbesondere Gegenüberstellungen in Tabellenform sowie Schaubilder an. **100**

c) **Aktien und Aktienoptionen (Nr 3).** Die Angabepflicht resultiert aus Art 9b Absatz 1 Satz 2 lit. d) Aktionärsrechterichtlinie. Ist, wie im Vergütungssystem nach § 87a Abs 1 Satz 2 Nr 7 beschrieben, für die Vorstandsmitglieder eine **aktienbasierte Vergütung** vorgesehen, sind im Vergütungsbericht sowohl die **Anzahl** der gewährten oder zugesagten Aktien und Aktienoptionen anzugeben wie auch die wichtigsten **Bedingungen** für die Ausübung dieser Rechte. Dies umfasst insbesondere den Ausübungspreis, den Ausübungszeitraum sowie eventuelle Änderungen der Bedingungen[226] (siehe auch oben Rdn 47). **101**

Unter dem Begriff **gewährt** *(granted)* ist der faktische Zufluss zu verstehen, während der Begriff **zugesagt** *(offered)* die Begründung einer rechtlichen Verpflichtung – unabhängig von der konkreten rechtlichen Einordnung – meint, deren Fälligkeit im Berichtszeitraum jedoch noch nicht eingetreten sein muss[227] (Rdn 58). **102**

d) **Angabe zur Rückforderung von Vergütungsanteilen (Nr 4).** Die Angabepflicht beruht auf Art 9b Absatz 1 Satz 2 lit e) Aktionärsrechterichtlinie. Sie kommt nur zur Anwendung, sofern in den Vorstandsanstellungsverträgen sog. ***Clawback*-Klauseln**[228] vereinbart sind und dies im Vergütungssystem nach § 87a Abs 1 Satz 1 Nr 6 dargelegt ist.[229] In diesem Fall ist zu erläutern, ob und gegebenenfalls in welcher Weise der Aufsichtsrat von der **Möglichkeit der Rückforderung** von variablen Vergütungsbestandteilen wegen besonderer Entwicklungen oder auf Grund des Fehlverhaltens von Vorstandsmitgliedern Gebrauch **103**

---

221 *Lochner/Beneke* in: Hirte/Heidel, Das neue Aktienrecht, 2020, § 162 Rdn 15.

222 Ebenso *Lochner/Beneke* in: Hirte/Heidel, Das neue Aktienrecht, 2020, § 162 Rdn 15; MünchKomm AktG/*Spindler*[5] § 162 Rdn 47.

223 BeckOGK/*Bayer/Scholz* AktG, § 162 Rdn 95; **aA** *Lochner/Beneke* in: Hirte/Heidel, Das neue Aktienrecht, 2020, § 162 Rdn 14.

224 Ebenso *Anzinger* ZGR 2019, 39, 85.

225 Art 9b Abs 1 Unterabschnitt b Aktionärsrechterichtlinie.

226 *Anzinger* ZGR 2019, 39, 87; *Bachmann/Pauschinger* ZIP 2019, 1, 7; *Florstedt* ZGR 2019, 630, 659.

227 Begr RegE ARUG II, BT-Drucks. 19/9739, S 111.

228 Zu derartigen Vertragsklauseln siehe zB *Poelzig* NZG 2020, 41 ff; *Seyfarth* WM 2019, 569 ff.

229 *Lochner/Beneke* in: Hirte/Heidel, Das neue Aktienrecht, 2020, § 87a Rdn 17 wollen *Clawback*-Klauseln als Rückforderungsrechte und zwingenden Bestandteil des Vergütungssystems betrachten, sofern es variable Vergütungskomponenten vorsieht; **aA** zutreffend *Arnold/Herzberg/Zeh* AG 2020, 313 Rdn 33; *Poelzig* NZG 2020, 41, 44; *Löbbe/Fischbach* AG 2019, 373, 377.

gemacht hat, zB durch Einbehalt von (fälligen) Bonuszahlungen, der Verrechnung mit laufenden Zahlungen oder durch Rückzahlung bereits ausgezahlter Vergütungsleistungen. Anzugeben ist der zurückgeforderte Betrag und der Grund der Rückforderung.[230]

104 Im Ausnahmefall kommt unter dem Gesichtspunkt der **Verhinderung von Nachteilen für die Gesellschaft** eine Befreiung von der Offenlegung von Einzelheiten der Rückforderungsgründe gemäß § 162 Abs 6 in Betracht.[231] Dabei ist zwischen *Compliance-Clawback*-Klauseln und *Performance-Clawback*-Klauseln zu unterscheiden. *Performance-Clawback*-Klauseln knüpfen regelmäßig an Ziele an, die mit strategischen oder bilanziellen Daten unterlegt sind und die für die langfristige Unternehmensentwicklung besondere Bedeutung haben. Erweist sich nachträglich, dass Ziele nicht erreicht wurden, kann das Rückforderungsrecht hinsichtlich variabler Vergütungsanteile ausgeübt werden.[232] *Compliance-Clawback*-Klauseln haben demgegenüber das persönliche Fehlverhalten des Vorstandsmitglieds oder schwerwiegende Compliance-Verstöße in seinem Ressort zum Gegenstand.[233] Bei der Darlegung der Ausübung des Rückforderungsrechts auf Grund einer *Performance-Clawback*-Klausel und der zugrundeliegenden Umstände im Vergütungsbericht ließe sich die Preisgabe von strategischen Unternehmenspositionen regelmäßig nicht vermeiden, sodass für die Gesellschaft ein nicht unerheblicher Nachteil nicht auszuschließen wäre. § 162 Abs 6 eröffnet für diesen besonderen Ausnahmefall die Möglichkeit zur abstrakten Darstellung der Rückforderung im Bericht (siehe unten Rdn 158). Im Fall der Rückforderung auf Grund einer *Compliance-Clawback*-Klausel ist die Schutzklausel hingegen nicht anwendbar.

105 Die **Herabsetzung der Bezüge** der gegenwärtigen Vorstandsmitglieder oder der Versorgungsbezüge ehemaliger Vorstandsmitglieder wegen **Verschlechterung der Lage der Gesellschaft** gemäß § 87 Abs 2[234] unterliegt nicht der Angabepflicht nach § 162 Abs 1 Satz 2 Nr 4[235]. Ein Hinweis im Vergütungsbericht auf die entsprechenden Ausführungen über die Herabsetzung der Bezüge im Lagebericht ist gleichwohl zu empfehlen, da diese Angaben über die Lage der Gesellschaft Teil der Risikoeinschätzung der Gesellschaft sind.

106 e) **Abweichungen vom Vergütungssystem des Vorstands (Nr 5).** § 87a Abs 2 Satz 2 lässt die Möglichkeit der Abweichung vom Vorstandsvergütungssystem zu, sofern dies im System zumindest „in Umrissen“[236] vorgesehen ist.[237] Damit korrespondiert die Angabepflicht gemäß § 162 Abs 1 Satz 1 Nr 5, durch die Art 9b Absatz 1 Satz 2 lit f) Aktionärsrechterichtlinie umgesetzt wird. Soweit es im Berichtszeitraum zu Abweichungen gekommen ist, ist dies im Vergütungsbericht unter Darstellung der näheren Umstände und genauer Angabe der konkreten Teile des Vergütungssystems, von denen abgewichen wurde, darzustellen[238]. Dabei sind nicht nur **Abweichungen von materiellen Vorgaben** zu erläutern, sondern ebenso **Abweichungen gegenüber dem Verfahren**, das im Vergütungssystem festgelegt ist.[239] Neben den Abweichungen und den zugrundeliegenden Ursachen sind darüber hinaus

---

230 Weitergehend *Lochner/Beneke* in: Hirte/Heidel, Das neue Aktienrecht, 2020, § 162 Rdn 17.

231 Grigoleit/*Rachlitz*, AktG[2] § 162 Rdn 53.

232 *Dörrwächter/Wolff* AG 2020, 233 Rdn 9; *Poelzig* NZG 2020, 41, 42; *Seyfarth* WM 2019, 569, 570.

233 *Dörrwächter/Wolff* AG 2020, 233 Rdn 12; *Poelzig* NZG 2020, 41, 43; *Seyfarth* WM 2019, 569, 571.

234 Siehe dazu zB *Oetker* ZHR 174 (2011), 527, 537 ff; *Seyfarth* Vorstandsrecht, 2016, § 5 Rdn 161 ff; *Thüsing/Jänsch* in: FS E. Vetter, 2019, S 803, 806 ff.

235 *Anzinger* ZGR 2019, 39, 87; MünchKomm AktG/*Spindler*[5] § 162 Rdn 57.

236 Begr RegE ARUG II, BT-Drucks. 19/9739, S. 75.

237 K. Schmidt/Lutter/*Seibt*[5] § 87a Rdn 28; *Spindler* AG 2020, 61 Rdn 34.

238 *Bachmann/Pauschinger* ZIP 2019, 1, 8; K. Schmidt/Lutter/*Seibt*[5] § 162 Rdn 16.

239 Begr RegE ARUG II, BT-Drucks. 19/9739, S. 112.

sind auch die **Auswirkungen des Abweichens** von den Vorgaben des Vergütungssystems zu erläutern, wobei besonders auf die Auswirkungen auf die langfristigen Vergütungsbestandteile einzugehen ist.

Die besonderen – typischerweise **außergewöhnlichen Umstände**[240] – die diesen Schritt, wie in § 87a Abs 2 Satz 2 vorgegeben, zum „langfristigen Wohlergehen der Gesellschaft" notwendig gemacht haben, sind gleichfalls zu erläutern. Dabei ist sorgfältig abzuwägen, ob zB die schwierige wirtschaftliche Situation der Gesellschaft nicht ausnahmsweise den Gebrauch der **Schutzklausel** gemäß § 162 Abs 6 rechtfertigen kann[241] (siehe dazu unten Rdn 157). 107

f) Erläuterung zum Beschluss der Hauptversammlung nach § 120a Abs 4 oder der Erörterung nach § 120a Abs 5 (Nr 6). Im Vergütungsbericht ist anzugeben, wie der **Beschluss der Hauptversammlung** über die Billigung oder die Ablehnung des Vergütungsberichts des vorherigen Jahres gemäß § 120a Abs 4 Satz 1 im Vergütungsbericht des folgenden Jahres berücksichtigt wurde (*comply-or-explain*).[242] Die Regelung ist notwendige Konsequenz der Unverbindlichkeit des Beschlusses der Hauptversammlung.[243] 108

Die Regelung will der durch das ARUG II geschaffenen **Kontrollfunktion der Hauptversammlung** hinsichtlich der Vorstands- und Aufsichtsratsvergütung Rechnung tragen. Vorstand und Aufsichtsrat haben im Vergütungsbericht des Folgejahres darzulegen, welche Konsequenzen sie zB aus den in der Hauptversammlung genannten Kritikpunkten gezogen haben. Im Fall der Ablehnung des vorgelegten Vergütungsberichts durch die Hauptversammlung ist der Erläuterungsbedarf ungeachtet der fehlenden Verbindlichkeit des Hauptversammlungsbeschlusses offensichtlich.[244] Vorstand und Aufsichtsrat haben die hieraus gezogenen Konsequenzen darzustellen. Ist der Vergütungsbericht durch die Hauptversammlung ohne vorherige inhaltliche Auseinandersetzung gebilligt worden, sind Aussagen nach § 162 Abs 1 Satz 2 Nr 6 entbehrlich. 109

Die Angabepflicht gilt auch für **kleine und mittelgroße Gesellschaften** (KMU iSv § 267 Abs 1 und 2 HGB), bei denen keine Beschlussfassung der Hauptversammlung gemäß § 120a Abs 4 Satz 1 stattgefunden hat, sondern der Vergütungsbericht des letzten Geschäftsjahres der Hauptversammlung gemäß § 120a Abs 5 nur als eigener Tagesordnungspunkt zur Erörterung vorgelegt worden ist. 110

Die Regelung verlangt von Vorstand und Aufsichtsrat inhaltliche Ausführungen nicht nur im Fall der Ablehnung der Billigung des Vergütungsberichts durch die Hauptversammlung, sondern generell ein Eingehen auf **zentrale Stellungnahmen und Kritik in der Hauptversammlung.**[245] Mit Blick auf die Reputation des Unternehmens in der Öffentlichkeit[246] kann im Einzelfall über den Wortlaut der Bestimmung hinaus auch ein Eingehen auf kritische oder ablehnende Äußerungen außerhalb der Hauptversammlung – zB Aussagen von institutionellen Investoren oder Stellungnahmen von Stimmrechtsberatern – ratsam, gegebenenfalls sogar geboten sein.[247] 111

---

240 Art 9a Abs 4 Aktionärsrechterichtlinie.

241 *Löbbe/Fischbach* AG 2019, 373, 384; *Bachmann/Pauschinger* ZIP 2019, 1, 8: „krisenhaften Umstände".

242 *Bayer* DB 2018, 3034, 3041; *Löbbe/Fischbach* AG 2019, 373, 384; siehe auch *Rieckers* DB 2021, 98, 110.

243 BeckOGK/*Bayer/Scholz* AktG § 162 Rdn 114; MünchKomm AktG/*Spindler*[5] § 162 Rdn 67.

244 BeckOGK/*Bayer/Scholz* AktG § 162 Rdn 117.

245 Kremer/Bachmann/Lutter/v. Werder/*Bachmann* Deutscher Corporate Governance Kodex[8], Grds 25 Rdn 17; zurückhaltender BeckOGK/*Bayer/Scholz* AktG § 162 Rdn 116.

246 Generell zum *Corporate Reputation Management* zB *Fleischer* DB 2017, 2015, 2019; *Seibt* DB 2015, 171 ff.

247 Ebenso K. Schmidt/Lutter/*Seibt*[5] § 162 Rdn 17.

112 **g) Erläuterung zur Maximalvergütung der Vorstandsmitglieder (Nr 7).** Die Vorschrift, die ebenso wie § 87a Abs 1 Satz 2 Nr 1 erst im Laufe des Gesetzgebungsverfahrens aufgenommen wurde,[248] verlangt Ausführungen dazu, ob die nach § 87a Abs 1 Satz 2 Nr 1 vom Aufsichtsrat für den Vorstand festzulegende Maximalvergütung im Berichtszeitraum eingehalten wurde; ein einfaches „ja" oder „nein" zur Einhaltung genügt dazu nicht.

113 Die Art der Ausführungen im Bericht, nämlich ob über die Vergütung für das Organ insgesamt oder individualisiert für jedes Vorstandsmitglied gesondert zu berichten ist, richtet sich grundsätzlich nach den Festlegungen, die der Aufsichtsrat im Vorstandsvergütungssystem getroffen hat. Soweit dort auf Basis einer uneingeschränkten Entsprechenserklärung nach § 161 die Vergütung der Vorstandsmitglieder jeweils individualisiert festgelegt ist, darf sich die Gegenüberstellung im Vergütungsbericht mit Blick auf die Empfehlung G.1 DCGK[249] nicht auf den Gesamtvorstand beziehen, sondern hat für die Vorstandsmitglieder jeweils individualisiert und unter namentlicher Angabe der einzelnen Mitglieder zu erfolgen.[250] Andernfalls kann die Einhaltung der Maximalvergütung nicht überprüft werden. Soll abweichend von der bestehenden uneingeschränkten Entsprechenserklärung die Berichterstattung nur noch für das Gesamtorgan erfolgen, bedarf es dazu nicht nur einer neuen Entsprechenserklärung nach § 161, sondern auch eines geänderten Vergütungssystems, das der Hauptversammlung vorzulegen ist. Gibt das bestehende Vergütungssystem hingegen die Maximalvergütung des Vorstands nur bezüglich des Gesamtorgans an, können die Angaben im Vergütungsbericht zur individuellen Maximalvergütung der einzelnen Vorstandsmitglieder auch ohne Änderung des Vergütungssystems erfolgen, sofern im Bericht der Vergleich zwischen tatsächlicher Vergütung und Maximalvergütung sowohl auf individueller Basis der einzelnen Vorstandsmitglieder als auch für das Gesamtorgan dargestellt wird.

114 Generell reicht für Zwecke der **Überprüfbarkeit durch die Aktionäre** die nach Jahren gegliederte Gegenüberstellung der addierten tatsächlich gewährten und geschuldeten Vergütungsbestandteile in tabellarischer Form im Vergleich zur festgelegten Maximalvergütung aus.[251] Soweit einzelne Vorstandsmitglieder nur während eines Teils des Geschäftsjahres für die Gesellschaft tätig waren, ist im Sinne der Transparenz und Verständlichkeit zu verlangen, dass dies im Vergütungsbericht durch eine *pro-rata-temporis*-Betrachtung offengelegt wird.

2. Angaben gemäß § 162 Abs 2

115 **a) Allgemeines.** § 162 Abs 2 Satz 2 Nr 1 bis 4 begründet weitere aktienrechtliche Angabepflichten zur Vergütung der einzelnen **Vorstandsmitglieder**, die unter Beibehaltung des Regelungsniveaus ohne wesentliche inhaltliche Änderung aus den durch das ARUG II weggefallenen handelsrechtlichen Angabepflichten von § 285 Nr 9 lit a) Satz 6 und 7 HGB sowie § 314 Abs 1 Nr 6 lit a) Satz 6 und 7 HGB übernommen wurden.[252] Die **Mitglieder des Aufsichtsrats** werden von den Angabepflichten gemäß § 162 Abs 2 nicht erfasst[253].

---

[248] Bericht des Ausschusses für Recht und Verbraucherschutz (6. Ausschuss), BT-Drucks. 19/15153, S. 31.

[249] Kremer/Bachmann/Lutter/v. Werder/*Bachmann* Deutscher Corporate Governance Kodex[8], G.1 Rdn 8; *Johannsen-Roth* in: Johannsen-Roth/Illert/Ghassemi-Tabar, DCGK, 2020, Empf.G.1 Rdn 8.

[250] MünchKomm AktG/*Spindler*[5] § 162 Rdn 69.

[251] BeckOGK/*Bayer/Scholz* AktG § 162 Rdn 118; Grigoleit/*Rachlitz* AktG[2] § 162 Rdn 56; MünchKomm AktG/*Spindler*[5] § 162 Rdn 69.

[252] Begr RegE ARUG II, BT-Drucks. 19/9739, S. 113; zur früheren Rechtslage siehe zB *Kort* GK AktG[5] § 87 Rdn 361 ff; *Orth/Oser/Philippsen/Sultana* DB 2019, 2814; *Seyfarth* Vorstandsrecht, 2016, § 5 Rdn 207 mwN.

[253] *Lochner/Beneke* in: Hirte/Heidel, Das neue Aktienrecht, 2020, § 162 Rdn 22; MünchKomm AktG/*Spindler*[5] § 162 Rdn 70.

Auch für die Angaben nach § 162 Abs 2 gilt der **deskriptive Maßstab.** Es ist, auch wenn nicht ausdrücklich angesprochen, auf die Verständlichkeit und Klarheit des Berichts gemäß § 162 Abs 1 zu achten[254] (Rdn 44). Darüber hinaus misst der Gesetzgeber § 162 Abs 2 nur **ergänzenden Charakter** zu. Soweit zu einzelnen Vergütungsmerkmalen, über die auch nach § 162 Abs 2 zu berichten ist, bereits nach § 162 Abs 1 Angaben gemacht wurden, ist zur Vermeidung von Doppelungen eine erneute Angabe im Bericht im Sinne der Verständlichkeit entbehrlich[255]. Andererseits ist es den Unternehmen freigestellt, im Vergütungsbericht **bei Bedarf zusätzliche Angaben** zu machen.[256] 116

Die Angabepflicht betrifft alle **Leistungen** an Vorstandsmitglieder. Darunter ist nicht nur die Vergütung iSv § 162 Abs 1 zu verstehen, sondern es werden auch weitere Leistungen erfasst.[257] 117

b) **Vergütungszusagen von Dritten (Nr 1).** Gemäß § 162 Abs 2 Nr 1 ist die **dem Vorstandsmitglied** im Hinblick auf seine Tätigkeit als Vorstandsmitglied **von Dritten zugesagte oder gewährte Vergütung** anzugeben.[258] Wie bereits in § 285 Nr 9 lit a) Satz 8 HGB aF ist entscheidend die sachliche Nähe des Dritten zur Tätigkeit des Vorstandsmitglieds.[259] Die Formulierungen „zugesagt" und „gewährt" entsprechen dem Verständnis wie in § 162 Abs 1 Satz 2 Nr 3.[260] Die Regelung hat **präventiven Charakter** und bezweckt **abstraktes Konfliktpotential der Vorstandsmitglieder**, das sich aus finanziellen Anreizen ergeben kann, transparent zu machen. Ein konkreter Anlass wie zB ein Geschäftsvorfall mit nahestehenden Personen ist nicht erforderlich. Vor diesem Hintergrund ist der **Name des Leistenden** offenzulegen, da nur auf diese Weise eine Beurteilung möglicher Interessenkonflikte möglich ist und ein entgegenstehendes schützenswertes Interesse des Dritten nicht ersichtlich ist.[261] Nach dem Sinn und Zweck der Angabepflicht ist auch der **Name des Vorstandsmitglieds** offenzulegen, auch wenn sich dies im Unterschied zu § 162 Abs 1 Satz 1 aus dem Gesetzeswortlaut nicht ergibt.[262] Für die Anwendung der Schutzklausel nach § 162 Abs 6 Satz 1 ist kein Raum. 118

Ausgehend vom Regelungszweck der Offenlegung möglicher Interessenkonflikte ist der Begriff „Dritte" weit zu verstehen.[263] Dritter ist jeder mit Ausnahme der Gesellschaft, die das Vorstandsmitglied bestellt hat.[264] Er umfasst zB Gesellschaften desselben **Konzerns** (zB Muttergesellschaft, Gemeinschaftsunternehmen), aber auch Ankeraktionäre oder Geschäftspartner (zB Personalleasing-Agentur) kommen in Betracht.[265] Typischer Fall ist die Betei- 119

[254] Begr RegE ARUG II, BT-Drucks. 19/9739, S. 112.

[255] Begr RegE ARUG II, BT-Drucks. 19/9739, S. 113.

[256] Begr RegE ARUG II, BT-Drucks. 19/9739, S. 113.

[257] Begr RegE ARUG II, BT-Drucks. 19/9739, S. 113.

[258] Generell zur Drittvergütung siehe zB *Kort* GK AktG[5] § 87 Rdn 357.

[259] Siehe bereits *Hesse* Die Veröffentlichungspflicht für Vorstandsvergütung, 2013, S 52; *Leuering/Simon* NZG 2005, 945, 947.

[260] Hüffer/Koch/*Koch* AktG[15] § 161 Rdn 8; MünchKomm AktG/*Spindler*[5] § 162 Rdn 73.

[261] Ebenso wohl *Lochner/Beneke* in: Hirte/Heidel, Das neue Aktienrecht, 2020, § 162 Rdn 25; *Mayer-Uellner*, AG 2011, 193, 200; **aA** BeckOGK/*Bayer/Scholz* AktG § 162 Rdn 131.

[262] MünchKomm AktG/*Spindler*[5] § 162 Rdn 75.

[263] Ähnlich zum alten Recht *Hesse* Die Veröffentlichungspflicht für Vorstandsvergütung, 2013, S 53.

[264] Ebenso *Hesse* Die Veröffentlichungspflicht für Vorstandsvergütung, 2013, S 53 unter Bezugnahme auf DRS 17 v. 13.12.2010.

[265] *Lochner/Beneke* in: Hirte/Heidel, Das neue Aktienrecht, 2020, § 162 Rdn 25; K. Schmidt/Lutter/*Seibt*[5] § 162 Rdn 20.

ligung der Vorstandsmitglieder an *Stock-option*-Programmen der Muttergesellschaft.[266] Durch die Offenlegung soll verhindert werden, dass die Aktionäre ein unvollständiges Bild über die Gesamtvergütung der einzelnen Vorstandsmitglieder erhalten.[267] Aber auch Zusagen eines Investors an ein Vorstandsmitglied der Zielgesellschaft im Fall eines öffentlichen Angebots sind anzugeben.[268]

120 Jedes Vorstandsmitglied, dem von Dritten eine Vergütung für seine Tätigkeit bei der Gesellschaft zugesagt worden ist oder das eine Zahlung erhalten hat, ist persönlich gegenüber der Gesellschaft **zur Offenlegung verpflichtet**, damit die entsprechenden Angaben im Vergütungsbericht wahrheitsgemäß und vollständig vorgenommen werden können, ohne dass es dazu einer ausdrücklichen Vereinbarung bedarf.[269]

121 Die Angabepflicht erfasst sowohl Vergütungsbestandteile, soweit sie nicht bereits gemäß § 162 Abs 1 offenzulegen sind, als auch sonstige Leistungen wie zB Pensionszusagen.[270]

122 Auch wenn bei **Aufsichtsratsmitgliedern** ein vergleichbares Konfliktpotential vorliegen kann, besteht nach dem Wortlaut von § 162 Abs 2 Nr 1 für die von Dritten für ihre Tätigkeit im Aufsichtsrat zugesagte oder gewährte Vergütung[271] keine korrespondierende Angabepflicht. Auch § 162 Abs 1 Satz 1 erstreckt die Angabepflicht ausdrücklich nur auf die von Konzerngesellschaften gewährte Vergütung. Angesichts des umfassenden Regelungsaufwands, den der Gesetzgeber des ARUG II etwa dem Instrument der *related party transaction* und der Frage der Befangenheit in den §§ 111a ff gewidmet hat, scheidet eine analoge Anwendung von § 162 Abs 2 Nr 1 auf die Drittvergütung von Aufsichtsratsmitgliedern, deren rechtliche Zulässigkeit starken Zweifeln ausgesetzt ist[272], aus.[273]

123 **c) Zusagen über Abfindungsleistungen bei vorzeitigem Ausscheiden (Nr 2).** Der Vergütungsbericht muss nach § 162 Abs 2 Nr 2 Angaben zu den einzelnen Vorstandsmitgliedern **zugesagten Abfindungszahlungen** bei vorzeitiger Beendigung der Tätigkeit enthalten (zB *Golden-Parachute*-Regelungen). Dies betrifft den Fall des Widerrufs der Bestellung, die Niederlegung des Vorstandsamtes, Dienstunfähigkeit und Sterbefall aber auch die Beendigung der Vorstandstätigkeit infolge eines Kontrollwechsels (*Change of Control*).[274] Bei Angaben zu Letzterem wird zudem transparent, dass der Anregung von G.14 DCGK nicht Rechnung getragen wurde, keine Leistungszusagen im Fall des Kontrollwechsels zu vereinbaren[275]. Unterscheidet sich die Höhe der Abfindungsleistungen nach dem Grund der Beendigung der Vorstandstätigkeit, ist aus Transparenzgründen eine differenzierende Angabe erforderlich.[276]

---

266 Siehe dazu zB *Fonk* NZG 2010, 368 ff; *Habersack* in: FS Raiser, 2005, S 111, 118; *Spindler* in: FS Hopt, 2010, S 1407, 1421.

267 *Diekmann* WM 2018, 796, 800.

268 *Leuering/Simon* NZG 2005, 945, 947.

269 Ebenso bereits *Leuering/Simon* NZG 2005, 945, 947; anders noch Beschlussempfehlung und Bericht des Rechtsausschusses zum VorstOG, BT-Drucks. 15/5860, S 10.

270 *Rimmelspacher/Roland* WPg 2020, 201, 206.

271 Siehe dazu zB *Hopt/Roth* GK AktG[5] § 107 Rdn 587; *Kiem* in: FS Stilz, 2014, S 329, 331 ff; *Neuhaus/Gellißen* NZG 2011, 1361 ff.

272 Ablehnend zB K. Schmidt/Lutter/*Drygala*[5] § 113 Rdn 11; MünchKomm AktG/*Habersack*[5] § 113 Rdn 12; *Habersack* in FS Hopt, 2020, S 333, 341; *Habersack* NZG 2018, 127, 131; **aA** *Grigoleit/Tomasic* in *Grigoleit* AktG § 113 Rn. 1; *Kiem* in: FS Stilz, 2014, S. 329, 333 ff; Hüffer/Koch/*Koch* AktG[15] § 113 Rdn 19; *Selzner* AG 2013, 818, 823.

273 Kritisch *Lochner/Beneke* in: Hirte/Heidel, Das neue Aktienrecht, 2020, § 162 Rdn 26.

274 Grigoleit/*Rachlitz* AktG[2] § 162 Rdn 62.

275 Kremer/Bachmann/Lutter/v. Werder/*Bachmann* Deutscher Corporate Governance Kodex[8], Grds. 14 Rdn 1; *Kießling* in: Johannsen-Roth/Illert/Ghassemi-Tabar, DCGK, 2020, Grds. 14 Rdn 6.

276 Grigoleit/*Rachlitz* AktG[2] § 162 Rdn 62.

Bei uneingeschränkter Entsprechenserklärung gemäß § 161 sind im Vergütungsbericht die Empfehlungen von G.13 DCGK[277] über das Abfindungs-Cap und die Verrechnung mit einer etwaigen **Karenzentschädigung** zu beachten.[278] **124**

In materieller Hinsicht entsprechen die Angaben den durch das ARUG II weggefallenen Vorschriften § 285 Nr 9 lit a) Satz 6 lit aa HGB aF sowie § 314 Abs 1 Nr 6 lit a) Satz 6 aa HGB aF.[279] **125**

Weiterhin sind im Vergütungsbericht nach § 162 Abs 2 Nr 2 **Änderungen von Zusagen** anzugeben, die mit einem Vorstandsmitglied während des abgelaufenen Geschäftsjahres vereinbart worden sind. **126**

d) Zusagen über Leistungen bei regulärem Ausscheiden (Nr 3). Die jedem einzelnen Vorstandsmitglied bei regulärem Ausscheiden zugesagten Leistungen müssen nach § 162 Abs 2 Nr 3 im Vergütungsbericht offengelegt werden. Anzugeben sind zB Zusagen über die Zahlung von Übergangsgeld im Fall der Nichtverlängerung des Vorstandsmandats nach Ablauf der regulären Bestellperiode. Die dem Vorstandsmitglied zustehenden Leistungen sind mit ihrem **Barwert** sowie dem dafür **aufgewandten Betrag** oder dem **Rückstellungswert** anzugeben, auch wenn den bilanziellen Auswirkungen der Zusagen bei der Gesellschaft bei strenger Betrachtung kein Vergütungscharakter zukommt.[280] In materieller Hinsicht entspricht dies der bisherigen Regelung von § 285 Nr 9 lit a) Satz 6 lit bb HGB aF sowie § 314 Abs 1 Nr 6 lit a) Satz 6 lit bb HGB aF.[281] **127**

Sind während des abgelaufenen Geschäftsjahres mit einem Vorstandsmitglied **Änderungen dieser Zusagen** vereinbart worden, ist dies nach § 162 Abs 2 Nr 3 anzugeben. In materieller Hinsicht entspricht dies der bisherigen Rechtslage nach § 285 Nr 9 lit a) Satz 6 lit cc HGB aF sowie § 314 Abs 1 Nr 6 lit a) Satz 6 cc HGB aF.[282] **128**

e) Leistungen bei Ausscheiden (Nr 4). § 162 Abs 2 Nr 4 verlangt sowohl die Angabe der einem **früheren Vorstandsmitglied**, das seine Tätigkeit im Laufe des abgelaufenen Geschäftsjahres beendet hat, **im Zusammenhang mit dem Ausscheiden zugesagten Leistungen** als auch der im Laufe des abgelaufenen Jahres **gewährten Leistungen** (zB Fortzahlung der Bezüge, Abfindungszahlungen, Ablösung von Versorgungsanwartschaften, Karenzentschädigung für nachvertragliches Wettbewerbsverbot).[283] Erfasst werden damit auch Zusagen, die die Gesellschaft bei Beendigung der Vorstandstätigkeit gemacht hat, und zwar unabhängig davon, wann die daraus resultierenden Verpflichtungen fällig werden[284]. Ansprüche aus einem *Long term Incentive plan* oder *Stock option plan*, die nicht zum Tag des Ausscheidens sondern vertragskonform erst nach Ablauf des Geschäftsjahres fällig werden, werden von § 162 Abs 2 Nr 4 nicht erfasst. **129**

---

277 Fassung vom 16.12.2019.

278 Kremer/Bachmann/Lutter/v. Werder/*Bachmann* Deutscher Corporate Governance Kodex[8], G.13 Rdn 11 ff, 24 ff; *Kießling* in: Johannsen-Roth/Illert/Ghassemi-Tabar, DCGK, 2020, Empf.G.13 Rdn 3 ff.

279 Grigoleit/*Rachlitz* AktG[2] § 162 Rdn 62.

280 Kritisch bereits *Leuering/Simon* NZG 2005, 945, 946.

281 Grigoleit/*Rachlitz* AktG[2] § 162 Rdn 62; K. Schmidt/Lutter/*Seibt*[5] § 162 Rdn 22; siehe auch Begr RegE ARUG II, BT-Drucks. 19/9739, S 113.

282 Grigoleit/*Rachlitz* AktG[2] § 162 Rdn 63; K. Schmidt/Lutter/*Seibt*[5] § 162 Rdn 23; siehe auch Begr RegE ARUG II, BT-Drucks. 19/9739, S 113.

283 *Lochner/Beneke* in: Hirte/Heidel, Das neue Aktienrecht, 2020, § 162 Rdn 31; MünchKomm AktG/*Spindler*[5] § 162 Rdn 79.

284 Grigoleit/*Rachlitz* AktG[2] § 162 Rdn 65; MünchKomm AktG/*Spindler*[5] § 162 Rdn 80.

VIII. Prüfung durch den Abschlussprüfer (Abs 3)

1. Allgemeines

130 Nach der Charakterisierung des Gesetzgebers handelt es sich bei dem Vergütungsbericht gemäß § 162 um ein gegenüber dem (Konzern-)Lagebericht **eigenständiges originär aktienrechtliches Publizitätsinstrument** über das abgelaufene Geschäftsjahr.[285] Dies hat Konsequenzen für Prüfungspflicht und den Prüfungsvermerk des Abschlussprüfers, soweit es die Angaben zur Vergütung der Mitglieder des Vorstands und des Aufsichtsrats anbetrifft. Das Institut der Wirtschaftsprüfer hat 2021 den Entwurf eines eigenen Prüfungsstandards (IDW EPS 870) vorgelegt.[286]

131 Im Unterschied zur handelsrechtlichen Rechnungslegung und zu den Erläuterungen im Lagebericht über die Grundzüge des Vergütungssystems nach § 289a Abs 2 Satz 1 HGB aF unterliegt der Vergütungsbericht iSv § 162 nicht der Abschlussprüfung iSv § 316 Abs 1 Satz 1, Abs 2 Satz 1 HGB.[287] Nach der bisherigen Rechtslage waren hingegen auch die im (Konzern-)Lagebericht (§ 289a Abs 2 Satz 1 HGB aF) bzw. im (Konzern-)Anhang (§§ 285 Nr 9 und 314 Abs 1 Nr 6 HGB) enthaltenen Angaben zur Vergütung der Unternehmensführung vollständig Gegenstand der gesetzlichen Abschlussprüfung gemäß § 316 Abs 1 iVm § 317 HGB.[288] Der Wegfall der Prüfungspflicht führt zu einer niedrigeren Prüfungsintensität und mindert damit in Teilen die Qualität der Aussagen des Abschlussprüfers über die Vergütung der Organmitglieder; dies entspricht aber den Anforderungen der Aktionärsrechterichtlinie[289].

2. Gesetzlicher Prüfungsauftrag

132 a) **Prüfungsumfang.** § 162 Abs 3 Satz 1 sieht ausdrücklich eine **eigenständige Prüfung des Vergütungsberichts durch den Abschlussprüfer** vor, die sich jedoch der Vorgabe von Art 9b Abs 5 Aktionärsrechterichtlinie folgend lediglich darauf beschränkt zu prüfen, ob der Vergütungsbericht erstellt ist und ob in dem Bericht die Pflichtangaben, die nach den Vorgaben von § 162 Abs 1 und 2 enthalten sein müssen, tatsächlich gemacht wurden.[290] Die Prüfung umfasst insbesondere **keine Prüfung der inhaltlichen Richtigkeit und Vollständigkeit** der im Vergütungsbericht enthaltenen Angaben gemäß § 316 Abs 1 Satz 1 HGB. Erst recht darf die Prüfung nicht als Stellungnahme zur Angemessenheit der Vergütung aufgefasst werden.[291] Der eingeschränkte gesetzliche Prüfungsumfang des Abschlussprüfers folgt dem bekannten Muster der ebenfalls nur formellen Prüfung der Entsprechenserklärung gemäß § 161,[292] der CSR-Berichterstattung gemäß § 317 Abs 2 Satz 4

---

285 Begr RegE ARUG II, BT-Drucks. 19/9739, S 108.

286 *Scheffler* AG 2021, R 87, 88.

287 Begr RegE ARUG II, BT-Drucks. 19/9739, S 113.

288 Siehe *Böcking/Bundle* Der Konzern 2018, 496, 503; *Florstedt* ZGR 2019, 630, 662; *Heldt* AG 2018, 905, 911; *Orth/Oser/Philippsen/Sultana* DB 2019, 230, 234.

289 *Bachmann/Pauschinger* ZIP 2019, 1, 8; *Paschos/Goslar* AG 2018, 857, 865.

290 Begr RegE ARUG II, BT-Drucks. 19/9739, S 113; kritisch zu dieser Beschränkung zB *Böcking/Bundle* Der Konzern 2018, 496, 504; *Orth/Oser/Philippsen/Sultana* DB 2019, 1011, 1013; *Velte* NZG 2019, 335, 337; *Velte* DStR 2018, 2445, 2448.

291 Ebenso *Bachmann/Pauschinger* ZIP 2019, 1, 8.

292 Hüffer/Koch/*Koch* AktG[15] § 161 Rdn 35; MünchKomm HGB/*Poelzig*[5] § 285 Rdn 290; Henssler/Strohn/*E. Vetter* Gesellschaftsrecht[5] § 161 AktG, Rdn 21.

HGB[293] sowie der Ausführungen zur Erfüllung der Frauen- bzw. Geschlechterquote gemäß § 317 Abs 2 Satz 6 HGB.[294]

133 Unverändert unterliegen allerdings die **Angaben im (Konzern-)Anhang** gemäß § 285 Nr 9 HGB und § 314 Abs 1 Nr 6 HGB zu den Gesamtbezügen der Vorstandsmitglieder und ihrer Hinterbliebenen sowie der Aufsichtsratsmitglieder der gesetzlichen Abschlussprüfung.[295]

134 Nur wenn der Prüfer bei seiner Abschlussprüfung und der Durchsicht des Vergütungsberichts auf Hinweise oder Anhaltspunkte stößt, die auf die Unrichtigkeit der Angaben im Vergütungsbericht schließen lassen, hat er – ungeachtet seiner beschränkten Prüfungspflicht nach § 162 Abs 3 AktG – nachzuforschen und Vorstand und Aufsichtsrat um Aufklärung zu bitten.[296] Bleiben die Bemühungen erfolglos, hat er im Rahmen seiner **Redepflicht** in entsprechender Anwendung von § 321 Abs 1 Satz 3 HGB den Aufsichtsrat darauf hinzuweisen. Dies entspricht auch der Vorgehensweise bei der Erklärung zur Unternehmensführung gemäß § 289f HGB,[297] die nach § 317 Abs 2 Satz 4 HGB ebenfalls lediglich der formellen Prüfung durch den Abschlussprüfer unterliegt.[298] Zudem kommt in diesem Fall bei uneingeschränkter Entsprechenserklärung eine Berichterstattung des Abschlussprüfers an den Aufsichtsrat gemäß der Empfehlung D.9 DCGK[299] in Betracht.[300]

135 b) **Prüfungsvermerk.** Vor dem Hintergrund des reduzierten Prüfungsumfangs und zur Vermeidung von Verwechselungen mit dem Bestätigungsvermerk nach § 322 HGB sieht § 162 Abs 3 Satz 3 AktG nur einen **Vermerk des Abschlussprüfers** über seine Prüfungsfeststellungen und keinen Prüfungsbericht vor[301]. Dieser Vermerk ist dem Vergütungsbericht gemäß § 162 Abs 3 Satz 4 AktG beizufügen. Der Vermerk beschränkt sich inhaltlich auf die Feststellung, dass bei dem Vergütungsbericht die gesetzlich vorgeschriebenen Formalien eingehalten wurden oder, falls dies nicht zutreffen sollte, auf die Angabe gegen welche Formalien verstoßen wurde.[302]

136 Da der Vergütungsbericht und der Vermerk des Abschlussprüfers im Hinblick auf den Beschluss der Hauptversammlung nach § 120a Abs 4 dieser vorzulegen sind, müssen die Prüfung des Vergütungsberichts und die Erstellung des Prüfungsvermerks rechtzeitig vor der Einberufung der Hauptversammlung abgeschlossen sein.[303] Vergütungsbericht und Prüfungsvermerk sind nach § 162 Abs 4 zusammen im Anschluss an den Beschluss der Hauptversammlung **öffentlich zugänglich zu machen** (Rdn 143).

---

293 *Burg* in: Hachmeister/Kahle/Mock/Schüppen, Bilanzrecht Kommentar² § 317 Rdn 91; *Mock* ZIP 2017, 1195, 1201; *E. Vetter* in: FS Marsch-Barner, 2018, S 559, 565.

294 *Mock* in: Hachmeister/Kahle/Mock/Schüppen, Bilanzrecht Kommentar² § 289f Rdn 59.

295 *Needham/Müller* IRZ 2019, 79, 82; *Scheffler* AG 2021, R 87, 88.

296 *Scheffler* AG 2021, R 87, 89; *E. Vetter* in: FS Krieger, 2020, S 1045, 1058.

297 Siehe zB *Böcking/Gros/Schurbohm* in Wiedmann/Böcking/Gros, Bilanzrechtskommentar⁴ § 298f Rdn 38.

298 *Böcking/Gros/Schurbohm* in Wiedmann/Böcking/Gros, Bilanzrecht⁴ § 298f Rz. 36; *Grottel* in Beck'scher Bilanz-Kommentar¹² § 289f Rdn 121; *Mock* in: Hachmeister/Kahle/Mock/Schüppen, Bilanzrecht Kommenar² § 289f Rdn 59.

299 Fassung vom 16.12.2019.

300 Kremer/Bachmann/Lutter/v. Werder/*Bachmann* Deutscher Corporate Governance Kodex⁸, D.9 Rdn 7; *Busch/Link* in: Johannsen-Roth/Illert/Ghassemi-Tabar, DCGK, 2020, Empf. D.9 Rdn 8.

301 Begr RegE ARUG II, BT-Drucks. 19/9739, S. 113.

302 Begr RegE ARUG II, BT-Drucks. 19/9739, S. 113; siehe auch *Scheffler* AG 2021, R 87, 89; *E. Vetter* in: FS Krieger, 2020, S 1045, 1059.

303 *Rimmelspacher/Roland* WPg 2020, 201, 207.

137 Dank der gesetzlich vorgesehenen besonderen Form der Offenlegung der Prüfungsfeststellungen des Abschlussprüfers zum Vergütungsbericht, die sich deutlich vom Bestätigungsvermerk nach § 322 HGB abhebt, erscheinen die in wirtschaftsprüfernahen Kreisen geäußerten Befürchtungen nach einer neuen Erwartungslücke des Kapitalmarkts nicht gerechtfertigt.[304] Im Hinblick auf die Angaben zur Gesamtvergütung der Mitglieder von Vorstand und Aufsichtsrat nach §§ 285 Nr 9 sowie 314 Abs 1 Nr 6 HGB findet in jedem Fall eine materielle Prüfung durch den Abschlussprüfer statt.

3. Freiwillige Erweiterung der Prüfung

138 Ungeachtet der beschränkten Prüfung des Vergütungsberichts durch den Abschlussprüfer bleibt es der Gesellschaft, wie im Gesetzgebungsverfahren ausdrücklich festgehalten wurde,[305] unbenommen, den Abschlussprüfer mit der inhaltlichen Prüfung des Vergütungsberichts zu beauftragen.[306] Dabei ist zu entscheiden, ob der Abschlussprüfer eine unbeschränkte volle Prüfung des Vergütungsberichts oder nur eine Prüfung mit begrenzter Sicherheit durchführen soll.

139 Für die **Auftragserteilung**, die als unternehmerische Entscheidung zu qualifizieren ist, ist ungeachtet der durch § 162 Abs 1 Satz 1 angeordneten Doppelzuständigkeit für die Berichtserstellung ausgehend vom Rechtsgedanken des § 111 Abs 2 Satz 3 und 4 ausschließlich der **Aufsichtsrat zuständig.**[307] Die Notwendigkeit zur externen inhaltlichen Prüfung dürfte nur im Ausnahmefall – zB nach kritischer Diskussion der Ordnungsmäßigkeit oder Vollständigkeit des Vergütungsberichts in der Hauptversammlung oder nach Ablehnung seiner Billigung gemäß § 120a Abs 4 Satz 1 – in Betracht kommen.[308]

4. Vorlage an Hauptversammlung

140 Der **gemeinsame Vergütungsbericht** von Vorstand und Aufsichtsrat sowie der **Vermerk des Abschlussprüfers** nach § 162 Abs 3 Satz 3 AktG sind gemäß § 124 Abs 2 Satz 3 der Hauptversammlung vorzulegen, die über die Billigung des Vergütungsberichts nach § 120a Abs 4 Satz 1 beschließt.

141 Ausgehend von der Pflicht zur gemeinsamen Erstellung des Vergütungsberichts durch Vorstand und Aufsichtsrat gemäß § 162 Abs 1 Satz 1 handelt es sich bei der Unterbreitung von Beschlussvorschlägen an die Hauptversammlung in logischer Konsequenz von § 124 Abs 3 iVm § 120a Abs 4 um eine **gemeinsame Verantwortung von Vorstand und Aufsichtsrat** im Sinne eines Pflichtrechts.[309]

---

304 Ebenso *Bayer/J. Schmidt* BB 2019, 2178, 2179; **aA** *Böcking/Bundle* Der Konzern 2018, 496, 504; *Orth/Oser/Philippsen/Sultana* DB 2019, 1011, 1013; *Velte* NZG 2019, 335, 337; *Velte* DStR 2018, 2445, 2449 siehe auch *Florstedt* ZGR 2019, 630, 662.

305 Siehe Beschlussempfehlung und Bericht des Ausschusses für Recht und Verbraucherschutz BT-Drucks. 19/15153 S. 53.

306 Dies wohl befürwortend zB *Böcking/Bundle* Der Konzern 2018, 496, 504; *Florstedt* ZGR 2019, 630, 663.

307 *E. Vetter* in: FS Krieger, 2020, S 1045, 1058; **aA** *Orth/Oser/Philippsen/Sultana* DB 2019, 2814, 2818.

308 **AA** *Böcking/Bundle* Der Konzern 2020, 15, 23 unter Hinweis auf „etwaige Haftungsfragen"; siehe auch *Richardt* in: Semler/v. Schenck/Wilsing, Arbeitshandbuch für Aufsichtsratsmitglieder[5], § 10 Rdn 267.

309 Begr RegE ARUG II, BT-Drucks. 19/9739, S 94.

Aufgrund der zwingend notwendigen gemeinsamen Berichtserstellung steht, auch wenn das Gesetz dazu schweigt, außer Zweifel, dass Vorstand und Aufsichtsrat der Hauptversammlung nur einen **einheitlichen Beschlussvorschlag** über die Billigung des Vergütungsberichts unterbreiten können.[310] **142**

IX. Berichtstransparenz (Abs 4)

Sowohl der Vergütungsbericht als auch der Prüfungsvermerk des Abschlussprüfers sind **nach der Beschlussfassung der Hauptversammlung** gemäß § 120a Abs 4 Satz 1 bzw. bei kleinen und mittelgroßen Gesellschaften iSv § 267 Abs 1 und 2 HGB nach der Vorlage an die Hauptversammlung und der Erörterung gemäß § 120a Abs 5 auf der **Internetseite der AG** kostenfrei öffentlich zugänglich zu machen, auf der auch das geltende Vergütungssystem (§ 87a) nebst Billigungsbeschluss der Hauptversammlung gemäß § 120a Abs 2 sowie der Vergütungsbeschluss gemäß § 113 Abs 3 zu finden sein muss. Vergütungsbericht und Prüfungsvermerk müssen leicht auffindbar und zusammenhängend – typischerweise unter der Rubrik Investors Relations – sowie ausdruckbar sein. **143**

Nach dem Wortlaut von § 162 Abs 4 ist Adressat der Veröffentlichungspflicht die Gesellschaft. Gesellschaftsintern ist damit nach der allgemeinen aktienrechtlichen Zuständigkeitsverteilung der **Vorstand zuständig**[311]. Art 9b Abs 5 Unterabschnitt 2 Satz 1 Aktionärsrechterichtlinie spricht von der „gemeinsamen Aufgabe" der Mitglieder der Unternehmensleitung sicherzustellen, dass der Vergütungsbericht erstellt und veröffentlicht wird. Entgegen einer vereinzelten Stimme im Schrifttum[312] zwingt diese Formulierung bei richtlinienkonformer Gesetzesauslegung nicht zu einer Abweichung von der aktienrechtlichen Kompetenzordnung. Es ist mit Wortlaut und Sinn der Richtlinie durchaus vereinbar, wenn der Aufsichtsrat im Rahmen seiner allgemeinen Überwachungsverantwortung gemäß § 111 Abs 1 auch für die Erfüllung der Verpflichtung zur Veröffentlichung des Vergütungsberichts durch den Vorstand sorgt und damit die Beachtung der Veröffentlichungspflicht gemäß § 162 Abs 4 sichergestellt ist. **144**

Die Veröffentlichung des Vergütungsberichts ist, auch wenn das Gesetz im Unterschied zu § 120a Abs 4 keine ausdrückliche Regelung enthält, **unverzüglich** vorzunehmen[313]. Die Frist ist bei Veröffentlichung **innerhalb von sieben Tagen** – wie bei der Veröffentlichung der Abstimmungsergebnisse der Hauptversammlung gemäß § 130 Abs 6 – gewahrt.[314] Darüber hinaus besteht die Pflicht gemäß § 162 Abs 4 den Vergütungsbericht für eine **Dauer von zehn Jahren** auf der Internetseite der Gesellschaft kostenfrei öffentlich zugänglich zu machen. **145**

Nach der Gesetzesbegründung soll für die Erfüllung der Veröffentlichungspflicht nach § 162 Abs 4 bereits die Bekanntmachung des Vergütungsberichts als Teil der Einberufungsunterlagen zur Hauptversammlung nach § 124 Abs 2 Satz 3 iVm § 124a Nr 1 AktG ausreichen.[315] Eine bloße Zugänglichkeit des Vergütungsberichts als Teil der der ordentlichen **146**

---

310 *Diekmann* BB 2018, 3010, 3013; *E. Vetter* in: FS Krieger, 2020, S 1045, 1062.

311 Ebenso BeckOGK/*Bayer/Scholz* AktG § 162 Rdn 165; **aA** Grigoleit/*Rachlitz* AktG² § 162 Rdn 26 und 72; MünchKomm AktG/*Spindler*⁵ § 162 Rdn 83.

312 Grigoleit/*Rachlitz* AktG² § 162 Rdn 26 und 72.

313 Hüffer/Koch/*Koch* AktG¹⁵ § 162 Rdn 10; K. Schmidt/Lutter/*Seibt*⁵ § 162 Rdn 25.

314 Begr RegE ARUG II, BT-Drucks. 19/9739, S 113.

315 Begr RegE ARUG II, BT-Drucks. 19/9739, S 113.

Hauptversammlung vorzulegenden Unterlagen, die mitunter sehr umfangreich sein können, wird dem Gedanken des „problemlosen Zugangs der Aktionäre" im Sinne von Erwägungsgrund 32 Aktionärsrechterichtlinie sowie der übrigen Berichtsadressaten[316] keinesfalls gerecht. Vor diesem Hintergrund ist vielmehr eine auf der Internetseite der Gesellschaft leicht auffindbare **generelle direkte Zugriffsmöglichkeit** auf die gesammelten Vergütungsberichte des Zehnjahreszeitraumes ohne Umwege mittels weniger Clicks und leichter Menüführung geboten.[317] Im Übrigen kann der Vergütungsbericht dabei seiner Kontrollfunktion nur genügen, wenn er auf der Internetseite der Gesellschaft in unmittelbarer räumlicher Nähe zum Vergütungssystem, das nach § 120a Abs 2 ebenfalls auf der Internetseite zu veröffentlichen ist und dem Hauptversammlungsbeschluss über die Aufsichtsratsvergütung nach § 113 Abs 3 zugänglich ist.

147 Ausgehend von Art 9b Abs 5 Unterabschnitt 1 Satz 1 Aktionärsrechterichtlinie stellt es § 162 Abs 5 Satz 3 der Gesellschaft frei, ihre Vergütungsberichte **länger als zehn Jahre** auf ihrer Internetseite öffentlich zugänglich zu machen, um auch über eine längere Zeitstrecke hinweg die mittel- und langfristige Entwicklung mit der Vergütung der Unternehmensleistung und der Entwicklung der Gesellschaft vergleichen zu können.[318] Nach Ablauf der Mindestfrist hat die Gesellschaft jedoch **personenbezogene Daten** aus den auf ihrer Homepage weiterhin vorgehaltenen Vergütungsberichten zu entfernen. Soweit diese Daten auch in anderen Berichten enthalten sind, besteht für die Gesellschaft insoweit nach § 162 keine Pflicht zur Löschung der Daten.[319]

148 In jedem Fall ist in der **Erklärung zur Unternehmensführung** nach § 289f Abs 2 Nr 1a HGB auf die entsprechende Internetseite der Gesellschaft hinzuweisen, auf der neben dem Vorstandsvergütungssystem und dem Hauptversammlungsbeschluss nach § 113 Abs 3 der Vergütungsbericht öffentlich zugänglich ist. Dies kann im Wege des URL-Hyperlink erfolgen[320].

X. Datenschutz (Abs 5)

1. Allgemeines

149 Die Vorschrift folgt dem „Gebot der Datensparsamkeit"[321] und ist um einen Ausgleich zwischen dem berechtigten **Schutz personenbezogener Daten von Organmitgliedern** iSv Art 4 Nr 1 DS-GVO[322] gegenüber dem schützenswerten Informationsinteresse der Aktionäre und interessierter Dritter bemüht und greift die Datenschutzerfordernisse aus den Erwägungsgründen 36, 40 und 41 sowie die Vorgaben von Art 9b Abs 2, 3 und 5 Aktionärsrechterichtlinie sowie von Art 9 Abs 1 DS-GVO auf.

---

316 Siehe oben Rdn 143.

317 Im Ergebnis ebenso BeckOGK/*Bayer/Scholz* AktG § 162 Rdn 167; *Lochner/Beneke* in: Hirte/Heidel, Das neue Aktienrecht, 2020, § 162 Rdn 36; **aA** Grigoleit/*Rachlitz* AktG[2] § 162 Rdn 72; MünchKomm AktG/*Spindler*[5] § 162 Rdn 83.

318 Erwägungsgrund 38 Aktionärsrechterichtlinie.

319 Begr RegE ARUG II, BT-Drucks. 19/9739, S 114.

320 Baumbach/Hopt/*Merkt* HGB[40] § 289f Rdn 4; *Mock* in: Hachmeister/Kahle/Mock/Schüppen, Bilanzrecht Kommenar[2] § 289f Rdn 28a.

321 Begr RegE ARUG II, BT-Drucks. 19/9739, S 114.

322 Siehe dazu zB *Lochner/Beneke* in: Hirte/Heidel, Das neue Aktienrecht, 2020, § 162 Rdn 38; Grigoleit/*Rachlitz* AktG[2] § 162 Rdn 76.

2. Schutz familienbezogener Daten

Nach § 162 Abs 5 Satz 1 bezweckt in Umsetzung von Art 9b Abs 2 Aktionärsrechterichtlinie einen Ausgleich zwischen der Transparenz hinsichtlich der individuellen Vergütung des einzelnen Organmitglieds und dem Schutz personenbezogener Daten.[323] dürfen im Vergütungsbericht **keine Daten bezüglich der Familiensituation** der einzelnen Mitglieder von Vorstand und Aufsichtsrat enthalten sein. Abstrakte Beschreibungen genügen[324]. Erhält das Vorstandsmitglied zB einen Familienzuschlag, Kinder- oder Schulgeld, sind die Leistungen zwar betragsmäßig in der Darstellung der Vergütung zu erfassen, ohne sie jedoch als solche zu benennen.[325] Es ist nicht zu verkennen, dass die gesetzliche Anordnung zur vertraulichen Behandlung von Angaben zu Familie und Kindern eines Vorstandsmitglieds in einem gewissen Spannungsverhältnis zur Förderung der Familienkompatibilität mit leitenden Managementfunktionen[326] sowie zu gesetzlichen Entwicklungen wie z.B. dem Bestreben zur Verbesserung der Beschäftigung von Frauen in der Wirtschaft und durch die Einführung der gesetzlichen Geschlechterquote gemäß § 96 Abs 2 bzw. der Frauenquote in § 111 Abs 5 oder dem Gesetzesvorhaben FüPoG II stehen.[327] Die Regelung über die Befreiung von der Angabepflicht folgt jedoch den gemeinschaftsrechtlichen Vorgaben der Aktionärsrechterichtlinie. **150**

3. Besonderer Schutz ehemaliger Organmitglieder

§ 162 Abs 5 Satz 2 untersagt in späteren Vergütungsberichten alle personenbezogene Angaben über **ehemalige Organmitglieder**, die nach **Ablauf von zehn Jahren** nach dem Ende des Geschäftsjahres, in dem das jeweilige Mitglieds ausgeschieden ist, erstellt werden. In erster Linie geht es dabei um Pensionszahlungen und ähnliche Leistungen.[328] Aber auch sonstige Leistungen wie zB die lebenslange Überlassung der (ehemaligen) Dienstwohnung oder eines Firmenfahrzeugs kommen in Betracht. Nach § 162 Abs 5 Satz 2 entfällt die Angabe des Namens des Leistungsempfängers.[329] Die Leistung ist jedoch im Bericht anzugeben. Soweit im Schrifttum die Auffassung vertreten wird, dass für die **Fristberechnung** auf die vollständige Beendigung der Tätigkeit für die Gesellschaft abzustellen sei, das heißt beim Wechsel eines Vorstandsmitglieds in den Aufsichtsrat das Ausscheiden aus dem Aufsichtsrat maßgeblich sei,[330] sind Zweifel angebracht. Aus dem Wortlaut von § 162 Abs 5 Satz 2 lässt sich ein solches Verständnis nicht ableiten und auch der Sinn des Vergütungsberichts kann diese weite Auslegung nicht rechtfertigen. Die Angaben im Vergütungsbericht dienen der nachgelagerten Kontrolle der dem einzelnen Vorstandsmitglied auf Basis des der Hauptversammlung vorgelegten Vergütungssystems oder dem Aufsichts- **151**

---

323 *Orth/Oser/Philippsen/Sultana* DB 2019, 2814, 2819; MünchKomm AktG/*Spindler*[5] § 162 Rdn 86.

324 Begr ARUG II-RegE, BT-Drucks. 19/9739, S 114.

325 *Lochner/Beneke* in: Hirte/Heidel, Das neue Aktienrecht, 2020, § 162 Rdn 40; Grigoleit/*Rachlitz* AktG[2] § 162 Rdn 75.

326 Siehe dazu allgemein *der Förderung der Familienkompatibilität* ff; siehe auch die Initiative stayonboard, abrufbar unter https:/#stayonboard.org; ferner den Gesetzgebungsvorschlag BT-Drucksache 19/20780.

327 BT-Drucks 19/26689, Entwurf eines Gesetzes zur Ergänzung und Änderung der Regelungen für die gleichberechtigte Teilhabe von Frauen an Führungspositionen in der Privatwirtschaft und im öffentlichen Dienst.

328 Begr ARUG II-RegE, BT-Drucks. 19/9739, S 114.

329 BeckOGK/*Bayer/Scholz* AktG § 162 Rdn 150.

330 BeckOGK/*Bayer/Scholz* AktG § 162 Rdn 150; MünchKomm AktG/*Spindler*[5] § 162 Rdn 87.

ratsmitglied auf Basis der Hauptversammlungsbeschlüsse nach § 113 Abs 1 und 3 eingeräumten Vergütung (Rdn 6). Eine Verknüpfung oder Gleichbehandlung der beiden Rechtsverhältnisse ist, wie in den unterschiedlichen Reglungsansätzen von § 162 Abs 1 und Abs 2 erkennbar wird, nicht vorgesehen und auch im Vergütungsbericht ist bei den individuellen Angaben zur jeweiligen Vergütung eine entsprechende Unterscheidung zwischen den Tätigkeiten geboten.

152 Sofern sich die Gesellschaft entschließt, die Vergütungsberichte im Internet über die in § 162 Abs 4 vorgesehene gesetzliche Frist hinaus **länger als zehn Jahre zugänglich** zu machen, dürfen in diesen Berichten nach § 162 Abs 5 Satz 3 keinerlei personenbezogenen Angaben mehr zu den Vorstands- oder Aufsichtsratsmitgliedern enthalten sein.[331] Weitergehende Verpflichtungen können sich hinsichtlich anderer Berichtsformate, in denen personenbezogene Daten enthalten sind, aus den Bestimmungen der DS-GVO ergeben, sofern keine aktienrechtliche und handelsrechtliche Pflicht zur Vorhaltung dieser Berichte mehr besteht.[332]

4. Verfahren

153 Aus § 162 Abs 5 Satz 1 ergibt sich ein **Unterlassungsanspruch** des einzelnen Mitglieds von Vorstand und Aufsichtsrat, sofern im Vergütungsbericht familienbezogene Angaben enthalten sind, der auch klagweise geltend gemacht werden kann. Der Anspruch richtet sich gegen die Gesellschaft, die bei Ansprüchen eines Vorstandsmitglieds gemäß § 112 Satz 1 vom Aufsichtsrat und bei Ansprüchen eines Aufsichtsratsmitglieds gemäß § 78 Abs 1 vom Vorstand vertreten wird. Die Rechte des einzelnen Mitglieds von Vorstand und Aufsichtsrat gegen die Wirksamkeit des jeweiligen Organbeschlusses über den Vergütungsbericht vorzugehen, bleiben davon unberührt.

154 Hinsichtlich der Vergütungsberichte, die nach zehn Jahren nach dem Ausscheiden eines Organmitglieds erstellt werden sowie der Vergütungsberichte, die länger als zehn Jahre nach dem Ausscheiden zugänglich sein sollen, ergibt sich für das betroffene Vorstands- oder Aufsichtsratsmitglied aus § 162 Abs 5 Satz 2 und 3 ein **Anspruch auf Unterlassung oder Löschung** der personenbezogenen Angaben.[333] Der gesetzliche Anspruch richtet sich gegen die Gesellschaft, die dabei, wie zuvor dargestellt, in Abhängigkeit vom Anspruchsteller vom Vorstand oder vom Aufsichtsrat vertreten wird (Rdn 153).

XI. Schutzklausel (Abs 6)

155 In Umsetzung der in Erwägungsgrund 45 Aktionärsrechterichtlinie genannten Schutzklausel kann nach § 162 Abs 6 von konkreten Angaben über die Vergütung im Bericht abgesehen werden, soweit diese Angaben geeignet sind, der Gesellschaft bei vernünftiger kaufmännischer Beurteilung einen **nicht unerheblichen Nachteil** zuzufügen. Bei der Abwägung zwischen dem Transparenzgebot und den Geheimhaltungsinteressen ist ausschließlich auf die Interessen der Gesellschaft und nicht die des einzelnen Vorstandsmitglieds abzustellen (Rdn 157).

---

331 *Anzinger* ZGR 2019, 39, 91; BeckOGK/*Bayer/Scholz* AktG § 162 Rdn 170; Hüffer/Koch/*Koch* AktG[15] § 162 Rdn 11; *Rimmelspacher/Roland* WPg 2020, 201, 207.

332 *Lochner/Beneke* in: Hirte/Heidel, Das neue Aktienrecht, 2020, § 162 Rdn 46; MünchKomm AktG/*Spindler*[5] § 162 Rdn 88.

333 Grigoleit/*Rachlitz* AktG[2] § 162 Rdn 78 und 83; offengelassen von MünchKomm AktG/*Spindler*[5] § 162 Rdn 87a.

Zur Richtlinienkonformität der Schutzklausel sind rechtliche Zweifel geäußert worden, da sich zur Schutzklausel in den Artikeln der Richtlinie keine Regelung findet, sondern nur in den Erwägungsgründen.[334] Erwägungsgrund 45 Satz 3 Aktionärsrechterichtlinie, auf den die Gesetzesbegründung ausdrücklich Bezug nimmt,[335] lässt Einschränkungen der „Transparenzanforderungen in Bezug auf Gesellschaften" ausdrücklich zu. Entscheidend ist dabei, dass durch eine reduzierte Darstellung das generelle Ziel der Offenlegungspflicht nicht beeinträchtigt wird. Angesichts des gemeinschaftsrechtlich anerkannten **Schutzguts der Vertraulichkeit bei drohenden Nachteilen** sind Zweifel nicht begründet.[336] Eine derartige Beschränkung des Informationsrechts der Aktionäre steht auch im Einklang mit dem Regelungszweck von Art 9 Abs 2 Aktionärsrechterichtlinie, der hinsichtlich des Fragerechts der Aktionäre in der Hauptversammlung ausdrücklich Regelungen zum Schutz der Vertraulichkeit und von Geschäftsinteressen der Gesellschaft zulässt. **156**

Der Gesetzgeber übernimmt mit der Formulierung von § 162 Abs 6 insoweit bewusst[337] den Wortlaut von § 131 Abs 3 Satz 1 Nr 1 zum **Auskunftsverweigerungsrecht des Vorstands** bezüglich Fragen der Aktionäre in der Hauptversammlung. Eine weitere Parallele findet sich in § 289e Abs 1 HGB hinsichtlich der Angaben im Rahmen der nichtfinanziellen Berichterstattung. Der übereinstimmende Wortlaut von § 162 Abs 6 und § 131 Abs 3 legt nahe, auch die zu § 131 Abs 3 Satz 1 Nr 1 in Schrifttum und Rechtsprechung entwickelten Grundsätze heranzuziehen.[338] Entscheidend ist eine sorgfältige **Abwägung der Vor- und Nachteile**, mit denen bei einer Offenlegung der Angaben für die Gesellschaft zu rechnen ist. Die persönlichen Interessen eines eventuell betroffenen Vorstandsmitglieds wie auch Dritter bleiben dabei außer Betracht.[339] Die in die Interessenabwägung einzubeziehenden Interessen der Gesellschaft müssen von einigem Gewicht sein, das heißt, es muss bei Offenlegung ein **schwerer Schaden** drohen.[340] Bei dieser Beurteilung ist ein objektiver Maßstab zugrunde zu legen,[341] dessen konkrete Anwendung richterlicher Überprüfung unterliegt.[342] **157**

Als hauptsächlicher Anwendungsfall der Schutzklausel von § 162 Abs 6 kommen generell **Aussagen zu variablen Vergütungsbestandteilen** des Vorstands im Zusammenhang mit **strategischen Unternehmenszielen** in Betracht. Mit Blick auf drohende Nachteile für die Gesellschaft brauchen Details zu variablen Vergütungsbestandteilen, die Rückschlüsse auf vertrauliche strategische Ziele zulassen, ebenso wie bei den Angaben zum Vergütungs- **158**

---

334 *Bachmann/Pauschinger* ZIP 2019, 1, 8; anders zB bereits *Anzinger* ZGR 2019, 39, 91; *Bayer* DB 2018, 3034, 3041; *J. Schmidt* NZG 2018, 1201, 1207.

335 Begr RegE ARUG II, BT-Drucks. 19/9739, S 114.

336 Ebenso K. Schmidt/Lutter/*Seibt*[5] § 162 Rdn 29; siehe auch *Pelzer* Das Auskunftsrecht der Aktionäre in der Europäischen Union, 2004, S 208 ff.

337 Begr RegE ARUG II, BT-Drucks. 19/9739, S 114.

338 Ebenso Hüffer/Koch/*Koch* AktG[15] § 162 Rdn 12; *Lochner/Beneke* in: Hirte/Heidel, Das neue Aktienrecht, 2020, § 162 Rdn 47; K. Schmidt/Lutter/*Seibt*[5] § 162 Rdn 29; MünchKomm AktG/*Spindler*[5] § 162 Rdn 91.

339 *Decher* GK AktG[5] § 131 Rdn 366; Hüffer/Koch/*Koch* AktG[15] § 131 Rdn 55.

340 *Decher* GK AktG[5] § 131 Rdn 364; Grigoleit/*Herrler* AktG[2] § 131 Rz. 44; KK AktG/*Kersting*[3] § 131 Rdn 292.

341 BGH v 14.1.2014 – II ZB 5/12, AG 2014, 402 Rdn 43 (Porsche SE); OLG Stuttgart v 29.2.2012 – 20 W 5/11, AG 2012, 377, 381 (Porsche SE).

342 Zur Parallelfrage bei § 131 Abs 3 Satz 1 Nr 1 AktG siehe nur BGH v 5.11.2013 – II ZB 28/12, BGHZ 198, 354 Rdn 36 (Deutsche Bank); v 9.2.1987 – II ZR 119/86, 101, 1, 8 (Deutsche Bank); OLG Stuttgart v 17.11.2010 – 20 U 2/10, AG 2011, 93, 99 (Porsche SE); LG Saarbrücken Urt v 14.9.2005 – 71 O 7/04, AG 2006, 89, 91 (Kaufhalle AG); *Decher* GK AktG[5], § 131 Rdn 367; Grigoleit/*Herrler*[2] § 131 Rdn 42; Hüffer/Koch/*Koch* AktG[15] § 131 Rdn 56.

system nach § 87a Abs 1 Satz 2 Nr 3[343] nicht offen gelegt zu werden. Insoweit sind punktuelle Einschränkungen durch Abstrahierung der Aussagen zu einzelnen – geheimhaltungsbedürftigen – Zielen und der konkreten Angabe der damit verknüpften finanziellen Auswirkungen ausreichend[344]. Typischer Anwendungsfall sind die Darstellung der variablen Vergütung gemäß § 162 Abs 1 Satz 2 Nr 1 und der jeweiligen konkreten Leistungsziele (siehe oben Rdn 82) sowie Angaben zur Rückforderung von variablen Vergütungskomponenten gemäß § 162 Abs 1 Satz 2 Nr 4 auf Grund einer *Performance-Clawback*-Klausel (siehe oben Rdn 104).

159 Während die Ausübung des Auskunftsverweigerungsrechts nach § 131 Abs 3 Satz 1 in der Hauptversammlung in der alleinigen Zuständigkeit des Vorstands liegt[345], unterliegt die Entscheidung über die Inanspruchnahme der Schutzklausel nach § 162 Abs 1 Satz 2 Nr 6 ausgehend von der gemeinsamen Verantwortung für die Berichtserstellung bei **Vorstand und Aufsichtsrat zusammen.** Beide Organe müssen sich bei der Berichtserstellung **im Einzelfall verständigen,** wenn sie von der Dispensmöglichkeit Gebrauch machen wollen.[346]

160 Auch wenn das Gesetz insoweit schweigt, wird man im Interesse größtmöglicher Offenlegung der Vorstandsvergütung[347] davon ausgehen müssen, dass analog § 286 Abs 2 HGB im Bericht oder im Anhang – ohne weitergehende Detailangaben – offenzulegen ist, dass von der Befreiungsmöglichkeit Gebrauch gemacht worden ist[348]. Im Übrigen lebt bei Wegfall der Gründe für die fehlende Offenlegung, der auch erst nach mehreren Jahren eintreten kann, die gesetzliche Angabepflicht gemäß § 162 Abs 6 Satz 2 wieder auf.[349] Der ursprüngliche Vergütungsbericht bleibt davon jedoch unberührt; insbesondere ist **kein Berichtsnachtrag** zu erstellen. Vielmehr sind die unterlassenen Angaben in den Vergütungsbericht des Folgejahres unter Hinweis auf den weggefallenen Befreiungsgrund aufzunehmen.[350]

XII. Rechtsfolgen

1. Bestandskraft des Hauptversammlungsbeschlusses

161 Der Vergütungsbericht ist der Hauptversammlung zur Billigung vorzulegen. Dieser **Billigungsbeschluss** nach § 120a Abs 4 iVm Abs 1 Satz 2 und 3 begründet **keine Rechte und Pflichten.** Die Ablehnung des vorgelegten Vergütungsberichts durch die Hauptversammlung begründet auch keine Pflicht zu seiner Überarbeitung.[351] Vorstand und Aufsichtsrat haben allerdings im Vergütungsbericht des Folgejahres gemäß § 162 Abs 1 Satz 2 Nr 6 zu erläutern, wie der ablehnende Beschluss berücksichtigt wurde. Insbesondere hat die Ableh-

343 Begründung RegE ARUG II, BT-Drucks. 19/9739, S 73.

344 BeckOGK/*Bayer/Scholz* AktG § 162 Rdn 152; siehe auch Hüffer/Koch/*Koch* AktG[15] § 162 Rdn 12.

345 Siehe nur *Decher* GK AktG[5] § 131 Rdn 354; Hüffer/Koch/*Koch* AktG[15] § 131 Rdn 54.

346 *E. Vetter* in: FS Krieger, 2020, S 1045, 1055; **aA** MünchKomm AktG/*Spindler*[5] § 162 Rdn 94.

347 Siehe dazu *Bachmann/Pauschinger* ZIP 2019, 1, 8.

348 *Anzinger* ZGR 2019, 39, 91.

349 BeckOGK/*Bayer/Scholz* AktG § 162 Rdn 156; *Lochner/Beneke* in: Hirte/Heidel, Das neue Aktienrecht, 2020, § 162 Rdn 47.

350 Hüffer/Koch/*Koch* AktG[15] § 162 Rdn 12; Grigoleit/*Rachlitz*, AktG[2] § 162 Rdn 85; K. Schmidt/Lutter/*Seibt*[5] § 162 Rdn 29.

351 *Goslar* DB 2020, 937, 941; *Löbbe/Fischbach* AG 2019, 373, 384; *E. Vetter* in: FS Krieger, 2020, S 1045, 1063.

nung des Vergütungsberichts durch die Hauptversammlung keine Konsequenz für die bereits gezahlte Vergütung an die Mitglieder von Vorstand und Aufsichtsrat.[352]

Anders als es noch der Referentenentwurf vorgesehen hatte,[353] ist der Hauptversammlungsbeschluss auch bei fehlerhafter Berichterstattung oder im Fall von Verfahrensmängeln des Beschlusses nicht anfechtbar, auch wenn dem Beschluss mit Blick auf § 162 Abs 1 Satz 2 Nr 6 die Wirkung nicht gänzlich abgesprochen werden kann.[354] Vorstand und Aufsichtsrat werden im Regelfall Änderungen der Vergütungspraxis anstreben, wenn die Aktionäre in signifikantem Umfang ihre Unzufriedenheit zum Ausdruck gebracht haben. Eine Anfechtungsklage gegen den Hauptversammlungsbeschluss ist jedoch unzulässig.[355] Insoweit sind die Rechtsfolgen eines fehlerhaften Hauptversammlungsbeschlusses nach § 120a Abs 1 über die Billigung des Vergütungssystems nach § 87a und des Beschlusses nach § 120a Abs 4 über den korrespondierenden Vergütungsbericht nach § 162 gleich. Der Gesetzgeber greift beim Ausschluss der Anfechtung des Hauptversammlungsbeschlusses gemäß § 120a Abs 4 iVm Abs 1 Satz 3 bewusst auf die Regelungstechnik zum seit 2009 praktizierten *Say-on-pay*-Beschluss der Hauptversammlung gemäß § 120 Abs 4 aF zurück.[356] 162

Etwas anderes gilt nur für den kompetenzüberschreitenden Beschluss, indem die Hauptversammlung zB über die Billigung eines punktuell geänderten Vergütungsberichts beschließt oder nur Teile des Berichts billigt und ihn im Übrigen ablehnt.[357] Ein solcher Hauptversammlungsbeschluss kann – wie bereits beim *Say-on-Pay*-Beschluss nach § 120 Abs 4 aF[358] – mit der Nichtigkeitsklage nach § 249 beseitigt werden.[359] 163

Ungeachtet der fehlenden Anfechtbarkeit des Hauptversammlungsbeschlusses über die Billigung des Vergütungsberichts kann bei einem fehlerhaftem Vergütungsbericht, sofern der Informationsmangel als schwere Gesetzesverletzung zu qualifizieren ist, die Anfechtung der Entlastungsbeschlüsse der Hauptversammlung hinsichtlich der Mitglieder des Vorstands und des Aufsichtsrats in Betracht kommen.[360] Dies ist jedenfalls bei einem vollkommen fehlenden Vergütungsbericht zu bejahen. 164

2. Weitere Rechtsfolgen

Unterlassen Vorstand und Aufsichtsrat die Erstellung des Vergütungsberichts gemäß § 162, liegt eine Pflichtverletzung vor, die **Schadensersatzansprüche** gegen die Organmit- 165

---

352 *Diekmann* WM 2018, 796, 800; *Leuering* NZG 2017, 646, 649.

353 *Bayer* DB 2018, 3034, 3040; *Heldt* AG 2018, 905, 912.

354 Grigoleit/*Herrler* AktG[2] § 120a Rdn 43; *Löbbe/Fischbach* AG 2019, 373, 384.

355 Hüffer/Koch/*Koch* AktG[15] § 120a Rdn 6.

356 Begr RegE ARUG II, BT-Drucks. 19/9739, S 93 und 94.

357 Ebenso Hüffer/Koch/*Koch* AktG[15] § 120a Rdn 6; *Krenek* in: Hirte/Heidel, Das neue Aktienrecht, 2020, § 120a Rdn 22; K. Schmidt/Lutter/*Spindler*[5] § 120a Rdn 15.

358 Zur Parallelfrage beim Beschluss nach § 120 Abs 4 AktG aF siehe bereits früher zB *Fleischer/Bedkowski* AG 2009, 677, 685; *Mülbert* GK AktG[5] § 120 Rdn 182; *E. Vetter* ZIP 2009, 2136, 2140.

359 *Bachmann/Pauschinger* ZIP 2019, 1, 7; *Florstedt* ZGR 2019, 630, 649; **aA**. Henssler/Strohn/*Liebscher* Gesellschaftsrecht[5] § 120a Rdn 8; siehe auch *Löbbe/Fischbach* AG 2019, 373, 378.

360 *Bachmann/Pauschinger* ZIP 2019, 1, 9; *Krenek* in: Hirte/Heidel, Das neue Aktienrecht, 2020, § 162 Rdn 23; *Paschos/Goslar* AG 2019, 365, 370; einschränkend BeckOGK/*Bayer/Scholz* AktG § 162 Rdn 172, die die Anfechtung auf die Organmitglieder beschränken wollen, deren Vergütung fehlerhaft dargestellt ist.

glieder nach § 93 und § 116 Satz 1 auslösen kann.[361] In der Praxis werden derartige Ansprüche mangels messbarem Schaden nur selten in Betracht kommen.[362]

166 Die unrichtige Darstellung der Verhältnisse der Gesellschaft im Vergütungsbericht kann gemäß § 400 Abs 1 Nr 1 mit **Freiheitsstrafe** von bis zu drei Jahren geahndet werden.[363] Taugliche Täter sind die **Mitglieder von Vorstand und Aufsichtsrat**, die die unrichtige Darstellung zu verantworten haben, das heißt die Organmitglieder, die in Kenntnis der Unrichtigkeit für den Vergütungsbericht in der endgültigen Form gestimmt haben.[364]

167 Zudem kann der Verstoß gegen die Pflicht zur Veröffentlichung nach § 120a oder zum dauerhaften Zugänglichmachen des Vergütungsberichts auf der Internetseite der Gesellschaft nach § 162 Abs 4 für einen Zeitraum von zehn Jahren als **Ordnungswidrigkeit** gemäß § 405 Abs 1 Nr 6 geahndet werden.[365] Die Veröffentlichung wie auch die Sicherung der dauerhaften Zugänglichkeit liegt in der Zuständigkeit des Vorstands als geschäftsführendem Organ[366]. Als taugliche Täter kommen deshalb nur die **Mitglieder des Vorstands** in Betracht.[367]

XIII. Rechtsvergleichender Seitenblick

1. Frankreich

168 Im französischen Aktienrecht war ein gesetzlicher *Say-on-Pay*-Beschluss der Hauptversammlung *(Assemblée générale ordinaire)* als gesetzliches Instrument lange Zeit nicht vorgesehen, sondern ergab sich nur aus dem *soft law*. Der französische **Corporate Governance Kodex** (*Afep-Medef, Code de gouvernement d'entreprise des sociétés cotées*) sah für die börsennotierte Gesellschaft seit 2013[368] einen Beschluss der Hauptversammlung über die *rémunération des dirigeants mandataires sociaux* mit konsultativem Charakter – seit 2016[369] mit bindender Wirkung – vor.[370] Die sog. *Loi Sapin 2*[371] sah ab 2017 **jährlich verbindliche Beschlüsse** über das *Say-on-Pay* der *Assemblée générale ordinaire* vor, die als Revolution bezeichnet wurden.[372] Sie bezogen sich einerseits als *ex ante*-Beschluss auf die *principes et les critères de détermination, de répartition et d'atribution des éléments fixes, variables et exceptionnels composant la rémuneration totale*" der Organmitglieder sowie andererseits als *ex post*-Beschluss auf die ihnen gewährte Vergütung im abgelaufenen Geschäftsjahr.

169 Die Umsetzung von Art 9a und 9b Aktionärsrechterichtlinie erfolgt im Wesentlichen durch die *Loi PACTE*[373] und durch Dekret[374] in Art L 225-37-2, L 225-37-3 sowie L 225-

---

[361] *J. Schmidt* NZG 2018, 1201, 1208; K. Schmidt/Lutter/*Seibt*⁵ § 162 Rdn 30; MünchKomm AktG/*Spindler*⁵ § 162 Rdn 96; siehe auch Art 9b Absatz 5 Unterabschnitt 2 Satz 2 Aktionärsrechterichtlinie.

[362] Siehe aber Grigoleit/*Rachlitz* AktG² § 162 Rdn 16.

[363] MünchKomm AktG/*Spindler*⁵ § 162 Rdn 98.

[364] **AA** *U. Schmidt* in: Hirte/Heidel, Das neue Aktienrecht, 2020, § 400 Rdn 4.

[365] BeckOGK/*Bayer*/*Scholz* AktG § 162 Rdn 174; *Orth*/*Oser*/*Philippsen*/*Sultana* DB 2019, 2814, 2820; K. Schmidt/Lutter/*Seibt*⁵ § 162 Rdn 30; MünchKomm AktG/*Spindler*⁵ § 162 Rdn 98.

[366] **AA** Grigoleit/*Rachlitz* AktG² § 162 Rdn 26 und 72; MünchKomm AktG/*Spindler*⁵ § 162 Rdn 83.

[367] *U. Schmidt* in: Hirte/Heidel, Das neue Aktienrecht, 2020, § 405 Rdn 5; **aA** Grigoleit/*Rachlitz* AktG² § 162 Rdn 26.

[368] Sec 24 Afep Medef.

[369] Sec 26 Afep Medef.

[370] *Pietrancosta* RTDF 2017/2, 105, 106.

[371] Loi 2016–1691 v 9.12.2016.

[372] *Van La Beck* Les Echo v. 16.10.2017.

[373] Loi 2019-486 v 22. 5.2019.

[374] Ordonnance Nr 2019-1234 v 27.11.2019 und Décret Nr 2019-1235 v 27.11.2019.

82-2 *Code de Commerce*. Erfasst werden die börsennotierte *Société anonyme, Société en commandite par actions* sowie die SE. Gesellschaften, deren Aktien in einem multilateralen Handelssystem gehandelt werden (zB Euronext) unterliegen nicht den neuen Regeln.

Im Fall der **monistischen Gesellschaft** entscheidet die Hauptversammlung nach Art L 225-37-2 Abs 2 *Code de Commerce* **jährlich** durch ***ex ante*-Beschluss** über die vom Verwaltungsrat (*Conseil d'administration) erarbeitete* **Vergütungspolitik** *(politique de rémuneration)* für die Vergütung von *Président, Directeur générale, Directeur générale délegué*, die ihr im Rahmen des gemäß Art L 225-37 *Code de Commerce* Corporate zu erstellenden Governance-Berichts vorzulegen ist. Mit dem Hauptversammlungsbeschluss wird die Vergütungspolitik nach Art L 225-37-2 Abs 3 *Code de Commerce* **verbindlich festgelegt;**[375] Vergütungsvereinbarungen oder Vergütungsleistung, die der Vergütungspolitik widersprechen, sind nach Art L 225-37-2 Abs 3 *Code de Commerce* **nichtig**. Wird die vorgelegte Vergütungspolitik von der Hauptversammlung abgelehnt, führt dies nicht zum Stillstand im Unternehmen, sondern es gilt die von den Aktionären in einer früheren Hauptversammlung gebilligte Vergütungspolitik; wenn es daran fehlt, ist nach der bisher geübten Praxis zu verfahren. **170**

In der **dualistischen Gesellschaft** gilt nach Art L 226-8-1 *Code de Commerce* Entsprechendes für die Vergütung der Mitglieder des Vorstands *(Directoire)* und Aufsichtsrats (*Conseil de surveillance)*. Für die Erarbeitung der Vergütungspolitik ist nach Art L 226-8-1 Abs 1 *Code de Commerce* der Aufsichtsrat zuständig, der hierüber, sofern die Satzung nichts anderes bestimmt, durch einstimmigen Beschluss entscheidet. **171**

Gemäß Art L 225-37-3 *Code de Commerce* ist der Hauptversammlung **jährlich** über die **Gesamtvergütung der einzelnen Organmitglieder** im abgelaufenen Geschäftsjahr unter detaillierter Angabe der fixen und variablen Vergütungsbestandteile zu berichten. Darüber hinaus ist unter anderem jeweils eine Vergleichsrechnung zwischen der Vergütung des Vorsitzenden des Aufsichtsrats, des Vorstandsvorsitzenden und jedes anderen Vorstandsmitglieds und der Durchschnittsvergütung der Mitarbeiter der Gesellschaft vorzulegen. Die Vorlage des **Vergütungsberichts** *(rapport sur la rémuneration)* an die Aktionäre mit den gemeinschaftsrechtlich vorgegebenen Inhalten erfolgt nach Art L 225-37-3 Abs 1 *Code de Commerce* im Rahmen des Corporate Governance-Berichts und dient der Vorbereitung des **ex-post-Beschlusses** der Hauptversammlung über die Billigung der Vergütung, die die Mitglieder des Verwaltungsrats oder des Vorstands und des Aufsichtsrats bezogen haben. Weitere inhaltliche Anforderungen ergeben sich aus der Empfehlung 25 **französischer Corporate Governance Kodex.**[376] Darüber hinaus empfiehlt der Kodex in Annex 4 einen umfangreichen Musterkatalog von Tabellen für die Darstellung der einzelnen Vergütungskomponenten. **172**

Die von den Mitgliedern des Verwaltungsrats, bzw des Vorstands und des Aufsichtsrats im abgelaufenen Geschäftsjahr bezogene und gewährte Vergütung bedarf jeweils der **Billigung durch die Hauptversammlung**, die hierüber mit einfacher Mehrheit beschließt. Art L 225-100 Abs 2 *Code de Commerce* sieht dabei jeweils Einzelbeschlüsse über die Vergütung des Vorsitzenden des Verwaltungsrats oder des Aufsichtsrats und des Vorstandsvorsitzenden sowie der übrigen Vorstandsmitglieder vor. Die Billigung der Hauptversammlung ist gemäß Art L 22-10-34 Abs 2 *Code de Commerce* zwingende Voraussetzung der Auszahlung der variablen Bezüge. **173**

---

[375] Kritisch zB *Pietrancosta* RTDF 2017/2, 105, 107.

[376] *Afep-Medef, Code de gouvernement d'entreprise des sociétés cotées,* Fassung vom Januar 2020.

2. Niederlande

174 Die Niederlande werden als *„Frontrunner"* auf dem Gebiet des *Say-on-Pay* bezeichnet.[377] Bereits im Jahre 2004 sah Art 2:135 Abs 1 *Burgerlijk Wetboek Boek* (BW) für die **monistische und dualistische Gesellschaft** zwingend die Beschlussfassung der Aktionäre über die **Vergütungspolitik** mindestens bei jeder wesentlichen Veränderung vor. Die Zuständigkeit für die Festlegung der konkreten Vergütung der Organmitglieder selbst einschließlich der fixen und variablen Komponenten, Aktienoptionen etc. oblag ebenfalls den Aktionären in der Hauptversammlung. Diese Zuständigkeit konnte aber nach Art 2:135 Abs 4 BW durch Satzungsregelung auf ein anderes Gremium delegiert werden; im Fall der **dualistischen Gesellschaft** lag sie grundsätzlich beim Aufsichtsrat.[378]

175 Die Umsetzung von Art 9a und 9b Aktionärsrechterichtlinie erfolgt im Wesentlichen in Art 2:135a BW iVm 2:383c – 2:383e BW. Jede börsennotierte *Naamenloze vennotschap* – unabhängig davon, ob sie als **monistische oder dualistische Gesellschaft** organisiert ist – hat die **Vergütungspolitik** nach Art 2:135a Abs 2 BW bezüglich der Mitglieder des Verwaltungsrats bzw der Geschäftsleitung und des Aufsichtsrats **mindestens alle vier Jahre** sowie bei jeder wesentlichen Veränderung der Hauptversammlung zur Billigung vorzulegen. Erleichterungen für kleine und mittelgroße Gesellschaften bestehen nicht. Besteht der Aufsichtsrat aus mehr als vier Mitgliedern, empfiehlt Sec III.5 Niederländischer Corporate Governance Kodex die Einrichtung eines **Vergütungsausschusses** (*Remuneration Committee*), der die Vergütungspolitik erstellt.

176 Besteht im Unternehmen ein Betriebsrat (*ondernemingsraad*), ist den Aktionären nach Art 2:135a Abs 3 BW zusammen mit der **Vergütungspolitik** auch die einzuholende **Stellungnahme des Betriebsrats** vorzulegen.[379] In den vorgelegten Unterlagen ist unter anderem zu erläutern, wie bei der Erstellung der Vergütungspolitik neben dem Unternehmensinteresse die Werte der Gesellschaft und das öffentliche Interesse berücksichtigt worden sind und in wieweit der Stellungnahme des Betriebsrats in der Vergütungspolitik Rechnung getragen worden ist. Für die Billigung der Vergütungspolitik durch die Hauptversammlung ist nach Art 2:135a Abs 2 BW eine **Mehrheit von drei-Viertel** der Stimmen erforderlich, sofern die Satzung nicht die einfache Mehrheit genügen lässt. Der Hauptversammlungsbeschluss hat **bindende Wirkung**. Das Erfordernis der qualifizierten Mehrheit wird voraussichtlich einen erhöhten Druck auf die Gesellschaften erzeugen, bei der Erarbeitung der Vergütungspolitik die vielfach strengen Anforderungen der Stimmrechtsberater zu berücksichtigen. Vereinzelt nehmen Gesellschaften auch bereits während des Prozesses der Erarbeitung des Vergütungssystems Kontakt zu institutionellen Investoren und anderen maßgeblich beteiligten Aktionären auf. Wird die vorgelegte Vergütungspolitik nicht gebilligt, hat die Vergütung gemäß der vorherigen von der Hauptversammlung gebilligten Vergütungspolitik oder hilfsweise nach der bisher geübten Vergütungspraxis zu erfolgen. Zudem ist der nächsten Hauptversammlung eine überarbeitete Vergütungspolitik zur Abstimmung vorzulegen.

177 In der börsennotierten Gesellschaft ist der **Vergütungsbericht** über die tatsächliche Vergütung der Organmitglieder im abgelaufenen Geschäftsjahr nach Art 2:135b und 2:383c BW mit den gemeinschaftsrechtlich vorgeschriebenen Informationen ebenfalls der Hauptversammlung zur Billigung vorzulegen. In der Praxis wird der Bericht nicht selten vom Vergütungsausschuss erstattet. Der Hauptversammlungsbeschluss, für den die **einfache Mehrheit** ausreicht, hat nach Art 2:135b Abs 2 BW nur **empfehlenden Charakter**. Art 2:135b

---

377 *Van Elst/Lafarre* Eur Bus Org Law Rev (2017), 51, 53.

378 Siehe *van Elst/Lafarre* Eur Bus Org Law Rev (2017), 51, 58 auch zur umstrittenen Frage der rechtlichen Wirkung.

379 Art 25 *Wet op de Ondernemingsraden*.

Abs 7 BW sieht vor, dass der Vergütungsbericht nur der förmlichen Prüfung durch den Abschlussprüfer bedarf.

3. Österreich

Das österreichische und deutsche AktG verbindet traditionell eine besondere Nähe, die nicht nur aus dem historischen Ursprung folgt, sondern auch in dem **dualistischen Verwaltungssystem** begründet ist, das in beiden Rechtsordnungen gilt. Die Nähe ist auch hinsichtlich der Umsetzung von Art 9a und 9b Aktionärsrechterichtlinie erkennbar. Der **Vergütungsbericht** ist in §§ 78c bis 78e öAktG geregelt, während die Rechtsgrundlage für die der Hauptversammlung vorzulegende **Vergütungspolitik** in §§ 78a und 78b öAktG zu finden ist. Die Anwendbarkeit dieser Bestimmungen für den Verwaltungsrat der monistischen SE ergibt sich aus § 54 öSEG. Die Einbeziehung der Hauptversammlung bei der Vorstandsvergütung ist nicht vollkommen neu. Bislang war ein *Say-on-Pay*-Beschluss in Österreich nicht gesetzlich vorgesehen, sondern nur im Österreichischen Corporate Governance Kodex geregelt und beschränkte sich auf den Fall der Etablierung eines Aktienoptionsprogramms.[380] Die Veröffentlichungspflichten hinsichtlich der Vorstandsvergütung ergaben sich für mittelgroße und große Gesellschaften aus § 239 Abs 1 Ziff 4 sowie Ziff 5 UBG.[381] Börsennotierte Gesellschaften hatten jedoch nach § 243b Abs 2 Ziff 3 UBG in ihrem obligatorischen Corporate Governance Bericht für jedes Vorstandsmitglied die individuellen Bezüge anzugeben und darüber hinaus die Grundzüge der Vergütungspolitik darzustellen.[382] 178

In Umsetzung von Art 9b Aktionärsrechterichtlinie haben **Vorstand und Aufsichtsrat gemeinsam** gemäß § 78c Abs 1 Satz 1 öAktG den **Vergütungsbericht** zu erstellen und nach §§ 78a Abs 1 Satz 1, 108 Abs 4 Nr 4 öAktG der Hauptversammlung zur Billigung vorzulegen.[383] Die inhaltlichen Vorgaben sind in § 78c Abs 2 bis 5, 98a öAktG geregelt. Was den Vertikalvergütungsvergleich anbetrifft, ist dieser nach dem Wortlaut von § 78c Abs 2 Nr 2 auf den Vergleich mit den Beschäftigten der Gesellschaft beschränkt.[384] Der **Österreichische Corporate Governance Kodex**[385] sieht in den C-Regeln 30 und 31 weitergehende inhaltliche Empfehlungen zur Berichterstattung vor. Weitergehende Anforderungen zum Vergütungsbericht ergeben sich aus der AFRAC-Stellungnahme 37.[386] Dies gilt etwa für die Angabe einer auf Kosten der Gesellschaft bestehenden D&O Versicherung für die Mitglieder von Vorstand und Aufsichtsrat.[387] 179

Der Beschluss der Hauptversammlung zur Billigung des Vergütungsberichts ist **nicht anfechtbar**, ihm kommt gemäß § 78d Abs 1 Satz 2 öAktG nur **„empfehlenden Charakter"** zu.[388] In kleinen und mittleren Unternehmen iSd § 221 Abs 1 und 2 UGB kommt an Stelle einer Abstimmung auch die bloße Erörterung des Vergütungsberichts unter einem eigenen 180

380 Doralt/Nowotny/Kalss/*Nowotny*, AktG², § 78 Rdn 17.

381 Artmann/Karollus/*J. Reich-Rohrwig/Zimmermann* AktG² § 78 Rdn 96; *Schima* Aufsichtsrat aktuell, 6/2019, 8, 9.

382 Artmann/Karollus/*J. Reich-Rohrwig/Zimmermann* AktG² § 78 Rdn 97.

383 Zur früheren Rechtslage der Offenlegung siehe zB *Kalss* in Kalss/Frotz/Schörghofer, Handbuch für den Vorstand, 2017, Abschn. 9 Rdn 78 ff.

384 MünchKomm AktG/*Kalss*⁵ § 162 Rdn 126.

385 Fassung vom Januar 2020.

386 *Austrian Financial Reporting and Auditing Committee*, Stellungnahme 37, Vergütungsbericht gemäß § 78a AktG, Stand Dezember 2020.

387 Zum deutschen Recht siehe Rdn 54 und Rdn 88.

388 *Schima* Aufsichtsrat aktuell, 6/2019, 8, 14.

Tagesordnungspunkt der Hauptversammlung in Betracht. Die Pflicht zur Veröffentlichung des Vergütungsberichts folgt aus § 78e Abs 1 öAktG; ferner stellt § 78e Abs 3 öAktG klar, dass der Vergütungsbericht nicht zum Firmenbuch, dem Äquivalent zum Handelsregister, einzureichen ist.[389]

181 Die **Prüfungsverantwortung des Abschlussprüfers** hinsichtlich des Vergütungsberichts ist in § 78e Abs 2 öAktG geregelt. Die Vorschrift beschränkt die Aufgabe des Abschlussprüfers darauf zu prüfen, ob der Vorstand die geforderten Informationen zur Verfügung gestellt hat. Gemeint ist damit die Veröffentlichung auf der Internetseite der Gesellschaft.[390] Dies macht deutlich, dass insoweit keine inhaltliche Prüfung, sondern allein eine **förmliche Prüfung auf Vollständigkeit** der Informationen iSv § 78c öAktG erforderlich ist.[391] Die Erstellung und Veröffentlichung eines gesonderten Bestätigungsvermerks des Abschlussprüfers ist weder im UBG noch im öAktG vorgeschrieben und bleibt dem Ermessen des Aufsichtsrats überlassen.[392] Die Praxis behilft sich mitunter mit einer Beauftragung des Abschlussprüfers zur Prüfung des Vergütungsberichts mit begrenzter Sicherheit (*limited Assurance*).

4. Vereinigtes Königreich

182 Das *Say-on-Pay* bezüglich der „*directors' remuneration policy*" als Kontrollinstrument der Aktionäre hat seine Wurzeln im Vereinigten Königreich[393] und hat erstmals im Jahre 2002 in Sec 439 *Companies Act* eine gesetzliche Grundlage erlangt, die eine Beschlussfassung mit **konsultativem Charakter** (*advisory vote*) vorsah.[394]

183 Im Jahre 2013 wurde die Beschlussfassung der Aktionäre hinsichtlich der Vergütungspolitik nach Sec 226B, 439A *Companies Act* mit **bindender Wirkung** – mindestens alle drei Jahre – eingeführt.[395] Weiterhin sind die *Directors* gemäß Sec 420 Abs 1 *Companies Act* verpflichtet jährlich einen "*Directors' Remuneration Report*" bestehend aus zwei Teilen zu erstellen.[396] Während im ungeprüften ersten Teil die **Vergütungspolitik** (*remuneration policy*) zu erläutern ist, unterliegt der zweite Teil mit der Darstellung (*auditle part*) der **tatsächlichen Vergütung** der *Directors* der Prüfung durch den Abschlussprüfer.[397]

184 Die Umsetzung von Art 9a und 9b Aktionärsrechterichtlinie erfolgte 2019 durch die „*The Companies (Directors' Regulation Policy an Directors' Remuneration Report) Regulations 2019*". Erfasst werden sowohl *quoted companies* wie auch *traded companies*, die im Vereinigten Königreich inkorporiert sind, nicht jedoch Gesellschaften, deren Aktien im Alternative Investment Market (AIM) gehandelt werden. Die inhaltlichen Anforderungen an den **Vergütungsbericht** gemäß Art 9b Aktionärsrechterichtlinie sind in *Schedule 8 quoted companies* enthalten. Die Darstellung der Vergütung hat nicht nur die *Board*-Mitglieder

---

389 MunchKomm AktG/*Kalss*[5] § 162 Rdn 152.
390 Siehe dazu die Gesetzesbegründung 910/A v 12.6.2019 (XXVI.GP), S 12.
391 MünchKomm AktG/*Kalss*[5] § 162 Rdn 151.
392 MünchKomm AktG/*Kalss*[5] § 162 Rdn 118.
393 *Fleischer/Bedkowski* AG 2009, 677; *Lieder/Fischer* ECFR 2011, 376, 381; *Rickford* EFCR 2005, 63, 91 ff; *Verse* NZG 2013, 921, 924.
394 Siehe dazu *Fleischer/Bedkowski* AG 2009, 677, 678; *Hupka* Das Vergütungsvotum der Hauptversammlung, 2012, S 109; *Rickford* EFCR 2005, 63, 93 ff.
395 *Chiu* ZVglRWiss 114 (2015), 121, 143.
396 *Chiu* ZVglRWiss 114 (2015), 121, 143; *Hupka* Das Vergütungsvotum der Hauptversammlung, 2012, S. 103 ff; *Moore/Petrin* Corporate Governance: Law, Regulation and Theory, 2017, S 251.
397 *Anzinger* ZGR 2019, 39, 62; *Hupka* Das Vergütungsvotum der Hauptversammlung, 2012, S 104; siehe auch *Rickford* EFCR 2005, 63, 91.

sondern auch die *non statutory directors* einzubeziehen, sofern sie die Position des *CEO* oder *deputy CEO* begleiten. Die Beschlüsse der Aktionäre über die *remuneration policy* haben **bindende Wirkung**, während den Beschlüssen über den *remuneration report* nur **beratende Funktion** zukommt.[398]

Sec 421 Abs 3 *Companies Act* begründet ausdrücklich eine **individuelle Mitwirkungspflicht** jedes aktiven oder ehemaligen *Directors*, soweit seine Tätigkeit nicht länger als 5 Jahre zurückliegt, der Gesellschaft die relevanten Vergütungsinformationen bezüglich seiner Person zuzuleiten, damit der Vergütungsbericht wahrheitsgemäß und vollständig erstellt werden kann. Der Bericht ist von den *Directors* nach Sec 422 Abs 1 *Companies Act* **zu unterzeichnen.** **185**

Das **bindende Votum** der Hauptversammlung über die Vergütungspolitik ist im **Dreijahresturnus** bzw jeweils bei wesentlichen Änderungen einzuholen und gemäß Sec 430 Abs 2C *Companies Act* unter detaillierter Offenlegung des Abstimmungsergebnisses auf der Website der Gesellschaft bekanntzugeben. Der **jährlich erforderliche Beschluss** der Hauptversammlung über die konkrete Umsetzung der Vergütungspolitik, wie sie im Vergütungsbericht dargestellt ist, hat hingegen Sec 439 Abs 5 *Companies Act* nur **beratenden Charakter.**[399] **186**

Über die gemeinschaftsrechtlich vorgegebenen Veröffentlichungspflichten bezüglich der Internetseite der Gesellschaft geht Sec 447 *Companies Act* hinaus, indem der *Directors' Remuneration Report* auch dem *Registrar* zuzuleiten ist. **187**

Unabhängig vom Regime der Aktionärsrechterichtlinie ergeben sich seit dem Jahre 2018 aus Sec 172 Abs 1 *Companies Act* **weitergehende Pflichten zur Offenlegung** eines Vertikalvergleichs der Vergütung des *CEO* mit der durchschnittlichen Vergütung der Arbeitnehmer (*pay-ratio-reporting*) für Gesellschaften mit mehr als 250 Beschäftigten. Diese Berichtspflichten unterliegen jedoch nicht dem gemeinschaftsrechtlich vorgegebenen Veröffentlichungsregime. **188**

5. Schweiz

Die Schweiz wird im Umgang mit der Regulierung der Managervergütung nicht zuletzt wegen der sog. Abzockerinitiative, die im Jahre 2008 ihren Anfang hatte,[400] als „*Frontrunner*" bezeichnet.[401] Im Jahre 2013 hat der schweizerische Bundesrat als Reaktion auf die Volksinitiative die Vergütungsverordnung (VegüV) beschlossen,[402] die Vorgaben über die Mitwirkung der Aktionäre börsennotierter Gesellschaften bei der Vergütung der Verwaltungsräte und weiterer Personen mit herausgehobener Managementfunktion enthält und die gemäß Art 1 Abs 2 VegüV entsprechende Bestimmungen des Obligationenrechts (OR) verdrängt. **189**

Auf der Grundlage eines vom Verwaltungsrat zu erstellenden **Vergütungsberichts** entscheidet die Hauptversammlung (Generalversammlung) nach Art 18 Abs 3 VegüV jeweils durch gesonderten Beschluss rechtlich **bindend** über die **Gesamtvergütung** des Verwaltungsrats und der Geschäftsleitung sowie eines eventuell bestehenden Beirats. Die Abstimmung kann sowohl retrospektiv auf das abgelaufene Geschäftsjahr ausgerichtet sein oder pro- **190**

---

398 *Anzinger* ZGR 2019, 39, 62.
399 *Anzinger* ZGR 2019, 39, 62.
400 *Böckli* in FS Hopt, 2011, S 3003 ff; *Hoegen* Reform der Vorstandsvergütung, 2018, S 102 ff; *Kunz* Audit Committee Quarterly 2/2014, 26 ff.
401 *Kunz* ZVglRWiss 114 (2015), 241, 243.
402 Verordnung gegen übermäßige Vergütungen bei börsenkotierten Aktiengesellschaften (VegüV) v 20.11.2013.

spektiv auf das folgende Jahr bezogen werden.[403] Weitergehende inhaltliche Vorgaben zum Umfang der Information der Aktionäre enthält der *Swiss Code of Best Practice for Corporate Governance.*[404]

191 Die Geltung der VegüV ist **zeitlich limitiert**; die Verordnung kommt nur bis zum Inkrafttreten von einschlägigen förmlichen Bestimmungen des Obligationenrechts zur Anwendung.[405] Im Jahre 2020 ist vom Parlament eine umfassende Revision des schweizerischen Aktienrechts beschlossen worden, die im Obligationenrecht neue Vorschriften zur Vergütung der Mitglieder des Verwaltungsrats vorsieht und die voraussichtlich im Jahre 2022 in Kraft treten wird.[406] Die Entscheidung über die Vergütung liegt zwingend bei der Hauptversammlung.[407]

192 Gemäß dem neuen Art 734 OR hat der Verwaltungsrat einen **Vergütungsbericht** zu erstellen, in dem nach Art 734a und 734e OR die detaillierte, individuelle Vergütung der gegenwärtigen und ehemaligen Mitglieder des Verwaltungsrats, Beirats und der Geschäftsleitung unter Angabe des Namens der Personen und ihrer Funktionen im Unternehmen anzugeben ist. Er ist in gleicher Weise wie der Geschäftsbericht zu veröffentlichen. Der Vergütungsbericht ist der Hauptversammlung zu Abstimmung vorzulegen. Dieser Beschluss über die Vergütung hat nach Art 735 Abs 3 Nr 3 OR **bindende Wirkung**. Die Gewährung einer Abgangsentschädigung oder einer Antrittsprämie an die Mitglieder des Verwaltungsrats ist nach Art 735c Nr 1 und 4 OR ausdrücklich untersagt.

6. Vereinigte Staaten von Amerika

193 In den Vereinigten Staaten von Amerika war bis zum Jahr 2010 eine Abstimmung der Aktionäre über die Vergütungspolitik oder den Vergütungsbericht weder nach bundes- noch nach einzelstaatlichem Recht als zwingender Tagesordnungspunkt des *annual shareholders´ meetings* einer börsennotierten Gesellschaft vorgeschrieben.[408] Als Reaktion auf verschiedene Vergütungsexzesse hat der amerikanische Bundesgesetzgeber 2010 durch das als *Dodd-Frank Act* bekannte US-amerikanische Finanzmarktreformgesetz unter anderem das *Say-on-Pay* als gesetzliches Instrument eingeführt, das als *shareholder approval of executive compensation* in einem neuen Abschnitt, Sec. 14A *Securities Exchange Act 1934* geregelt ist.[409]

194 Nach Sec. 14A SEA ist in den den Aktionären zuzuleitenden Stimmrechtsunterlagen (*Proxy statements*) ein gesondertes **Votum zur Vergütung der Geschäftsleiter** (*executive officers*) vorzusehen, wenn in der Hauptversammlung Beschlüsse zur Wahl von *directors* oder *executive officers*, Vereinbarungen über ihre Vergütung, Pensionsansprüche oder die Einräumung von Aktien, Aktienoptionen oder Ähnliches anstehen.[410] Gemäß Sec. 14A (a) (1) SEA haben die Aktionäre alle sechs Jahre verbindlich festzulegen, ob sie den *Say-on-*

---

403 *Hoegen* Reform der Vorstandsvergütung, 2018, S. 117.

404 Siehe dazu zB *Böckli* in FS Hopt, 2011, S. 3003, 3005; *Hoegen* Reform der Vorstandsvergütung, 2018, S. 126 ff.

405 *Hoegen* Reform der Vorstandsvergütung, 2018, S 125; *Kunz* ZVglRWiss 114 (2015), 241, 244; *ders* Audit Committee Quarterly 2/ 2014, 26, 27.

406 *Forstmoser* BOARD 2020, 156, 158 ff.

407 *Forstmoser* BOARD 2020, 156, 158.

408 *Anzinger* ZGR 2019, 39, 65; *Fleischer/Bedkowski* AG 2009, 677, 679; *Hupka*, Das Vergütungsvotum der Hauptversammlung, 2012, S. 171; informativ auch *Bebchuk/Fried* Pay without Performance, 2006, S 48 ff.

409 *Heppe/Tielmann* WM 2011, 1883, 1890; *Hoegen* Reform der Vorstandsvergütung, 2018, S. 80 ff; *Hupka* RIW 2012, 758; *Schmidt-Bendun/Prusko* NZG 2010, 1128.

410 *Merkt* US-Amerikanisches Gesellschaftsrecht[3] Rdn 682.

Pay-Beschluss jährlich, alle zwei oder alle drei Jahre fassen wollen (*Say-on-Frequency*). Dem *Say-on-Pay*-Beschluss kommt nach Sec 14A (c) **keine bindende Wirkung** zu.[411] Der US-amerikanische Gesetzgeber vertraut offensichtlich ganz auf die Steuerungsfunktion der negativen Wirkung, die ein ablehnender Beschluss in der Öffentlichkeit sowie auf den Aktienkurs haben würde und die das *Compensation Committee* nicht ignorieren kann.[412]

Die Berichterstattung über die Vergütung der Geschäftsleiter hat insbesondere einen **Vertikalvergleich** zu enthalten, in dem das Verhältnis der Vergütung des *CEO* zum durchschnittlichen Jahresgehalt aller Angestellten des Unternehmens (*CEO pay ratio*) sowie zur Entwicklung des Unternehmens (*Pay versus Performance*) unter Einbeziehung des Anstiegs des Aktienkurses und ausgeschütteter Dividenden[413] zu veröffentlichen ist.[414] Mindestens alle **drei Jahre** ist ein gesondertes Votum der Aktionäre über die offenzulegende Vergütung der Board-Mitglieder einzuholen. **195**

Neben der Veröffentlichung des Vergütungsvotums ist auch offenzulegen, inwieweit die Diskussion und das Abstimmungsergebnis zu einer Überprüfung des Vergütungssystems geführt hat und wann der nächste *Say-on-Pay*-Beschluss der Aktionäre ansteht. **196**

---

411 *Hupka* Das Vergütungsvotum der Hauptversammlung, 2012, S. 177; *Hupka* RIW 2012, 758, 759; *Merkt* US-Amerikanisches Gesellschaftsrecht³ Rdn 682; *Schmidt-Bendun/Prusko* NZG 2010, 1128, 1129.

412 *Heppe/Tielmann* WM 2011, 1883, 1890.

413 *Heppe/Tielmann* WM 2011, 1883, 1891 Fußn 167.

414 *Anzinger* ZGR 2019, 39, 66; *Hoegen* Reform der Vorstandsvergütung, 2018, S 83; *Merkt* US-Amerikanisches Gesellschaftsrecht³ Rdn 693.

Hinweis

Das folgende Sachregister (S. 1 bis 54) wird hinter die Kommentierung des EGAktG und Art 103m EGInsO als letztes in Band 9 eingebunden.

Der Verlag

Sachregister

J

K

Q